●収録内容一覧

■2025年度中学受験用

湘南学園中学校

5年間スーパー過去問

入試問題と解説・解答の収録内容

2024年度	算数・社会・理科・国語 （算数・社会・理科はＡ日程／国語はＢ日程） 実物解答用紙DL
2023年度	算数・社会・理科・国語 （算数・社会・理科はＡ日程／国語はＢ日程） 実物解答用紙DL
2022年度	算数・社会・理科・国語 （算数・国語はＢ日程／社会・理科はＡ日程） 実物解答用紙DL
2021年度	算数・社会・理科・国語 （算数はＤ日程／社会・理科はＡ日程／国語はＢ日程）
2020年度 Ｂ日程	算数・社会・理科・国語

※2024～2021年度は，科目ごとに収録する試験が異なっています。

～本書ご利用上の注意～　以下の点について，あらかじめご了承ください。

★別冊解答用紙は巻末にございます。実物解答用紙は，弊社サイトの各校商品情報ページより，一部または全部をダウンロードできます。
★編集の都合上，学校実施のすべての試験を掲載していない場合がございます。
★当問題集のバックナンバーは，弊社には在庫がございません（ネット書店などに一部在庫あり）。

合格を勝ち取るための
『スーパー過去問』の使い方

本書に掲載されている過去問をご覧になって，「難しそう」と感じたかもしれません。でも，多くの受験生が同じように感じているはずです。なぜなら，中学入試で出題される問題は，小学校で習う内容よりも高度なものが多く，たくさんの知識や解き方のコツを身につけることも必要だからです。ですから，初めて本書に取り組むさいには，点数を気にしすぎないようにしましょう。本番でしっかり点数を取れることが大事なのです。

過去問で重要なのは「まちがえること」です。自分の弱点を知るために，過去問に取り組むのです。当然，まちがえた問題をそのままにしておいては意味がありません。

本書には，長年にわたって中学入試にたずさわっているスタッフによるていねいな解説がついています。まちがえた問題はしっかりと解説を読み，できるようになるまで何度も解き直しをしてください。理解できていないと感じた分野については，参考書や資料集などを活用し，改めて整理しておきましょう。

このページも参考にしてみましょう！

◆どの年度から解こうかな　「入試問題と解説・解答の収録内容一覧」

本書のはじめには収録内容が掲載されていますので，収録年度や収録されている入試回などを確認できます。

※著作権上の都合によって掲載できない問題が収録されている場合は，最新年度の問題の前に，ピンク色の紙を差しこんでご案内しています。

◆学校の情報を知ろう!!「学校紹介ページ」

このページのあとに，各学校の基本情報などを掲載しています。問題を解くのに疲れたら息ぬきに読んで，志望校合格への気持ちを新たにし，再び過去問に挑戦してみるのもよいでしょう。なお，最新の情報につきましては，学校のホームページなどでご確認ください。

◆入試に向けてどんな対策をしよう？「出題傾向＆対策」

「学校紹介ページ」に続いて，「出題傾向＆対策」ページがあります。過去にどのような分野の問題が出題され，どのように対策すればよいかをアドバイスしていますので，参考にしてください。

◇別冊「入試問題解答用紙編」

本書の巻末には，ぬき取って使える別冊の解答用紙が収録してあります。解答用紙が非公表の場合などを除き，（注）が記載されたページの指定倍率にしたがって拡大コピーをとれば，実際の入試問題とほぼ同じ解答欄の大きさで，何度でも過去問に取り組むことができます。このように，入試本番に近い条件で練習できるのも，本書の強みです。また，データが公表されている学校は別冊の１ページ目に過去の「入試結果表」を掲載しています。合格に必要な得点の目安として活用してください。

本書がみなさんの志望校合格の助けとなることを，心より願っています。

株式会社　声の教育社　編集部

湘南学園中学校

所在地 〒251-8505 神奈川県藤沢市鵠沼松が岡4-1-32
電　話 0466-23-6611(代)
ホームページ https://www.shogak.ac.jp/highschool/
交通案内 小田急江ノ島線「鵠沼海岸駅」より徒歩8分
江ノ島電鉄線「鵠沼駅」より徒歩8分

くわしい情報はホームページへ

トピックス
★2025年度入試では，入試日程及び募集定員が変更となります。
★午前9時始業で，ゆったり登校できる。

創立年 昭和22年
男女共学
高校募集 なし

応募状況

年度	募集数	応募数	受験数	合格数	倍率
2024	A　30名	男　57名	54名	27名	2.0倍
		女　54名	51名	15名	3.4倍
	ESD 約15名	男　12名	12名	5名	2.4倍
		女　23名	23名	10名	2.3倍
	B　35名	男　126名	96名	45名	2.1倍
		女　87名	73名	20名	3.7倍
	C　35名	男　75名	49名	20名	2.5倍
		女　63名	51名	24名	2.1倍
	D　15名	男　63名	36名	10名	3.6倍
		女　40名	24名	5名	4.8倍

2025年度入試情報

・試験日程：
　A日程…２月１日午前　B日程…２月２日午前
　C日程…２月３日午前　D日程…２月４日午後
　湘南学園ESD入試…２月１日午後
・試験科目：
　A日程・B日程…２科(国算)か４科(国算社理)
　C日程・D日程…２科(国算)
　＜湘南学園ESD入試＞　※参考：昨年度
　記述・論述(SDGsの17のゴールに関する出題)
　※事前に動画(下記内容)の提出が必要です。
　「小学校時代に取り組んだこと」と「湘南学園に入学したら挑戦したいこと」について90秒以内で本人が語る様子。

学校説明会等日程（※予定）

夕涼み説明会【要予約】
８月23日・26日・27日・28日
いずれの日程も，16：00～18：00です。
秋のオープンキャンパス＆学校説明会【要予約】
10月13日　９：30～12：30
入試説明会【要予約】
11月16日　10：00～12：00(５・６年生対象)
12月14日　９：30～12：30(６年生対象)
入試直前学校見学・ミニ説明会【要予約】
１月11日・18日　10：00～12：00(６年生対象)
学園祭【予約不要】
９月28日　９：30～15：30(予定)
９月29日　９：30～15：30(予定)
※入試相談コーナーあり
合唱コンクール【予約不要】
１月22日　10：00～16：00(予定)
於：鎌倉芸術館

2024年春の主な大学合格実績

＜国公立大学＞
一橋大，筑波大，東京外国語大，横浜国立大，東京学芸大，横浜市立大
＜私立大学＞
慶應義塾大，早稲田大，上智大，東京理科大，明治大，青山学院大，立教大，中央大，法政大，学習院大，成蹊大，成城大，明治学院大，國學院大，武蔵大，獨協大，東京女子大，日本女子大，順天堂大，昭和大，日本大，東洋大，駒澤大，専修大，芝浦工業大，東京都市大

編集部注一本書の内容は2024年6月現在のものであり，変更されている場合があります。正確な情報は，学校のホームページ等で必ずご確認ください。

算数 出題傾向＆対策

◆基本データ（2024年度Ａ日程）

試験時間／満点	50分／150点
問題構成	・大問数…６題 計算１題（４問）／応用小問１題（８問）／応用問題４題 ・小問数…24問
解答形式	すべて解答のみを記入する形式になっている。必要な単位などは解答用紙にあらかじめ印刷されている。
実際の問題用紙	Ｂ５サイズ，小冊子形式
実際の解答用紙	Ｂ４サイズ

◆出題傾向と内容

▶過去３年の出題率トップ３
１位：四則計算・逆算16％　２位：角度・面積・長さ13％　３位：旅人算など７％
▶今年の出題率トップ３
１位：四則計算・逆算18％　２位：角度・面積・長さ12％　３位：旅人算など６％

計算問題は，整数の計算，小数の計算，分数の計算，逆算（□を求める計算）といったものが大半で，複雑なものはほとんど見られません。したがって，ここはすばやく確実に得点したいところです。

応用小問や応用問題は，規則性，平均とのべ，売買損益，食塩水の濃度，面積，体積・表面積，特殊算，速さ，場合の数などの単元から出題されていますが，いくつもの単元がからみあった問題はあまりなく，各単元ごとの解法がきちんと習得できているかどうかが問われています。

◆対策～合格点を取るには？～

まず，正確ですばやい計算力を，毎日の計算練習でモノにする必要があります。自分で無理なくこなせる問題量を決めて，コツコツと続けましょう。

数の性質，規則性，場合の数では，はじめに参考書にある重要事項を自分なりに整理し，さらに類題を数多くこなして，基本的なパターンを身につけてください。

図形では，はじめに求積問題を重点的に学習して，基本パターンを徹底的に身につけましょう。さらに，比を利用して解けるようにすると効果的です。

分野	年度	2024	2023	2022	2021	2020
計算	四則計算・逆算	●	●	●	●	●
	計算のくふう	○				
	単位の計算					
和と差	和差算・分配算					○
	消去算					
	つるかめ算	○			○	
	平均とのべ	○	○	○	○	○
	過不足算・差集め算	○				
	集まり		○			
	年齢算					
割合と比	割合と比	○	○			
	正比例と反比例			○		
	還元算・相当算				○	
	比の性質			○		
	倍数算				○	
	売買損益					
	濃度	○	○	○	○	○
	仕事算		○	○	○	○
	ニュートン算					
速さ	速さ		◎	○	○	○
	旅人算	○	○	○	◎	○
	通過算			○		○
	流水算					
	時計算					○
	速さと比					
図形	角度・面積・長さ	◎	●	◎	◎	◎
	辺の比と面積の比・相似					
	体積・表面積	○	○	○		○
	水の深さと体積	○				
	展開図					
	構成・分割			○	○	○
	図形・点の移動					○
表とグラフ		○	◎	○	○	○
数の性質	約数と倍数					○
	Ｎ進数					
	約束記号・文字式					
	整数・小数・分数の性質			○		○
規則性	植木算					○
	周期算				○	
	数列	○	○			○
	方陣算					
	図形と規則			○		
場合の数					◎	○
調べ・推理・条件の整理		○	○			
その他						

※　○印はその分野の問題が１題，◎印は２題，●印は３題以上出題されたことをしめします。

社会　出題傾向＆対策

◆基本データ(2024年度A日程)

試験時間／満点	40分／100点
問題構成	・大問数…３題 ・小問数…36問
解答形式	記号選択と用語の記入が大半をしめるが，１～２行程度の記述問題も見られる。
実際の問題用紙	Ｂ５サイズ，小冊子形式
実際の解答用紙	Ｂ４サイズ

◆出題傾向と内容

本校の社会は，地理・歴史・政治の各分野からはば広く出題されています。設問数が多いため，すばやく答えを判断して，テキパキと記入していく必要があります。

●地理…例年，各地域ごとの自然や産業がテーマに取り上げられています。たとえば，都道府県の特色について，都道府県の形や位置と，自然や産業をのべた文章を組み合わせる問いや，農業や工業に関連する表やグラフを読み取るものなどが出題されています。なお，世界地理の知識が必要な問題も見られます。

●歴史…各時代の歴史的なことがらをのべた文章(政治，外交・貿易，文化などのテーマに沿っている)を読んで，さまざまな設問に答えるという形式です。史料や写真を用いた問題や，文章中の空らんを補充する問題が見られます。

●政治…地球温暖化やゴミ問題などの地球環境問題，国会議員選挙の投票率の推移，地震や災害を題材とした総合問題のほか，戦争や難民問題など時事問題からの出題もあります。

分野 ＼ 年度			2024	2023	2022	2021	2020
日本の地理		地図の見方					
		国土・自然・気候	○	○	○	○	○
		資源					
		農林水産業	○	○	○	○	○
		工業	○	○	○	○	○
		交通・通信・貿易		○			○
		人口・生活・文化	○			○	
		各地方の特色	○	○	○	○	○
		地理総合	★	★	★	★	★
世界の地理			○			○	○
日本の歴史	時代	原始～古代	○	○	○	○	○
		中世～近世	○	○	○	○	○
		近代～現代	○	○	○	○	○
	テーマ	政治・法律史					
		産業・経済史					
		文化・宗教史					
		外交・戦争史					
		歴史総合	★	★	★	★	★
世界の歴史							
政治		憲法	○		○	○	
		国会・内閣・裁判所	○		○	○	○
		地方自治					○
		経済		○			○
		生活と福祉	○			○	○
		国際関係・国際政治	○	○		○	○
		政治総合					
環境問題			○	○		○	○
時事問題			○	○	○	○	
世界遺産				○		○	
複数分野総合			★	★	★	★	★

※　原始～古代…平安時代以前，中世～近世…鎌倉時代～江戸時代，近代～現代…明治時代以降

※　★印は大問の中心となる分野をしめします。

◆対策～合格点を取るには？～

全分野に共通することとして，いわゆる難問奇問は見られませんので，まず基本事項を確認し用語を覚えるようにしましょう。そのうえで，暗記したそれぞれのことがらを互いに関連づけられるとよいでしょう。そのためには参考書などを用いて自分なりに知識を整理してみると，効果的です。

地理分野については，まず都道府県ごとの位置や形を正確に覚えましょう。そして特ちょう的な地形や産業のようす，県内にある代表的な観光地などをノートに書き出していくとよいでしょう。世界地理については，日本と関係する国や面積の大きい国などを中心にまとめておきましょう。

歴史分野については，人物と関連するできごとをセットにして覚えるようにしましょう。また，簡単な年表を作って，各時代の特ちょうを書きこんでみるのもよいでしょう。作った年表をくり返し見直すことで，歴史を一つの流れとしてとらえることができます。

政治分野については，日本国憲法の基本的な内容と三権(国会・内閣・裁判所)，国際問題などに関する基本的な用語をおさえておきましょう。そのうえで，新聞やテレビ番組などで日常的にニュースに触れるようにし，時事的なことがらに慣れておくようにしてください。

理科　出題傾向＆対策

◆基本データ（2024年度Ａ日程）

試験時間／満点	40分／100点
問題構成	・大問数…５題 ・小問数…38問
解答形式	記号選択，適語や数値の記入でしめられている。記号は複数選ぶものもある。記述問題は見られない。
実際の問題用紙	Ｂ５サイズ，小冊子形式
実際の解答用紙	Ｂ４サイズ

◆出題傾向と内容

中学入試の全体の流れとして，「生命」「物質」「エネルギー」「地球」の各分野をバランスよく取り上げる傾向にありますが，本校の理科もその傾向をふまえており，各分野から出題されています。

●**生命**…サツマイモとジャガイモ，食物連鎖，消化管，生物の特ちょう，種子の発芽，植物のつくりとはたらき・成長などが見られます。

●**物質**…酸素の発生，二酸化炭素の性質，塩酸と鉄・アルミニウムの反応，ものの溶け方，濃度，中和などが出題されています。

●**エネルギー**…てこのつり合い，電気回路と電球・LEDの明るさ，電磁石，電熱線の発熱，ふりこの性質，ものの温まり方などが出題されています。

●**地球**…星・星座の動きと見え方，太陽の動きと棒のかげの動きなどが出題されています。そのほかに地層と岩石，台風，地震などが取り上げられています。

分野＼年度		2024	2023	2022	2021	2020
生命	植物	★	○	○	○	★
	動物	○	○	○	★	○
	人体	○		○	○	○
	生物と環境		★			
	季節と生物					
	生命総合			★		
物質	物質のすがた		○			
	気体の性質	★	○	★	○	○
	水溶液の性質	○	★		★	
	ものの溶け方				○	★
	金属の性質		○			
	ものの燃え方					○
	物質総合					
エネルギー	てこ・滑車・輪軸		○		○	○
	ばねののび方					
	ふりこ・物体の運動	★	○	○		
	浮力と密度・圧力					
	光の進み方					
	ものの温まり方			★	○	○
	音の伝わり方					
	電気回路	○	★	○	★	
	磁石・電磁石	○				★
	エネルギー総合					
地球	地球・月・太陽系		○	○		○
	星と星座	★	○	○		○
	風・雲と天候	○			★	★
	気温・地温・湿度			○	○	
	流水のはたらき・地層と岩石	○	★		○	○
	火山・地震			★	○	
	地球総合					
実験器具			○	○	○	○
観察						
環境問題			○			
時事問題			○			
複数分野総合		★	★	★	★	★

※　★印は大問の中心となる分野をしめします。

◆対策～合格点を取るには？～

各分野からまんべんなく出題されていますから，すべての内容について基礎的な知識をはやいうちに身につけ，そのうえで問題集で演習をくり返しながら実力アップをめざしましょう。

「生命」は，身につけなければならない基本知識の多い分野ですが，図鑑や教科書，図録などで楽しみながら確実に学習する心がけが大切です。

「物質」では，気体や水溶液，金属などの性質に重点をおいて学習してください。そのさい，中和反応や濃度など，表やグラフをもとに計算する問題にも積極的に取り組んでください。

「エネルギー」は，かん電池のつなぎ方や方位磁針のふれ方，磁力の強さなどの出題が予想される単元ですから，学習計画から外すことのないようにしましょう。

「地球」では，太陽・月・地球の動き，季節と星座の動き，天気と気温・湿度の変化，地層のでき方などが重要なポイントです。

なお，環境問題や身近な自然現象に日ごろから注意をはらうことや，テレビの科学番組，新聞・雑誌の科学に関する記事，読書などを通じて多くのことを知るのも大切です。

国語 出題傾向＆対策

◆基本データ（2024年度Ｂ日程）

試験時間／満点	50分／150点
問題構成	・大問数…４題 文章読解題２題／知識問題２題 ・小問数…32問
解答形式	記号選択，適語の記入，書きぬきが大半だが，記述問題も見られる。
実際の問題用紙	Ｂ５サイズ，小冊子形式
実際の解答用紙	Ｂ４サイズ

◆出題傾向と内容

▶近年の出典情報（著者名）
説明文：河野哲也　伊藤亜紗　辻　信一
小　説：瀬尾まいこ　佐藤いつ子　妹尾河童

●読解問題…取り上げられるジャンルは，説明文・論説文と小説・物語文の組み合わせになっています。小説・物語文では心情を問うものが中心で，説明文・論説文では論旨の展開を正しく理解しているかどうかを問う問題が中心です。そのほか，脱語のそう入，接続語などの適語補充，内容正誤などの設問があります。

●知識問題…独立題として出されるほか，読解問題の小問にも組みこまれます。漢字の読み，書き取りともに，毎年出されています。また，ことばの知識は，同音異義語・同訓異字や熟語の組み立て，四字熟語，慣用句・ことわざ，語句の意味などが見られます。

◆対策～合格点を取るには？～

本校の国語は，読解力を中心にことばの知識や漢字力もあわせ見るという点では，実にオーソドックスな問題ということができますが，その中でも大きなウェートをしめるのは，長文の読解力です。したがって，読解の演習のさいには，以下の点に気をつけましょう。①「それ」や「これ」などの指示語は何を指しているのかを考える。②段落や場面の構成を考える。③筆者の主張や登場人物の性格，心情の変化などに注意する。④読めない漢字，意味のわからないことばが出てきたら，すぐに辞典で調べる。

また，知識問題は，漢字・語句（四字熟語，慣用句・ことわざなど）の問題集を一冊仕上げるとよいでしょう。

分野		年度	2024	2023	2022	2021	2020
読	文章の種類	説明文・論説文	★	★	★	★	★
		小説・物語・伝記	★	★	★	★	★
		随筆・紀行・日記					
		会話・戯曲					
		詩					
		短歌・俳句					
解	内容の分類	主題・要旨	○	○	○	○	○
		内容理解	○	○	○	○	○
		文脈・段落構成	○	○	○	○	○
		指示語・接続語	○	○	○	○	○
		その他	○	○	○	○	○
知	漢字	漢字の読み					
		漢字の書き取り	★	★	★	★	★
		部首・画数・筆順					
	語句	語句の意味	○	○	○	○	
		かなづかい					
		熟語		○	★		★
		慣用句・ことわざ	★	○		★	○
識	文法	文の組み立て					
		品詞・用法					
		敬語					
	形式・技法						
	文学作品の知識						
	その他						
	知識総合			★			
表現	作文						
	短文記述						
	その他						
放送問題							

※　★印は大問の中心となる分野をしめします。

カコを追いかけ
ミライをつかめ

2024 年度 湘南学園中学校

【算　数】〈A日程試験〉(50分)〈満点：150点〉

1　次の計算をしなさい。ただし，(4)は $\boxed{}$ にあてはまる数を答えなさい。

(1)　$18\div10\times5-3$

(2)　$3.14\times5-3.14\div2\times6+10$

(3)　$\left(5\frac{2}{3}-3\frac{1}{2}\right)\div0.75-2\frac{5}{6}$

(4)　$\left(\boxed{}+\frac{1}{2}\right)\div2\frac{3}{4}=\frac{4}{3}$

2　次の各問いに答えなさい。

(1)　1個7gの角砂糖と，1個10gの角砂糖が合計で12個あります。重さの合計が96gであるとき，1個7gの角砂糖は何個ありますか。

(2)　$\frac{3}{4}$，$\frac{3}{5}$，$\frac{3}{6}$，$\frac{3}{7}$，…，$\frac{3}{100}$ のように規則的に並んでいます。このうち約分できる分数はいくつありますか。

(3)　Aさんは時速5km，Bさんは時速4kmの速さで同じ場所を同時に出発し，反対方向に歩きます。30分後，2人の間は何kmになりますか。

(4)　39人のクラスの身長の平均が162cmでした。担任の先生を合わせて40人の平均身長を計算したら162.4cmになりました。担任の先生の身長は何cmですか。

(5)　クッキーを何人かの子どもに分けたとき，1人4個ずつ分けると13個余り，1人7個ずつ分けると8個不足します。クッキーは何個ありますか。

(6)　濃度《のうど》が6％の食塩水300gに，別の濃度の食塩水200gを加えたところ，濃度が5.2%の食塩水ができました。加えた食塩水の濃度は何％ですか。

(7)　辺ABと辺ACの長さが等しい二等辺三角形があります。角Aは50°で，図の○と○，×と×の角度が等しいとき，角アの角度は何度になりますか。

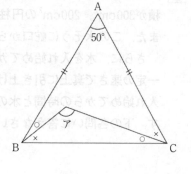

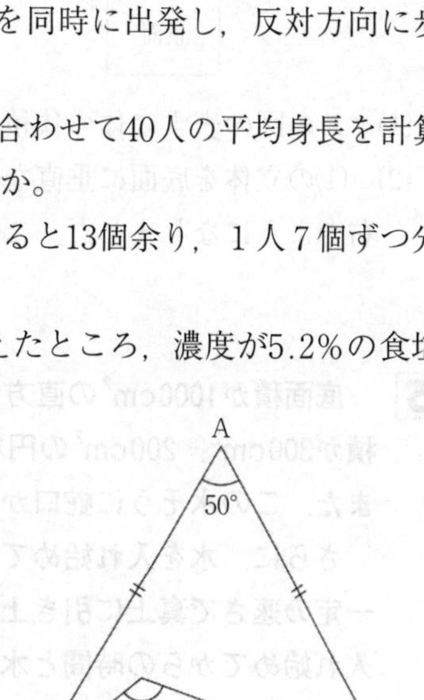

(8)　ある2階建ての旅館は客室が全部で25部屋あり，2階と1階の客室数の比は3：2です。また，2階の20%と1階の30%が和室になっています。この旅館全体に和室が何部屋あるかを次のように求めました。$\boxed{\text{ア}}$〜$\boxed{\text{カ}}$ の空らんにあてはまる数を答えなさい。

2階と1階の客室数の比が3：2であるから，2階の客室数は $25\times\frac{3}{\boxed{\text{ア}}}=\boxed{\text{イ}}$

この結果を利用すると，1階の部屋数は $\boxed{\text{ウ}}$ であることが分かる。

したがって和室の総数は $\boxed{\text{イ}}\times\boxed{\text{エ}}+\boxed{\text{ウ}}\times\boxed{\text{オ}}=\boxed{\text{カ}}$

と求めることができる。

3　右の図は，半径がともに6cmである2つの円を重ねたものです。次の各問いに答えなさい。ただし，円周率は3.14とします。

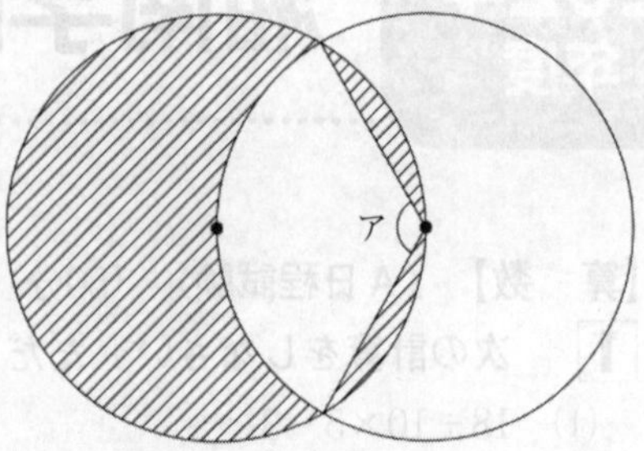

(1)　角アの大きさを求めなさい。

(2)　斜線部分の面積の和を求めなさい。

(3)　斜線部分の周の長さの和を求めなさい。

4　次の図は，大小2つの円柱を重ねた立体を正面から見た様子と真上から見た様子を表したものです。下の各問いに答えなさい。ただし，円周率は3.14とします。

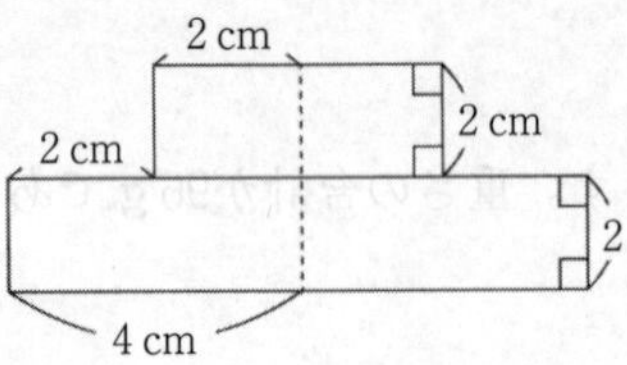

正面

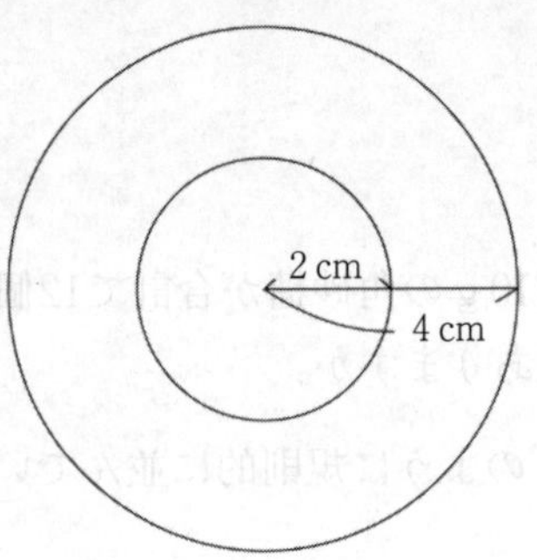

真上

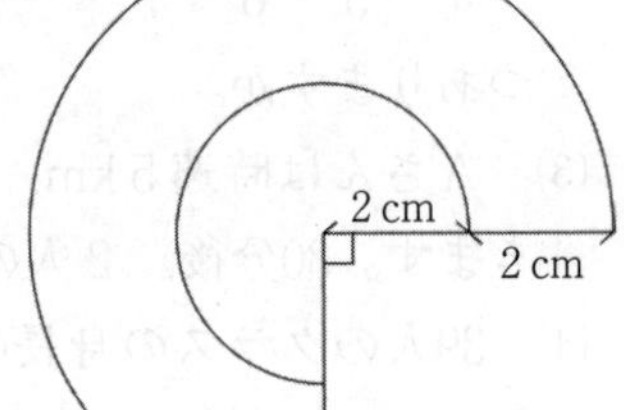

(1)　この図の表す立体の体積と表面積を求めなさい。

(2)　(1)の立体を底面に垂直な平面で切ったとき，真上から見た図が右のようになりました。この立体の表面積を求めなさい。

5　底面積が$1000cm^2$の直方体の水そうにそれぞれ底面積が$300cm^2$，$200cm^2$の円柱Aと円柱Bがあります。また，この水そうに蛇《じゃ》口から一定の水を入れ続けます。

　さらに，水を入れ始めてから9分後から，円柱Bを一定の速さで真上に引き上げます。次のグラフは水を入れ始めてからの時間と水の深さの関係を表しています。下の各問いに答えなさい。

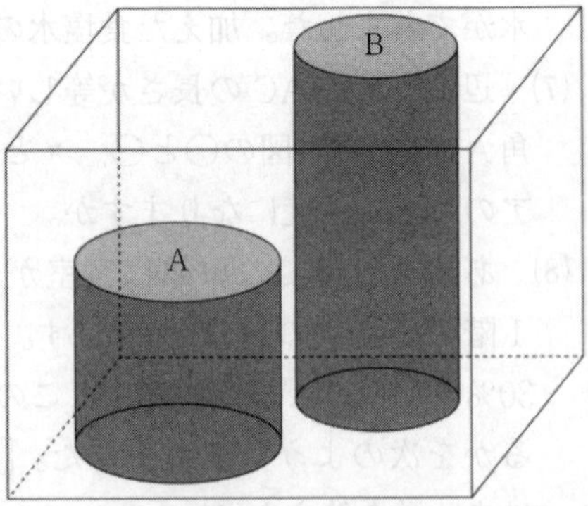

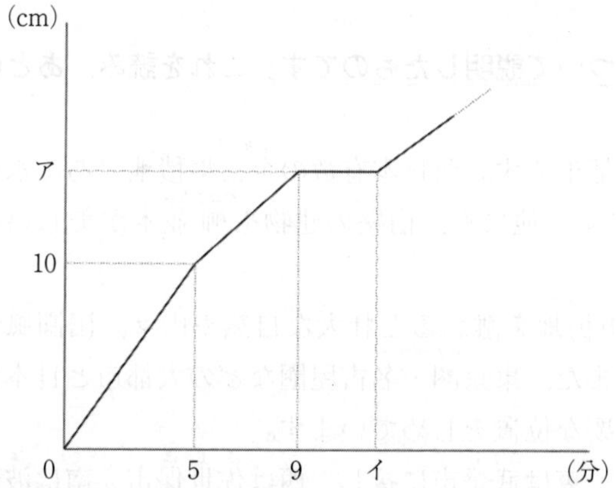

(1) 円柱Ａの高さは何cmですか。
(2) 水は１分あたり何cm^3入っていますか。
(3) 円柱Ｂを引き上げる速さは，１分あたり何cmですか。
(4) グラフ中のア・イにあてはまる数を答えなさい。

6 **図のように数字のかかれた石を１から順番に円状に並べて，１から順番に時計回りにひとつとばしで取っていきます。**

図１

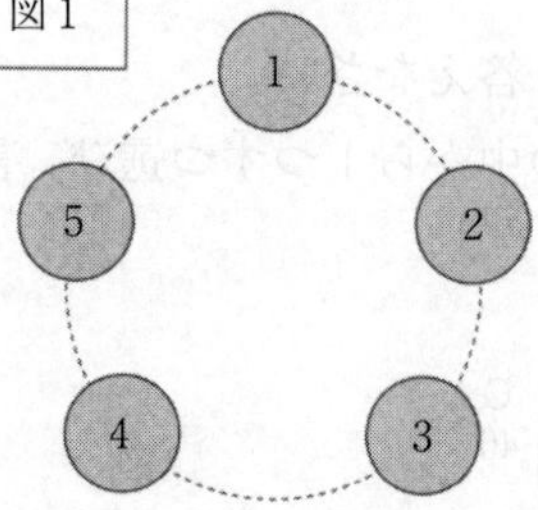

図１の場合，１→３→５と取ると，２と４が残った状態になるので５の次は４を取ることになり，最後に２が残ります。

図２

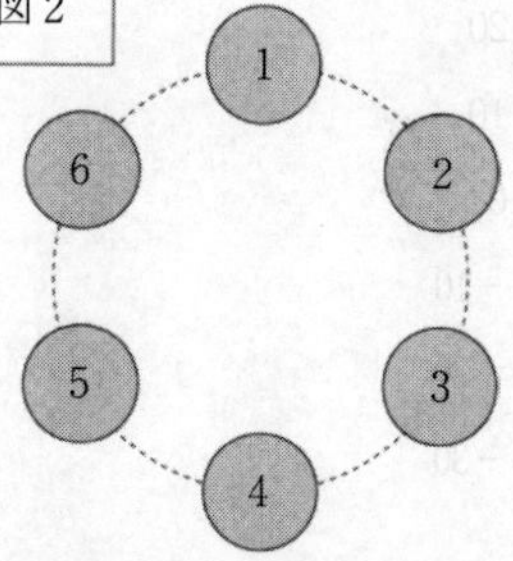

図２の場合，１→３→５と取ると，２と４と６が残った状態になるので，５の次は２→６の順に取り，最後に４が残ります。

次の各問いに答えなさい。

(1) ７個の石を並べたとき，最後に残る石の数字を答えなさい。
(2) ８個の石を並べたとき，最後に残る石の数字を答えなさい。
(3) 64個の石を並べたとき，最後に残る石の数字を答えなさい。

【社　会】〈Ａ日程試験〉(40分)〈満点：100点〉

1　**次の各文は，それぞれいずれかの市町村について説明したものです。これを読み，あとの問いに答えなさい。**

Ａ　ここは，(　１　)海に面する人口約48万人の都市です。西日本有数の企業《きぎょう》集積地である水島コンビナートをはじめ，商工業が発達しています。他にも，白壁《しらかべ》の建物や柳《やなぎ》並木《なみき》が美しい美観地区も有名です。

Ｂ　ここは，歴史情緒《れきしじょうちょ》あふれる史跡《しせき》が多く，市街地を離れると壮大な自然や山々，田園風景が広がり，盆地の中央に①**千曲川**が流れます。また，東京圏《けん》・名古屋圏などの大都市と日本海沿岸地域を結ぶ高速交通網の拠点《きょてん》都市として重要な位置をしめています。

Ｃ　ここは，県の西部に位置し，北は伊万里《いまり》市，東は武雄《たけお》市に接し，西は佐世保《させぼ》市，南は波佐見《はさみ》町《ちょう》に接しています。面積の約６割を森林がしめていて，この自治体を流れる川は伊万里湾へ流れこんでいます。

Ｄ　ここは，標高931ｍの六甲山《ろっこうさん》を主峰とする六甲山系により南北に二分され，大阪湾に面した南側は，六甲山系の山麓部《さんろくぶ》に沿って中小河川による扇状地《せんじょうち》，海岸低地，埋立《うめたて》地などが続く地形となっています。

Ｅ　ここは薩摩半島の南部に位置し，南は広大な(　２　)海をのぞみ，南薩《なんさつ》地域の地理的中心に位置しています。面積は県全体の約４％をしめており，一帯にはシラスと呼ばれる土壌が広がっています。

問１．文中の空らん(１)と(２)にあてはまる海の名前を，それぞれ答えなさい。

問２．市町村Ａ・Ｂの雨温図に最も近いと考えられるものを，次の中から１つずつ選び，記号で答えなさい。

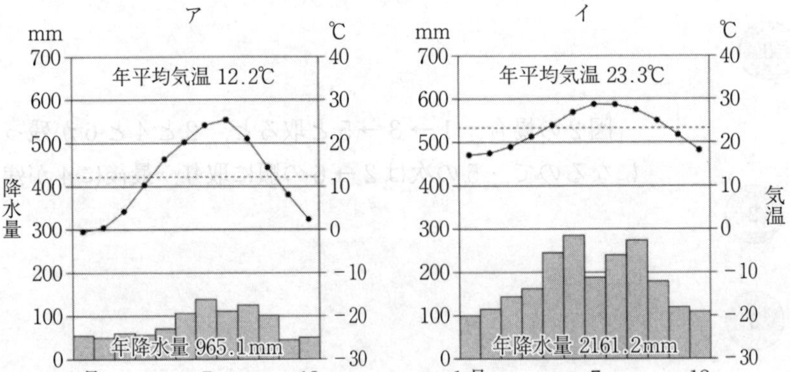

ウ

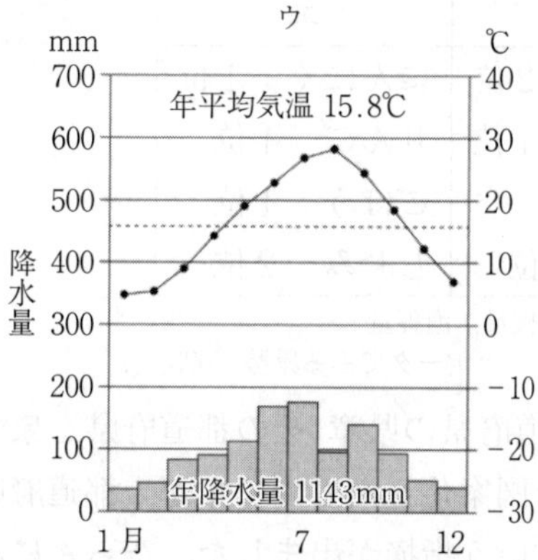

エ

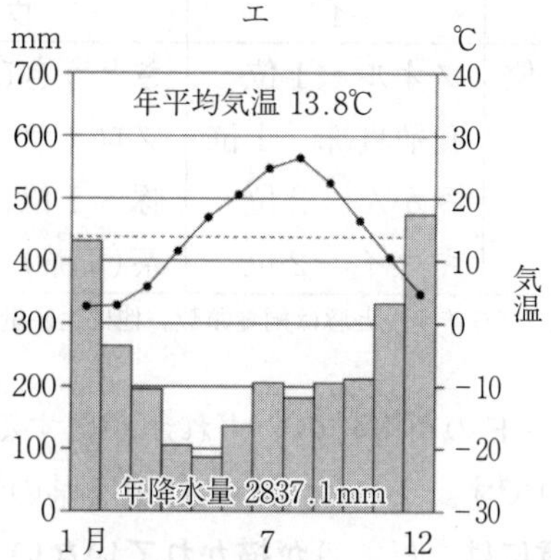

※雨温図作成サイト(https://ktgis.net/service/uonzu/)で作成

問3．下線部①について，市町村**B**を流れるこの川は，県境を越《こ》えると名称が変わります。この川の特徴としてあてはまるものを，次の中から１つ選び，記号で答えなさい。

ア　日本で一番長い

イ　日本で一番流域面積が大きい

ウ　日本で最も流れがはやい

問4．市町村**C**がある都道府県で生産がさかんな工業製品と，そのデータの組み合わせとして正しいものを下の中から１つ選び，記号で答えなさい。

＜工業製品X＞

＜工業製品Y＞

工業製品のデータⅠ		工業製品のデータⅡ	
岐阜県	12,852	静岡県	5,301
Cの市町村がある都道府県	5,452	福岡県	4,405
長崎県	4,760	**C**の市町村がある都道府県	2,047
愛知県	1,319	福島県	993
石川県	1,118	大阪府	875

※すべて出荷額　単位百万円　　　『データでみる県勢 2023』

ア　X—Ⅰ　　イ　Y—Ⅰ

ウ　X—Ⅱ　　エ　Y—Ⅱ

問5．市町村**D**は，ある水産物の輸出量が日本全国の約８割をしめ，世界でも有数の集散地として知られています。この水産物を選択肢の中から１つ選びなさい。

ア　ホタテガイ　　イ　真珠　　ウ　昆布

問6．以下の表は，ある都道府県の主な生産物の一覧です。市町村**B**・**E**が所属する都道府県のデータとして正しいものを，次の中から１つずつ選び，記号で答えなさい。

ア	イ	ウ	エ
えのきたけ　1位	タオル　1位	さとうきび　2位	にんにく　1位
わさび　1位	養殖真珠　1位	ブロイラー　1位	りんご　1位
レタス　1位	みかん　2位	豚　1位	ごぼう　1位
りんご　2位	キウイ　2位	茶(荒茶《あらちゃ》)　2位	しじみ　2位

※タオルは出荷額。ブロイラーと豚は飼養頭数。他は生産量，収穫量，漁獲量

『データでみる県勢 2023』

問７．次の図は，Ａ～Ｅの市町村のいずれかが属する都道府県の県章(その都道府県を象徴するシンボルマーク)です。これは，その都道府県の形を図案化したものですが，都道府県の議会で，**「この県章には，(　　)が描かれていない」**という指摘が出ました。空らんにあてはまる言葉を，考えて書きなさい。

問８．Ａ～Ｅの市町村が属する都道府県の名称と位置を，それぞれ答えなさい。

2 **次の文章を読んで，あとの問いに答えなさい。**

A　①人々はみんなで協力して家を建てたり，土器をつくったりして生活していました。やがて，②米づくりが伝わると，しだいに身分の差が広がり，他のむらを従えて，くにをつくる支配者が生まれていきました。

B　地域の指導者たちは，③連合して大和朝廷《やまとちょうてい》(大和政権)をつくりました。やがて，天皇を中心とする国づくりが行われ，④農民たちは国から割り当てられた土地を耕し，税を負担しました。

C　都が京都の平安京に移され，政治は貴族たちがすすめました。⑤貴族たちは年中行事を行い，中国の文化をもとにした新しい文化を生み出しました。

D　武士による政治が始まり，鎌倉に幕府がつくられました。⑥将軍と御家人《ごけにん》は御恩《ごおん》と奉公《ほうこう》の関係で結ばれていました。武士たちは，動きやすい服装で質素な生活をし，武芸の訓練にはげみました。

E　京都に幕府がおかれた時代，農業や商工業がさかんとなり，文化や芸術が保護されました。しかし，やがて戦乱が続くようになり，村の人々は自分たちの生活を守るために団結を強めました。

F　戦乱の天下は統一され，江戸に幕府が開かれました。武士と町人は城下町に，百姓《ひゃくしょう》は村に住むように分けられ，武士が支配する社会のしくみがつくり直され，農業や商業が発展しました。

G　明治政府は富国強兵をめざし，殖産興業《しょくさんこうぎょう》を行いました。人々のくらしの中に欧米の制度や生活様式が取り入れられました。やがて自由民権運動が広がると，憲法が発布され，国会がつくられました。

H　朝鮮の混乱をきっかけに日清戦争が起こりました。このころ軽工業がさかんになりましたが，日清戦争後は重工業も発展しました。一方で，工場や鉱山から出るけむりや廃水によって公害が発生しました。

I　不景気はいっそう深刻なものになり，日本は中国と全面戦争を始め，アメリカやイギリスなどの連合軍とも戦争をしました。生活必需品は切符《きっぷ》制・配給制となり，国民生活は少しずつ苦しくなっていきました。

J　第二次世界大戦が終わると，新しい国づくりが行われ，民主化がすすめられ，戦争が放棄《ほうき》されました。その後，高度経済成長が続き，くらしは豊かで便利になりましたが，公害問題が起こりました。現在は持続可能な社会のために，世界の人々が協力しています。

問1．AからGの時代それぞれに活躍した人物を，次の語群の中から1人ずつ選び，それぞれ記号で答えなさい。

【語群】

ア　足利義満	イ　板垣退助	ウ　聖徳太子	エ　徳川家光
オ　卑弥呼《ひみこ》	カ　藤原道長	キ　源頼朝	

問2．下線部①について，縄文時代の遺跡から分かることとして述べた次の文の中から，**誤っているもの**を1つ選び記号で答えなさい。

ア　石や動物の骨などから道具をつくり，狩りや漁をしていました。

イ　くりやくるみなどの栽培《さいばい》をしていた集落もありました。

ウ　指導者のための，特別に大きな墓がつくられました。

問３．下線部②について，米づくりが広がったころの時代を説明した次の文の中から，正しいものを１つ選び記号で答えなさい。

ア　米づくりは，このころ大陸や朝鮮半島から移り住んだ人々によって伝えられました。

イ　米づくりによって，安定した食料がえられるようになり，むらどうしが争うことがなくなりました。

ウ　米をたくわえるために使われた土器のほとんどに，縄《なわ》を転がしてつくったもようがつけられていました。

問４．下線部③について，このころさかんにつくられた古墳は，渡来人がもたらしたあることが原因となって衰退《すいたい》していきました。それは何か，次の文の中から１つ選び記号で答えなさい。

ア　漢字がもたらされたこと。

イ　仏教がもたらされたこと。

ウ　金属器がもたらされたこと。

問５．下線部④について述べた次の文の中から，**誤っているもの**を１つ選び記号で答えなさい。

ア　土地や民はすべて国家のものとされ，農民たちは戸籍《こせき》にしたがって田を割り当てられました。

イ　農民たちは，稲《いね》や布，地方の特産物などを税としておさめました。

ウ　農民たちは，兵士になったり土木工事をしたりすることはなく，農業だけに専念させられました。

問６．下線部⑤について述べた次の文の中から，正しいものを１つ選び記号で答えなさい。

ア　清少納言は，『竹取物語』を書きました。

イ　紫式部は，『源氏物語』を書きました。

ウ　菅原道真《すがわらのみちざね》は，『枕草子』を書きました。

問７．下線部⑥について述べた次の文の中から，**誤っているもの**を１つ選び記号で答えなさい。

ア　御家人として従った有力な武士たちは，全国各地の守護や地頭に任命されました。

イ　承久の乱が起こったとき，幕府は御恩と奉公を御家人たちへうったえて朝廷の軍をやぶりました。

ウ　御家人たちは九州でモンゴルの大軍と戦い，御恩として多くの領土をもらうことができました。

問８．次の資料はＥの時代の資料です。これについて述べた下の文の中から，**誤っているもの**を１つ選び記号で答えなさい。

〈資料〉

ア　この資料は，稲刈《か》りの様子をあらわしており，資料の中には，税をとろうとする地主のすがたも見られます。

イ　この資料には，豊作をいのって，働く人たちをはげましたり楽しませたりする田楽の様子が見られます。

ウ　この資料にえがかれている田楽は，祭りや盆踊《ぼんおど》りとして現在でも行われており，猿楽《さるがく》などとともに能や狂言《きょうげん》へと発展しました。

問９．Ｅの文章について，室町～戦国時代の資料とは**いえないもの**を次の中から１つ選び記号で答えなさい。

ア

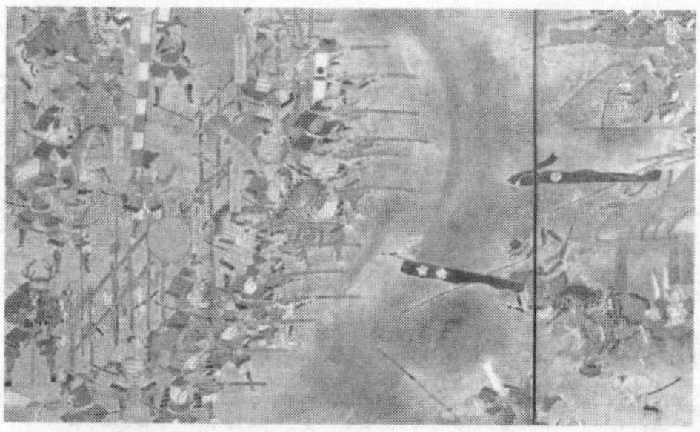

イ

ウ

エ

問10.　**Ｆ**の時代について，次の資料はにぎわう大坂の港の様子です。この時代に商人たちは大きく経済力をのばしました。下の文の中からその理由として最もふさわしいと思われるものを１つ選び記号で答えなさい。

ア　あたらしい農法として稲と麦の二毛作が始まり，全国に広がっていったこと。

イ　長崎で中国やオランダと貿易が行われたこと。

ウ　油かすや干鰯《ほしか》が肥料として使われ，さらに各地の特産物もさかんにつくられるようになったこと。

問11.　次のａ～ｃの文章は，**Ｇ**の時代について述べています。ａ～ｃの文章を時代の古い順に並べかえたとき，正しいものをア～エの中から１つ選び記号で答えなさい。

ａ　政府の改革に不満を持つ士族が西南戦争を起こしました。

ｂ　土地の値段を基準に税を定め，不作や豊作に関係なく決まった額の税金を納めさせました。

ｃ　天皇中心の政治を全国にゆきわたらせるために，藩《はん》を廃止して新たに府と県をおき，政府の役人である知事を派遣しました。

ア　ａ→ｂ→ｃ　　イ　ａ→ｃ→ｂ　　ウ　ｂ→ａ→ｃ　　エ　ｃ→ｂ→ａ

問12.　**Ｇ**の時代について，このころの日本の輸出品のうち，輸出金額が最も多いものを，次の中から１つ選び記号で答えなさい。

ア　綿織物　　イ　砂糖　　ウ　生糸　　エ　機械類　　オ　茶

問13.　**Ｈ**の時代について，日清戦争の賠償《ばいしょう》金をもとに北九州に建てられたものはどれですか，次の中から１つ選び記号で答えなさい。

ア

イ

ウ

問14.　Ｉの時代について，このころの子どもたちに関する次の文の中から，**誤っているもの**を１つ選び記号で答えなさい。

ア　アメリカで始まった不景気が日本におしよせ，東北地方や北海道では冷害も重なって，うえる子どもたちが増えました。かれらはうえをしのぐために草や木の芽なども食べました。

イ　中国の満州に移り住み，荒《あ》れた土地を開拓《かいたく》した子どもたちがいました。かれらは現地の人たちから歓迎《かんげい》され，戦争に負けてからもほとんどの子どもが日本に引き上げることができました。

ウ　中学生や女学生は兵器工場に動員され，やがて大学生も兵士として動員されるようになりました。都市に住む小学生たちは，親もとをはなれて地方へ集団そかいさせられるようになりました。

問15.　Ｊの時代について，日本の高度経済成長はあることをきっかけに終わりました。それは何か，次の中から１つ選び記号で答えなさい。

ア　石油ショック　　イ　朝鮮戦争　　ウ　東京オリンピック

問16.　次の文は，ＡからＪのどの時期にあてはまりますか。それぞれ記号で答えなさい。

①　中国の隋《ずい》に使いを送りました。

②　中国の唐《とう》に使いを送ることをやめました。

③　中国の明と貿易しました。

3　**次の文章は，おばさんとちひろの会話です。これを読んで，あとの問いに答えなさい。**

おばさん：昨日の①地震《じしん》，大きかったわね。

ち ひ ろ：うん。最近，地震が多いよね。去年の２月も，確か海外で…。

おばさん：②トルコの地震だね。

ち ひ ろ：おばさんは，行ったことがあるんだよね？　どんな国なの？

おばさん：料理もおいしいし，古い遺跡がたくさんあるし，親日国として知られていて，日本人に好意的な人が多かったよ。

ち ひ ろ：それは聞いたことがある！　確か③明治時代に日本で難破《なんぱ》したトルコの軍艦《ぐんかん》を，日本人が助けたんだよね。

おばさん：そうだね。その話は④小学校の教科書にも書かれていて，トルコの人はよく知っているそうだよ。

ち ひ ろ：⑤教科書に書いてあることって，けっこう覚えているものだから大事だね！　そういえば，国語の教科書には，戦争のころのお話が載《の》っていたなぁ。

おばさん：そうだね。おばさんのころは，映画やドラマでも戦争を題材にしたものが多かったよ。原爆《げんばく》を題材にしたアニメとか。

ち ひ ろ：⑥『はだしのゲン』とか？　⑦図書館で漫画《まんが》を読んだことがあるよ。読んだ後は怖《こわ》くて寝《ね》られなかった。

おばさん：そういう人もいるよね。でも，⑧戦争や原爆がそれだけ怖いという事を肌《はだ》で感じることが出来るのも大事だと思うよ。

ち ひ ろ：ところで，今年は⑨オリンピックイヤーだね。

おばさん：今年の開催《かいさい》地は知ってる？

ち ひ ろ：（ １ ）だね！　確か，何年か前に国際会議が開かれてなかったっけ？

おばさん：2015年のCOP21（国連気候変動枠《わく》組み条約第21回締約《ていやく》国会議）だね。そこで決まったことは知ってるかな？

ち ひ ろ：えーっと，（ ２ ）の排出《はいしゅつ》量削減《さくげん》だったっけ？

おばさん：そうだね。それによって平均気温の上昇《じょうしょう》を産業革命前と比べて２度，努力目標として1.5度以内に抑《おさ》えることを目標にしているよ。

ち ひ ろ：うーん，⑩去年の夏の暑さを思うと，全然達成できていないって思うなぁ。

おばさん：国連の事務総長が，「地球温暖化ではなく，（ ３ ）化だ」と言っていたのが印象的だったね。

ち ひ ろ：各地で⑪山火事が起こっていたけど，やっぱり温暖化の影響《えいきょう》かな？

おばさん：そうだろうね。

ち ひ ろ：暑いからエアコンをずーっとつけっぱなしにしてたけど，それが温暖化につながるなら控《ひか》えたほうが良いのかな？

おばさん：おばさんは暑いのが苦手なので，それは辛《つら》いなぁ。

問１．文中の空らんにあてはまる語句を答えなさい。※（１）は都市名を答えること

問２．下線部①について，次の⑴～⑶に答えなさい。

⑴　次の新聞記事は，ある地震の被害《ひがい》を伝えています。新聞の中の［あ］にあてはまる語句を，次の中から１つ選び記号で答えなさい。

ア　昭和　　イ　大正　　ウ　平成　　エ　明治

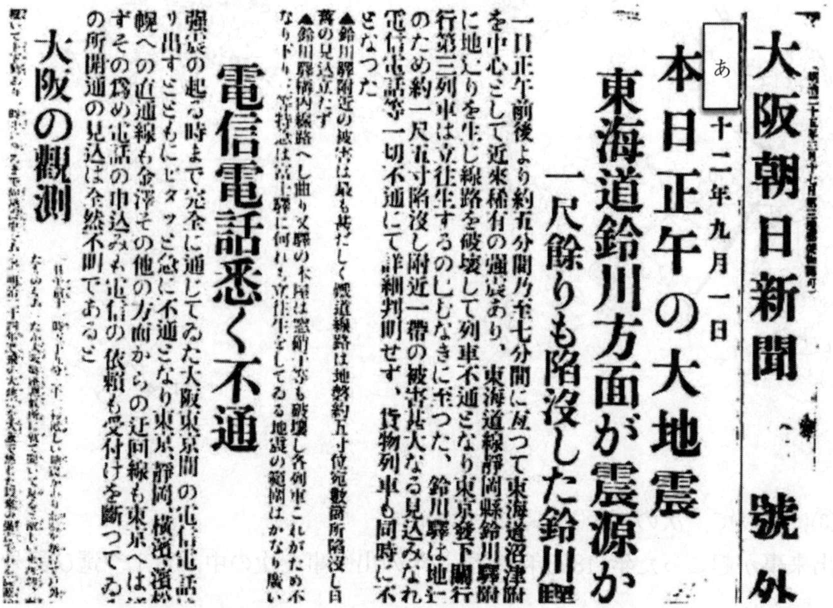
大阪朝日新聞　號外

あ　十二年九月一日

本日正午の大地震
東海道鈴川方面が震源か
一尺餘りも陥沒した鈴川驛

一日正午前後より約五分間乃至七分間に亙つて東海道沼津附近を中心として近來稀有の强震あり、東海道線靜岡縣鈴川驛附近に地辷りを生じ線路を破壞して列車不通となり東京發下關行第三列車は立往生するの已むなきに至つた、鈴川驛は地辷のため約一尺五寸陥沒し附近一帶の被害甚大なる見込みなれど電信電話等一切不通にて詳細判明せず、貨物列車も同時に不通となつた

▲鈴川驛附近の被害は最も甚だしく鐵道線路は地勢約五寸位宛數箇所陥沒し目齊の見込立たず

▲鈴川驛構内線路へし曲り又驛の本屋は…各列車これがため不通となり下り…特急は富士驛に何れも立往生してゐる地震の範圍はかなり廣い

電信電話悉く不通

强震の起る時まで完全に通じてゐた大阪東京間の電信電話は…出すとともにピタッと急に不通となり東京、靜岡、横濱、濱松への直通線も金澤その他の方面からの迂回線も東京へは通ぜずその爲め電話の申込みも電信の依頼も受付けを断つてゐるの所開通の見込は全然不明であると

大阪の觀測

(2)　(1)の大震災《しんさい》を説明した次の文の中から，**誤っているもの**を１つ選び記号で答えなさい。

ア　神奈川では，地震による津波《つなみ》の被害も発生した。

イ　神奈川よりも人口密集地の東京の死者が多かった。

ウ　火災より建物の倒壊《とうかい》による圧死の犠牲《ぎせい》者が多かった。

(3)　次の絵は，(1)の震災の後に描かれた画家の竹久夢二《たけひさゆめじ》の「東京災難画信」の中の１つで，「自警団《じけいだん》遊び」というタイトルがつけられて，右の文がつけられています。

「万ちゃん，君の顔はどうも日本人じゃあないよ」豆腐《とうふ》屋の万ちゃんをつかまえて，一人の子供がそう言う。郊外《こうがい》の子供達《たち》は自警団遊びをはじめた。
「万ちゃんを敵にしようよ」
「いやだあ僕《ぼく》，だって竹槍《たけやり》で突《つ》くんだろう」万ちゃんは尻込《しりご》みをする。
「そんな事しやしないよ。僕達のはただ真似《まね》なんだよ」そう言っても万ちゃんは承知しないので餓鬼《がき》大将が出てきて，
「万公！　敵にならないと打殺《ぶちころ》すぞ」と嚇《おど》かしてむりやり敵にして追《お》いかけ廻《まわ》しているうちに真実《ほんとう》に万ちゃんを泣くまで殴《なぐ》りつけてしまった。

この絵と文には，日本人が持っていた差別意識と，震災の際に吹き荒れた虐殺への批判がこめられています。

万ちゃんは，どんな人に例えられたのか，次の中からあてはまるものを１つ選び記号で答えなさい。

ア　震災被災《ひさい》者　　イ　朝鮮人　　ウ　欧米人

問３．下線部②について，次の地図中ア～エからトルコの場所を選び記号で答えなさい。

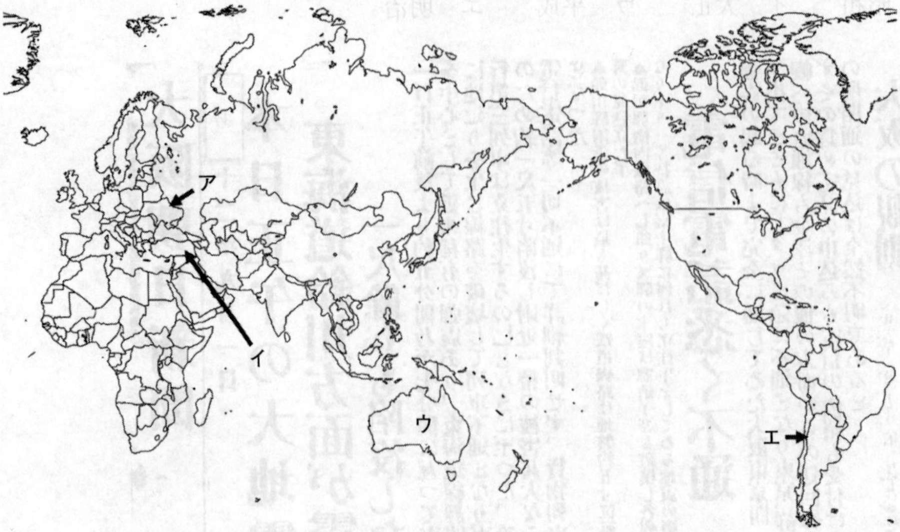

問4．下線部③について，次の(1)～(3)に答えなさい。

(1)　この出来事が起こった年(1890年)と同じ年の出来事を次の中から1つ選び記号で答えなさい。

ア　大日本帝国《ていこく》憲法の発布　　イ　帝国議会の開会
ウ　湘南学園の設立　　エ　新橋～横浜間の鉄道の開通

(2)　次の資料は，この出来事が起こった都道府県のものです。この都道府県はどこか答えなさい。

【資料A：都道府県データ】

面積	人口	農家人口	農地面積	田	普通畑	樹園地
4724.68km^2 (30位)	944,750人 (39位)	5.6万人 (28位)	3.2万 ha (38位)	0.9万 ha (42位)	0.2万 ha (43位)	2.0万 ha (3位)

『朝日ジュニア学習年鑑 2022』より作成

【資料B：この都道府県が生産量上位5位に入る果樹】

果樹A	t(トン)
山梨	34 600
福島	24 300
長野	10 600
山形	8 880
	7 310
全国	**107 300**

果樹B	t(トン)
	147 800
愛媛	127 800
静岡	99 700
熊本	90 000
長崎	52 000
全国	**749 000**

果樹C	t(トン)
	67 500
群馬	5 770
三重	1 620
神奈川	1 590
福井	1 580
全国	**104 600**

※ 　　がこの都道府県のデータ　　『データでみる県勢 2023』より作成

(3)　(2)の資料B中の果樹Cは何か，答えなさい。

問5．下線部④について，次の(1)～(2)に答えなさい。

(1)　次の表は日本の小学校・中学校・高等学校・大学のデータです。ア～エから小学校のものを選び，記号で答えなさい。

	学校数 ［うち私立］	教員数（千人）	児童・生徒・学生数（千人）
ア	10076 ［778］	248.3	3229.7
イ	19336 ［241］	422.9	6223.4
ウ	4856 ［1320］	226.7	3008.2
エ	803 ［619］	190.4	2918.0

『日本国勢図会 2022/23』より作成

(2)　それまで地域にあった小学校や中学校がなくなると，その地域にとってどのような困ったことが起こるか，説明しなさい。

問6．下線部⑤について，小学校の教科書の説明をした次の文の中から，正しいものを１つ選び記号で答えなさい。

ア　教科書の内容に国はかかわらず，出版社が作成している。

イ　どの教科書を使用するかは，保護者や生徒が決められる。

ウ　小学校や中学校の教科書は，無料で配られている。

問7．下線部⑥について，昨年，平和学習教材からこの漫画を削除《さくじょ》したことが話題となった都市を，次の中から１つ選び記号で答えなさい。

ア　大阪　　イ　横浜　　ウ　長崎　　エ　広島

問8．下線部⑦に関する次の(1)～(2)に答えなさい。

(1)　図書館に関することを扱う省庁を次の中から１つ選び記号で答えなさい。

ア　総務省　　イ　文部科学省　　ウ　国土交通省　　エ　内閣府

(2)　図書館に関する資料Ａの内容を説明したものとして**正しくないもの**を，下の中から１つ選び，記号で答えなさい。

【資料Ａ：設置者別指定管理者別図書館数と各都道府県の人口】

区分	計	都道府県	市（区）	町	村	一般社団法人・一般財団法人・公益社団法人・公益財団法人	都道府県の人口
	全館数	全館数	全館数	全館数	全館数		
全国	3,331	59	2,637	561	51	23	
北海道	149	1	72	75	−	1	5,381,733
青森	34	1	19	13	1	−	1,308,265
岩手	47	1	33	12	1	−	1,279,594
宮城	35	1	24	10	−	−	2,333,899
秋田	47	2	40	4	1	−	1,023,119
山形	38	1	26	11	−	−	1,123,891
福島	67	1	48	15	2	1	1,914,039
茨城	64	1	57	5	1	−	2,916,976
栃木	53	2	39	12	−	−	1,974,255
群馬	56	1	43	10	1	1	1,973,115
埼玉	167	2	143	21	1	−	7,266,534
千葉	143	3	133	5	−	2	6,222,666
東京	397	2	380	7	3	5	13,515,271
神奈川	83	2	72	8	−	1	9,126,214
新潟	78	1	73	2	2	−	2,304,264
富山	59	1	51	5	1	1	1,066,328
石川	43	1	30	11	−	1	1,154,008
福井	37	2	18	17	−	−	786,740
山梨	55	1	40	11	3	−	834,930
長野	115	1	76	17	20	1	2,098,804
岐阜	77	1	61	15	−	−	2,031,903
静岡	98	1	85	11	−	1	3,700,305
愛知	98	1	87	9	1	−	7,483,128
三重	46	1	37	8	−	−	1,815,865
滋賀	50	1	41	7	−	1	1,412,916
京都	68	1	60	7	−	−	2,610,353
大阪	151	2	143	5	−	1	8,839,469
兵庫	107	1	93	12	−	1	5,534,800
奈良	33	1	18	11	1	2	1,364,316
和歌山	27	2	12	13	−	−	936,579
鳥取	31	1	8	21	1	−	573,441
島根	36	2	26	8	−	−	649,352
岡山	63	1	48	14	−	−	1,921,525
広島	87	1	73	12	−	1	2,843,990
山口	54	1	45	8	−	−	1,404,729
徳島	28	1	15	11	1	−	755,733
香川	29	1	21	6	−	1	976,263
愛媛	44	1	38	5	−	−	1,385,262
高知	40	1	23	13	3	−	728,276
福岡	118	1	87	30	−	−	5,101,556
佐賀	28	1	20	7	−	−	832,832
長崎	38	1	27	10	−	−	1,377,187
熊本	47	1	34	12	−	−	1,786,170
大分	33	1	29	2	−	1	1,166,338
宮崎	30	1	18	11	−	−	1,104,069
鹿児島	63	2	47	14	−	−	1,648,177
沖縄	40	1	24	8	7	−	1,433,566

※都道府県の人口は2015年のものを掲載

総務省統計局のデータ（2015年度調査）および『朝日ジュニア学習年鑑 2022』より作成

ア　東京都は合計の図書館の全館数が全国で一番多いが，都が設置する図書館数は他の道府県とあまり変わらない。

イ　神奈川県は，県が設置する図書館数は他の都道府県とあまり変わらないが，人口500万人を超《こ》える都道府県の中では合計の図書館の全館数が一番少ない。

ウ　北海道は，道が設置する図書館数が一番多いが，合計の図書館全館数は人口に対して少ない方である。

問９．下線部⑧に関する次のＡ・Ｂは，戦争に関するある文章の一部です。それぞれが書かれているものの組み合わせとして正しいものを，下の中から１つ選び記号で答えなさい。

Ａ　戦争は人の心の中で生まれるものであるから，人の心の中に平和のとりでを築かなければならない。

Ｂ　日本国民は，正義と秩序《ちつじょ》を基調《きちょう》とする国際平和を誠実に希求《ききゅう》し，国権《こっけん》の発動たる戦争と，武力による威嚇《いかく》又は武力の行使は，国際紛争《ふんそう》を解決する手段としては，永久にこれを放棄《ほうき》する。

ア　Ａ―世界人権宣言　　Ｂ―日本国憲法第９条
イ　Ａ―世界人権宣言　　Ｂ―日本国憲法第25条
ウ　Ａ―ユネスコ憲章前文　Ｂ―日本国憲法第９条
エ　Ａ―ユネスコ憲章前文　Ｂ―日本国憲法第25条

問10．下線部⑨に関する次の資料をみて，あとの(1)～(2)に答えなさい。

【オリンピック開催地】

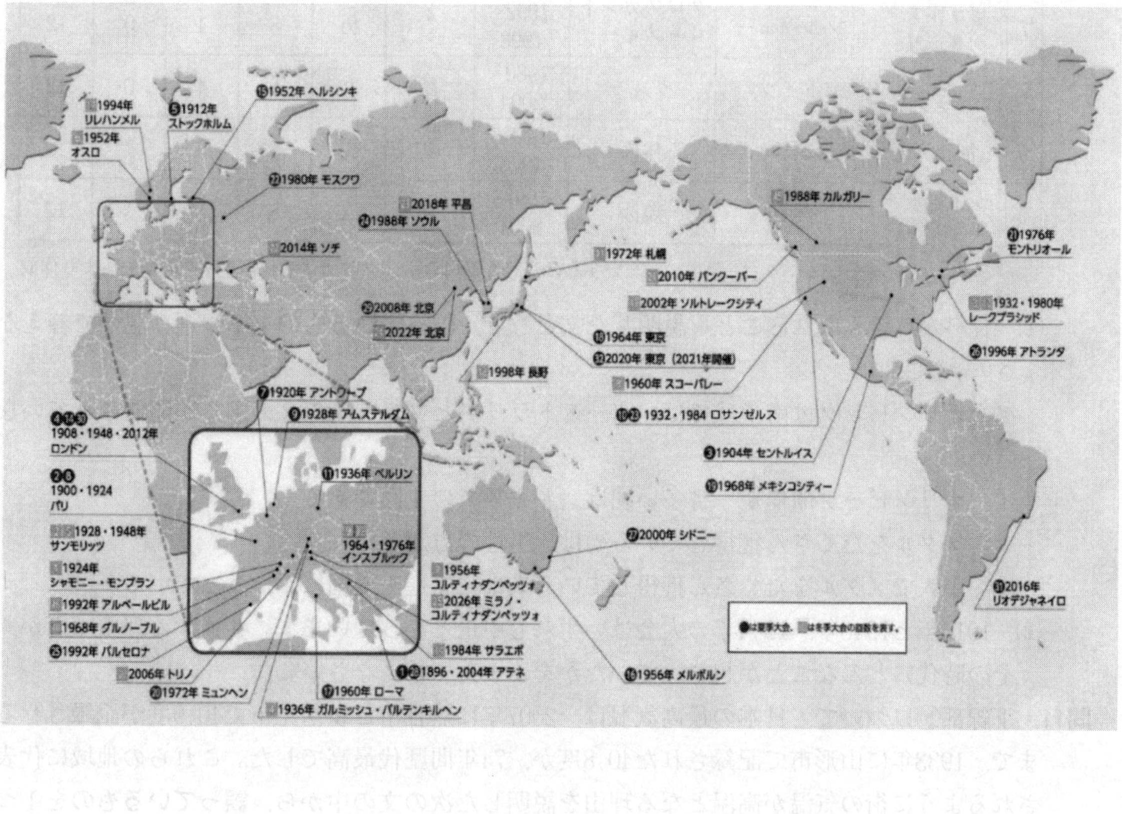

【個人金メダル獲得《かくとく》ランキング】

位	氏名	国名	競技	獲得年	夏季／冬季	性別	金	銀	銅	合計
1	マイケル・フェルプス	米国	競泳	2004-2016	夏	男	23	3	2	28
2	ラリサ・ラチニナ	ソビエト連邦	体操	1956-1964	夏	女	9	5	4	18
3	パーヴォ・ヌルミ	フィンランド	陸上競技	1920-1928	夏	男	9	3	0	12
4	マーク・スピッツ	米国	競泳	1968-1972	夏	男	9	1	1	11
5	カール・ルイス	米国	陸上競技	1984-1996	夏	男	9	1	0	10
6	オーレ・アイナル・ビョルンダーレン	ノルウェー	バイアスロン	1998-2014	冬	男	8	4	1	13
7	ビョルン・ダーリ	ノルウェー	クロスカントリースキー	1992-1998	冬	男	8	4	0	12
7	ビルギット・フィッシャー	ドイツ	カヌー	1980-2004	夏	女	8	4	0	12
9	加藤澤男	日本	体操	1968-1976	夏	男	8	3	1	12
9	ジョニー・トンプソン	米国	競泳	1992-2004	夏	女	8	3	1	12

※いずれの資料も笹川スポーツ財団「オリンピックの歴史」より作成

(1)　資料から読み取れることを説明した文として，**誤っているもの**を１つ選び記号で答えなさい。

ア　オリンピックは南半球では，オーストラリアとブラジルの２カ国しか開催されていない。

イ　オリンピック開催が一番多い国は，イギリスの４回である。

ウ　メダルをたくさん獲得しているのは，男性の方が多い。

エ　１人でメダルをたくさん獲得している人は，先進工業国にかたよっている。

(2)　1916年と1940年，1944年の大会はいずれも中止となっています。共通する理由は何か，その時代にどんなことが起こっていたかをふまえて答えなさい。

問11．下線部⑩について，日本の最高気温は，2007年に熊谷《くまがや》市と多治見《たじみ》市で40.9度が記録されるまで，1933年に山形市で記録された40.8度が，74年間歴代最高でした。これらの地域に代表されるように街の気温が高温となる理由を説明した次の文の中から，**誤っているもの**を１つ選びなさい。

ア　都市部の暖かい空気が流れこんできた。

イ　やませによって暖かい空気が運ばれた。

ウ　フェーン現象で空気が暖められた。

問12．下線部⑪について，昨年夏，太平洋の島で大規模な火災が発生し，多くの犠牲者を出しました。それはどこか答えなさい。

【理　科】〈A日程試験〉（40分）〈満点：100点〉

1　次の各問いに答えなさい。

問1　赤色リトマス紙の色を変化させるものを選び，記号で答えなさい。

ア　炭酸水　　イ　お酢　　ウ　アンモニア水　　エ　食塩水　　オ　砂糖水

問2　卵のからにうすい塩酸をかけたときに発生する気体を選び，記号で答えなさい。

ア　二酸化炭素　　イ　酸素　　ウ　アルゴン　　エ　ちっ素　　オ　水素

問3　卵からかえった直後のメダカを観察したときのようすとして，間違っているものを選び，記号で答えなさい。

ア　目が大きくて，体がすき通っている

イ　ひれの区別がはっきりしている

ウ　泳ぎ回らずに，底でじっとしている

エ　横から見ると，腹が丸くふくらんでいる

問4　幼虫がさなぎになってから成虫になるこん虫を2つ選び，記号で答えなさい。

ア　カブトムシ　　イ　シオカラトンボ　　ウ　ショウリョウバッタ

エ　モンシロチョウ　　オ　アキアカネ

問5　食べたものの通り道として正しいものを2つ選び，記号で答えなさい。

ア　胃　　イ　心臓　　ウ　大腸　　エ　肝臓　　オ　腎臓

問6　同じ電球と同じ電池をいくつか用意して，次のような回路を作りました。電球が同じ明るさで光る回路の組み合わせとして正しいものを選び，記号で答えなさい。

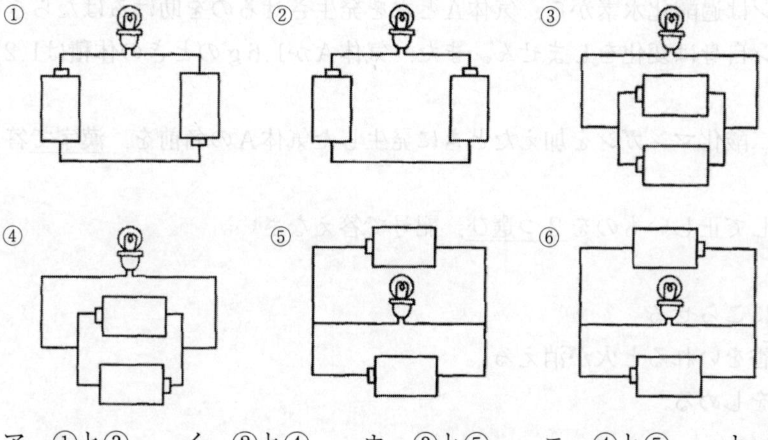

ア　①と③　　イ　②と④　　ウ　③と⑤　　エ　④と⑤　　オ　④と⑥

問7　棒磁石をゆかに落としてしまい，棒磁石が右図の位置で折れてしまいました。このとき，磁石の折れたところに方位磁針を置くと，針はどのような向きに向きますか。正しいものを選び，記号で答えなさい。

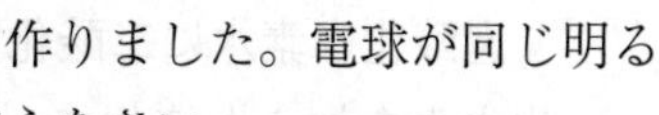

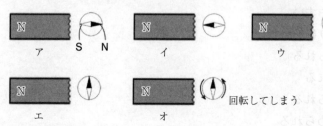

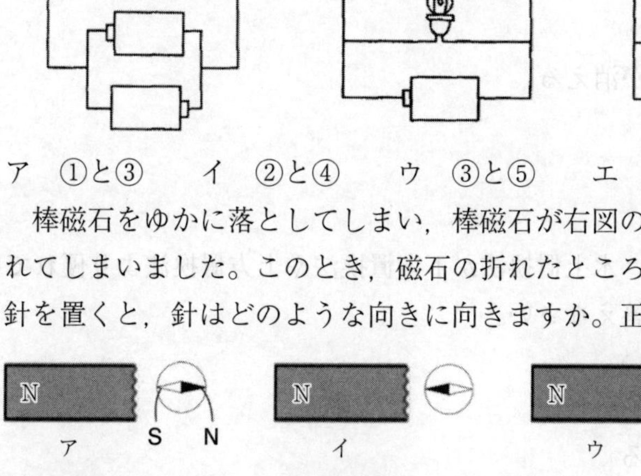

問８　集中ごう雨をもたらす雲として正しいものを選び，記号で答えなさい。

ア　けん積雲

イ　乱層雲

ウ　層雲

エ　積乱雲

問９　マグマが地下深いところでゆっくり冷え固まってできた岩石として，正しいものを選び，記号で答えなさい。

ア　花こう岩　　イ　泥《でい》岩

ウ　砂岩　　エ　れき岩

オ　安山岩

問10　川のようすを説明した文として正しいものを選び，記号で答えなさい。

ア　上流は下流より流れがおそく，川原の石は小さいものが多い

イ　上流は下流より流れが速く，川原の石は角ばっている

ウ　下流は上流より流れが速く，川原の石は小さいものが多い

エ　下流は上流より流れがおそく，川原の石は角ばっている

２　**次の文を読み，各問いに答えなさい。**

過酸化水素水に二酸化マンガンを加えると気体Ａが発生します。過酸化水素水とは水に過酸化水素を加えた液体で，過酸化水素3.4ｇからは，気体Ａが1.6ｇと水が1.8ｇできます。このとき，二酸化マンガンは過酸化水素から，気体Ａと水を発生させるのを助けるはたらきをしますが，二酸化マンガン自身は変化をしません。また，気体Ａが1.6ｇのときの体積は1.2Ｌとします。

問１　過酸化水素水に二酸化マンガンを加えたときに発生した気体Ａの名前を，漢字で答えなさい。

問２　気体Ａの性質として正しいものを２つ選び，記号で答えなさい。

ア　空気より軽い

イ　石灰水を白くにごらせる

ウ　火のついた線香《せんこう》をいれると火が消える

エ　空気の約21％をしめる

オ　水にとけにくい

カ　鼻をさすにおいがある

問３　気体Ａは水上置換《ちかん》法で集めます。水上置換法が下方置換法や上方置換法より優れている点として正しいものを選び，記号で答えなさい。

ア　集めた気体の色がわかりやすい

イ　空気など他の気体が混ざりにくい

ウ　においのある気体を集められる

エ　燃えやすい気体を集められる

オ　空気より重い気体を集められる

カ　水にとけやすい気体を集められる

問４　６Ｌの気体Ａを発生させるには，過酸化水素は最低何ｇ必要か答えなさい。

問５　こさが3.4％の過酸化水素水200ｇには，何ｇの過酸化水素がふくまれているか答えなさい。

問６　**問５**の過酸化水素水に二酸化マンガンを加えると，最大何Ｌの気体Ａが発生するか答えなさい。

問７　あるこさの過酸化水素水100ｇに二酸化マンガンを加えて気体Ａを発生させました。気体Ａの発生が終わったあと，液体の重さをはかったところ95.2ｇでした。はじめの過酸化水素水のこさは何％か答えなさい。

3　**次の文を読み，各問いに答えなさい。**

わたしたちがよく食べる「イモ」といえば，ジャガイモとサツマイモが代表的です。イモというのは，植物の栄養となる「でんぷん」の貯蔵庫のようなもの。たくさんしげった葉の中で，葉緑素が［　①　］の助けを借りて，根から吸い上げた［　②　］や空気中の二酸化炭素からでんぷんをつくります。③でんぷんは，くきや葉の成長に使われますが，余った分は，たくわえられてイモになるのです。でも同じようにイモといっても，ジャガイモとサツマイモは同じ仲間ではありません。じつはジャガイモはナスやトマトの仲間なのです。④ナスとよく似た花がさき，小さいトマトのような実をつけることもあります。そして，イモは土の中にあるくきが変化してできます。一方のサツマイモは，アサガオやヒルガオの仲間で，ヒルガオのような花をさかせ，実ができます。そして，サツマイモのイモは根に当たる部分なのです。つまり，わたしたちはジャガイモなら「くき」を，サツマイモなら「根」を食べているというわけです。

（出典：なぜ？どうして？科学のお話６年生）

問１　［①］と［②］にあてはまる言葉として正しいものをそれぞれ選び，記号で答えなさい。

ア　日光　　イ　酸素　　ウ　空気

エ　肥料　　オ　水

問２　下線部③について，イモにでんぷんがたくわえられていることを確かめる実験とその結果として，正しいものを選び，記号で答えなさい。

ア　小さくきざんだイモを熱いお湯に入れ，しるをこし出したものにレモン汁を加えると赤色に変化する

イ　小さくきざんだイモをうすい塩酸に入れて反応させると，二酸化炭素が発生する

ウ　すりおろしたイモに二酸化マンガンを入れて反応させると，水素が発生する

エ　すりおろしたイモにヨウ素液を加えると，青むらさき色に変化する

オ　すりおろしたイモに赤色のリトマス紙をつけると，リトマス紙が青色に変化する

問３　下線部④のように実ができるためには，あることが必要です。漢字２文字で答えなさい。

問４　サツマイモの花と考えられるものを選び，記号で答えなさい。

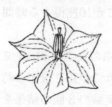

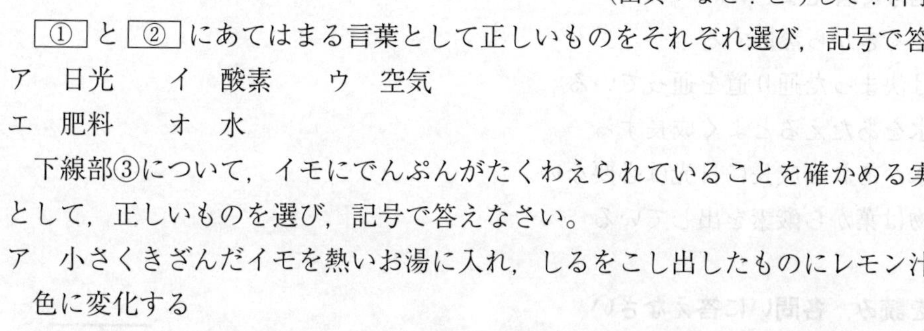

ア　　イ　　ウ　　エ

問5　栄養分がたくわえられる場所は，野菜の形から簡単に見分けることができます。ジャガイモやサツマイモの形を参考にすると，サトイモは植物のどこに栄養をたくわえていると考えられますか。次から選び，記号で答えなさい。

ア　葉　　イ　くき　　ウ　芽　　エ　根

問6　スーパーで買ってきたサツマイモを数ヶ月放置しておいたところ，右の図のようになっていました。サツマイモのくきにつながっていたのはどちら側であると考えられますか。図中のア～エから選び，記号で答えなさい。

問7　葉がよくしげっているジャガイモのなえを上から観察したときのようすとして正しいものを選び，記号で答えなさい。

ア　くきに光がよく当たるように葉がついている

イ　下にいくほど小さな葉がついている

ウ　葉が小さく葉と葉の間に大きなすき間がある

エ　葉が重ならないようについている

問8　ジャガイモの根・くき・葉がついているなえを，赤い食紅をとかした色水の中に入れて日の当たる場所に置きました。かわいたポリエチレンの袋をなえにかぶせて，空気の出入りがないように，ひもでしっかりしばりました。時間がたつにつれて，ポリエチレンの袋は水てきでくもりはじめました。数日後，根・くき・葉のそれぞれを切って中のようすを観察したところ，それぞれある場所が赤く染まっていました。この観察から考えられることを<u>すべて選び</u>，記号で答えなさい。

ア　葉やくきから蒸散する

イ　水は決まった通り道を通っている

ウ　色水をあたえるとよく成長する

エ　色水があれば成長に日光は必要ない

オ　植物は葉から酸素を出している

4　次の文を読み，各問いに答えなさい。

図1のように，糸におもりをつるして左右にふれるふりこを作り〔**実験1**〕～〔**実験3**〕を行いました。

〔**実験1**〕　糸の長さを50cm，ふりこのふれる角度を20°で一定にし，おもりの重さを変えてふりこが10往復《おうふく》する時間を3回はかった。

〔**実験2**〕　おもりの重さを20g，ふりこのふれる角度を20°で一定にし，糸の長さを変えてふりこが10往復する時間を3回はかった。

〔**実験3**〕　おもりの重さを20g，糸の長さを50cmで一定にし，ふりこのふれる角度を変えてふりこが10往復する時間を3回はかった。

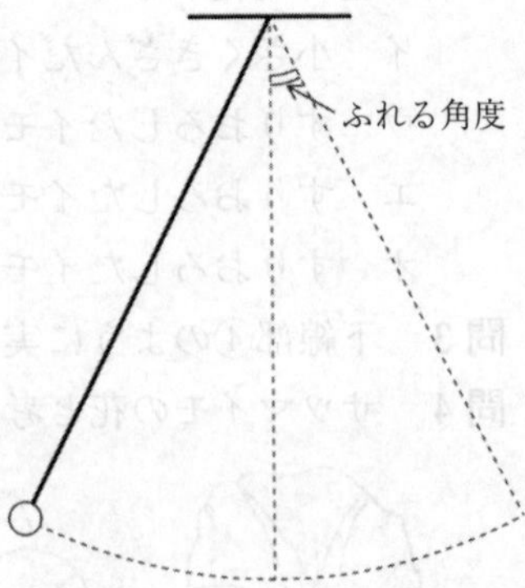

図1

次の**表1**～**表3**はそれぞれの実験の3回の結果を記録したものです。この実験結果から，ふりこが10往復する時間の平均，ふりこが1往復する時間を求め，表に記入しました。

※計算は，小数第２位を四捨五入して小数第１位までの数値としました。

おもりの重さ［ｇ］	10往復する時間［秒］			10往復する時間の平均［秒］	１往復する時間［秒］
	１回目	２回目	３回目		
10	14.2	14.1	14.2	14.2	1.4
20	14.3	14.2	14.3	14.2	1.4
30	14.1	14.2	14.3	14.2	1.4

表１

糸の長さ［cm］	10往復する時間［秒］			10往復する時間の平均［秒］	１往復する時間［秒］
	１回目	２回目	３回目		
25	10.2	10.1	10.0	10.2	1.0
50	14.1	14.2	14.1	14.1	1.4
75	17.3	17.3	17.1	（ ① ）	（ ② ）

表２

ふれる角度［°］	10往復する時間［秒］			10往復する時間の平均［秒］	１往復する時間［秒］
	１回目	２回目	３回目		
10	14.3	14.2	14.2	14.2	1.4
20	14.1	14.2	14.2	14.2	1.4
30	14.2	14.1	14.1	14.1	1.4

表３

問１　この実験では，同じ条件で実験を３回繰り返し，その平均をとって計算しています。この理由として正しいものを選び，記号で答えなさい。

ア　３回目に必ず正しい値が得られるから

イ　実験を行った班の人数が３人だったから

ウ　はかり方のわずかな違いから正しい値が得られないことが多いから

エ　実験する時間帯によって値が変化するから

問２　**表２**の(①)(②)にあてはまる数値を，小数第２位を四捨五入して小数第１位までそれぞれ求めなさい。

問３　〔**実験１**〕で，糸の長さを50cm，ふりこのふれる角度を20°にしたまま，おもりの重さを50ｇにしました。このとき，ふりこが１往復する時間はおよそ何秒になりますか。正しいものを選び，記号で答えなさい。

ア　0.8秒　　イ　1.0秒　　ウ　1.2秒　　エ　1.4秒　　オ　1.6秒

問４　次の文は，ふりこが<往復する時間>について説明したものです。この中から正しいものを２つ選び，記号で答えなさい。

ア　往復する時間はおもりの重さ，糸の長さには関係がない

イ　往復する時間は糸の長さ，ふれる角度には関係がない

ウ　往復する時間はおもりの重さ，ふれる角度には関係がない

エ　おもりの重さが重くなると，往復する時間も比例して長くなる

オ　糸の長さが長くなると，往復する時間も比例して長くなる

カ　糸の長さが長くなると，往復する時間も長くなるが比例関係ではない

キ　ふれる角度が大きくなると，往復する時間も長くなるが比例関係ではない

問5　〔**実験1**〕では，10ｇのおもりをいくつか用意して，糸に下げるおもりの数をふやしていきました。おもりの重さが30ｇのときのおもりの取り付け方として正しいものを選び，記号で答えなさい。

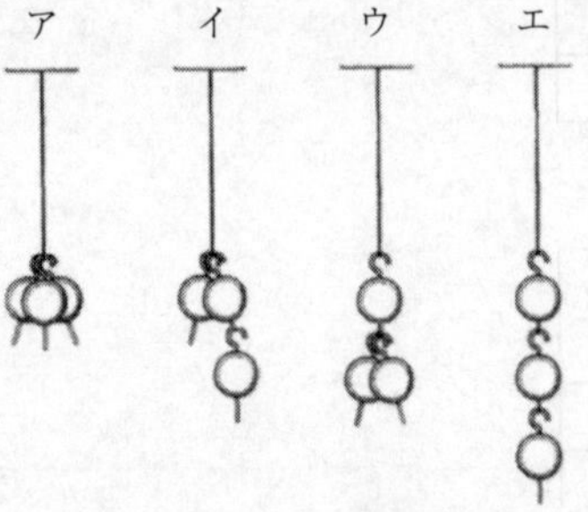

問6　おもりの重さ，糸の長さ，ふれる角度が同じ2つのふりこを**図2**のように設置し，おもりAとBを同時にはなすとAとBはP点で衝突《しょうとつ》します。**図3**，**図4**のように2つのふりこを設置し，おもりAがはじめてP点にきたときに，AとBをP点で衝突させたいと思います。おもりAをはなした後，何秒後におもりBをはなすとAとBがP点で衝突しますか。実験結果の数値を参考にしてそれぞれ答えなさい。

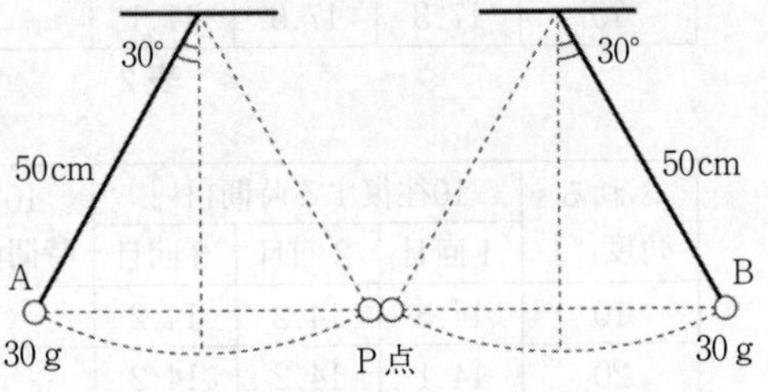

図2

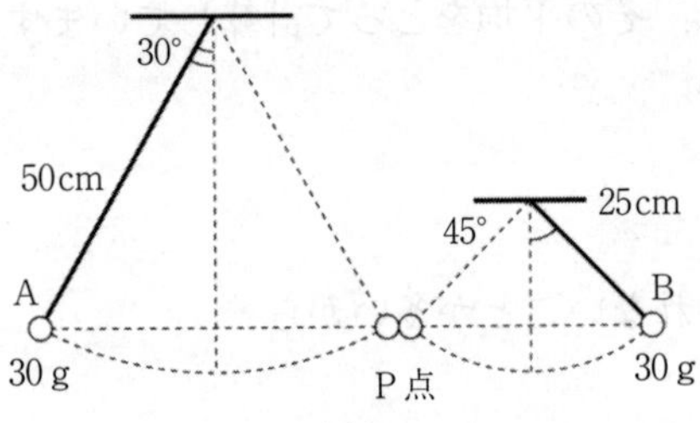

図3

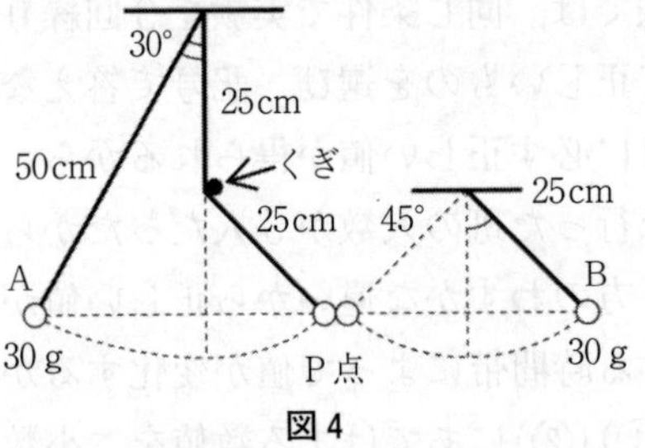

図4

5　**次の文を読み，各問いに答えなさい。**

空気のすんだ暗いところで夜空を見上げると，たくさんの星を観察することができます。私たち人間は，はるか昔から夜空にかがやく星たちに思いをはせ，たくさんの神話や物語を生み出してきました。

たとえば，天の川をはさんで両側にある(①)座のアルタイルと(②)座のベガは，ひこ星とおりひめ星とよばれています。働き者だったひこ星とおりひめは，結こんしてから遊んでばかりいたために天の神様に別れさせられてしまい，年に一度，七夕の夜だけ会うことを許されたと言われています。また，天の川は宮沢賢治《みやざわけんじ》がかいた「銀河鉄道の夜」の舞台《ぶたい》にもなっています。この物語では，少年ジョバンニと友達のカムパネルラが銀河鉄道に乗って，はくちょう座，(①)座，(③)座を通り，天の川にそって旅します。この他にも，ギリシャ神話に出てくる(④)という女性が海の神をおこらせたため，この女性が星となった(④)座は水平線より下にしずむことがないと言われていたり，冬の代表的な星座である(⑤)座は，(⑤)とい

う男性が(③)のせいで命を落としたため，(③)座が見えなくなってから空にのぼってくると言われたりしています。

問１　(①)と(②)にあてはまる名前の組み合わせとして，正しいものを選び，記号で答えなさい。

ア　①　こと　②　さそり　　イ　①　さそり　②　こと

ウ　①　わし　②　こと　　　エ　①　こと　　②　わし

問２　(③)に入る名前として正しいものを選び，記号で答えなさい。

ア　こと　　イ　いて　　ウ　しし　　エ　さそり　　オ　わし

問３　(④)座と(⑤)座の図として正しいものをそれぞれ選び，記号で答えなさい。

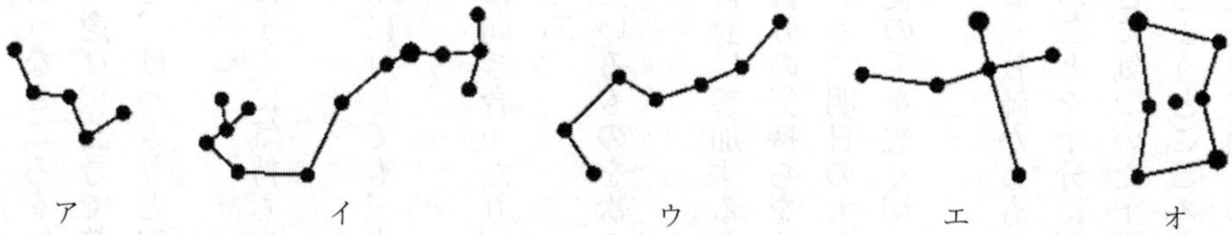

問４　(④)座は北の空でよく観察されます。右図のXの位置にこの星座が観察されたとき，そのあとの時間経過とともに，星座が移動する方向の説明として正しいものを選び，記号で答えなさい。

ア　図中のａの方向に動く

イ　図中のｂの方向に動く

ウ　季節によって動く方向が変化する

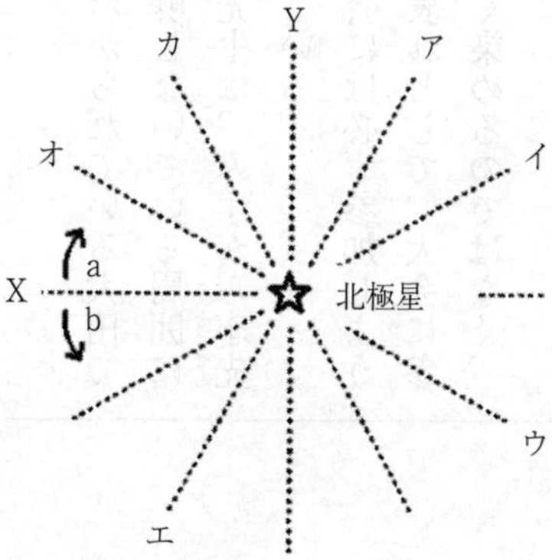

問５　北の夜空を見上げたところ，(④)座が**問４**の図中Yの位置に見えました。その２時間後に再び空を見上げたとき，星座が観察できる位置として正しいものを，**問４**の図のア～カから選び，記号で答えなさい。

問６　冬の時期の午後９時ごろに夜空を見上げたところ，(⑤)座が南の空に観察されました。同じく午後９時ごろ，同じ場所で南の空に(③)座が観察できる季節を選び，記号で答えなさい。

ア　春　　イ　夏　　ウ　秋　　エ　冬

問７　(⑤)座の観察をしたところ，明るく見える星や暗く見える星，色が赤っぽい星や白っぽい星などが観察されました。これについて説明する次の文のうち，正しいものを選び，記号で答えなさい。

ア　星の明るさは表面温度で決まっており，明るく見えるものは温度が高い

イ　星の明るさは直径の大きさで決まっており，１等星は２等星のおよそ2.5倍の大きさである

ウ　最も明るく見える１等星は，山の上などの暗い場所でしか観察できない６等星と比べると，およそ100倍の明るさである

エ　赤っぽい星は表面温度が高く，１万℃近くなることもある

オ　白っぽい星は表面温度が低く，およそ3000℃である

カ　色のちがいは反射する光の量で異なり，赤い星は反射光量が大きい

（ Ⅰ ）ので、（ Ⅱ ）時。

問八 ——線部8「こいつのこういうところ、一種の才能だ」とありますが、上原先生のどのようなところを言っていますか。最も適当なものをア～エから一つ選び、記号で答えなさい。

ア いやなことはいやだと、はっきりと口に出すことができるところ。

イ 場に応じて、意識的にすぐに気持ちを切り換《か》えることができるところ。

ウ 他の人がこわがる人物に対しても、ものおじせずに接することができるところ。

エ 生徒に対してまじめに向き合ったり、話を受け流したりすることが自然にできるところ。

問九 本文の内容と最も合っているものを次のア～エから一つ選び、記号で答えなさい。

ア これまで記録会や練習会に参加するために髪の毛を黒く染めていた大田は、本当の自分の気持ちを隠すのにつかれて自分に対して怒りさえ感じている。明日の大会に全力でのぞむために、上原先生が帰った後、髪の毛を短く切ってしまおうと決意している。

イ ふだんは生徒だけでなく教師からもこわがられている大田であったが、それは大田のことを十分に理解しないでいる周囲に問題があった。そのことに気づいた上原先生は、みずから率先《そっせん》して大田のことを理解しようとこころみている。

ウ 上原先生と話をした大田は、明日の大会には必ず参加しようと思い直すようになった。その気持ちの表れとして、大会に参加するためにいつものように髪の毛を黒く染めるのではなく、髪の毛を短く切ってしまおうとしている。

エ 上原先生はわざと人物を取りちがえるなどして大田の心をなごませながら会話を続ける一方で、冷静に大田の様子を観察している。そしてちょうどよいタイミングで、訪問して話したかったことを大田にしっかり伝えている。

（瀬尾まいこ『あと少し、もう少し』による）

※ちゃぶ台　おりたたみのできる短いあしのついた食事用のつくえ。
※王将　飲食物を提供する店の名前。
※マイケル・ジョーダン　元プロバスケットボール選手。
※ムーンウォーク　ダンスの技法の一つ。ミュージシャンであるマイケル・ジャクソンによって広まった。
※黒彩　髪の毛を黒く染めるスプレーの商品の名前。

問一　文中の（Ａ）～（Ｄ）にあてはまることばを次のア～エから一つずつ選び、記号で答えなさい。同じ記号はくり返し用いてはいけません。

ア　ちゃっかり　　イ　のん気に
ウ　がむしゃらに　エ　照れくさそうに

問二　――線部1「やっぱりなって感じだろ?」とありますが、「やっぱり」どうなのですか。本文中から句読点をふくめて十五字で探し、ぬき出して答えなさい。

問三　――線部2「うまいこと丸め込んで」について、

(1)「丸め込んで」の意味として最も適当なものを次のア～エの中から一つ選び、記号で答えなさい。
ア　うそを言って自分たちに都合のいいようにするという意味。
イ　人の機嫌を取って怒《いか》りをしずめるという意味。
ウ　おだやかに接して相手の気持ちを和《やわ》らげるという意味。
エ　人を自分の思うようにあやつるという意味。

(2)　具体的にはどうすることですか。それを説明した以下の文の（Ⅰ）・（Ⅱ）にあてはまることばをそれぞれ漢字二字で答えなさい。

明日の大会に（ Ⅰ ）が来るように（ Ⅱ ）すること。

問四　――線部3「顔をしかめた」とありますが、他にも「顔を」で始まる慣用表現はいろいろあります。次の意味を持ち、「顔を」で始まる慣用表現をそれぞれ完成させなさい。なお、□の中にはひらがな一字が入ります。

(1)　苦しそうな表情をしたり、痛そうな表情をしたりする＝顔を□□□□
(2)　広く世間で知られるようにする＝顔を□□
(3)　相手の名誉《めいよ》を傷つけないようにする＝顔を□□□
(4)　心配ごとや困ったことなどで、表情が暗くなる＝顔を□□□□□
(5)　たのまれて人に会う＝顔を□□

問五　――線部4「上原と話していると、気が抜ける」のはなぜですか。その説明として最も適当なものを次のア～エから一つ選び、記号で答えなさい。

ア　生徒とのへだたりがほとんどなく、まるで友だちのように気安く接してくるから。
イ　本当であれば隠しておいた方がいいようなことも隠さずに、はっきりと言ってしまうから。
ウ　不良生徒の気持ちをよく理解しており、安心して話をすることのできる存在だから。
エ　たとえ深刻な内容の話であっても、相手を緊張《きんちょう》させることなく伝えることができる先生だから。

問六　――線部5「□しなおした」、6「□はしない」の□には座《すわ》り方を表す同じことばが入ります。そのことばを漢字二字で答えなさい。

問七　――線部7「それ」は何を指していますか。それを説明した以下の文の（Ⅰ）・（Ⅱ）にあてはまるように、――線部より前の部分に出てくる文中のことばを使ってそれぞれ十字以内で答えなさい。

「あっそう。っていうか、上原もジローのことは、ジローって呼ぶんだな」

上原はあだ名を使ったり下の名前を呼び捨てにしたりせず、正しく苗字《みょうじ》で生徒を呼ぶ珍しい教師だ。

「そう言われれば、そうだね。なんだろう、ジローって、何かね」

「あいつ、異常に気安いからな」

上原に同意してから、俺は今日のジローを思い出して、気が重くなった。

「ほら、大田君って怖《こわ》いじゃん。正直言うと、私だってびびるんだよね。そのくせ、みんなびびってないふりするでしょう?」

「何の話だよ」

「でも、ジローは、俺、大田怖いからあいつが機嫌《きげん》悪くなると、いつもトイレに隠《かく》れてるんだとかってしゃあしゃあと言うんだ。ジローのそういう所、なんか安心するんだよね」

「まあ、お前も相当正直だけどな」

上原は俺がつっこむのを「そうかな」と流して、「それよりさ」と5□しなおした。

「あんだよ」

まさか俺は6□はしないけど、改まった雰囲気《ふんいき》にスプーンはひとまず置いた。

「昔、先生が言ってたんだ。中学校っていくら失敗してもいい場所なんだって。人間関係でも勉強でもなんだって好きなだけ失敗したらいいって。こんなにやり直しがききやすい場所は滅多《めった》にないから。まあ、中学に限らず、人生失敗が大事って、よく言うじゃん。※マイケル・ジョーダンだって、俺は何度もミスをしたから成功したって道徳の教科書で言ってるしね。だけどさ、取り返しのつかないこともごくたまにはあるでしょ? 失敗しちゃだめな時って」

「ああ」

上原が間をおかずに話すから、俺はうなずくことしかできなかった。

「7それが今だよ。今は正しい判断をする時だよ。妙《みょう》な意地とかにとらわれないで、自分のためにも、手を差し伸《の》べてくれる人のためにも。ほら、マイケルだって、何度も失敗したとか言いつつ、ここぞって時にはちゃんと※ムーンウォーク決めるでしょう?」

「ムーンウォークをするのは、マイケル・ジャクソンで、ジョーダンが決めるのはシュートだ」

俺が言うと、上原は「そうだっけ」と笑ってまたスプーンを手にした。

「つくづく義務教育ってすごいなって思うよ。私、職員室で苦手な先生とは話さないもん。嫌《いや》な先輩《せんぱい》とか、関わらずにすみますようにって思っちゃう。でもさ、中学校ってすごいよね」

上原はさっきの真剣《しんけん》な様子はどこへやら、チャーハンを食べながら(C)しゃべった。

「俺みたいにしてても、誰《だれ》かが声かけてくれるしな」

俺がいやみっぽく言っても、「そうそう」とチャーハンを食っている。8こいつのこういうところ、一種の才能だ。

「ま、明日、待ってる」

上原は適当なことを好き勝手言って、(D)チャーハンを平らげて帰っていった。

寝《ね》る前、俺は中身が残っていたか、※黒彩《こくさい》を振《ふ》って確かめた。記録会や練習会のたびに使った黒彩。染めるたびに髪《かみ》の毛は傷《いた》んでギシギシになった。

いや、もうこんなもので覆《おお》い隠してもしかたないのかもしれない。

俺は黒彩を置き、バリカンを手にした。

て、チームメイトの「ジロー」と怒鳴《どな》り合いをしてしまい、体育館から出て行ってしまいました。
以下は、その日の夜のできごとです。

その日の夜は、外を出歩く気にもならず俺は家で（ A ）チャーハンを作った。不似合いだと笑われそうだけど、いらつくと料理をする。野菜やら肉やらを刻んで炒《いた》めるとすっきりするし、それをやけ食いすれば、面倒《めんどう》なことが忘れられそうになる。カニカマやソーセージやキャベツなど、何でも入れたチャーハンは、われながらいい匂《にお》いがした。よし食べようと皿に盛り付けようとした時、玄関《げんかん》から「すみません」という声が聞こえてきた。

「なんなんだよ」

出て行くと、上原が立っていた。

「みんなにさりげなく様子見に行けって言われたんだ」

上原は（ B ）笑った。

「さりげなくねえじゃねえか」

「こっそり外から眺《なが》めてたんだけど、様子がわからなくて」

「あっそう」

「ここじゃあれだから、入ってもいい？」

「ああ、まあ」

俺がしかたなくうなずくのに、上原は「お邪魔《じゃま》します」と、家の中に上がってきた。

「散らかってっけど」

俺は畳《たたみ》の上に散乱している洗濯物《せんたくもの》やら漫画《まんが》やらを隅《すみ》に放り投げた。

「お母さんは？」

上原は台所を見渡《みわた》した。

「仕事」

「遅《おそ》いの？」

「ああ。1やっぱりなって感じだろ？」

「何が？」

「俺ん家《ち》。母子家庭だから、ヤンキーなんだって」

「そんなこと言ったら、私の家は父親しかいないよ。今時、両親そろっているほうが珍《めずら》しいって。それより、いい匂いがすると思ったら、大田君が料理してたんだね」

「ああ、お前も食う？」

「うん」

上原はしっかりとうなずいた。遠慮《えんりょ》を知らないやつだ。まあ、せっかくの出来立《できた》てだ。上原と食べるのはうっとうしいけど、後で冷めたぶんを食べるよりましだろう。上原が「そう言えばおなかすいてたんだよね」と勝手に※ちゃぶ台の上を片づけ、俺が二人分のチャーハンを運んだ。

上原はいただきますと手を合わせてチャーハンを口にすると、「結構、おいしい」と嬉《うれ》しそうに笑った。

「まあな」

チャーハンはいつ作ってもそこそこうまくできる。今日の味もなかなかだ。

「ジローに、ラーメンでもおごるって※王将に連れ出して2うまいこと丸め込《こ》んでって言われたんだけど、逆にチャーハンごちそうになるとはね」

「不良にラーメンおごるって、教師らの定番なのかよ」

俺は3顔をしかめた。

「どうかな？　実際にラーメンご馳走《ちそう》してる先生は見たことないけど。でも、ジローが不良はきっと王将が好きだって言うから」

4上原と話していると、気が抜《ぬ》ける。

問五 ――線部3「専門家と一般人の情報格差は縮んでいますが、他方、その情報をどれだけ的確に使えるかで、個々人の情報力に大きな差が生じています」とありますが、これと同様に、情報テクノロジーの進歩による良い影響と悪い影響が書かれている一文を文中の他の場所から探し、句読点をふくめてはじめと終わりの五字ずつをぬき出して答えなさい。

問六 ――線部4「骨の折れること」とありますが、どのようなことが「骨の折れること」なのですか。それを説明した以下の文の（Ⅰ）と（Ⅱ）にあてはまることばを文中から探し、それぞれ五字以内でぬき出して答えなさい。

技術の進歩により、私たちの仕事のうち形式的・機械的、あるいは（Ⅰ）仕事がＡＩに置きかわる中で、人間が（Ⅱ）すること。

問七 ――線部5「一般的で単純な物差し」の具体例として**ふさわしくないもの**を次のア～エから一つ選び、記号で答えなさい。

ア　高い収入を得ること。
イ　大企業に就職すること。
ウ　豊かな教養を身に付けること。
エ　有名な大学を卒業すること。

問八 ――線部6「これまでとは異なった知識と知的能力がさらに重視される社会」とありますが、分かりやすく言いかえるとどのような社会ですか。文中から「～社会。」につながるように六十五字で探し、はじめと終わりの五字ずつをぬき出して答えなさい。

問九 ――線部7「高校生から大学生にかけて、多様な経験をした若者がこれからは強く求められるようになるでしょう」とありますが、なぜそのような若者が求められるのですか。その理由として最も適当なものを次のア～エから一つ選び、記号で答えなさい。

ア　自身が熱中できるものを見つけ出し、特定の集団で交流を深めることが仕事での活躍《かつやく》に大きな影響をもたらすから。
イ　世界中で国際化が進んだことで、異文化に理解のある国際人の活躍が社会全体で求められるようになったから。
ウ　様々な活動をすることによって、不特定多数の人と交流することができ、そうした経験がその場所の発展につながる可能性があるから。
エ　国内外問わず多様な経験をすることによって、流動的な世界の変化に順応し、集団から独立して活躍することができるから。

問十 次の一文があてはまるところを文中の［ア］～［エ］から一つ選び、記号で答えなさい。

今回の新型コロナウイルスの世界的な流行で、国境の移動に制限が出たりしましたが、逆に見れば、世界がそれだけつながっていることの証《あかし》です。

問十一 ――線部8「世界は全体的によい方向に向かっています」とありますが、世界がよい方向に向かいつづけるために、人類はどうするべきと筆者は考えていますか。句読点をふくめて四十字以内で説明しなさい。

四　次の文章を読んで、後の各問いに答えなさい。

主人公の「大田（＝俺《おれ》）」は授業をさぼるなどしてまじめに受けず、ただひとつ打ちこんでいた駅伝もケガのためにやめてしまいました。そのようなある日、「上原」先生が担当する陸上部の部長に最後の駅伝大会を走るよう誘《さそ》われました。断り続けていた「大田」ですが、結局は駅伝を走ることにします。駅伝大会の前日の全校激励会《げきれいかい》が行われる中、みんなに心の中で笑われているように感じた「大田」はいたたまれない気持ちになっの生活でも多様な人々と出会うようになります。こうした活動の一部は、国境を越えて広がっていくでしょう。人間関係は、一方で国際的になりますが、他方で地元密着型になるでしょう。そうした人間関係の中から新しいビジネスが生まれてくるのかもしれません。地域社会も、地方であっても、都会であっても、新しくきた人々や異質な人々とどうよい関係を築くかが、その場所の発展を左右するはずです。7高校生から大学生にかけて、多様な経験をした若者がこれからは強く求められるようになるでしょう。

世界の大きな変化を恐《おそ》れる必要はありません。日本人は変化に対して少々悲観的すぎるようです。※スティーブン・ピンカーという心理学者は、世界には悲観主義が横行しているが、実際には世界はこれまで進歩していると指摘《してき》します。統計を見れば明らかなように、世界からは戦争や暴力が減り、貧困も病気も減り、人々はより健康的で長《ちょう》寿《じゅ》となり、教育も向上しているのです。

私もこの考えに同意します。8世界は全体的によい方向に向かっています。しかしこのよい方向は、今を生きている私たちがそれを引き継《つ》ぎ、さらによいものへと発展させることでしか維持《いじ》できません。環境問題や地域紛争《ちいきふんそう》、貧富の格差、差別などは、いまだに解決からは遠い、世界規模での深刻な問題です。ひとつの国や地域の問題も世界中とつながっています。昔ながらの考え方をしている人たちを新しい考えに変えていってもらう努力も必要です。

今後は、世界の人が一丸となってこれらの問題を解決し、人類が新しい段階になるような努力を続ける必要はあります。私たちは努力すべきですが、人類が学び続ける生き物である限り、その将来に楽天的であってよいと思います。

（河野哲也『問う方法・考える方法「探究型の学習」のために』より）

※マイノリティ　少数、少数派のこと。

※相対化　他のものと比べてそれを位置づけること。

※キャパシティ　機械・器具などの負荷《ふか》に耐《た》えられる量の程度。

※搾取　不当に安い賃金で働かせ、利益の大部分を独り占《じ》めにすること。

※喫緊　さしせまって大切なこと。

※アクセス　求める情報に接すること。

※危惧　心配すること。

※ATM　現金自動預け払《はら》い機。

※履歴　その人が今まで経験してきた学業・職業・賞罰《しょうばつ》など。

※SNS　ソーシャル・ネットワーキング・サービス。

※相互扶助　たがいに力を貸して、助け合うこと。

※スティーブン・ピンカー　実験心理学者。

問一　文中の（Ａ）～（Ｃ）にあてはまることばを次のア～エから一つずつ選び、記号で答えなさい。同じ記号はくり返し用いてはいけません。

ア　しかし　イ　だから　ウ　また　エ　たとえば

問二　＝＝線部「風前の灯火」の意味として最も適当なものを、次のア～エから一つ選び、記号で答えなさい。

ア　か弱い様子　イ　健気《けなげ》な様子

ウ　滅亡《めつぼう》寸前の様子　エ　興奮している様子

問三　――線部1「私たちは、この流れの中で生じている良い側面を推進し、悪い側面を正していかなくてはなりません」とありますが、「この流れ」は何がどうすることで生じると筆者は考えていますか。文中から、「～こと。」につながるように十四字で探し、ぬき出して答えなさい。

問四　――線部2「『緑の政治』」とありますが、これは何を目的とする「政治」のことですか。文中から漢字四字で探し、ぬき出して答えなさい。

知能ではできないことが重視される社会のことです。ある意味で、人間が人間らしくすることが求められる社会だと言えるでしょう。でも、それは結構、4骨の折れることかもしれません。

四つ目は、個々人の生き方です。これまでの日本では優《すぐ》れた組織や集団に帰属することが、よい人生だと思われてきました。よい学校を出て、よい大《だい》企業《きぎょう》に就職するという生き方です。こうした人生は、世間からも評価され、羨《うらや》ましがられてきました。

（Ｂ）今では、個々人がどういう生き方をするかが問われるようになっています。どこの組織に帰属しているかではなく、自分にとってやりがいのある仕事や活動ができているのか、仕事だけではなく、個人としての生活が充実《じゅうじつ》して幸せであるか、家族や友人との間でよい関係が築けているか。見知らぬ人々にどれくらい貢献《こうけん》できているか、自分自身が、人生を評価する基準を作っていかねばならないでしょう。

5一般的で単純な物差しでその人物の優劣《ゆうれつ》が評価される時代は終わりました。収入や社会的地位だけに価値を求める人はどんどん減っていき、心が充実する活動に価値が求められていくでしょう。

勉強も同様です。人気のある大学の人気のある学部に入学しただけではもはや評価されなくなるでしょう。それ以前に、自分が満足できないでしょう。せっかく医学部に入っても、医師という職業に意味を見出《みいだ》せない人がよい医師になれるでしょうか。どの大学に入ったかではなく、そこで何を学ぶのか、学んだのか、が問われるようになります。

大学で教壇《きょうだん》に立つ者としては、せっかく難関大学に入っても何をしたらよいかわからないで、大学での学びも方向性がなく、その後はあまり伸びないという人をたくさん見てきました。今後の日本は、これまでとは別の意味での学歴が問われるようになります。それは、何をどのような価値や方向性に基《もと》づいて学び、それを何に活《い》かそうとしているかという意味での「学びの※履歴《りれき》」としての学歴です。

そして、6これまでとは異なった知識と知的能力がさらに重視される社会になります。これから重視される学歴とは、どこの有名大学を出たかではありません。あなたが何の勉強をしたか、どんな知識や能力を身につけて、それがどのように社会に結びついているのか、本当の意味での「学」びの履「歴」が問われるのです。その学んだことによって、どのような新しい知的貢献ができるのか、社会に対してどのようなよい影響が与《あた》えられるのか、こうしたことが評価されるようになるのです。

これからの社会では、産業社会の実利から一定の距離《きょり》を置き、自由で根本的なことを研究することは、人間の新しい方向性を切り開く活動として、とくに貴重なことになっていくでしょう。

五つ目は、四つ目と関わってきますが、人と人との結びつき方です。これまでの日本社会は、自分が帰属する集団の人たちと濃密《のうみつ》に関係し、その外の人には無関心という傾向がありました。インターネットや※ＳＮＳが発展した世の中では、もしかするとこの傾向はかえって強まったかもしれません。一部の人たちは、自分が共感できる集団の人たちとだけつながり、さらに濃密に関係を持つようになったからです。

［エ］

しかし先に述べたように、ひとつの集団だけに属する人はどうしても視野が狭くなり、異なった人たちと接することが難しくなります。しかし今後は、一生の間で、職業を変えることは多くなり、複数の職場に同時に関わることが多くなるでしょう。それに応じて、友人や家族でさえも今よりも変化しやすくなるでしょう。社会が流動的になっていく傾向は今後もさらに続くはずです。

特に大切になるのは、職業以外の場面で人々に関わる活動でしょう。（Ｃ）、ボランティアや地域サービス、※相互扶助《そうごふじょ》、趣味《しゅみ》など、個人していく独裁的な政治家もいますが、それも風前の灯火《ともしび》です。世界を二つに分けるような戦争はなくなりました。小さな紛争《ふんそう》もすぐに世界中で問題として取り上げられ、解決に向けた努力がなされます。

　世界はひとつにつながっています。国内で貧富《ひんぷ》の格差がつくのは、この流れの負の側面です。同じ労働なら安い賃金の国や地域に仕事が流れてしまうからです。国境がすぐになくなるとは思いませんが、今よりもその意味と力は※相対化されて、世界中がひとつになる流れは止まりません。1私たちは、この流れの中で生じている良い側面を推進し、悪い側面を正していかなくてはなりません。

　二つ目は、今触《ふ》れた環境問題です。地球は、人間とあらゆる生き物が共有している唯一《ゆいいつ》のかけがえのない環境です。地球温暖化、大気・土壌《どじょう》・海洋の汚染《おせん》、廃棄物《はいきぶつ》の増加、資源乱用、過剰《かじょう》な土地開発と森林《しんりん》伐採《ばっさい》。これらの人間の活動によって、生態系は汚染され、生物種は減少しています。自然災害や自然の枯渇《こかつ》、環境汚染という形をとって人間にも跳《は》ね返ってきています。自然には回復力や自己維持力《じこいじりょく》がありますが、その※キャパシティを超《こ》えた人間による自然の乱用と※搾取《さくしゅ》が、現代社会の最大の問題です。イ

　とりわけ地球温暖化は、きわめて深刻な※喫緊《きっきん》の課題でしょう。環境保護は、地球規模で、世界的に、全人類が取り組まなければならない、待ったなしの問題です。この二〇年ほどが、環境破壊《はかい》を留めるギリギリの限界線のように思われます。

　環境や自然が人類にとって最もケアしなければならないものとなりました。これからは、人間は自分たちを地球環境の一員として捉《とら》える「緑の思想」を2「緑の政治」によって実現しなくてはなりません。自然を人間がどのように利用しても構わないと考えていた時代からは、これは大きな変化です。

　三番目は、情報テクノロジーと人工知能（ＡＩ）の進歩です。インターネットの普及《ふきゅう》により、私たちの周りには大量の情報が溢《あふ》れ、だれもがそれらに簡単に※アクセスできます。3専門家と一般人《いっぱんじん》の情報格差は縮んでいますが、他方、その情報をどれだけ的確に使えるかで、個々人の情報力に大きな差が生じています。

　コロナ禍によって、ネットでのコミュニケーションや情報収集をうまくできるかどうかで、人と人との間にますます大きな格差ができてしまいました。ネット会議をうまく使いこなせる会社は、これまでよりもコストをかけずに業務ができるようになるでしょうし、自宅で仕事をしたい優秀《ゆうしゅう》な人たちにとっては魅力的《みりょくてき》な職場となるでしょう。ネットをうまく利用できる学校や大学は教育の手段が豊富になる一方で、そうではない大学や学校は取り残されてしまうかもしれません。ウ

　また、近年、ＡＩやロボットの発展が目覚しく、それによって社会のあり方が変わってくると言われています。ＡＩはあまりに賢《かしこ》くて人間を不要にしてしまうと※危惧《きぐ》する学者もいますが、コンピュータは生物ではないですから、生き物である人間の心と同じことができるとは思えません。

　しかし道具としてのＡＩやロボットは、私たちの仕事のあり方を大きく変えるでしょう。作業ロボットの登場によって工場での労働はずいぶん変わりました。同じように、形式的・機械的に処理できる事務仕事は、今後ＡＩにとって代わられていくでしょうし、接客業も単純なものはコンピュータが行うようになります。もうその傾向《けいこう》は現れています。コンビニの※ＡＴＭが銀行や役所の窓口の代わりになり、回転寿司《ずし》の注文はタブレットでするようになりました。

　しかしＡＩやロボットでは到底《とうてい》できそうにない仕事もあります。創造的な仕事、感性や個性が求められる仕事、複雑なコミュニケーション、そして人間の身体《からだ》が必要な仕事がそうです。ＡＩ社会とは、人工

2024年度

湘南学園中学校

【国　語】〈B日程試験〉（五〇分）〈満点：一五〇点〉

一 ――線部のカタカナをそれぞれ漢字に直しなさい。

(1) 議案をカケツする。
(2) 会社にキンムする。
(3) 年老いた親にコウコウをする。
(4) ネットウで食器を消毒する。
(5) 道でハイゴから声をかけられた。
(6) 有名画家の絵のフクセイを買う。
(7) 地方ジチを重んじる。
(8) ケワしい山を登る。
(9) 相手の意志をトウトぶ。
(10) カリに雨が降っても実行する。

二 次のことわざの□にあてはまる動物をAから、完成したことわざの意味をBからそれぞれ選び、記号で答えなさい。

(1) □心あれば水心
(2) □百まで踊《おど》り忘れず
(3) □の面に水
(4) □の耳に念仏
(5) □も食わない

A　ア　雀《すずめ》　イ　犬　ウ　魚　エ　蛙《かえる》　オ　馬

B　ア　何をされても平気でいること。
イ　いくら意見をしても効き目がないこと。
ウ　幼い時に身に着けた習慣は、年をとっても忘れない。
エ　だれからも全く相手にされない。
オ　一方が他方を気に入れば、他方も相手を気に入るようになる。

三 次の文章を読んで、後の各問いに答えなさい。

現在日本では、探求の時間への変更《へんこう》も含《ふく》めて、大きな教育改革が行われようとしています。その原因は、世界が、これまでの数百年続いていた文明の流れが転換《てんかん》するような、とても大きな変化の節目にあるからです。日本もその影響《えいきょう》を被《かぶ》らずにはいられません。世界はどのような点で変わろうとしているのでしょうか。

まず、世界がひとつになろうとしている点です。こう言うと、「いや、今各国は緊張《きんちょう》関係にあってそれぞれの国が自分の狭《せま》い人間関係に閉じこもろうとしている。（A）、外国人差別とか、移民排除《いみんはいじょ》とか、※マイノリティの人を鬱陶《うっとう》しがったりする動きが起きているのではないか」といった反論がすぐに出てくるでしょう。確かに、イギリスはヨーロッパ連合を脱退《だったい》しましたし、国境の壁《かべ》を高くして移民を入れさせない法律を強めている国もあります。

それはその通りですが、そうした動きは「反動」なのです。反動とは、全体的な大きな流れに対する対抗《たいこう》です。大きな流れそのものは変わりません。ア

世界の各地は、さまざまな仕方で、さまざまな面でつながっています。世界中からたくさんの商品がやってきます。いろいろな国から仕事をしに来ます。世界中から観光客が遊びに来ます。コロナ禍《か》と環《かん》境《きょう》の配慮《はいりょ》から、こうした動きがそのまま続くかわかりませんが、情報や知識が国境を越《こ》えていくのは間違《まちが》いない動きです。インターネットでどこの国の人ともつながることができます。情報を遮断《しゃだん》しようと

2024年度
湘南学園中学校 ▶解説と解答

算　数　＜A日程試験＞（50分）＜満点：150点＞

解　答

1 (1) 6　(2) 16.28　(3) $\frac{1}{18}$　(4) $3\frac{1}{6}$
2 (1) 8個　(2) 32個　(3) 4.5km　(4) 178cm　(5) 41個　(6) 4％　(7) 115度　(8) ア 5　イ 15　ウ 10　エ 0.2　オ 0.3　カ 6
3 (1) 120度　(2) 75.36cm^2　(3) 62.24cm
4 (1) **体積**…125.6cm^3，**表面積**…175.84cm^2　(2) 155.88cm^2
5 (1) 10cm　(2) 1000cm^3　(3) 5cm　(4) ア 15　イ 12
6 (1) 6　(2) 8　(3) 64

解　説

1 四則計算，計算のくふう，逆算

(1) 18÷10×5－3＝18×5÷10－3＝90÷10－3＝9－3＝6

(2) 3.14×5－3.14÷2×6＋10＝3.14×5－3.14×6÷2＋10＝3.14×5－3.14×3＋10＝3.14×(5－3)＋10＝3.14×2＋10＝6.28＋10＝16.28

(3) $\left(5\frac{2}{3}-3\frac{1}{2}\right)\div0.75-2\frac{5}{6}=\left(5\frac{4}{6}-3\frac{3}{6}\right)\div\frac{3}{4}-2\frac{5}{6}=2\frac{1}{6}\div\frac{3}{4}-2\frac{5}{6}=\frac{13}{6}\times\frac{4}{3}-2\frac{5}{6}=\frac{26}{9}-2\frac{5}{6}=2\frac{8}{9}-2\frac{5}{6}=2\frac{16}{18}-2\frac{15}{18}=\frac{1}{18}$

(4) $\left(\square+\frac{1}{2}\right)\div2\frac{3}{4}=\frac{4}{3}$より，$\square+\frac{1}{2}=\frac{4}{3}\times2\frac{3}{4}=\frac{4}{3}\times\frac{11}{4}=\frac{11}{3}=3\frac{2}{3}$　よって，$\square=3\frac{2}{3}-\frac{1}{2}=3\frac{4}{6}-\frac{3}{6}=3\frac{1}{6}$

2 つるかめ算，数列，旅人算，平均，過不足算，濃度《のうど》，角度，割合と比

(1) 12個の角砂糖がすべて1個10gだとすると，重さの合計は，10×12＝120(g)になるが，実際は96gなので，120－96＝24(g)の差がある。10gの角砂糖1個を，7gの角砂糖1個に置きかえるごとに，重さの合計は，10－7＝3(g)減るので，1個7gの角砂糖は，24÷3＝8(個)ある。

(2) 並んでいる分数は，分子がすべて3だから，約分できる分数は，分母が3で割り切れる分数とわかる。また，分母は4から100までの整数であり，100÷3＝33あまり1，3÷3＝1より，4から100までの整数の中に，3で割り切れる数は，33－1＝32(個)ある。よって，約分できる分数は32個ある。

(3) AさんとBさんが同じ場所を同時に出発し，反対方向に歩くと，1時間で，5＋4＝9(km)離《はな》れるから，30分後，2人の間は，$9\times\frac{30}{60}=4.5$(km)になる。

(4) 39人のクラスの身長の合計は，162×39＝6318(cm)で，担任の先生を合わせた40人の身長の合計は，162.4×40＝6496(cm)だから，担任の先生の身長は，6496－6318＝178(cm)である。

(5) 子どもの人数を□人として，用意したクッキーの個数と，配るのに必要なクッキーの個数を図で表すと，下のようになる。この図から，7×□－4×□＝3×□が，13＋8＝21(個)であることがわかる。よって，子どもの人数は，□＝21÷3＝7(人)で，クッキーは，4×7＋13＝41(個)ある。

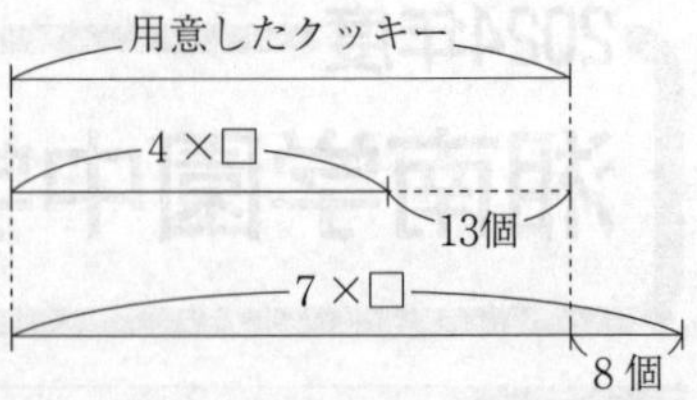

(6)　濃度が6％の食塩水300gには食塩が，300×0.06＝18(g)，濃度が5.2％の食塩水，300＋200＝500(g)には食塩が，500×0.052＝26(g)ふくまれている。よって，加えた200gの食塩水には，26－18＝8(g)の食塩がふくまれていたので，その濃度は，8÷200×100＝4(％)である。

(7)　三角形の内角の和は180度なので，(○＋×)×2＋50＝180(度)より，○＋×＝(180－50)÷2＝65(度)とわかる。また，角ア，×，○の角度の和も180度だから，角アの角度は，180－(○＋×)＝180－65＝115(度)と求められる。

(8)　2階建ての旅館の客室が全部で25部屋あり，2階と1階の客室数の比が3：2なので，2階の客室数は，$25\times\frac{3}{3+2}=25\times\frac{3}{5}=15$(部屋)で，アには5，イには15があてはまる。また，1階の客室数(部屋数)は，25－15＝10(部屋)で，ウには10があてはまる。さらに，2階の20％と1階の30％が和室だから，和室の総数は，15×0.2＋10×0.3＝3＋3＝6(部屋)となり，エには0.2，オには0.3，カには6があてはまる。

3　平面図形―角度，面積

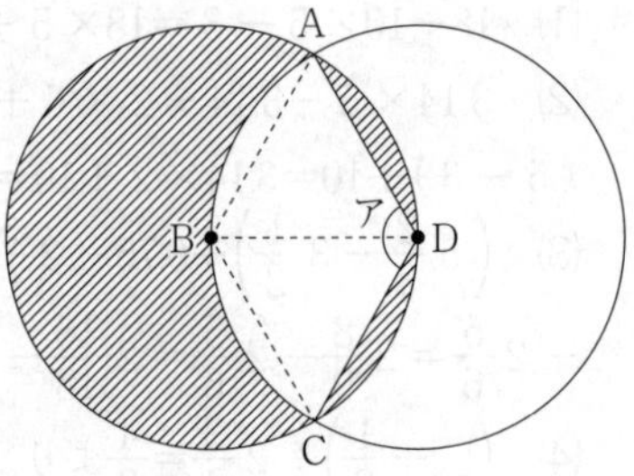

(1)　右の図で，AB，BC，CD，DA，BDはいずれも円の半径であり，長さは6cmである。すると，三角形ABD，BCDはともに正三角形で，内角の大きさはいずれも60度となる。よって，角アの大きさは，60×2＝120(度)とわかる。

(2)　(1)より，斜線《しゃせん》部分の図形は，半径6cmの円から，半径6cm，中心角120度(角ア)のおうぎ形を除いたものなので，その面積の和は，$6\times6\times3.14-6\times6\times3.14\times\frac{120}{360}=36\times3.14-36\times3.14\times\frac{1}{3}=36\times3.14-12\times3.14=(36-12)\times3.14=24\times3.14=75.36$(cm^2)である。

(3)　斜線部分の周は，半径6cmの円周と，半径6cm，中心角120度のおうぎ形の弧《こ》と，CD，DAを合わせたものだから，その長さの和は，$6\times2\times3.14+6\times2\times3.14\times\frac{1}{3}+6\times2=12\times3.14+4\times3.14+12=(12+4)\times3.14+12=16\times3.14+12=50.24+12=62.24$(cm)となる。

4　立体図形―体積，表面積

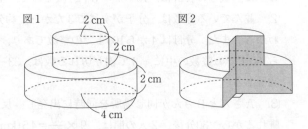

図1

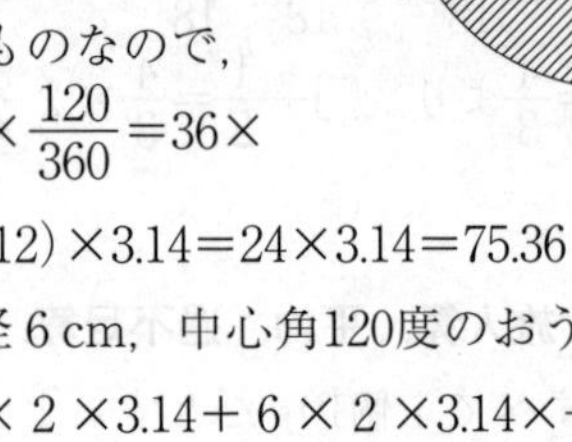

図2

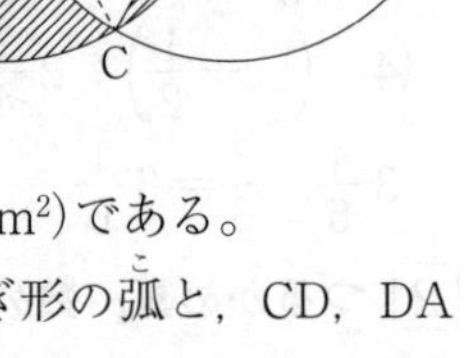

(1)　問題文中の立体の見取図は，右の図1のようになる。上の円柱の体積は，2×2×3.14×2＝8×3.14(cm^3)，下の円柱の体積は，4×4×3.14×2＝32×3.14(cm^3)だから，この立体の体積は，8×3.14＋32×3.14＝(8＋32)×3.14＝40×3.14＝125.6(cm^3)である。また，この立体の表面のうち，上の円柱の側面積は，2×2×3.14×2＝8×3.14(cm^2)，下の円柱の側面積は，4×2×3.14×2＝16×3.14(cm^2)となる。さらに，この立体を真上と真下から見ると，どちらも半径4cmの円になるから，真上と真下から見える部分の面積の和は，4×4×3.14×2＝32×3.14(cm^2)とわかる。よって，この立体の表面積は，8×3.14＋16×3.14＋32×3.14＝(8＋16＋32)×3.14＝56×3.14＝175.84(cm^2)と求められる。

(2) 図１の立体を切ってできた立体の見取図は上の図２のようになる。この立体は，図１の立体を，$\frac{360-90}{360}=\frac{270}{360}=\frac{3}{4}$にしたもので，図１の立体のそれぞれの面が，いずれも$\frac{3}{4}$になっている。ただし，図２に色をつけて示した切り口の面については，図１から増えた面となる。したがって，図２の立体の表面積は，$56\times3.14\times\frac{3}{4}+(2\times2+2\times4)\times2=42\times3.14+24=131.88+24=155.88$(cm^2)となる。

5 グラフ—水の深さと体積

(1) 問題文中のグラフより，水を入れ始めてから５分後，水の深さが10cmになったとき，深さの増え方がゆるやかになる。よって，このときに水面が円柱Ａの上の部分に達したから，円柱Ａの高さは10cmとなる。

(2) 水を入れ始めてから５分後までの水が入る部分の底面積は，1000－(300＋200)＝500(cm^2)である。この５分間で，水の深さは10cmになったので，５分後の水の体積は，500×10＝5000(cm^3)となる。よって，水は１分あたり，5000÷５＝1000(cm^3)入っている。

(3) 問題文中のグラフより，水を入れ始めて９分後からイ分後まで，水の深さが変わっていない。このときの水そうの中の様子は右の図のように表せる。水を入れ始めて９分後から10分後までの１分間で，1000cm^{3}の水が水そうに入り，水の深さが変わらないから，図の★の部分に，1000cm^{3}の水が入ったことになる。また，円柱Ｂの底面積は200cm^{2}なので，図の□は，1000÷200＝５(cm)である。よって，円柱Ｂを引き上げる速さは，１分あたり５cmとわかる。

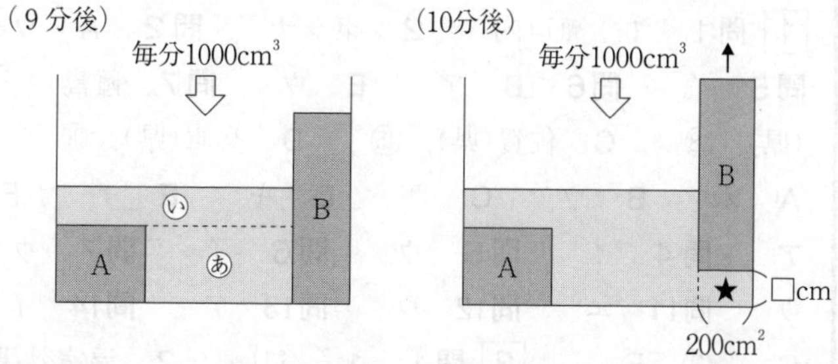

(4) ９分後の図において，㋐の部分の水は５分間で，㋑の部分の水は，９－５＝４(分間)でたまっている。また，㋐の部分の水の深さは10cmで，㋑の部分の水は，体積が，1000×４＝4000(cm^3)，底面積が，1000－200＝800(cm^2)だから，深さは，4000÷800＝５(cm)である。よって，水を入れ始めてから９分後の水の深さは，10＋５＝15(cm)なので，問題文中のグラフのアには15があてはまる。さらに，水を入れ始めてからイ分後に水の深さは再び増え始めているので，イ分後に円柱Ｂが水の中からすべて出たとわかる。９分後からイ分後までの水の深さは15cmで，(3)より，円柱Ｂは１分あたり５cmの速さで引き上げているから，円柱Ｂが水の中からすべて出るのは，円柱Ｂを引き上げ始めてから，15÷５＝３(分後)となる。したがって，イには，９＋３＝12があてはまる。

6 調べ

(1) ７個の石を並べて，きまりにしたがって石を取っていくと，右の図①のようになり，最後に残る石の数字は６とわかる。

図①

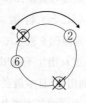

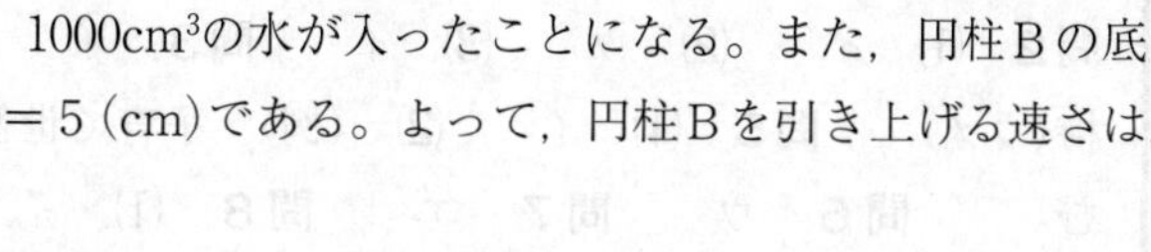

(2) ８個の石を並べて，きまりにしたがって石を取っていくと，下の図②のようになり，最後に残る石の数字は８とわかる。

(3) 図②を見ると，８個あった石は１周ごとに，４個，２個，１個と，個数が半分になり，残って

図②

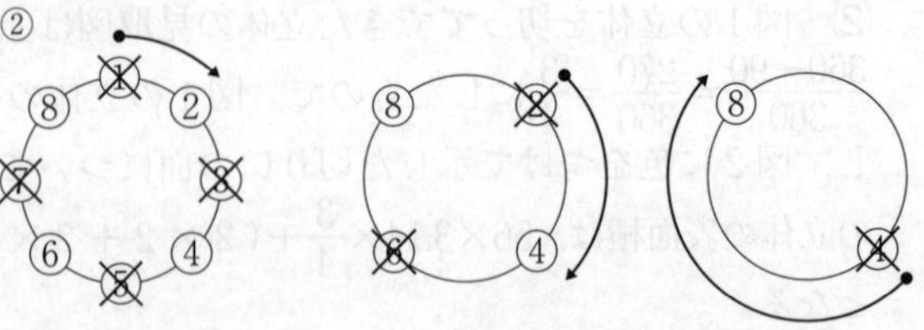

いる石の数字は，２の倍数，４の倍数，８の倍数となっている。64個の石を並べたときも，64÷２＝32，32÷２＝16，16÷２＝８，…と，最後の１個になるまで１周ごとに石の個数は半分になる。よって，８個の場合と同じように考えると，64個の石を並べたとき，１周ごとに残る石の数字は，２の倍数，４の倍数，８の倍数，16の倍数，32の倍数，64の倍数となるから，最後に残る石の数字は64である。

社 会 ＜A日程試験＞（40分）＜満点：100点＞

解 答

[1] **問１** **１** 瀬戸内 **２** 東シナ **問２** **A** ウ **B** ア **問３** ア **問４** イ **問５** イ **問６** **B** ア **E** ウ **問７** 離島 **問８** **A** 岡山(県)，㉛ **B** 長野(県)，⑱ **C** 佐賀(県)，㊺ **D** 兵庫(県)，㉚ **E** 鹿児島(県)，㊸ [2] **問１** **A** オ **B** ウ **C** カ **D** キ **E** ア **F** エ **G** イ **問２** ウ **問３** ア **問４** イ **問５** ウ **問６** イ **問７** ウ **問８** ア **問９** イ **問10** ウ **問11** エ **問12** ウ **問13** ア **問14** イ **問15** ア **問16** ① B ② C ③ E [3] **問１** **１** パリ **２** 温室効果ガス(二酸化炭素)(CO_2) **３** 沸騰 **問２** (1) イ (2) ウ (3) イ **問３** イ **問４** (1) イ (2) 和歌山(県) (3) 梅(ウメ) **問５** (1) イ (2) (例) 子育て世帯が住みにくくなり，地域の少子高齢化が進む。 **問６** ウ **問７** エ **問８** (1) イ (2) ウ **問９** ウ **問10** (1) イ (2) (例) 多くの国がかかわる世界大戦が起こっていたため。 **問11** イ **問12** ハワイ(マウイ島)

解 説

[1] **５つの市町村を題材にした地理分野の問題**

問１ **１** 水島コンビナートがある岡山県の倉敷《くらしき》市は，瀬戸内海に面している。 **２** 薩摩《さつま》半島南部に位置する鹿児島県の南九州市は，東シナ海に面している。

問２ **A** 瀬戸内海に面する倉敷市は瀬戸内の気候に属するため，年間降水量が少ない。また，平均気温が０度を下回る月がなく，冬でも比較《ひかく》的温和な気候である(ウ…○)。 **B** 千曲《ちくま》川が流れる長野市は，中央高地の気候に属するため，年間降水量が少ない。また，内陸に位置するため夏と冬の寒暖差が大きいことも特徴《とくちょう》である(ア…○)。なお，イは南西諸島の気候，エは日本海側の気候に属する都市の雨温図を表している。

問３ 長野県から流れ出す千曲川は，新潟県に入ると名称《めいしょう》を信濃《しなの》川に変えて，新潟市で日本海に注ぐ。信濃川(千曲川)は日本最長の河川で(ア…○)，流域面積は関東地方を流れる利根《とね》川，北海道を流れる石狩川に次いで日本で３番目に広い(イ…×)。なお，最も流れが速い川(川底のかたむきが急な川)は，富山県を流れる常願寺《じょうがんじ》川である(ウ…×)。

問4　Cの有田町(佐賀県)は，伝統的工芸品に指定されている有田焼の産地として知られる。有田焼は日本で最初に焼かれた磁器《じき》で，佐賀県の陶磁器生産額は岐阜県に次いで日本で２番目に多い(イ…○)。なお，工芸製品Ｘは鉄びん(南部鉄器)，データⅡはたんすの出荷額上位県を表している。

問5　六甲山系が位置する兵庫県の県庁所在地である神戸市は，国際貿易都市として発展してきた。世界の真珠《しんじゅ》輸出の約７割を占《し》め，「真珠の町」として知られる(イ…○)。なお，アのホタテガイとウの昆布《こんぶ》はともに大部分が北海道から輸出されている。

問6　**B**　盆地では果樹栽培《さいばい》，高原では抑制《よくせい》栽培による野菜づくりがさかんな長野県は，レタスの収穫《しゅうかく》量が全国一，りんごの収穫量は青森県に次いで全国で２番目に多い(ア…○)。　**E**　シラスと呼ばれる火山灰が広がる鹿児島県は畑作と畜産業がさかんで，ブロイラー(肉用若鶏《わかどり》)と豚の飼養数は全国一多く，茶の生産量は静岡県に次いで全国２位である。また，高温多雨な気候でさとうきびの生産量も多い(ウ…○)。なお，イは愛媛県，エは青森県のデータを表している。

問7　資料のシンボルマークは，大隅《おおすみ》半島と薩摩半島の間に桜島が位置する鹿児島県の地形をデザインした県章であるが，種子《たねが》島や屋久《やく》島，奄美《あまみ》大島などの離島《りとう》が描《えが》かれていない。

問8　**A**　山陽地方(中国地方の瀬戸内側)に位置する岡山県は，㉛である。　**B**　地理的に日本のほぼ中心に位置する長野県は，⑱である。　**C**　豊臣秀吉の朝鮮出兵で拠点《きょてん》が置かれた佐賀県は，朝鮮半島に近い㊺である。有田焼は朝鮮の陶工であった李《り》参平が始めた。　**D**　南側が大阪湾に面する兵庫県は，㉚である。　**E**　九州地方に位置し，南に離島が多い鹿児島県は，㊸である。

[2] 歴史上の人物を題材にした各時代の歴史的なことがらについての問題

問1　**A**　縄文時代から弥生時代の人々のくらしについて説明しているので，オの卑弥呼が当てはまる。卑弥呼は３世紀に存在した邪馬台国の女王である。　**B**　大和朝廷(大和政権)が成立した古墳《こふん》時代から律令国家になった奈良時代にかけての説明なので，ウの聖徳太子が当てはまる。聖徳太子は，推古天皇の摂政《せっしょう》として政治を行い，天皇中心の国づくりを目指した。　**C**　794年に都が平安京に移され，貴族による政治が行われた平安時代の説明なので，カの藤原道長が当てはまる。藤原道長は，子の頼通とともに藤原氏による摂関政治の全盛期を築いた。　**D**　鎌倉時代の武士のくらしについて説明しているので，キの源頼朝が当てはまる。源頼朝は鎌倉幕府を開き，本格的な武家政治を始めた。　**E**　京都に幕府が置かれた室町時代の説明なので，室町幕府第３代将軍であるアの足利義満が当てはまる。足利義満が京都の室町に「花の御所」を造営して政治を行ったことから，室町時代と呼ばれるようになった。　**F**　江戸時代の社会の仕組みについて説明しているので，江戸幕府第３代将軍であるエの徳川家光が当てはまる。徳川家光は，幕府による全国支配の基礎《きそ》を築いた。　**G**　明治維新から国会開設まで説明されているので，イの板垣退助が当てはまる。板垣退助は明治時代の1874年に「民撰《みんせん》議院設立建白書」を提出し，自由民権運動を指導した土佐藩(高知県)出身の政治家である。

問2　人々の間に貧富や身分の差がなかった縄文時代には，住居の近くに共同墓地をつくって埋葬《まいそう》した。権力者のための大規模な墓(前方後円墳などの古墳)が築かれたのは古墳時代である(ウ…×)。

問3　縄文時代末期に大陸から日本に移り住んだ人々によって稲作が伝えられ，弥生時代に日本各地に広がった(ア…○)。なお，米づくりが始まると，水や土地，収穫物をめぐる争いが起こるようになった(イ…×)。縄目の文様は縄文土器の特徴である。弥生土器は装飾《そうしょく》が少ない(ウ…×)。

問4　仏教の伝来によって火葬が広まったことや，古墳に代わって大きな寺院や仏像を建造することが権力の象徴となったことが古墳の衰退《すいたい》した原因と考えられる(イ…○)。

問5　律令制度の下，農民には都を警備する衛士《えじ》や北九州を守る防人《さきもり》などの兵役のほか，庸として布を納める代わりに国司のもとで土木工事などに従事する労役が課された(ウ…×)。

問6　平安時代にかな文字が発明されると，宮廷の女官であった紫式部が長編小説の『源氏物語』を著《あらわ》した(イ…○)。なお，清少納言が記したのは随筆《ずいひつ》の『枕草子』である。『竹取物語』は現存する日本最古の物語で，作者・成立年ともに不明である(ア・ウ…×)。

問7　元寇《げんこう》は元軍による侵略《しんりゃく》戦争であったため，撃退《げきたい》しても幕府は新たな領地を得ることができず，御家人に恩賞(御恩)として十分な土地を与《あた》えることができなかった(ウ…×)。

問8　資料には，豊作を祈《いの》って行われる田楽と，田楽を楽しみながら田植えする室町時代の農村の様子が描かれている(ア…×)。

問9　イの『蒙古襲来絵詞《もうこしゅうらいえことば》』は，元寇の様子を描いた鎌倉時代の資料である。なお，アの『長篠合戦図屏風《びょうぶ》』，ウの水墨《すいぼく》画(雪舟の『天橋立《あまのはしだて》図』)，エの書院造の部屋は，いずれも室町～戦国時代の資料といえる。

問10　江戸時代には新田開発が進み，肥料や農具などの農業技術も発達したことから米の生産量が増加し，年貢米や各地の特産物が大坂(大阪)に集められ，大坂は物流や商業の中心地となった(ウ…○)。なお，二毛作が全国に広がったのは室町時代のことである(ア…×)。長崎貿易は特権を与えられたごく限られた商人だけで行われた(イ…×)。

問11　ａは1877年(西南戦争)，ｂは1873年(地租改正)，ｃは1871年(廃藩《はいはん》置県)の出来事であるので，年代の古い順にｃ→ｂ→ａとなる。

問12　幕末に欧米諸国との貿易が始まってから昭和時代初期まで，日本の最大の輸出品はウの生糸であった。明治時代末期には，日本は世界最大の生糸輸出国へと成長した。

問13　日清戦争後に結ばれた下関条約で得た多額の賠償《ばいしょう》金の一部を使い，アの八幡製鉄所が建設された。なお，イは富岡製糸場(群馬県)，ウは足尾銅山(栃木県)である。

問14　満州国が建国された1932年から終戦の1945年まで，多くの日本人が満州に移住したが，敗戦によって子どもたちは中国に置き去りにされ，日本に引き上げることができなかった(イ…×)。

問15　1950年代後半から1970年代初めまで続いた高度経済成長は，1973年の第四次中東戦争をきっかけとする石油ショック(石油危機，オイルショック)によって終わりを告げた(ア…○)。なお，朝鮮戦争は特需《とくじゅ》をもたらし，戦後日本の復興のきっかけとなった(イ…×)。1964年に開催《かいさい》されたアジア初の東京オリンピックは，高度経済成長を象徴する出来事である(ウ…×)。

問16　①　遣隋《けんずい》使の派遣は飛鳥時代に聖徳太子が始めたので，Ｂに当てはまる。　②　遣唐使の廃止は平安時代の794年のことなので，Ｃに当てはまる。　③　日明貿易は足利義満が始めたので，Ｅに当てはまる。

3　震災《しんさい》や戦災，地球環境《かんきょう》についての問題

問1　**1**　2024年のオリンピック・パラリンピックは，フランスの首都パリで開催される予定である。　**2**　2015年に開催されたCOP21でパリ協定が採択《さいたく》され，地球温暖化の原因となる二酸化炭素(CO_2)などの温室効果ガス排出《はいしゅつ》量削減《さくげん》の国際目標が掲《かか》げられた。　**3**　地球の気温上昇に歯止めがかからないことに対し，国連事務総長のグテーレスは，「地球温暖化の時代は終わり，地

球沸騰《ふっとう》化の時代が到来した」と強い危機感を表明した。

問２ ⑴　新聞記事には，「九月一日」と書かれてある。９月１日は，大正12年(1923年)９月１日に発生した関東大震災にちなんで，防災の日と定められている(イ…○)。　⑵　関東大震災では東京・横浜を中心に約10万５千人の死者・行方不明者が出たが，人的被害の多くは地震後に発生した大火災によるものであった(ウ…×)。　⑶　関東大震災の混乱の中で，「朝鮮人や共産主義者が井戸に毒を入れた」や「朝鮮人が放火した」などのデマが流れ，それを信じた人々が自警団を組織して朝鮮人や中国人，共産主義者を殺害する事件が発生した。

問３　地図中イのトルコは，黒海や地中海に面した国で，アジア州とヨーロッパ州の２つの州にまたがっている。多くの断層があり，日本と同じように地震が多い。なお，地図中アはウクライナ，ウはオーストラリア，エはチリの場所を示している。

問４ ⑴　トルコの軍艦《ぐんかん》が遭難《そうなん》し，日本人によって助けられた1890年には，第１回帝国議会が開かれた(イ…○)。なお，アの大日本帝国憲法の発布は1889年，ウの湘南学園の設立は1933年，エの新橋～横浜間の鉄道開通は1872年の出来事である。　⑵，⑶　果樹Ｂは，愛媛県・静岡県と九州地方で主に生産されていることから，温暖な気候を好むみかんと判断できる。和歌山県は，紀の川や有田川の流域でみかんの栽培がさかんで，みかんの収穫量が全国一多い。したがって，トルコの軍艦は，和歌山県沖で遭難したとわかる。和歌県はみかんのほか，柿や梅の収穫量も全国一を誇《ほこ》る。柿は和歌山県に次いで奈良県，梅は群馬県の生産量が多いことから，果樹Ｃは梅である。なお，果樹Ａは山梨県に次いで福島県・長野県の生産量が多いことから，ももと判断できる。

問５ ⑴　６年間の義務教育が小学校で行われるので，６学年が在学する小学校が児童・生徒・学生数が最も多くなる(イ…○)。なお，アは中学校，ウは高等学校，エは大学を表している。　⑵　小・中学校がなくなると子育て世帯が住みにくくなり，この地域から離《はな》れてしまう可能性がある。したがって，地域の少子高齢化や過疎化が一層進んでしまうという問題が起こる。

問６　小学校と中学校の９年間は義務教育期間であり，教科書が無償《むしょう》で配布される(ウ…○)。なお，教科書の内容については，国による検定が行われる(ア…×)。使用する教科書を決めるのは，その自治体の教育委員会である(イ…×)。

問７『はだしのゲン』は，作者自身の体験をもとに戦中・戦後の広島を描いた漫画《まんが》である。1945年８月６日に人類史上初めて原子爆弾が投下された広島では，この漫画の一部が平和学習の教材として採用されてきたが，広島市は2023年度から別の被爆者体験談に差し替えることを決めた(エ…○)。

問８ ⑴　イの文部科学省は，教育，科学技術・芸術，スポーツ，文化の振興《しんこう》を担《にな》う行政機関である。したがって，社会教育施設である図書館に関する仕事は，文部科学省の管轄《かんかつ》である。　⑵　北海道にある図書館のうち，道が設置する図書館は１つだが，千葉県には県が設置する図書館が３つあり，全国で最も多い(ウ…×)。

問９　Ａはユネスコ憲章前文，Ｂは日本国憲法第９条１項である(ウ…○)。なお，1948年に国連総会で採択された世界人権宣言は基本的人権の尊重の原則について宣言し，日本国憲法第25条は生存権について規定している。

問10 ⑴　資料より，オリンピックの開催が最も多い国は，８回(夏季に４回，冬季に４回)開催しているアメリカ合衆国である(イ…×)。　⑵　1916年の大会は第一次世界大戦(1914～18年)，

1940年と1944年の大会は第二次世界大戦(1939～45年)が起こっていたため，中止になった。

問11　やませは，主に東北地方の太平洋側に吹《ふ》く冷たくしめった北東風で，しばしば冷害をもたらすことがある(イ…×)。

問12　2023年８月，アメリカ合衆国のハワイ州マウイ島で大規模な山火事が発生した。火は住宅地にも広がり，100人以上の死者・行方不明者を出す惨事《さんじ》となった。

理　科　＜Ａ日程試験＞（40分）＜満点：100点＞

解　答

1 **問１**　ウ　**問２**　ア　**問３**　イ　**問４**　ア，エ　**問５**　ア，ウ　**問６**　ウ　**問７**　イ　**問８**　エ　**問９**　ア　**問10**　イ　2 **問１**　酸素　**問２**　エ，オ　**問３**　イ　**問４**　17.0g　**問５**　6.8g　**問６**　2.4L　**問７**　10.2%　3 **問１**　①　ア　②　オ　**問２**　エ　**問３**　受粉(受精)　**問４**　ア　**問５**　イ　**問６**　ウ　**問７**　エ　**問８**　ア，イ　4 **問１**　ウ　**問２**　①　17.2　②　1.7　**問３**　エ　**問４**　ウ，カ　**問５**　ア　**問６**　図３…0.2秒後　図４…0.1秒後　5 **問１**　ウ　**問２**　エ　**問３**　④　ア　⑤　オ　**問４**　イ　**問５**　カ　**問６**　イ　**問７**　ウ

解　説

1 小問集合

問１　赤色リトマス紙にアルカリ性の水よう液をつけるとリトマス紙が青色に変化するが，酸性，中性の水よう液をつけても変化しない。炭酸水とお酢《す》は酸性，アンモニア水はアルカリ性，食塩水と砂糖水は中性の水よう液である。

問２　卵のからの主な成分は炭酸カルシウムで，炭酸カルシウムにうすい塩酸をかけると，二酸化炭素が発生する。

問３　卵からかえった直後のメダカは，ひれがつながっていて区別がはっきりしない。

問４　こん虫の育ち方で，幼虫がさなぎになってから成虫になる育ち方を完全変態といい，幼虫がさなぎにならずに成虫になる育ち方を不完全変態という。カブトムシ，モンシロチョウは完全変態，シオカラトンボやアキアカネなどのトンボのなかま，バッタのなかまなどは不完全変態をする。

問５　ヒトのからだで，食べたものの通り道は，口→食道→胃→小腸→大腸→こう門となっている。このようなひとつながりの管を消化管という。

問６　電球に流れる電流の大きさが大きいほど電球は明るく光り，電流の大きさが等しいとき電球は同じ明るさで光る。電球１個，電池１個をつないだときに電球に流れる電流を１とすると，それぞれの電球に流れる電流の大きさは，①は２，③と⑤は１で，②，④，⑥はショート回路で電球に電流が流れない。よって，③と⑤の電球が同じ明るさで光る。

問７　棒磁石が折れたとき，それぞれの磁石は新しい棒磁石になる。また，磁石には必ずＮ極とＳ極がある。したがって，図の折れた棒磁石のうち，左の棒磁石の右はしがＳ極になるため，方位磁針のＮ極は左を向く。

問８　積乱雲は急激な上昇《じょうしょう》気流によって垂直に発達した厚い雲で，短時間に強い雨を降らせ，集

中ごう雨をもたらすことがある。

問9　マグマが冷え固まってできた岩石を火成岩という。このうち，マグマが地下深いところでゆっくり冷え固まってできた岩石を深成岩といい，花こう岩が当てはまる。なお，マグマが地表や地表近くで急に冷え固まってできた岩石を火山岩といい，安山岩などがある。また，泥《でい》岩や砂岩，れき岩は土砂がおし固められてできたたい積岩である。

問10　川の上流は川底のかたむきが大きいため流れが速い。また，上流の石は流水のけずるはたらきをほとんど受けていないため，川原の石は角ばっている。

2　酸素の発生についての問題

問1　過酸化水素水に二酸化マンガンを加えると，過酸化水素が分解して酸素が発生し，このとき水が生じる。

問2　酸素には，無色とう明でにおいがない，水にとけにくく空気より重い，ものが燃えるのを助けるはたらきがあるなどの性質があり，酸素は体積の割合で空気の約21％をしめる。なお，石灰水を白くにごらせるのは二酸化炭素である。

問3　水上置換《ちかん》法は発生した気体を水と置きかえて集めるので，空気などのほかの気体が混ざりにくいという利点がある。ほかにも，たまった気体の量が見てわかるという特ちょうもある。

問4　過酸化水素3.4ｇから気体Ａが1.6ｇ発生し，その体積は1.2Lである。よって，６Ｌの気体Ａを発生させるのに必要な過酸化水素の重さは，$3.4\times\frac{6}{1.2}=17.0$(ｇ)となる。

問5　こさが3.4％の過酸化水素水200ｇにふくまれている過酸化水素の重さは，$200\times0.034=6.8$(ｇ)である。

問6　過酸化水素6.8ｇから発生する酸素の体積は，最大，$1.2\times\frac{6.8}{3.4}=2.4$(L)となる。

問7　発生した酸素は空気中に出ていくため，その分だけ全体の重さが軽くなる。すると，発生した酸素の重さは，$100-95.2=4.8$(ｇ)なので，はじめの過酸化水素水100ｇにとけていた過酸化水素の重さは，$3.4\times\frac{4.8}{1.6}=10.2$(ｇ)とわかる。したがって，はじめの過酸化水素水のこさは，$10.2\div100\times100=10.2$(％)と求められる。

3　植物のつくりとはたらき，イモについての問題

問1　植物は葉緑体(葉緑素)の中で日光の助けを借りて，根から吸い上げた水や空気中の二酸化炭素からでんぷんと酸素をつくる。植物のこのようなはたらきを光合成という。

問2　でんぷんにヨウ素液を加えると青むらさき色に変化する。よって，イモにでんぷんがたくわえられていることを確かめるには，すりおろしたイモにヨウ素液を加えて青むらさき色に変化することを確認すればよい。

問3　実ができるためには，おしべでつくられた花粉がめしべの柱頭につく必要がある。これを受粉といい，その後，卵と花粉の核が受精して実ができる。

問4　サツマイモはヒルガオ科の植物で，アのようなラッパ状の花をさかせる。なお，イはオクラ，ウはジャガイモなどのナス科の植物の花で，エはキュウリのめ花である。

問5　サトイモのイモはジャガイモのイモのように球に近い形をしていることから，くきに養分をたくわえていると考えられる。

問6　サツマイモを放置しておくと，くきにつながっていた部分(ウ)から芽が出る。

問7　光合成をするためには，どの葉にも光がじゅうぶん当たる必要がある。このため，上から見

たときに葉が重ならないようについている。

問8　ポリエチレンのふくろが水てきでくもったのは，蒸散によって葉やくきから出た水蒸気が冷えて水てきとなってついたからである。また，根・くき・葉を切ったときに，それぞれ決まった場所が赤く染まっていたことから，水は決まった通り道を通っていると考えられる。なお，色水がジャガイモの成長に関係するかどうかについてや，植物が葉から酸素を出しているかどうかについては調べていない。

4　ふりこの性質についての問題

問1　実験では測定のさいにわずかなずれ(誤差)が生じる。はかり方による誤差をなるべく小さくするために，同じ実験を何回か繰り返し，その平均をとって計算する。

問2　①　糸の長さが75cmのとき，10往復する時間の平均は，(17.3＋17.3＋17.1)÷３＝17.23…より，17.2秒となる。　②　①から，１往復する時間は，17.2÷10＝1.72より，1.7秒になる。

問3　ふりこが１往復する時間は，表１より，おもりの重さには関係せず，表３より，ふれる角度にも関係しないとわかり，表２より，糸の長さによって変わるとわかる。したがって，糸の長さを50cm，ふれる角度を20度，おもりの重さを50ｇにしたときのふりこが１往復する時間は，表２より，1.4秒である。

問4　問３で述べたことから，往復する時間はおもりの重さとふれる角度によらない。また，表２より，糸の長さが長くなると往復する時間も長くなっているが，糸の長さと往復する時間は比例関係ではない。

問5　ふりこの長さは支点からおもりの重心までの距離《きょり》で表される。３個のおもりを取り付けるとき，イ〜エのように取り付けると，１個のときよりふりこの長さが長くなってしまい，正しい結果が得られない。

問6　**図３**…おもりがＰ点までふれるのにかかる時間は，おもりＡは，1.4÷２＝0.7(秒)，おもりＢは，1.0÷２＝0.5(秒)である。したがって，おもりＡとおもりＢをＰ点で衝突《しょうとつ》させるには，おもりＡをはなした，0.7−0.5＝0.2(秒後)におもりＢをはなせばよい。　**図４**…おもりＡをつり下げたふりこは，左半分が長さ50cm，右半分が長さ25cmのふりこになる。よって，おもりＡがＰ点までふれるのにかかる時間は，1.4÷４＋1.0÷４＝0.6(秒)となる。一方，おもりＢがＰ点までふれるのにかかる時間は0.5秒なので，おもりＡとおもりＢをＰ点で衝突させるには，おもりＡをはなした，0.6−0.5＝0.1(秒後)におもりＢをはなせばよい。

5　星座と星についての問題

問1　ひこ星とよばれているのはわし座のアルタイルで，おりひめ星とよばれているのはこと座のベガである。

問2　『銀河鉄道の夜』では，列車ははくちょう座からわし座，さそり座へと走り抜《ぬ》ける。

問3　ギリシャ神話で海の神をおこらせたとされる女性はカシオペヤで，カシオペヤ座はＷの形をしている。また，オリオンという男性は，さそりの毒針にさされて命を落としたとされている。冬の代表的な星座であるオリオン座は，３つ並んだ星をまわりの４つの星が囲むような形をしている。

問4　地球は西から東に向かって自転しているため，北の空の星は北極星を中心にして反時計回りのｂの方向に動く。

問5　地球が１時間に，360÷24＝15(度)自転しているので，Ｙの位置に見えた星は，２時間後には，15×２＝30(度)反時計回りに動いたカの位置に見える。

問６　さそり座は夏の夜空に見られる代表的な星座である。

問７　肉眼で見える最も暗い星を６等星とし，等級が１上がるごとに明るさは2.5倍になる。したがって，１等星は６等星の約100倍明るい。なお，星の明るさは星そのものの明るさと地球からの距離に関係する。また，星の表面温度で決まるのは星の色で，赤っぽい星の表面温度は約3000℃，白っぽい星の表面温度は約10000℃となっている。

国語　＜Ｂ日程試験＞（50分）＜満点：150点＞

解答

一　下記を参照のこと。　二　A　⑴　ウ　⑵　ア　⑶　エ　⑷　オ　⑸　イ　B　⑴　オ　⑵　ウ　⑶　ア　⑷　イ　⑸　エ　三　**問１**　A　イ　B　ア　C　エ　**問２**　ウ　**問３**　情報や知識が国境を越えていく(こと。)　**問４**　環境保護　**問５**　ネットをう～れません。　**問６**　Ⅰ　単純な　Ⅱ　人間らしく　**問７**　ウ　**問８**　学んだこと～評価される(社会。)　**問９**　ウ　**問10**　ア　**問11**　(例)　世界の人が一丸となって問題を解決し，学び続ける努力をするべきである。　四　**問１**　A　ウ　B　エ　C　イ　D　ア　**問２**　母子家庭だから，ヤンキーなんだ　**問３**　⑴　エ　⑵　Ⅰ　大田　Ⅱ　説得　**問４**　⑴　ゆがめる　⑵　うる　⑶　たてる　⑷　くもらせる　⑸　かす　**問５**　イ　**問６**　正座　**問７**　(例)　Ⅰ　取り返しがつかない　Ⅱ　失敗しちゃだめな　**問８**　エ　**問９**　ウ

●**漢字の書き取り**

一　⑴　可決　⑵　勤務　⑶　孝行　⑷　熱湯　⑸　背後　⑹　複製　⑺　自治　⑻　険(しい)　⑼　尊(ぶ)　⑽　仮(に)

解説

一　漢字の書き取り

⑴　会議で話し合い，議題になっていることを良いと決めること。　⑵　会社や役所などに勤めること。　⑶　親を大切にすること。　⑷　にえたっている湯。　⑸　後ろ。後方。　⑹　絵や写真などを，もとの作品とまったく同じようにつくったもの。　⑺　自分たちのことを自分たちの責任で処理し，治めること。　⑻　音読みは「ケン」で，「危険」などの熟語がある。　⑼　音読みは「ソン」で，「尊敬」などの熟語がある。訓読みにはほかに「たっと(ぶ・い)」がある。　⑽　音読みは「カ」「ケ」で，「仮定」「仮病」などの熟語がある。

二　ことわざの完成と意味

⑴「魚心あれば水心」は，相手が好意を示せば，自分も相手に好意を示す気になること。　⑵「雀《すずめ》百まで踊《おど》り忘れず」は，“幼いときに身につけた習慣や技能は年を取っても忘れない”という意味。　⑶「蛙《かえる》の面に水」は，何をされても平然としていること。　⑷「馬の耳に念仏」は，いくら注意をしても効き目がないこと。　⑸「犬も食わない」は，“ひどくきらわれる”，“相手にされない”という意味。夫婦《ふうふ》げんかに対して使われることが多い。

三 **出典：河野哲也《こうのてつや》『問う方法・考える方法―「探究型の学習」のために』**。世界がどのように変わろうとしているかを説明し，世界がよい方向に向かい続けるにはどうすべきかを述べている。

問1　**A**「各国は緊張《きんちょう》関係にあって，それぞれの国が自分の狭《せま》い人間関係に閉じこもろうとしている」と前にある。後には，外国人や移民やマイノリティを差別・排除《はいじょ》しようとする「動きが起きている」と続く。よって，前のことがらを理由・原因として，後にその結果をつなげるときに用いる「だから」が入る。　**B**　前には，これまでの日本では「よい学校を出て，よい大企業《だいきぎょう》に就職するという生き方」が「世間からも評価され，羨《うらや》ましがられて」きたとある。後には，「今では，個々人がどういう生き方をするかが問われるようになって」きたと続く。よって，前のことがらを受けて，それに反する内容を述べるときに用いる「しかし」が合う。　**C**「社会が流動的になっていく傾向《けいこう》」は今後も続き，「職業以外の場面で人々に関わる活動」が特に大切になるだろうと前にある。「職業以外の場面で人々に関わる活動」の例として，後に「ボランティアや地域サービス，相互扶助《そうごふじょ》，趣味《しゅみ》など」の活動があげられているので，具体的な例をあげるときに使う「たとえば」がよい。

問2　“風にふかれて，今にも灯火《ともしび》が消えそうだ”という意味から，危険がせまり，今にもほろびそうなようすを表す。

問3「この流れ」とは，直前の文にある「世界中がひとつになる流れ」を指す。直前の段落にあるように，さまざまな商品，労働者，観光客などが世界中からやってきて，「情報や知識が国境を越《こ》えていく」ことによって，この流れは生じているといえる。

問4「緑の政治」とは，人間を「地球環境《かんきょう》の一員として捉《とら》える『緑の思想』」を実現しようとするもので，環境問題を解決しようとする政治である。よって，その目的は，直前の段落で「全人類が取り組まなければならない，待ったなしの問題」とされている「環境保護」になる。

問5　次の段落に，ぼう線部3の具体例が書かれている。「学校や大学」についても，ネットをうまく利用できるかできないかによって，「教育の手段が豊富になる」という良い影響《えいきょう》や「取り残されてしまう」などの悪い影響をおよぼす可能性が述べられている。

問6　**Ⅰ**　直前の段落に，AIやロボットの登場によって，「形式的・機械的に処理できる事務仕事」や「単純な」接客業は「コンピュータが行うように」なってきていると書かれている。　**Ⅱ**　同じ文の「それ」とは，直前の文にある，「人間が人間らしくすること」を指す。

問7「一般的で単純な物差し」は，以前は「人物の優劣《ゆうれつ》」の評価に使われていたものである。以前は，「よい学校を出て，よい大企業に就職」し，高い「収入や社会的地位」を得ることが評価されたのだから，ア，イ，エは合う。よって，ウが選べる。

問8　同じ段落の最後の文に，これからは「学んだことによって，どのような新しい知的貢献《こうけん》ができるのか，社会に対してどのようなよい影響が与《あた》えられるのか，こうしたことが評価されるようになる」と書かれている。「これまでとは異なった知識と知的能力」とは，こうした知識・能力のことである。

問9「社会が流動的になっていく傾向」はさらに続き，「新しくきた人々や異質な人々とどうよい関係を築くかが，その場所の発展を左右する」と前にある。多様な経験をした若者は，不特定多数の人とうまく交流でき，その場所の発展に寄与《きよ》できる可能性があるといえるので，ウが選べる。

問10　もどす文は，新型コロナウイルスの流行による国境の移動の制限も，世界がつながっていることの証《あかし》だとする内容である。よって，世界はひとつになろうとしていることを，例をあげて説明している段落にある，アに入れるのがよい。

問11　最後の二段落から，筆者の考えをまとめる。世界がよい方向に向かい続けるという楽天的な展望を持つためには，世界の人が一丸となって深刻な問題を解決し，学び続ける努力をするべきだと筆者は考えている。

四 **出典：瀬尾《せお》まいこ『あと少し，もう少し』。**駅伝大会の前日の激励会《げきれいかい》の途中《とちゅう》で帰ってきてしまった俺《おれ》(大田)だったが，上原先生に「今は正しい判断をする時だ」と言われ，大会に出ることにする。

問1　A　「俺」がチャーハンをつくるようすを表す言葉が入る。続く二文に，「俺」は「いらつくと料理を」し，その結果「すっきりする」ことなどが書かれている。いらいらする気持ちを料理にぶつけて吹き飛ばそうとするのだから，ひたすら何かをするようすを表す「がむしゃらに」が合う。　　B　上原先生は，「俺」のようすをこっそり探りに来たが，結局直接「俺」と顔を合わせ，来た目的を告げるはめになったので，「照れくさそうに」笑ったと考えられる。「照れくさい」は，きまりが悪いようす。　　C　少し前までの「真剣な様子はどこへやら」とあるので，「真剣な様子」とはうってかわった「のん気に」がよい。「のん気」は，のんびりとしているようす。　　D　たまたま「俺」がチャーハンをつくった時に来た上原先生は，ぬけ目なくチャーハンを平らげて帰ったのである。「ちゃっかり」は，自分の得になるようにぬけ目なくふるまうようす。

問2　「何が」やっぱりという感じだと言うのかと聞き返した上原先生に対し，「俺」はやっぱり「母子家庭だから，ヤンキーなんだ」と思っただろう，と自分の言葉を説明している。

問3　(1)「丸め込《こ》む」は，“うまく言いくるめて相手を自分の思うとおりにあやつる”という意味。　(2)　Ⅰ，Ⅱ　この日は明日の駅伝大会の全校激励会があったが，「俺」はジローと怒鳴《どな》り合いをし，その場を出てきてしまった。「俺」のようすを見にいくように言われた上原先生は，明日の大会に「大田」が来るように「説得」してほしいと期待されていると思われる。

問4　(1)「顔をゆがめる」は，“肉体的な痛みなどで顔をしかめる”という意味。　(2)「顔を売《う》る」は，“世間で広く知られるように行動する”という意味。　(3)「顔を立《た》てる」は，“相手の面目が保たれるようにする”という意味。　(4)「顔をくもらせる」は，“心配そう，あるいは悲しそうな顔をする”という意味。　(5)「顔を貸《か》す」は，“人からたのまれて人前に出る”という意味。

問5　「気が抜《ぬ》ける」は，“緊張感がなくなる”という意味。上原先生は「さりげなく様子見に行けって言われた」，「ジローに～丸め込んでって言われた」などと，普通《ふつう》ならかくしそうな話を「俺」にあけすけに語ってしまうため「気が抜ける」のである。よって，イがよい。ここは深刻な内容の話ではないので，エは合わない。

問6　上原先生がぼう線部5のようにしたことで「改まった雰囲気《ふんいき》」になったのだから，足をくずさない，きちんとした正しい姿勢での座り方である「正座」が入る。

問7　「それ」は，直後で「今は正しい判断をする時だ」と上原先生が言っているとおり，「失敗しちゃだめな時」を指す。　Ⅰ　「失敗しちゃだめな」理由とは，それが「取り返しのつかない」ことだからである。　Ⅱ　後に「時」が来るので，「失敗しちゃだめな」が入る。

問8　上原先生は「今は正しい判断をする時」で駅伝に出るべきだとまじめな話をきちんとした後，いやみをふくんだ「俺」の言葉をうまく受け流してもいる。そのようすを見た「俺」は，ぼう線部のように思ったのだから，エが選べる。

問９　ジローと怒鳴り合い，駅伝大会の激励会会場を出てきてしまった「俺」だったが，上原先生と話をした後，やはり大会には出ようと思い直した。大会などに出る前にはいつも髪《かみ》を黒く染める商品を使っていたが，髪を染めるのではなく，バリカンで短くかってしまおうとするところに，大会にかける「俺」の真剣な気持ちが見て取れる。よって，ウがふさわしい。

2023年度 湘南学園中学校

【算　数】〈A日程試験〉(50分)〈満点：150点〉

1　次の計算をしなさい。ただし，(4)は $\square$ にあてはまる数を答えなさい。

(1)　$84 \div 3 - 13 \times 2$

(2)　$1.8 \times 12.6 \div 2.1 - 4.8$

(3)　$\left(\dfrac{4}{5} + \dfrac{1}{3}\right) \div 0.5 + \dfrac{2}{15}$

(4)　$\left(\square - 2\dfrac{3}{5}\right) \div 1\dfrac{2}{3} - \dfrac{1}{2} = \dfrac{7}{10}$

2　次の各問いに答えなさい。

(1)　Aさんは分速80mで家から駅まで歩いたとき50分かかりました。Aさんは駅から家まで同じ道を通って帰ったとき，40分かかりました。帰りのAさんの速さは分速何mですか。

(2)　8gの食塩に何gの水を加えたら，5％の食塩水になりますか。

(3)　A，B，C，Dの4人が1問1点の計算テストを受けたところ，その平均は8.25点でした。Eが計算テストを受けても5人の平均が8点を下回らないためには，Eはテストで少なくとも何点を取ればよいですか。

(4)　全校生徒が1110人の学校で，自転車を利用して通学する生徒は全体の $\dfrac{4}{5}$，電車を利用して通学する生徒は全体の $\dfrac{2}{3}$，自転車と電車のどちらも利用しない生徒が30人です。自転車と電車どちらも利用している生徒は何人ですか。

(5)　右の図のように1組の三角定規を組み合わせました。アの角度を求めなさい。

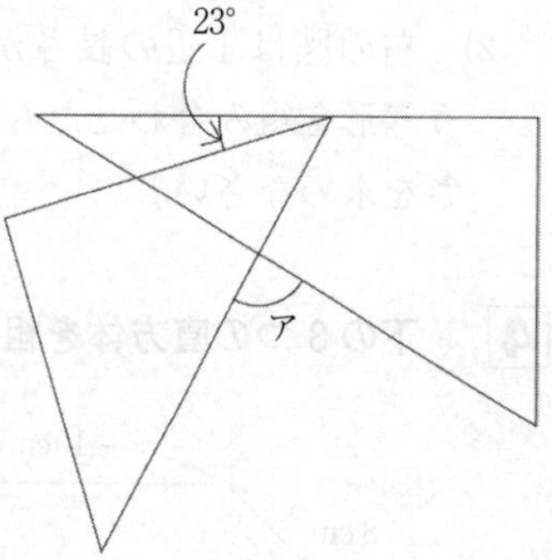

(6)　ある仕事を1人で仕上げるのに，Aさんは20日，Bさんは30日，Cさんは12日かかります。この仕事を3人で4日間して，残りの仕事をAさん，Bさん2人で仕上げました。この仕事を始めてから終わるまで，何日かかりましたか。

(7)　右のグラフはあるクラス全員の通学時間を，1つの階級を5分以上10分未満のようにして，ヒストグラムで表したものです。通学にかかる時間が15分未満の人は全体の何％ですか。

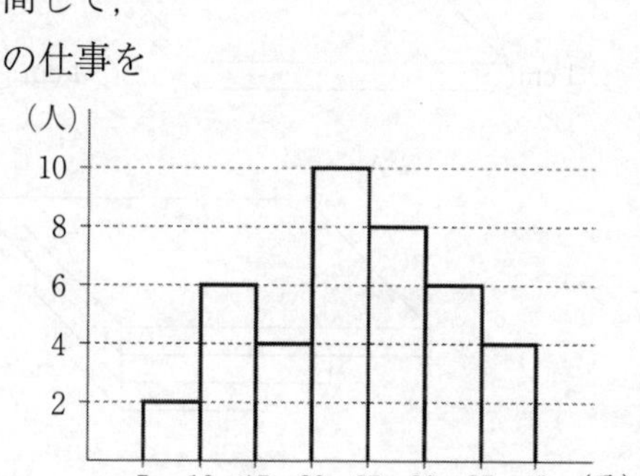

(8)　右のように，最上段は1，それより下の段は両端《りょうはし》には1を，それ以外の位置には右上の数と左上の数の和を配置します。

横に並ぶ数の和が4096になるのは上から何段目であるかを求めます。[ア]～[ウ]の空らんにあてはまる数を答えなさい。

1段目→1
2段目→1　1
3段目→1　2　1
4段目→1　3　3　1
5段目→1　4　6　4　1
⋮　　　⋮

1段目の和は1，2段目の和は2，3段目の和は4，4段目の和は[ア]と続いていくので，それぞれの段の数の和は上の段の数の和の[イ]倍であることが分かる。

よって，和が4096となるのは[ウ]段目となる。

3　**次の各問いに答えなさい。ただし，円周率は3.14とします。**

(1)　下の図は円と正方形を組み合わせたものです。斜線《しゃせん》部分の面積を求めなさい。

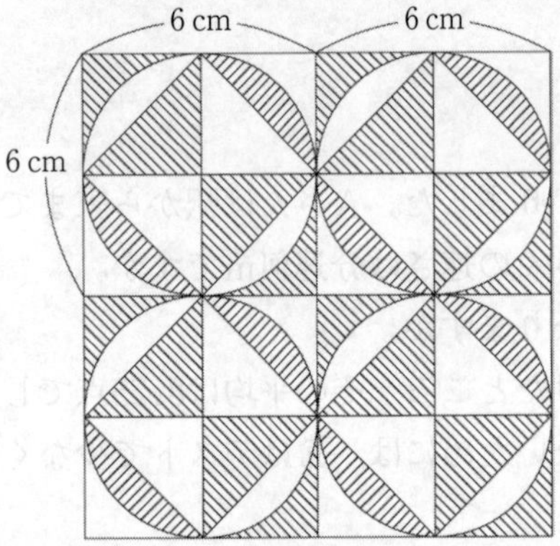

(2)　右の図は1辺の長さが6 cmの正方形と半径6 cmのおうぎ形を組み合わせたものです。斜線部分の図形の周の長さを求めなさい。

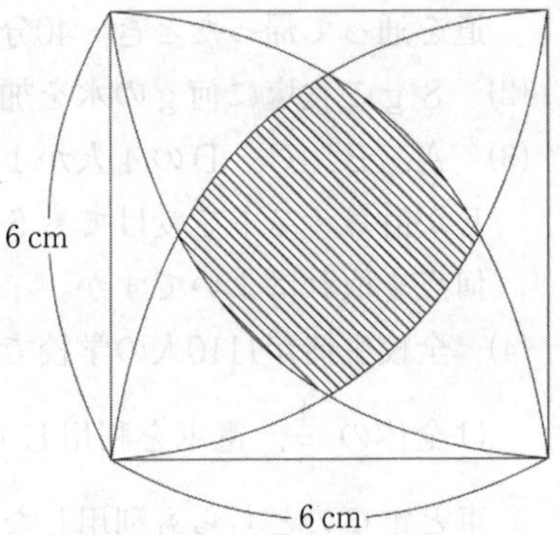

4　**下の3つの直方体を組み合わせてできた立体A，Bの表面積を求めなさい。**

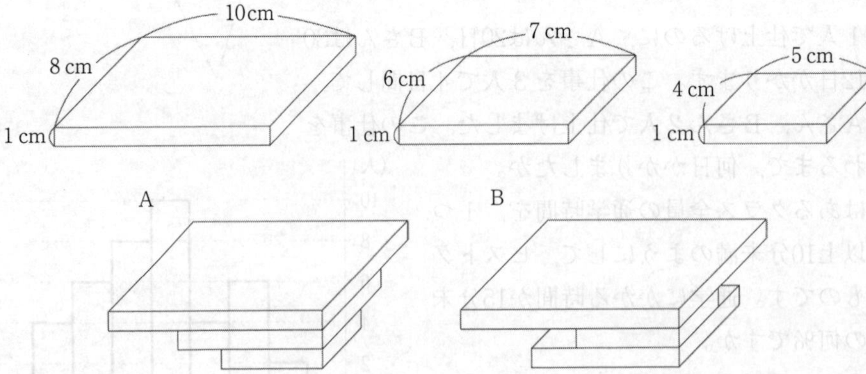

5　**ＡさんはＰ地点から，ＢさんはＱ地点から同時に出発して，PQ 間の同じ道を何度も往復します。PQ 間は1080ｍあり，下のグラフはＡさん，Ｂさんが移動したときの速さと時間の関係を表したものです。あとの各問いに答えなさい。また，必要があれば図１のグラフを利用してよい。**

Ａさん

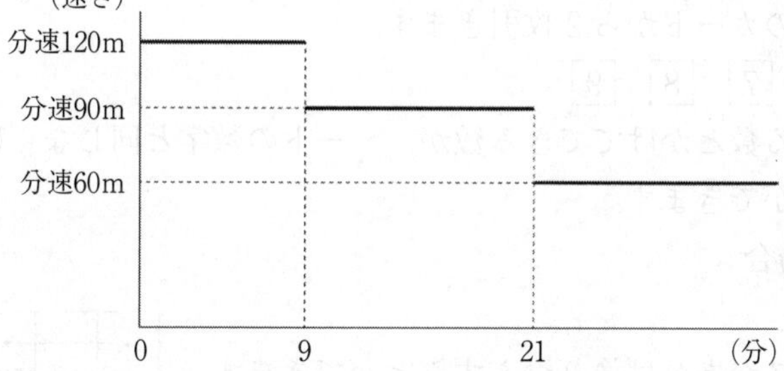

Ｂさん

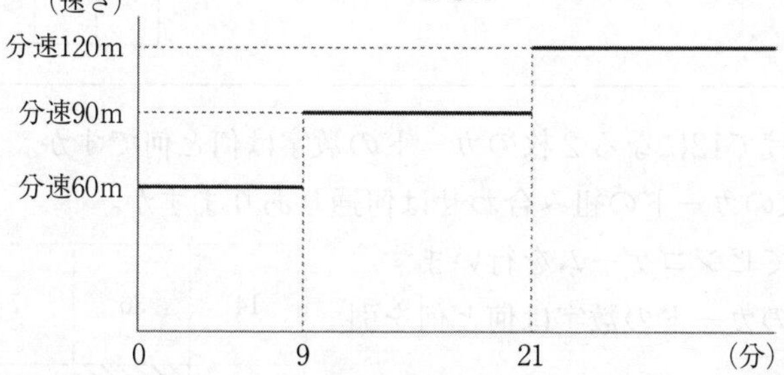

図１

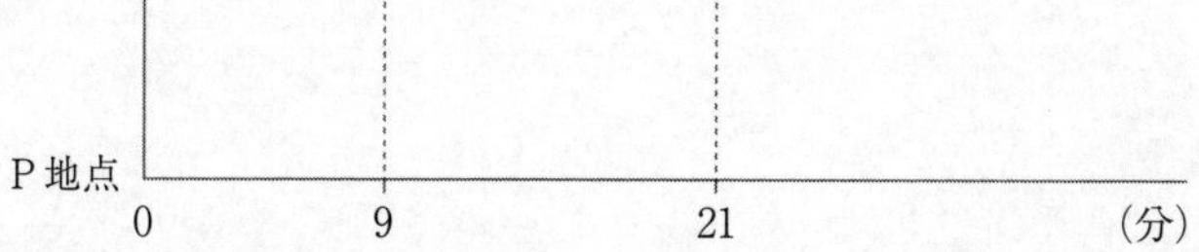

(1)　Ａさんが出発して３分後，ＡさんはＰ地点から何ｍはなれた場所にいますか。

(2)　Ａさんが出発して24分後，ＡさんはＰ地点から何ｍはなれた場所にいますか。

(3)　ＡさんとＢさんがはじめて出会うのは，出発してから何分後ですか。

(4)　ＡさんとＢさんが３回目に出会うのは，出発してから何分後ですか。

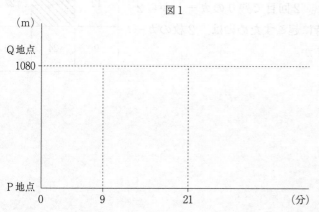

6 **３×３の９マスに数字が書いてあるシートを使って，以下のルールでビンゴゲームをします。あとの各問いに答えなさい。**

★ルール

・真ん中のマスは塗《ぬ》りつぶします。

・１から９の数字が書いてある９枚のカードから２枚引きます。

1　2　3　4　5　6　7　8　9

・引いたカードの数字を足してできる数とかけてできる数が，シートの数字と同じならば，その数字のマスを塗りつぶすことができます。

例　引いたカードが 1 と 3 の場合

$1+3=4$ と $1\times3=3$

となり，シートに４と３のマスがあれば塗りつぶすことができます。

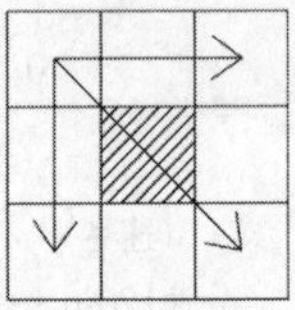

・たて，横，ななめのいずれか３マスが塗りつぶされるとビンゴとなります。

(1)　９枚のカードのうち，足して８，かけて12になる２枚のカードの数字は何と何ですか。

(2)「12」を塗りつぶすことができる２枚のカードの組み合わせは何通りありますか。

次の問題からは右のシートを使用してビンゴゲームを行います。

14	36	7
12		27
9	24	20

(3)　１回でビンゴになるためには，２枚のカードの数字は何と何を引けばいいですか。

(4)　１回目に 3 と 4 を引きました。２回目で残りのカードから２枚引いたとき，２つのビンゴを同時に起こすためには，２枚のカードの数字は何と何を引けばいいですか。

【社　会】〈A日程試験〉(40分)〈満点：100点〉

1　**次の各文は，それぞれいずれかの都道府県について説明しています。文中の(　)にあてはまる語句を下の【語群】から選び，あとの問題に答えなさい。**

A　かつて加賀百万石の城下町として栄えた都市が，①この都道府県の都道府県庁所在地です。②この都道府県には輪島塗《わじまぬり》などの多くの伝統的工芸品があります。また，③国連食糧《しょくりょう》農業機関に認定《にんてい》された世界農業遺産もあります。

B　最上《もがみ》川は，④この都道府県を南から北へと流れています。最上川の下流にひろがる(　1　)平野は，全国有数の米どころです。また，最上川の上流にある盆地《ぼんち》などでは，果物の栽培《さいばい》がさかんです。

C　「日本最後の清流」といわれる(　2　)は，この都道府県の西部に流れています。また，この都道府県は約700kmにもなる長い海岸線をもち，太平洋沖《おき》には(　3　)が流れています。「一本《いっぽん》釣《づ》り」の漁法で有名な(　4　)は，この都道府県の「県の魚」となっています。

D　本州を青森県から山口県まで陸路で移動しようとすると，必ず⑤この都道府県を通ることになります。この都道府県にある明石《あかし》市には，日本標準時子午線《しごせん》(東経135度)が通っていることでも知られています。また，⑥三大工業地帯の一部にもなっています。

E　この都道府県には，(　5　)半島・大隅《おおすみ》半島の二つの半島と，種子島《たねがしま》・屋久島・奄美大島《あまみおおしま》をはじめとする多くの離島《りとう》があります。また，大昔の火山の噴火《ふんか》によって火山灰などが積もってできた⑦シラス台地がひろがっています。

【語群】

ア	越後《えちご》	イ	石狩《いしかり》	ウ	筑紫《つくし》	エ	庄内《しょうない》
オ	信濃川《しなのがわ》	カ	四万十川	キ	球磨川《くまがわ》	ク	吉野川《よしのがわ》
ケ	日本海流	コ	リマン海流	サ	対馬《つしま》海流	シ	千島海流
ス	サケ	セ	スケトウダラ	ソ	カツオ	タ	サンマ
チ	下北	ツ	紀伊《きい》	テ	国東《くにさき》	ト	薩摩《さつま》

問1．A～Eの都道府県名を答えなさい。

問2．Dの都道府県庁所在地を答えなさい。

問3．次の地図の中からB・C・Eの都道府県の場所をそれぞれ選び，番号で答えなさい。

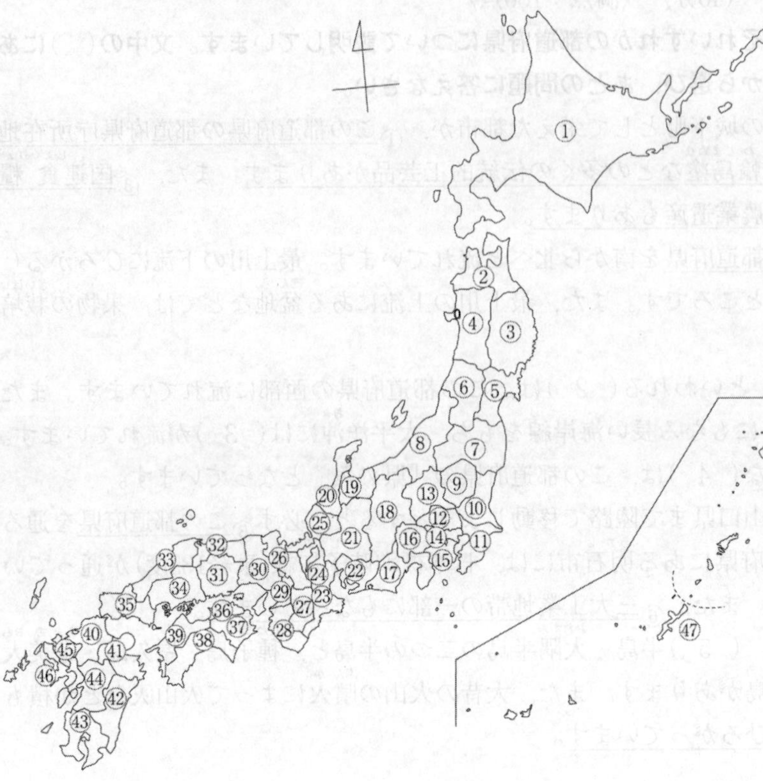

問４．下線部①について，次の中からこの都道府県庁所在地の雨温図を１つ選び，記号で答えなさい。

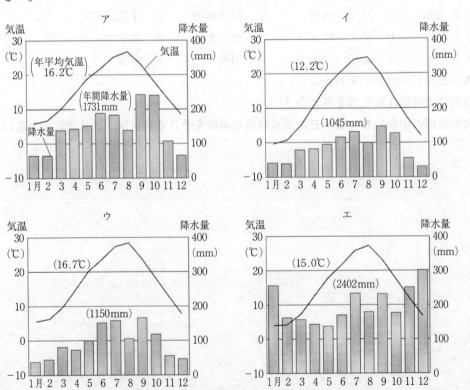

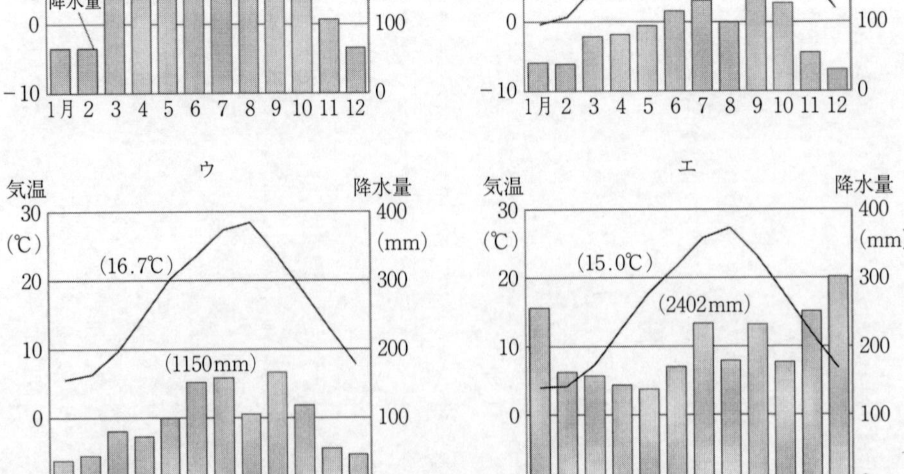

問５．下線部②について，次の中からこの都道府県の伝統的工芸品を１つ選び，記号で答えなさい。

ア　南部鉄器　　イ　京友禅《きょうゆうぜん》　　ウ　西陣織《にしじんおり》　　エ　九谷《くたに》焼

問６．下線部③について，次の中からこの都道府県にある「世界農業遺産」を１つ選び，記号で答えなさい。

ア　「トキと共生する佐渡《さど》の里山」　　イ　「阿蘇《あそ》の草原の維持《いじ》と持続的農業」

ウ　「能登の里山里海」　　エ　「清流長良川《ながらがわ》の鮎《あゆ》」

問７．下線部④について，次のａとｂのグラフは，この都道府県が上位に入る，ある農作物の収穫量《しゅうかくりょう》(2021年)を示すものです。ａとｂの組み合わせとして正しいものを，次のア～エの中から選びなさい。なお，グラフ中の**Ｂ**は本文の都道府県を示しています。また，グラフ中の番号は，**問３**の地図中の都道府県の番号を示しています。

ア　ａ＝米　　ｂ＝おうとう　　イ　ａ＝おうとう　　ｂ＝米

ウ　ａ＝りんご　ｂ＝じゃがいも　　エ　ａ＝じゃがいも　ｂ＝りんご

ａ

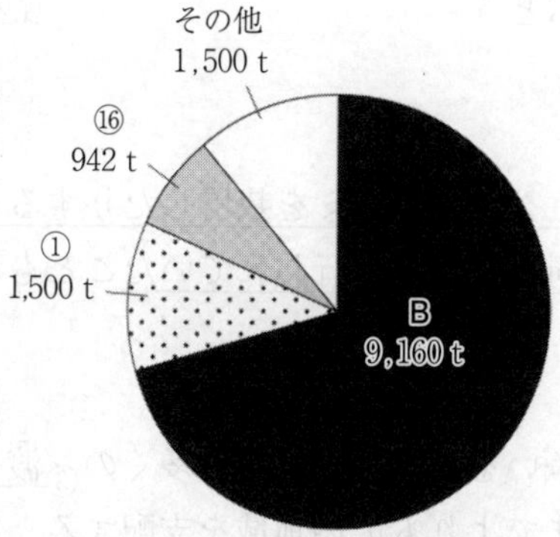

農林水産省のHPより

ｂ

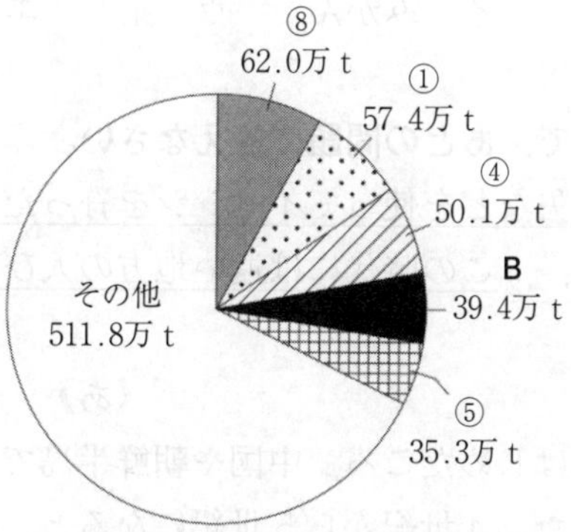

『日本のすがた 2022』より作成

問８．下線部⑤について，次の中からこの都道府県にある「世界遺産」を１つ選び，記号で答えなさい。

ア　姫路城《ひめじじょう》　　イ　法隆寺《ほうりゅうじ》地域の仏教建造物　　ウ　厳島《いつくしま》神社　　エ　知床《しれとこ》

問９．下線部⑥について，次の中からこの都道府県が含《ふく》まれる工業地帯の工業出荷額《しゅっかがく》割合(2019年)のグラフを１つ選び，記号で答えなさい。

ア

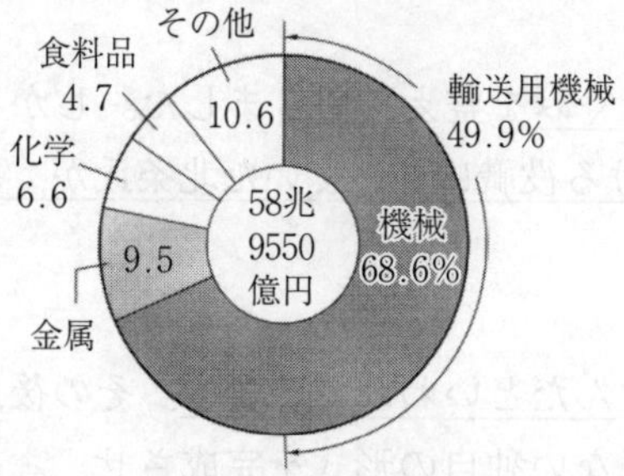

イ

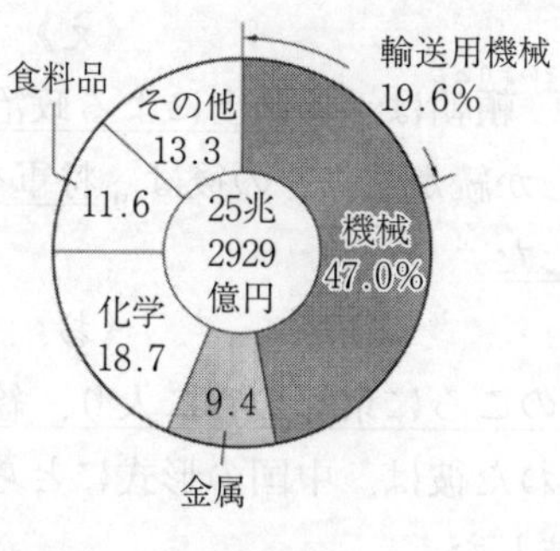

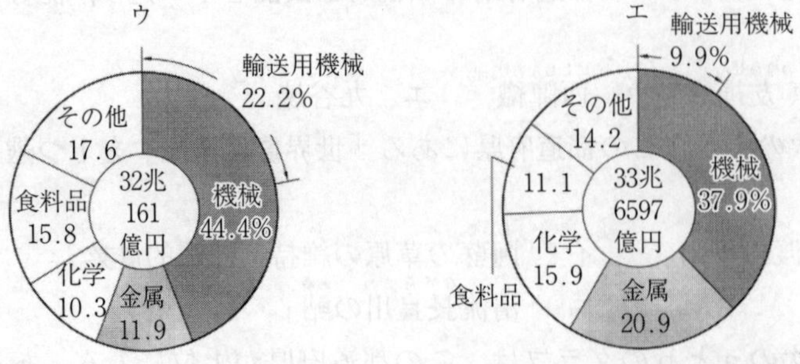

『日本のすがた2022』より

問10. 下線部⑦について，右の表は，シラス台地でもさかんに栽培されるある農作物の主な産地と収穫量(2020年)を示すものです。この農作物として正しいものを，次の中から1つ選び，記号で答えなさい。なお，グラフ中の**E**は本文の都道府県を示しています。また，グラフ中の番号は，**問3**の地図中の都道府県の番号を示しています。

ア　さつまいも　　イ　みかん　　ウ　茶　　エ　ぶどう

	t
⑰	25 200
E	23 900
㉓	5 080
㊷	3 060
㉖	2 360
㊵	1 600
㉗	1 490
㊺	1 140
㊹	1 120
全国	**69 800**

『日本のすがた2022』より

2　**次の文章を読んで，あとの問題に答えなさい。**

A　人びとは，①弓矢などを使ってイノシシを狩《か》ったり，クリやクルミを栽培したりすることもありました。また，②この時代には遠い地方の人びと同士で交易が行われていたこともわかっています。

《あ》

B　古墳《こふん》がつくられはじめたころ，中国や朝鮮半島での争いをのがれ，日本に多くの③渡来人《とらいじん》が移り住んできました。4世紀から5世紀になると，今までよりも広い地域を支配する，力の強い支配者があらわれました。

《い》

C　都の④東大寺に大仏がつくられました。この東大寺の正倉院には，⑤シルクロードをわたってきた，ガラスの器や楽器などの宝物がおさめられています。

《う》

D　8世紀の終わりに，⑥都が京都に移されました。政治の中心を担《にな》った貴族の中で，特に藤原氏が大きな権力を握《にぎ》りました。またこの時代には，⑦貴族による新しい文化が生まれました。

《え》

E　平氏を滅《ほろ》ぼした源《みなもとの》 頼朝《よりとも》は，⑧武士による政治のしくみを整えていきました。しかし，源氏の将軍は3代までしか続かず，その後は⑨将軍を助ける役職についていた北条氏が，幕府の政治を進めていきました。

《お》

F　⑩雪舟《せっしゅう》は，子どものころに京都の寺に入り，絵を学んだといわれています。その後，中国にわたって修業《しゅぎょう》を重ねた彼は，中国の形式にとらわれない独自の形式を完成させ，⑪後世《こうせい》に残る大作を描《か》きあげました。

《か》

G　百姓《ひゃくしょう》は，⑫千歯こきやとうみなどの進んだ農具を改良し，農作業を速く楽にできるようにしました。また，荒《あ》れ地を開いて新田を開発したり，米以外の作物をつくったりして収入を増やす百姓もいました。

《き》

H　1889年に発布された大日本帝国《ていこく》憲法では，天皇が国を治《おさ》める主権を持つことが決められ，国民の権利は制限されました。そして，⑬日本で初めての総選挙が行われ，第１回帝国議会が開かれました。

《く》

I　日本にせまったアメリカ軍は，沖縄への攻撃《こうげき》を本格化させました。激しい地上戦が行われた⑭沖縄戦では多くの人が命を失い，⑮沖縄はアメリカ軍に占領《せんりょう》されました。

問１．下線部①は，日本各地で発見されている遺跡《いせき》からわかります。この時代の日本最大級の集落跡《あと》である三内丸山遺跡の場所として正しいものを，下の地図の中から１つ選び，記号で答えなさい。

問２．下線部②をあらわす出土品として正しいものを，次の中から１つ選び，記号で答えなさい。

ア

イ

ウ

問３．下線部③について述べた以下の文のうち，**誤っている**ものを１つ選び，記号で答えなさい。

ア　出身地を理由に，渡来人は朝廷《ちょうてい》での大事な役職につけられることはなかった。

イ　渡来人は，はた織りや鍛冶《かじ》などの新しい技術を伝えた。

ウ　蘇我《そが》氏は，渡来人との結びつきを強めて大きな力を持った。

問4．下線部④を進めた天皇は誰ですか。答えなさい。

問5．下線部⑤のルートとして正しいものを，下の地図の中から1つ選びなさい。

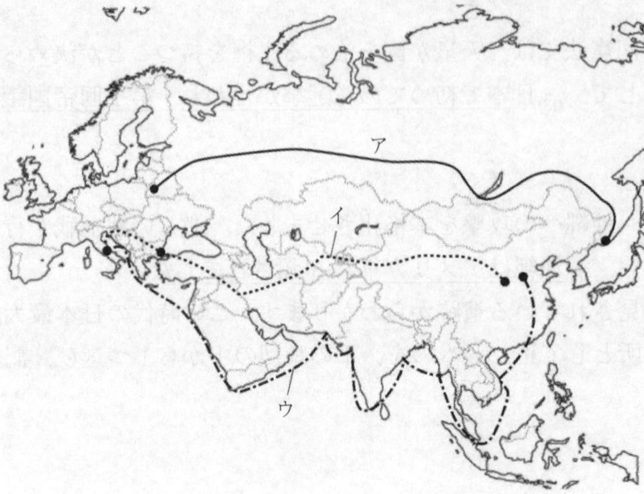

問6．下線部⑥について，794年に新たにうつされた都を何といいますか。答えなさい。

問7．下線部⑦について述べた以下の文のうち，**誤っている**ものを1つ選び，記号で答えなさい。

ア　清少納言《せいしょうなごん》はかな文字を使い，「枕草子」を書きました。

イ　通信使によりもたらされた，中国文化の影響《えいきょう》を強く受けました。

ウ　宮中では，けまりなどの貴族の遊びが流行しました。

問8．下線部⑧について述べた以下の文のうち，正しいものを次の中から1つ選び，記号で答えなさい。

ア　朝廷から征夷《せいい》大将軍に任命された頼朝が開いた幕府を，鎌倉幕府といいます。

イ　頼朝は全国に家来の武士たちを防人《さきもり》としておき，地方への支配を広げました。

ウ　天皇との間の「御恩《ごおん》と奉公《ほうこう》」という強い結びつきを背景に，頼朝は全国への支配力を強めていきました。

問9．下線部⑨にかかわって，北条氏がついていた「将軍を助ける役職」を何といいますか。答えなさい。

問10．下線部⑩は，だいたい1430年頃のことです。この頃，現在の沖縄県にあたる場所で，ある王国が成立しました。首里城を建設したことでも有名なこの王国を何といいますか。答えなさい。

問11．下線部⑪を次の絵の中から1つ選び，記号で答えなさい。

ア

イ

ウ

問12. 下の絵の中から，下線部⑫を選び，記号で答えなさい。

▲ア

▲イ

▲ウ

▲エ　▲オ

問13. 下線部⑬について述べた以下の文のうち，**誤っている**ものを１つ選び，記号で答えなさい。

ア　この選挙の有権者は，直接国税15円以上を納めている満25歳以上の男子に限られました。

イ　開かれた議会は，天皇を支える皇族や華族などからなる貴族院と，国民によって選ばれた議員からなる衆議院とに分かれていました。

ウ　選挙に当選した衆議院議員の中には，男性の議員も女性の議員も両方がいました。

問14. 下線部⑭について述べた以下の文のうち，**誤っている**ものを１つ選び，記号で答えなさい。

ア　ひめゆり学徒隊と呼ばれた女学生たちは，病院や戦場で命がけの看護活動を行いました。

イ　日本軍とアメリカ軍が激しい戦いを繰《く》り広げましたが，沖縄の住民は保護され，住民の被害《ひがい》者はほとんどいませんでした。

ウ　日本軍は，ガマと呼ばれる自然にできた洞窟《どうくつ》にひそむなどして抵抗《ていこう》しました。

問15. 下線部⑮にかかわって，アメリカに統治されていた沖縄が日本に復帰して，昨年(2022年)で何年がたちましたか。答えなさい。

問16. 次のア～ウは，《か》の時期の出来事です。ア～ウを年代の古い順に並《なら》べ替《か》えなさい。

ア　豊臣秀吉は検地や刀狩《かたながり》を行い，百姓への支配を固めました。

イ　フランシスコ＝ザビエルが鹿児島《かごしま》にきて，キリスト教を伝えました。

ウ　織田信長が，長篠《ながしの》の戦いで武田軍をやぶりました。

問17. 次の①，②のことがらは，文中の《あ》～《く》のどこに入る出来事ですか。それぞれあてはまるものを選んで，記号で答えなさい。

①　ヨーロッパを主な戦場として，第一次世界大戦がおこりました。

②　邪馬台国《やまたいこく》の女王卑弥呼《ひみこ》が，30ほどのくにを従えていました。

3 **次の文を読んで，あとの問題に答えなさい。**

明　　子：こんにちは，おじさん。夏休みにここに来るのは３年ぶりね。①中央線でうっかり寝《ね》過《す》ごすところだったわ。

おじさん：それは危なかったね。しかし，ずっと②コロナで旅なんてできなくて，会うのも③ネットばかりだったからね。でも，ずいぶん大きくなったね。毎日，④おいしいごはんを食べているからかな。

明　　子：だって育ち盛りだもの。そうだ，あの美味《おい》しい⑤トウモロコシが食べたいなぁ。

おじさん：アハハ，じゃあ畑の直売所から買ってこよう。その日に収穫したものがやっぱりおいしいからね。

明　　子：ワーイ!!　じゃあ，後は⑥レタスのしゃぶしゃぶも食べたいなぁ。近くの直売所だと他にどんなものがおいしいの⁇

おじさん：そうだね，今だとカボチャ，ナス，トマト，キュウリ，枝豆かなぁ。

明　　子：じゃあ，⑦枝豆とトマトも食べたいなぁ。

おじさん：そんなに食べられるのかなぁ。

明　　子：大丈夫《だいじょうぶ》よ!!　⑧野菜も直売所だと安いし，水と野菜がおいしいのが，ここの良いところだからね。冷たいおいしい水が⑨スーパーで買わないでも飲めるなんて不思議。

おじさん：おやおや，明子はケチなんだな。まあ，⑩物価が上がって大変だからね。でも，確かに買ってはこないけど，⑪水はタダで出てくるわけじゃないんだよ。

明　　子：そうなの⁇　あ，それっておじさんの仕事に関係ある⁇

おじさん：そうだよ。森が元気でないとおいしい水はないんだ。自然の森もあるけど，山でも下の方は人が植えた木が多いから⑫手入れしないとダメなんだ。

明　　子：そうなんだ。⑬環境《かんきょう》って，人がつくるのね。

おじさん：そうさ。でも，人間は戦争でとんでもなく環境を壊《こわ》すこともある。

明　　子：そうね，⑭ウクライナのニュースは見るのがつらいわ。

おじさん：本当にひどいね。でも，ニュースでは出てこないけど，⑮戦争はウクライナだけじゃない。今年，⑯難民などの避難《ひなん》している人が世界で１億人を超《こ》えたらしいけど，環境破《は》壊《かい》とか，⑰気候危機とかが大変なのに，戦争を平気でやってしまう。

明　　子：⑱人間は戦争をなくすことはできないのかなぁ。どうしたら戦争がなくなるんだろう。

おじさん：みんなで考えて，戦争のない世界をつくっていきたいね。

問１．下線部①について，次の中からJR中央本線では行けない場所を選び，記号で答えなさい。

ア　八王子　　イ　甲府《こうふ》　　ウ　高崎《たかさき》

問2．下線部②について，以下の観光に関するグラフを見て，次の中からその説明として**あてはまらない**文を選び，記号で答えなさい。

ア　日本を訪《おとず》れる外国人観光客は，東日本大震災《だいしんさい》の年にも減ったが，2020年が最も減った。

イ　コロナの前までは，日本を訪れる外国人観光客は大きく増えていた。

ウ　コロナの前までは，日本人の国内旅行に行くのべ人数は増え続けていた。

エ　コロナの影響で日本人の国内旅行で使うお金は半分以下に減った。

訪日外国人旅行者数の推移

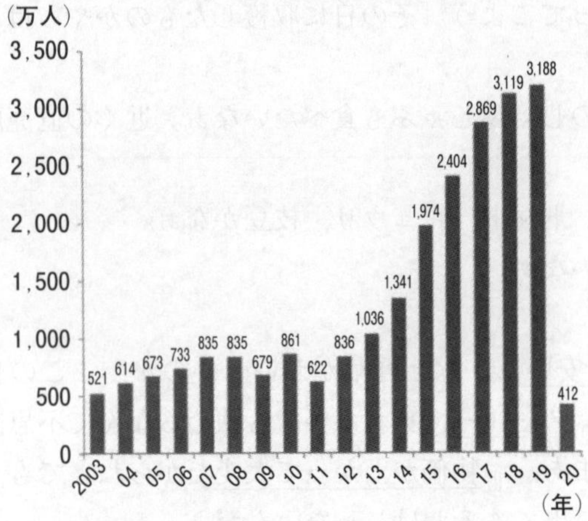

資料：日本政府観光局資料に基づき観光庁作成

日本人国内旅行消費額の推移

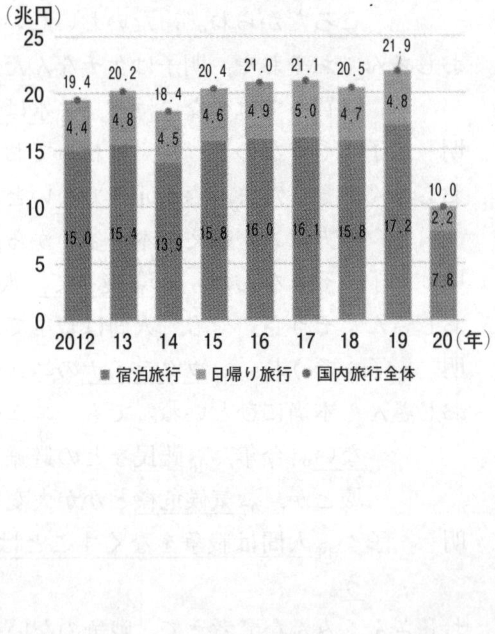

日本人の国内宿泊旅行と日帰り旅行の
のべ人数の推移

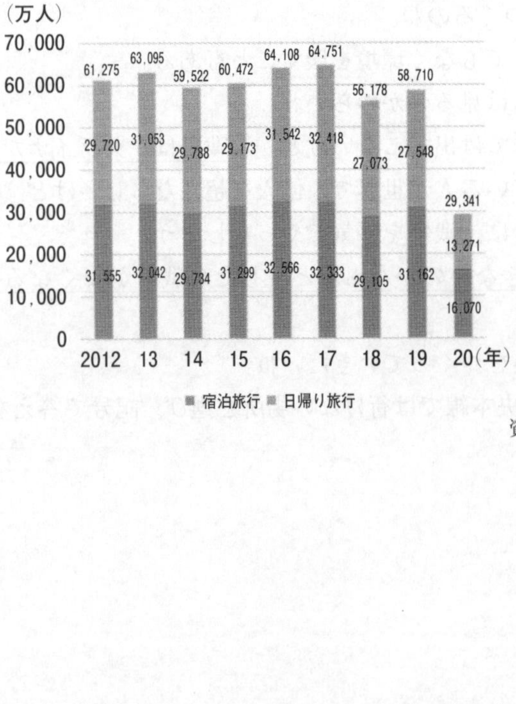

資料　観光庁「令和3年版観光白書について　概要版《がいようばん》」より

問3．下線部③について，右のインターネットの世界での利用状況《じょうきょう》に関していくつかの国を調べた表を見て，その説明として次の中から**あてはまらない**文を選び，記号で答えなさい。

ア　中東の産油国には，インターネットをほとんどすべての人が利用している国がある。

イ　日本はアジアの中で最もインターネットを利用する人の割合が高い。

ウ　ロシアはウクライナよりもインターネットを利用する人の割合が高いが，アメリカよりは割合が低い。

問4．下線部④について，以下の日本人の食事に関するグラフを見て，その説明として次の中から**あてはまらない**文を選び，記号で答えなさい。

ア　朝食を食べない子どもの割合は，最近小学生・中学生共に増えている。

イ　バランスの良い食生活をする人の割合は，年を取った人の方が多い。

ウ　20代の若者でも，バランスの良い食生活を毎日する人は増えている。

世界のインターネット普及率《ふきゅうりつ》

順位	国名	普及率(%)
5	アイスランド	99.69
29	アイルランド	92
1	アラブ首長国連邦	100
20	イギリス	94.82
92	ウクライナ	75.04
27	オランダ	92.05
26	カナダ	92.3
1	サウジアラビア	100
28	シンガポール	92
17	スイス	95.57
42	スロベニア	89
9	デンマーク	98.87
32	ドイツ	91.43
31	ニュージーランド	91.5
8	ノルウェー	99
23	フィンランド	92.81
16	マレーシア	96.75
49	モロッコ	88.13
48	ロシア	88.21
13	韓国	97.57
22	香港	93.09
38	日本	90.22
36	アメリカ	90.9

人口100人当たりのインターネット利用者数(普及率)
資料出典　ITU(国際電気通信連合)より

主食・主菜・副菜を組み合わせた食事を1日2回以上食べている国民の割合(年齢階級別)

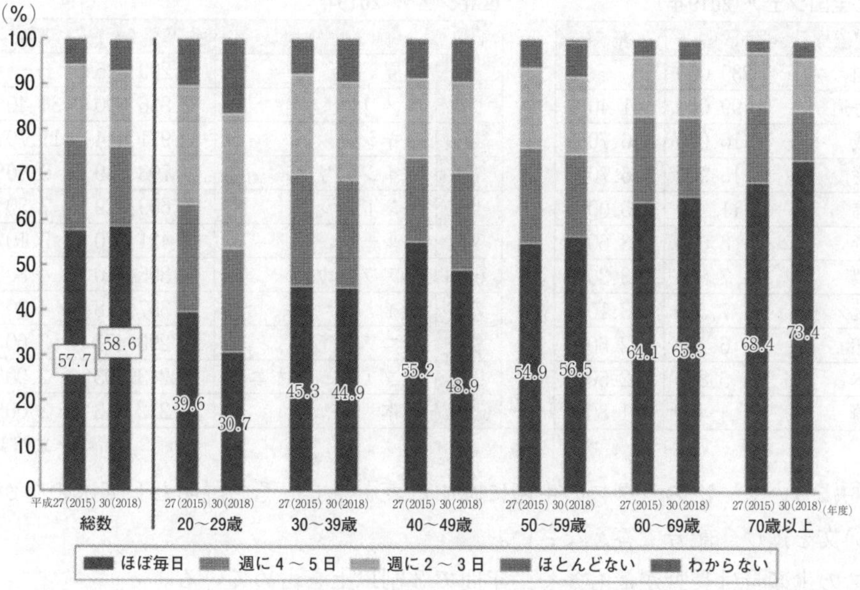

資料：農林水産省(平成27(2015)年度は内閣府)「食育に関する意識調査」

子どもの朝食欠食率の推移

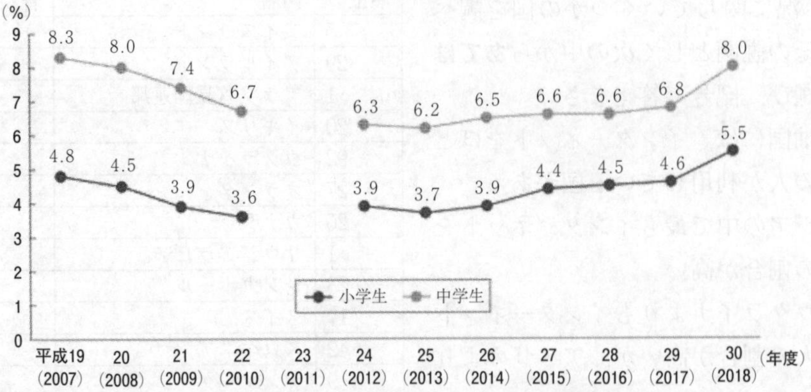

資料：文部科学省「全国学力・学習状況調査」

注：(1)　朝食を「全く食べていない」及び「あまり食べていない」の合計
(2)　小学６年生，中学３年生が対象
(3)　平成23(2011)年度は，東日本大震災の影響等により，調査を実施していない。

資料　「平成30年度　食育白書」から

問５．下線部⑤について，以下の世界と日本のトウモロコシの生産量に関する表を見て，その説明として次の中から**あてはまらない**文を選び，記号で答えなさい。

ア　日本ではトウモロコシの生産量は東日本で多く，西日本は少ない。

イ　世界ではトウモロコシの生産量は南北アメリカ大陸で多い。

ウ　アジアではトウモロコシの生産量は，気温が低い涼《すず》しい所で多い。

都道府県別のトウモロコシ(スイートコーン)生産量と全国シェア(2019年)

順位	都道府県	生産量(ｔ)	割合
—	全国	239,000	—
１位	北海道	99,000	41.40%
２位	茨城	16,000	6.70%
３位	千葉	15,900	6.70%
４位	群馬	11,900	5.00%
５位	長野	8,640	3.60%
６位	山梨	7,880	3.30%
７位	埼玉	7,500	3.10%
８位	愛知	6,180	2.60%
９位	栃木	5,890	2.50%
10位	宮崎	4,420	1.80%

国別のトウモロコシ(スイートコーン)生産量と世界シェア(2019年)

順位	国または地域	生産量(ｔ)	割合
—	世界	8,299,885	—
１位	アメリカ	2,856,090	34.40%
２位	メキシコ	971,444	11.70%
３位	ナイジェリア	793,739	9.60%
４位	インドネシア	609,329	7.30%
５位	ペルー	421,870	5.10%
６位	南アフリカ	395,450	4.80%
７位	タイ	357,118	4.30%
８位	ギニア	296,471	3.60%
９位	パプアニューギニア	243,203	2.90%
10位	日本	212,743	2.60%

資料　食品データ館より

問６．下線部⑥について，次のレタスの生産に関する表を見て，その説明として次の中から**あてはまらない**文を選び，記号で答えなさい。

ア　レタスの生産量は長野が最も多く，年間で３割以上を占《し》めている。

イ　夏が終わると，静岡のレタスが最も多く東京の市場に入荷する。

ウ　４月と10月には茨城のレタスが最も多く東京の市場に入荷する。

レタスの生産量が多い県とその割合

年度	第１位(全国割合)	第２位(全国割合)	第３位(全国割合)
2020(令和２年)	長野県(32.31%)	茨城県(16.26%)	群馬県(9.72%)
2019(令和元年)	長野県(34.22%)	茨城県(14.95%)	群馬県(8.91%)
2018(平成30年)	長野県(35.67%)	茨城県(15.33%)	群馬県(7.86%)
2017(平成29年)	長野県(37.89%)	茨城県(14.97%)	群馬県(8.42%)
2016(平成28年)	長野県(35.14%)	茨城県(14.7%)	群馬県(8.61%)
2015(平成27年)	長野県(33.71%)	茨城県(15.39%)	群馬県(8.64%)
2014(平成26年)	長野県(33.45%)	茨城県(15.51%)	群馬県(8.69%)
2013(平成25年)	長野県(34.65%)	茨城県(15.06%)	群馬県(9.15%)
2012(平成24年)	長野県(34.38%)	茨城県(15.17%)	群馬県(9.68%)
2011(平成23年)	長野県(32.23%)	茨城県(15.38%)	群馬県(9.83%)
2010(平成22年)	長野県(31.86%)	茨城県(15.47%)	群馬県(9.74%)
2009(平成21年)	長野県(33.47%)	茨城県(16.44%)	群馬県(7.49%)
2008(平成20年)	長野県(32.1%)	茨城県(16.5%)	兵庫県(7.02%)
2007(平成19年)	長野県(31.4%)	茨城県(15.06%)	兵庫県(7.15%)
2006(平成18年)	長野県(32.98%)	茨城県(14.89%)	兵庫県(6.75%)

資料　ジャパンクロップスより

2021.1～12月　東京市場でのレタスの産地別入荷量(単位：ｔ)

順位	１月		２月		３月		４月		５月		６月	
1	静岡	2006	静岡	2421	茨城	3123	茨城	3777	長野	1963	長野	4791
2	長崎	814	茨城	769	静岡	711	兵庫	754	群馬	1723	群馬	1540
3	兵庫	683	兵庫	583	兵庫	504	群馬	385	茨城	920	茨城	96
4	香川	439	長崎	582	栃木	393	栃木	298	兵庫	157	岩手	48
5	熊本	324	香川	520	香川	359	長野	174	栃木	69	千葉	42
	７月		８月		９月		10月		11月		12月	
1	長野	6424	長野	6804	長野	4679	茨城	4203	茨城	4109	静岡	2003
2	群馬	823	群馬	708	群馬	578	長野	2082	静岡	541	兵庫	804
3	茨城	62	茨城	72	茨城	194	群馬	374	兵庫	354	長崎	694
4	千葉	44	千葉	43	栃木	46	栃木	369	栃木	283	茨城	645
5	岩手	38	岩手	16	千葉	42	千葉	59	香川	174	香川	486

東京卸売市場統計より作成

問７．下線部⑦について，枝豆となる豆は世界中で生産されていますが，枝豆として食べるのは日本独特の「和食」です。これについて，次の設問に答えなさい。

①　世界中で生産されているこの豆は，何という豆ですか。

②「和食」を世界無形文化遺産に選んだ国際機関は何ですか。

問８．下線部⑧について，畑の横の野菜の直売所が安くなる理由にはいろいろなことが考えられます。次の中から**あてはまらない**文を選び，記号で答えなさい。

ア　段ボールに詰《つ》める，トラックで輸送する，などの手間と費用がかからない。

イ　形が規格にあっていなくて出荷できないものでも，直売所では売れる。

ウ　鮮度が良く，質が良いので，たくさんの人に好まれる。

問９．下線部⑨について，スーパーマーケットが日本で生まれたのは1950年代だといわれています。この時代の日本について，次の中からあてはまる文を選び，記号で答えなさい。

ア　日本が連合国の占領から独立した。

イ　カラーテレビの放送が始まった。

ウ　初めて地下鉄がつくられた。

問10. 下線部⑩について，以下の消費者物価のグラフを見て，その説明として次の中から**あてはまらない**文を選び，その記号を答えなさい。

ア　2020年の一年間を見ると消費者物価はだんだん上がる傾向《けいこう》にあった。

イ　2008年から大きく下がった消費者物価は，消費税率が上がった2014年には大きく上がった。

ウ　2022年の７月には消費者物価は，それまでと比べて大きく上がっている。

消費者物価（総合）の推移

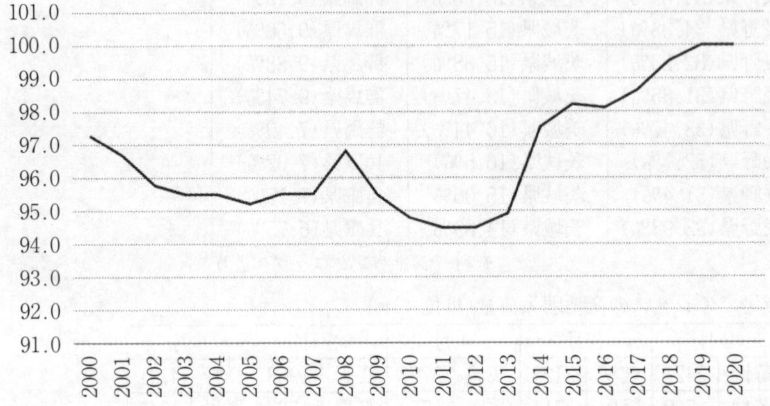

2020年を100とした消費者物価の推移

消費者物価　３年間の月別の変化

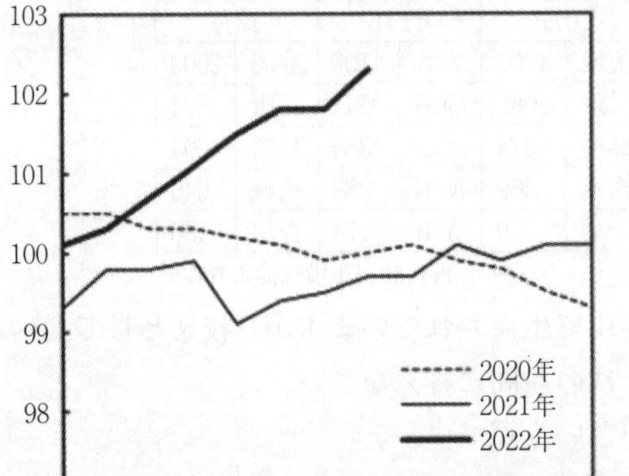

資料出所　総務省「消費者物価指数」

問11. 下線部⑪について，以下の水道に関するグラフを見て，その説明として次の中から**あてはまらない**文を選び，その記号を答えなさい。

ア　古くなって耐用《たいよう》年数を超えた水道管は，全国で増え続け２割近くになっている。

イ　大阪は，耐用年数を超えた水道管の割合が最も高く，神奈川県も高い方に入る。

ウ　毎年，新しくされる水道管の割合は，だんだん増えている。

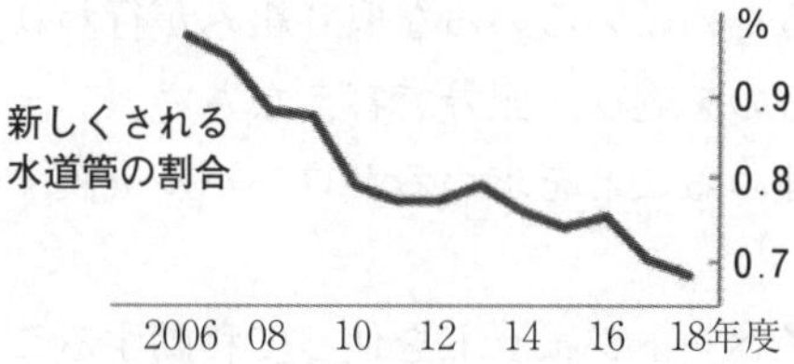

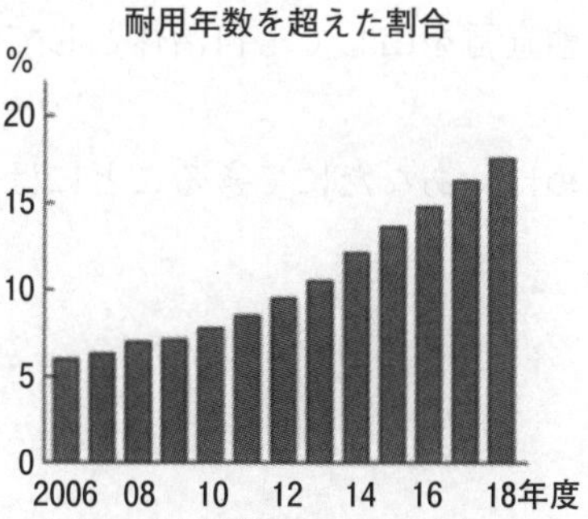

(注)　厚生労働省の資料より作成

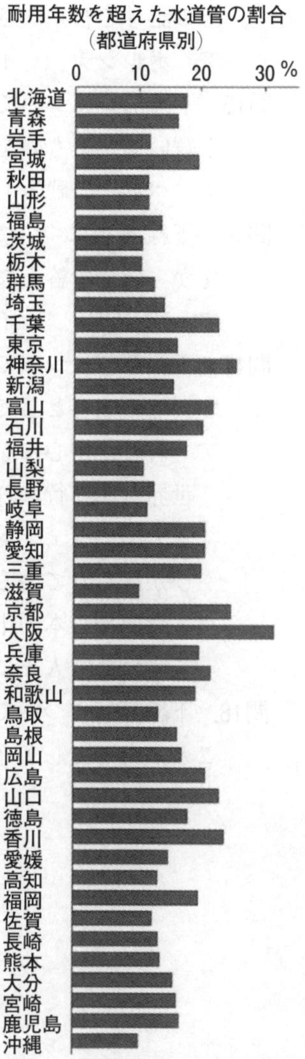

(注)　2018年度。
厚生労働省の資料を基に作成

https://www.nikkei.com/article/DGXZQOUF116O50R11C21A0000000/
資料　日本経済新聞 2021年11月20日付より

問12. 下線部⑫について，森林を守る仕事に関して，次の中から**間違《まちが》っている**文を選び，その記号を答えなさい。

ア　宮城県では，カキの養殖《ようしょく》に取り組む人たちが，「森は海の恋人」といって，山に木を植えてきた。

イ　神奈川県では，魚の群れを呼んだり漁場の保全に役立つとして，真鶴《まなづる》半島に「魚つき保安林」が指定され，保護されている。

ウ　木を植林したり，草刈《か》りや森を手入れする仕事は，主に直接国が雇《やと》った人たちがやっている。

問13. 下線部⑬について，人間が環境を考える時に大切になる，ある地域の生物とそれをとりまく環境とが結びついてできるつながりを何といいますか。(漢字だと三文字になります。)

問14. 下線部⑭について，ウクライナにあるものとして，次の中から**あてはまらないもの**を選び，その記号を答えなさい。

ア　ボルシチ　　イ　原子力発電所　　ウ　ひまわり畑　　エ　核実験場

問15. 下線部⑮について，世界ではたくさんの戦争や内戦が起きています。次の中から今も戦闘《せんとう》が続いているものを選び，記号で答えなさい。

ア　ベトナム戦争　　イ　シリア内戦　　ウ　湾岸《わんがん》戦争

問16. 下線部⑯について，国連で難民を救援《きゅうえん》するためにおかれている機関は次のうちのどれですか。記号で答えなさい。

ア　UNICEF　　イ　WHO　　ウ　UNHCR　　エ　UNEP

問17. 下線部⑰について，世界中で気候危機を止めるためにいろいろな取り組みが行われています。その内容として次の中から**あてはまらない**ものを選び，記号で答えなさい。

ア　若者が中心になって，気候危機への対策を強めることを求めるグローバル気候マーチが世界各国で行われている。

イ　大型のジェット機を使うのではなく，プライベートジェットを使って移動することが呼びかけられている。

ウ　世界や日本の市町村などの自治体が，気候非常事態宣言を出して，自治体としての対策をすすめ，人々にも取り組みを呼びかけている。

問18. 下線部⑱について，戦争を世界からなくしていくために，あなたにできることにはどんなことがあるでしょうか，あなたの考えを書きなさい。

【理　科】〈Ａ日程試験〉（40分）〈満点：100点〉

1　**次の各問いに答えなさい。**

問１　実験を安全に行うための注意としてまちがっているものを選び，記号で答えなさい。

ア　薬品や水よう液をあつかうときは，保護めがねをつける

イ　やけどをしたときには，水を流してじゅうぶんに冷やす

ウ　実験をはやく終わらせるために，目的や手順に分からない部分があっても，とりあえず実験を始める

エ　実験は，いすに座らずに立って行う

オ　かみの毛が長い場合は，結んでから実験を始める

問２　湯気と水蒸気について説明した文として正しいものを選び，記号で答えなさい。

ア　湯気と水蒸気はともに気体であり，目に見えない

イ　湯気と水蒸気はともに液体であり，目に見える

ウ　湯気は気体であり，目に見えないが，水蒸気は液体なので目に見える

エ　湯気は液体であり，目に見えるが，水蒸気は気体なので目に見えない

問３　コンピュータやスマートフォンを使うと，さまざまな情報を調べたり，情報を交かんしたりすることができます。コンピュータやスマートフォンを使うときの注意点としてまちがっているものを選び，記号で答えなさい。

ア　コンピュータやスマートフォンは，長い時間使わないように注意する

イ　インターネットの情報は，まちがっていたり，古かったりすることがあるので，いくつかのページで調べて，しんらいできる情報を使う

ウ　SNS(ソーシャル・ネットワーキング・サービス)では，世界中の人に自分たちのことを知ってもらうために，自分や友達の個人情報を積極的に交かんするとよい

エ　SNSや電子メールを使うときには，受け取る人の気持ちを考えて読み直してから送信する

問４　次の葉と根をもつ植物として正しいものを選び，記号で答えなさい。

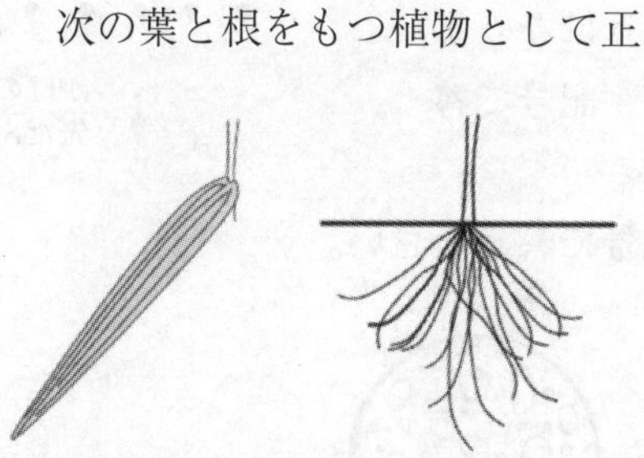

葉　　根

ア　エノコログサ　　イ　セイヨウタンポポ　　ウ　オオバコ　　エ　シロツメクサ

問５　アサガオの花粉として正しいものを選び，記号で答えなさい。

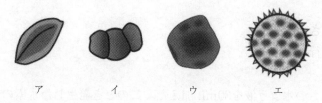

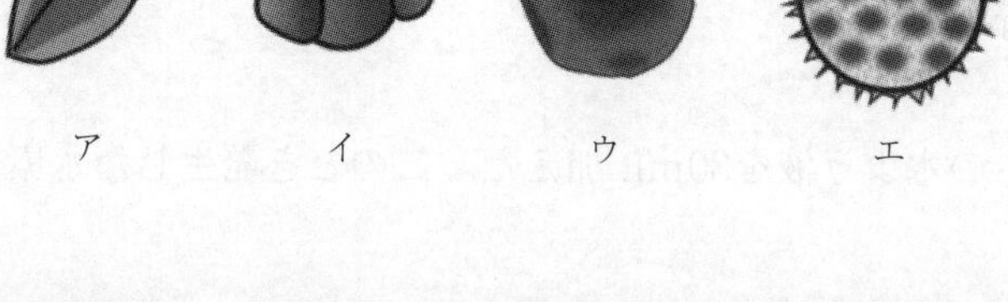

ア　　イ　　ウ　　エ

問6　ふりこが1往復する時間が最も短いものを選び，記号で答えなさい。

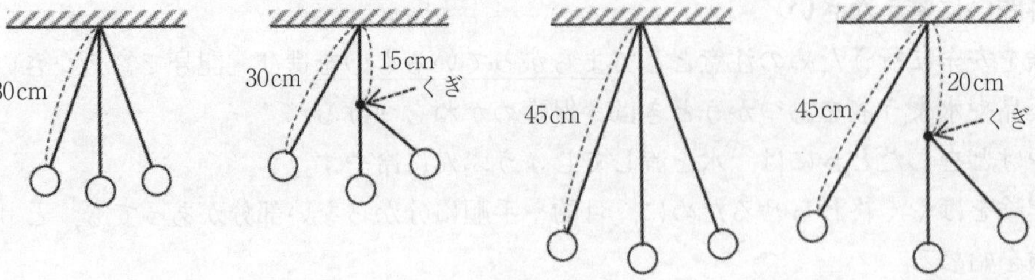

ア　　イ　　ウ　　エ

問7　おもりを棒につり下げたところ，棒が水平になりました。このとき，おもりAの重さとして正しいものを選び，記号で答えなさい。ただし，棒とひもの重さは考えないものとします。

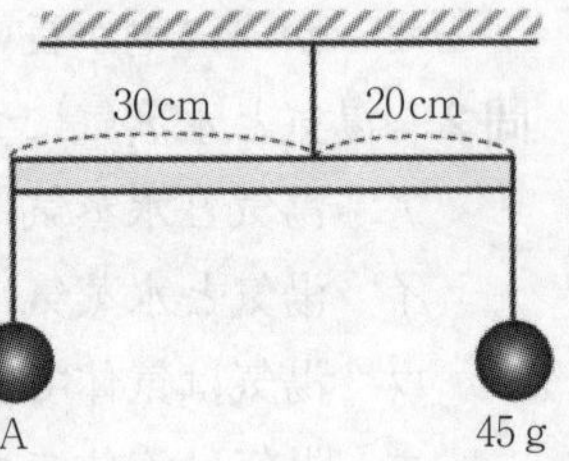

ア　10g
イ　20g
ウ　30g
エ　40g

問8　湘《しょう》南学園の近くで，カメラのシャッターを一定時間開いて星空をさつえいしたところ，右図のような写真がとれました。このときにさつえいした方角として，正しいものを選び，記号で答えなさい。

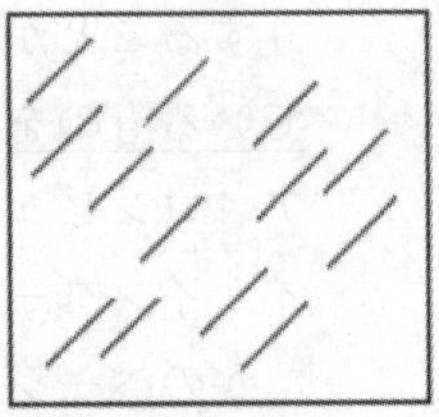

ア　東
イ　西
ウ　南
エ　北

問9　よく晴れた秋分の日に湘南学園の校庭に棒を立て，棒のかげがどのように移動するかを，時間をずらして5回観察しました。棒のかげの先たんに印をつけたところ，右の図のようになりました。図の矢印のうち，北の方角を示すものを選び，記号で答えなさい。

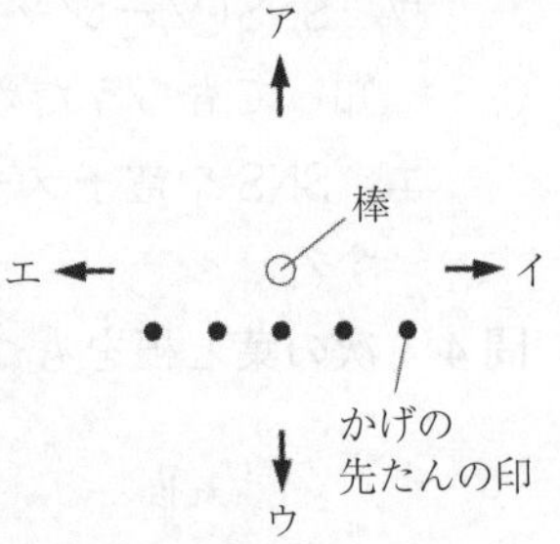

問10　花こう岩のスケッチとして正しいものを選び，記号で答えなさい。

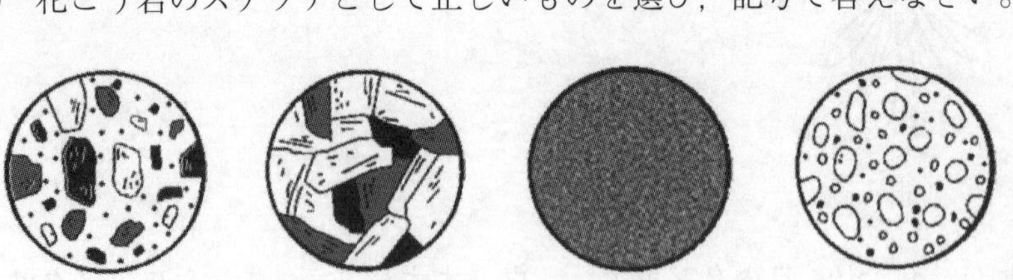

ア　　イ　　ウ　　エ

2　**次の文を読み，各問いに答えなさい。**

金属に水よう液を加える実験を行いました。

〔実験1〕

スチールウール(鉄)に，あるこさの水よう液を30mL加えた。このとき発生した水素の体積とスチールウールの重さとの関係を**図1**に示した。

〔実験2〕

アルミニウムに,〔実験1〕で使ったものと同じ水よう液を30mL 加えた。このとき発生した水素の体積とアルミニウムの重さとの関係を**図2**に示した。

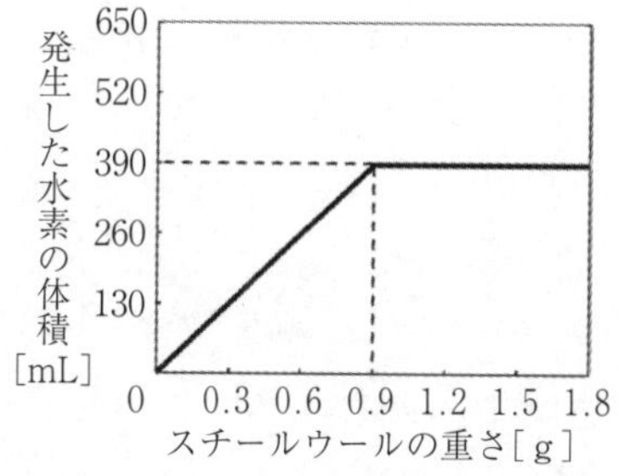

図1

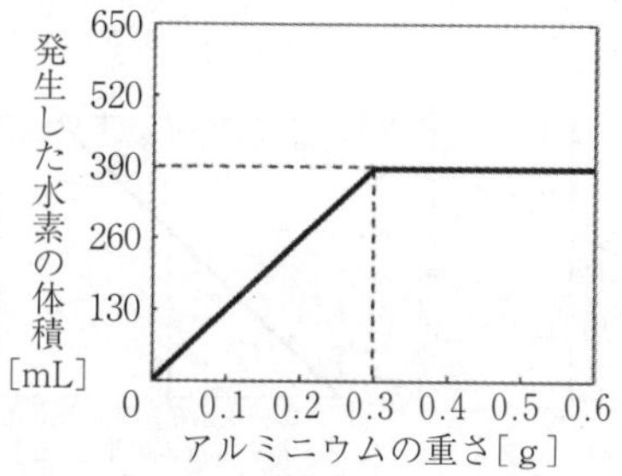

図2

問1　この実験で使った水よう液として正しいものを選び，記号で答えなさい。

ア　水酸化ナトリウム水よう液　　イ　塩酸　　ウ　食塩水

エ　アンモニア水　　オ　石灰水

問2　水素の性質として正しいものを選び，記号で答えなさい。

ア　空気よりも重い　　イ　ものを燃やすはたらきがある

ウ　空気中で燃えて水ができる　　エ　鼻をさすようなにおいがある

問3　0.3gのスチールウールに実験で使った水よう液を30mL 加えたとき，水素は最大で何 mL 発生しますか。

問4　〔実験1〕でスチールウールがすべてとけたとき，水よう液から水を蒸発させたところ，固体が出てきました。この固体とスチールウールの性質を説明した文として正しいものを選び，記号で答えなさい。

ア　出てきた固体，スチールウールは両方とも磁石につく

イ　出てきた固体，スチールウールは両方とも磁石につかない

ウ　出てきた固体は磁石につくが，スチールウールは磁石につかない

エ　出てきた固体は磁石につかないが，スチールウールは磁石につく

問5　**図1**からわかるように，スチールウールの重さを増やしていっても，0.9g 以上では，発生する水素の体積は増えませんでした。この理由として正しいものを選び，記号で答えなさい。

ア　元の水よう液にとけていたものが足りなくなったため

イ　スチールウールが足りなくなったため

ウ　元の水よう液にとけていたものとスチールウールがどちらも足りなくなったため

エ　元の水よう液にとけていたものとスチールウールがどちらも多くなりすぎたため

問6　〔実験1〕で使った水よう液のこさを $\frac{1}{3}$ 倍にしました。アルミニウム0.2gに，この水よう液を30mL 加えたとき，水素は最大で何 mL 発生しますか。

問7　〔実験1〕で使った水よう液30mL のこさを2倍にしたときに，発生した水素の体積と加えたアルミニウムの重さとの関係を表すグラフとして正しいものを選び，記号で答えなさい。

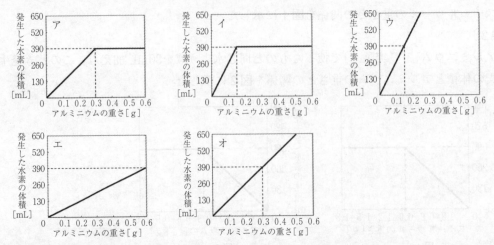

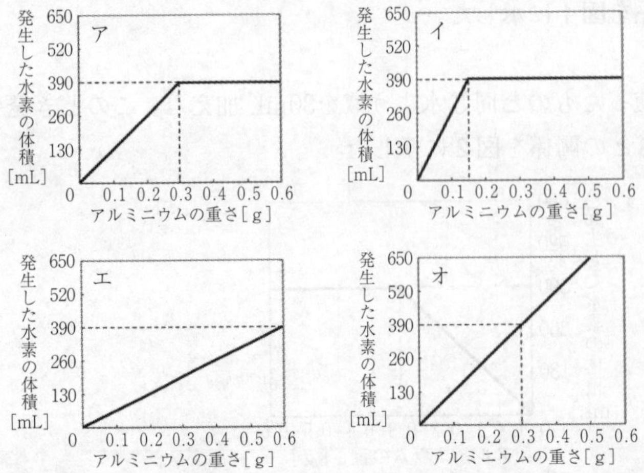

問８　鉄の粉2.4ｇに誤ってアルミニウムの粉を混ぜてしまいました。これに〔実験１〕で使ったものと同じ水よう液を十分に加えたところ，すべてとけ，水素が2990mL 発生しました。誤って混ぜてしまったアルミニウムの粉は何ｇでしたか。

3　次の文を読み，各問いに答えなさい。

自然は，生物どうしのつながりと，それを支える環境《かんきょう》によって成り立っています。生物どうしのつながりについて，例えば日本の池や川では，メダカが①水中の小さな生物を食べ，そのメダカをコサギなどが食べるという②「食べる」「食べられる」の関係が見られます。池や川だけでなく，海や野山など様々な環境の中で，生物どうしはつながり合って生きているのです。

自然環境のバランスは，多少変化しても時間とともに元にもどります。しかし，私たち人間の活動が生物や環境に大きな影響《えいきょう》をあたえると，元にもどらなくなってしまう場合があります。例えば，③外来種《がいらいしゅ》の問題や④地球全体の平均気温の上昇《じょうしょう》，工場排水《はいすい》や生活排水による川や海のよごれなど，環境に大きな影響をおよぼす問題は多くありますが，これらの原因とされるのはすべて人間の活動です。これらの問題をそのままにしておけば，そこにくらす生物のつながりは壊《こわ》れ，私たち人間にも大きな影響がおよぼされることになります。これからも人間が地球でくらし続けていくために，全員が考え，くふうや努力をしていく必要があるのです。

問１　下線部①について，メダカがどんな生物を食べているのか調べるために，池の水をくんできて顕微鏡《けんびきょう》で観察しました。すると，図のような生物を観察することができました。アとイの生物の名前を答えなさい。

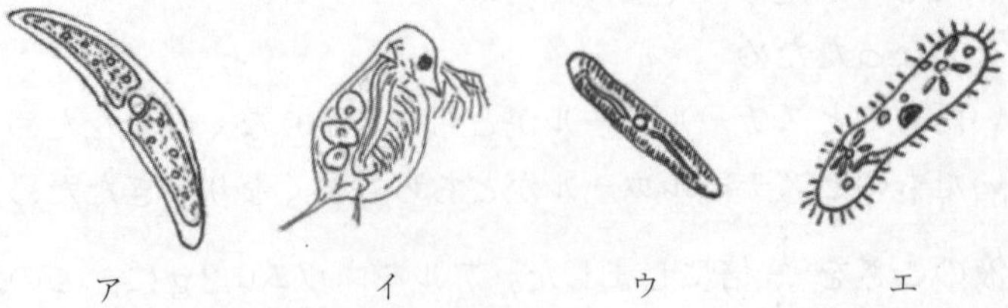

ア　　イ　　ウ　　エ

問２　**問１**でくんできた池の水を光の当たる場所にしばらく置きました。水の中で増えたと考えられる植物プランクトンを，**問１**のア～エからすべて選び，記号で答えなさい。

問３　下線部②について，このような「食べる」「食べられる」の関係を何というか答えなさい。

問4　生物の「食べる」「食べられる」の関係について，まちがっているものを選び，記号で答えなさい。ただし，BがAを食べるとき「A→B」と表すこととします。

ア　水中の小さな生き物→イワシ　→サバ　→サメ
イ　水中の小さな生き物→カサゴ　→オキアミ→イカ
ウ　落ち葉　→ミミズ　→カエル　→モズ
エ　キャベツ　→チョウの幼虫→カエル　→ヘビ

問5　下線部③について，日本国外から国内に入ってきた外来種を3つ選び，記号で答えなさい。

ア　イリオモテヤマネコ　　イ　マングース　　ウ　ニホンカモシカ
エ　セイタカアワダチソウ　　オ　オオクチバス　　カ　イタセンパラ

問6　下線部④について，地球の気温が上がってきていることの原因と考えられているものを選び，記号で答えなさい。

ア　水素　　イ　二酸化炭素　　ウ　ちっ素　　エ　酸素

問7　次の表は，**問6**の気体について，日本のある地点A～Cにおける2015年から2019年までの大気中の体積の割合をまとめたものです。これについて，(1)～(2)に答えなさい。

		1月	2月	3月	4月	5月	6月	7月	8月	9月	10月	11月	12月
A	2015年	405	406	406	407	406	403	401	400	397	データなし	405	408
	2016年	410	409	410	411	409	407	405	402	401	404	408	410
	2017年	411	412	414	413	411	409	408	405	405	407	409	411
	2018年	413	415	413	414	414	411	409	407	407	412	413	415
	2019年	418	417	418	418	417	414	412	410	409	414	414	418
B	2015年	403	403	403	404	404	403	401	398	396	399	401	404
	2016年	405	405	407	408	408	407	405	402	400	402	404	407
	2017年	409	409	411	410	411	409	407	405	403	404	407	407
	2018年	410	411	411	412	412	410	409	406	405	406	409	411
	2019年	413	413	414	415	415	413	412	409	408	409	411	414
C	2015年	406	407	409	409	407	401	396	394	396	403	405	408
	2016年	409	411	412	412	410	404	399	401	401	407	409	412
	2017年	413	413	414	416	414	407	401	399	401	408	413	414
	2018年	415	416	417	417	416	410	406	401	405	412	414	415
	2019年	416	418	419	419	418	411	406	406	407	413	416	419

表中の単位はすべてppm（1ppm＝0.0001％）

(1)　表を見ると，A～Cのすべての地点で，夏は**問6**の気体の体積の割合が低く，冬は高くなっていることがわかります。このような季節的な気体の体積の割合の変化に大きな影響をあたえているものを選び，記号で答えなさい。

ア　潮の満ち引き
イ　火山の活動
ウ　植物の活動
エ　外来種

(2)　北半球において，季節による**問6**の気体の体積の割合の変化は，一般《いっぱん》的に高緯度になるほど大きくなることが知られています。

表の地点A～Cは，綾里《りょうり》，与那国《よなぐに》島，南鳥島のいずれかを示しています。A～Cのうち「綾里」にあてはまるものを，表と次の図から判断し，記号で答えなさい。

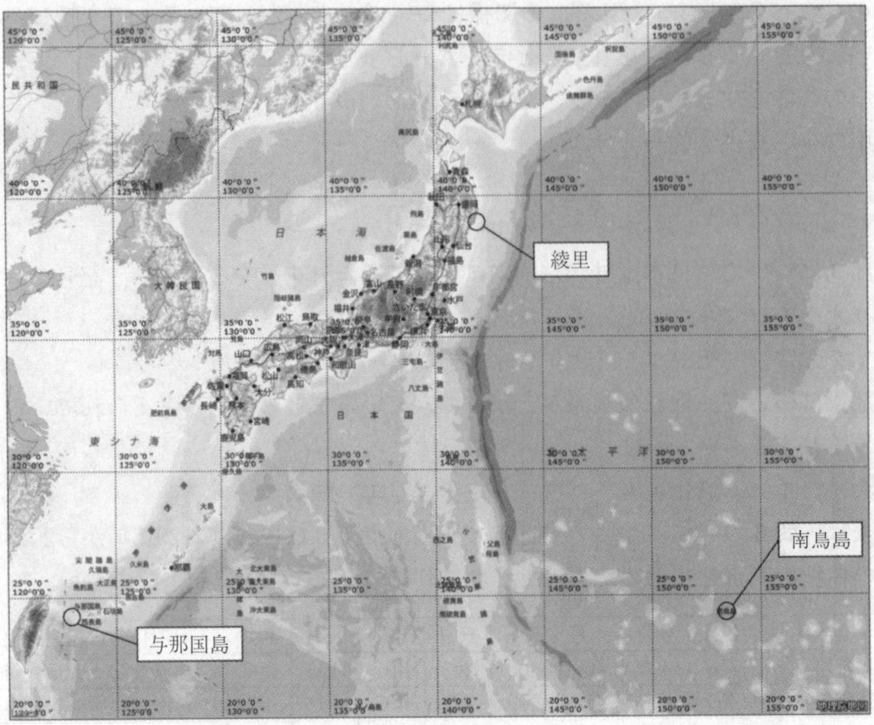

4 **次の文を読み，各問いに答えなさい。**

プロペラをモーターに取り付け，**図1**のような回路を作りました。モーターの端子《たんし》Xは電池のマイナス極，端子Yは電池のプラス極につながれています。回路に流れる電流の大きさをはかったところ，電流計の針が**図2**のようになりました。

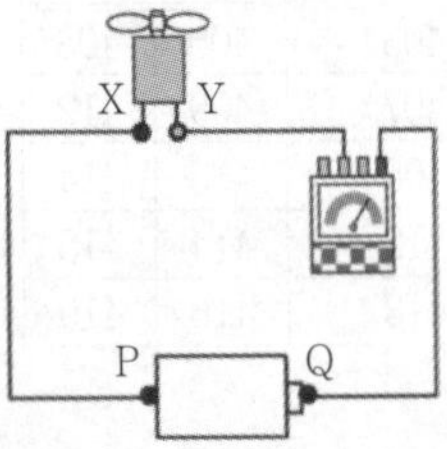

図1

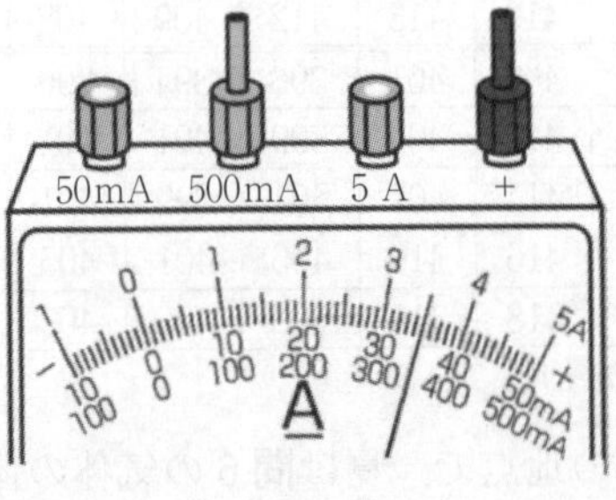

図2

問1　**図1**の回路に流れる電流の大きさは何mAですか。

問2　**図1**と同じ新しい電池，プロペラ，モーターを用いて，次のような回路を作りました。**図1**のプロペラと反対向きに回る回路を<u>2つ選び</u>，記号で答えなさい。

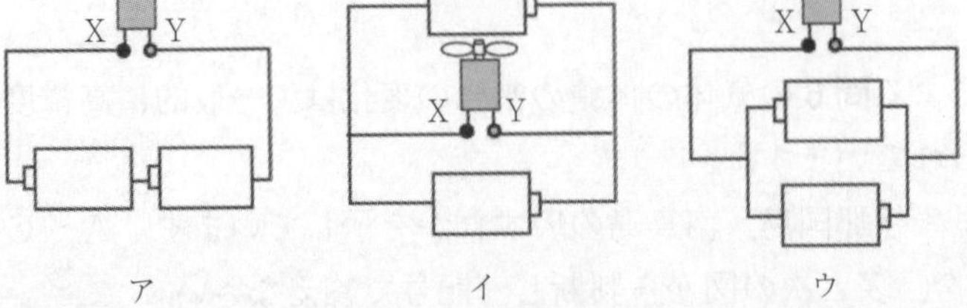

ア　　イ　　ウ

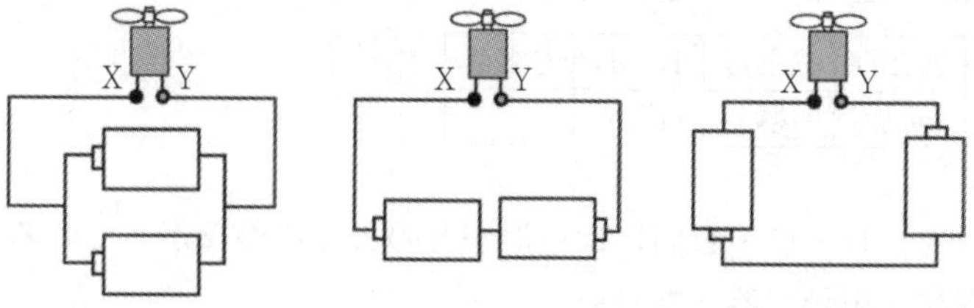

エ　　　　　　　オ　　　　　　　カ

問3　**問2**のア～カのうち，**図1**のプロペラより速く回る回路を2つ選び，記号で答えなさい。

問4　**問2**のア～カのうち，**図1**のプロペラと同じ速さで回る回路を2つ選び，記号で答えなさい。

問5　**問2**のア～カのうち，**図1**より長くプロペラが回り続ける回路を2つ選び，記号で答えなさい。

問6　**問2**のア～カのうち，2つある電池のいずれか一方を外した回路を作ったときにプロペラが回るものをすべて選び，記号で答えなさい。

図3のような，内部が見えない箱があり，箱には4つの端子A～Dが出ています。箱の中の端子間には，導線を用いて電池がつながれています。**図1**の回路の電池を外して，まずは**図1**の端子PとQを箱の端子A・B・Cにそれぞれ接続してプロペラの回転の速さを調べました。次の**表1**は，その結果です。**図1**の回路と同じ速さの場合は「同じ」，**図1**の回路より速い場合は「速い」，回らない場合は「×」と表します。

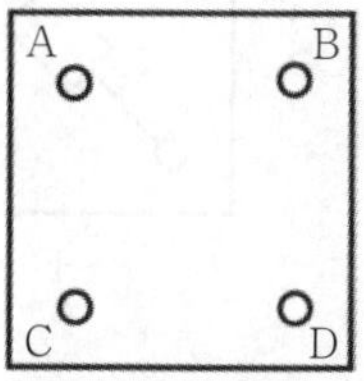

図3

つないだ端子	AとB	AとC	BとC
プロペラの速さ	同じ	同じ	速い

表1

問7　**表1**の結果から，箱の端子A・B・C間には電池がどのようにつながっていると考えられますか。正しいものを選び，記号で答えなさい。

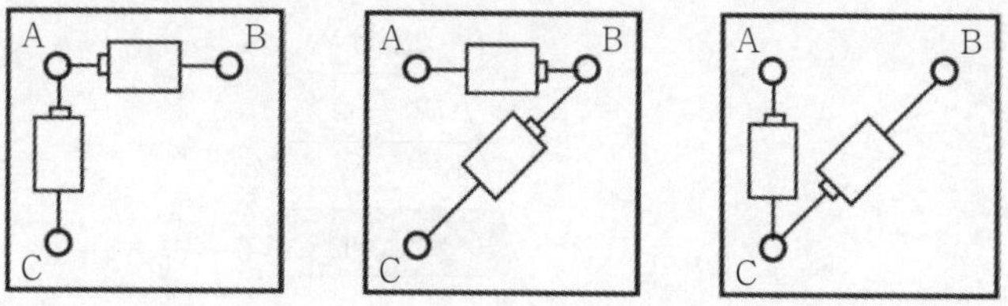

ア　　　　　　　イ　　　　　　　ウ

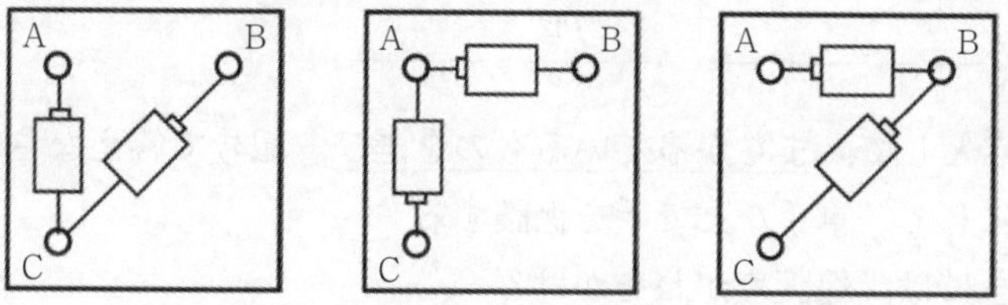

エ　　　　　　　オ　　　　　　　カ

次に，箱の電池をつなぎかえて端子PとQをそれぞれ端子A・B・C・Dに接続してプロペラの回る速さを調べました。次の**表2**は，その結果です。**図1**の回路と同じ速さの場合は「同じ」，**図１**の回路より速い場合は「速い」，回らない場合は「×」と表します。

つないだ端子	ＡとＢ	ＡとＣ	ＡとＤ	ＢとＣ	ＢとＤ	ＣとＤ
プロペラの速さ	同じ	同じ	同じ	速い	速い	×

表２

問８　**表２**の結果から，箱の端子Ａ・Ｂ・Ｃ・Ｄ間には電池がどのようにつながっていると考えられますか。正しいものを選び，記号で答えなさい。

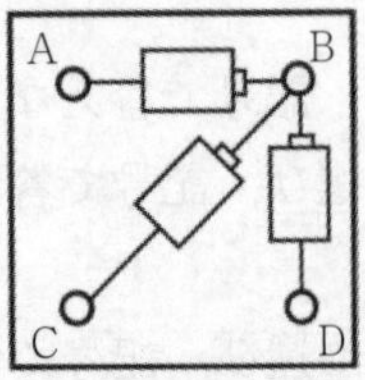

ア

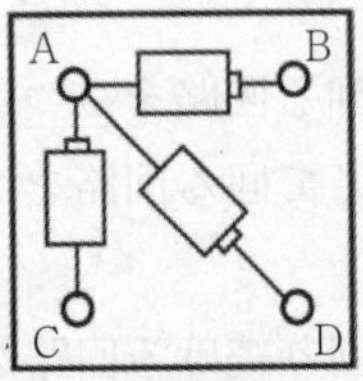

イ

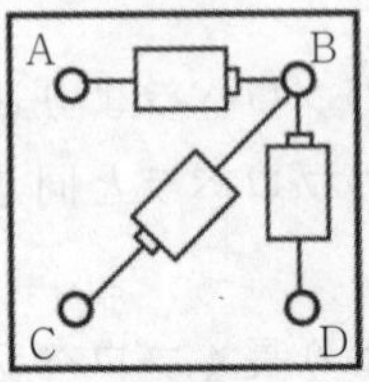

ウ

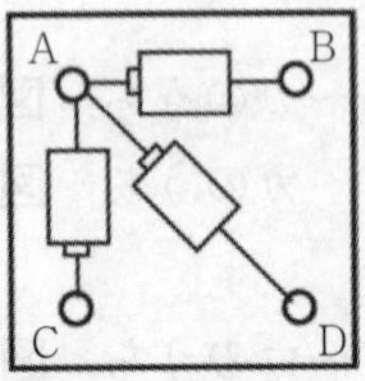

エ

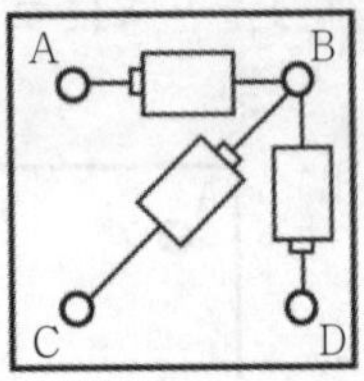

オ

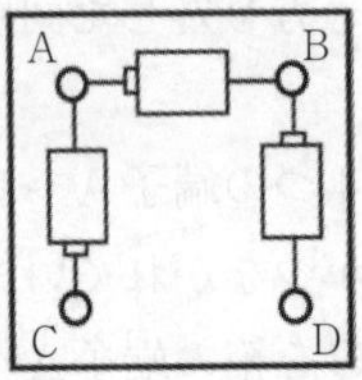

カ

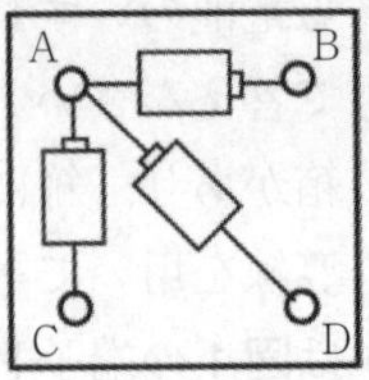

キ

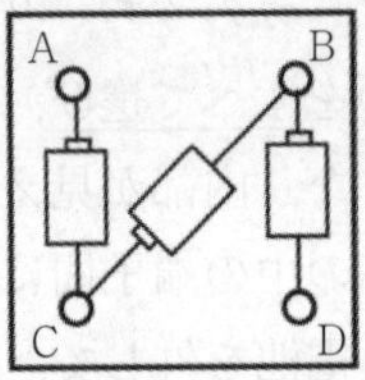

ク

5　**次の文を読み，各問いに答えなさい。**

次の図は，道路の両側に見える地層のようすを示したものです。がけＸの①・④・⑤は小さなつぶから，③はどろからできている層でした。①の層からはアサリの化石も見つかっています。また，②と⑥の層はれきが多くふくまれる層でした。ただし，②のれきは丸みを帯びていましたが，⑥のれきは角ばったものが多く，虫めがねで観察すると，小さな穴が多数開いていることがわかりました。なお，この地域では地層の逆転はないことがわかっています。

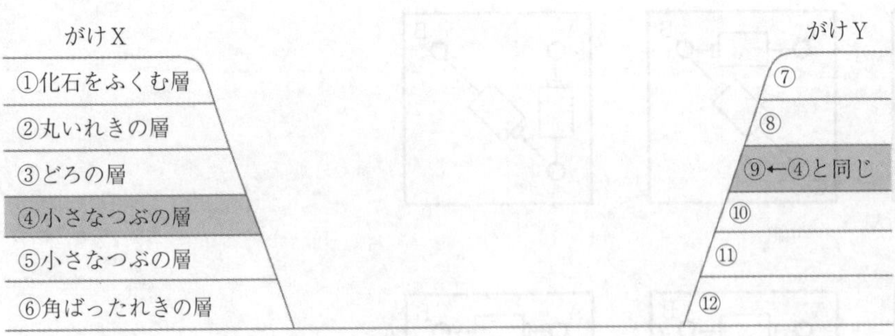

問１　がけを観察するときの注意点として，まちがっているものを選び，記号で答えなさい。

ア　服装は長そで・長ズボンにして，軍手などで手を保護する

イ　地層から土を採取するときには，保護めがねをかける

ウ　がけに近づくときは，落石の危険がないか周囲の安全に気を配る

エ　虫めがねは目からはなして持ち，前後に動かしてピントを合わせる

問２　アサリの化石が見つかった①の層ができたころの土地のようすとして，正しいものを選び，

記号で答えなさい。

ア　浅い海　　イ　深い海　　ウ　浅い川　　エ　深い湖

問3　がけXでわき水が最も出やすいところを選び，記号で答えなさい。

ア　①と②の層の間　　イ　②と③の層の間　　ウ　③と④の層の間

エ　④と⑤の層の間　　オ　⑤と⑥の層の間

問4　がけXの①・④・⑤の層の土を少しけずって持ち帰り，観察したところ，①と⑤は大きさが同じくらいの砂のつぶでした。一方，④のつぶは①や⑤に比べて角ばっており，大きさが不ぞろいで，ガラスのかけらのような無色とう明のつぶもふくまれていることがわかりました。この結果から考えられることとして正しいものを選び，記号で答えなさい。

ア　①と⑤の層は同じ場所から運ばれてきた砂がたい積してできた

イ　①と⑤の層がたい積する間に土地のりゅう起が3回起こった

ウ　④の層がたい積した時期に火山ふん火が起こった

エ　④の層がたい積した時期に土地の沈《ちん》降が起こった

問5　がけYを調べたところ，⑨の層はがけXの④と同じつぶからできていることがわかりました。がけYの⑧と⑪の説明として正しいものを選び，それぞれ記号で答えなさい。

ア　砂のつぶの層　　イ　どろからできた層　　ウ　火山灰の層

エ　丸みをおびたれきの層　　オ　角ばったれきの層

問6　①～⑫のうち，最も古い層を選び，番号で答えなさい。

問7　がけX・Yの観察から考えられることとして正しいものを3つ選び，記号で答えなさい。

ア　この付近では土地のりゅう起や沈降が少なくとも2回ずつ起こっている

イ　この付近では土地の沈降は起こったが，りゅう起は起きていない

ウ　この付近では少なくとも2回の火山ふん火が起こった

エ　この付近で火山ふん火が起こったことはない

オ　①の層より②の層の方が，河口から遠い場所でたい積した

カ　⑦の層より⑧の層の方が，河口から遠い場所でたい積した

キ　②の層ができたのは流れる水のはたらきであり，⑥の層ができたのは火山ふん火が原因である

ク　⑦の層ができたのは火山ふん火が原因であり，⑪の層ができたのは流れる水のはたらきである

エ　なつかしく温かな思い出の中にあり続けるじいちゃんの家が、さびしく寒々と目の前に大きく広がる駐車場に突然変わってしまったことが急には理解できず、大きな驚きを感じて呆然としている。

問十　――線部６「足先を見ながら、蹴飛ばすようにして歩いた。来た道を戻るわけでもなく、ただあちこち歩いた」とありますが、この時の周斗の気持ちを説明したものとしてもっともふさわしいものを、次のア～エの中から一つ選び、記号で答えなさい。

ア　じいちゃんの家の建っていた場所がどうなっているか確認できてよかったと喜んでいる。

イ　じいちゃんの家がなくなり見知らぬおじさんに疑われたことに対して腹を立てている。

ウ　じいちゃんの家を昔の姿のままで残しておかない両親の気づかいのなさにあきれている。

エ　じいちゃんの家がいつの間にか駐車場になっているのを見て、頭の中が混乱している。

問四　――線部1「ふくらみかけた気持ち」とありますが、どのような気持ちですか。その説明としてもっともふさわしいものを、次のア～エの中から一つ選び、記号で答えなさい。

ア　じいちゃんの家のめじるしになる床屋がまだ営業しており、じいちゃんの家はもうすぐだと、楽しみに思う気持ち。

イ　記憶がはっきりしなかった床屋の場所が分かり、じいちゃんの家にたどり着くことができそうだと、油断する気持ち。

ウ　じいちゃんの家のとても近くで営業していた床屋があったので、すぐに家が見えてくるはずだと、少し緊張《きんちょう》する気持ち。

エ　昔よく通った床屋を見つけて、じいちゃんと仲のよかった店主のことを思い出し、なつかしく思う気持ち。

問五　――線部2「少し胸がとくとくしてきた」とありますが、この時の周斗の気持ちを表す言葉としてもっともふさわしくないものを、次のア～エの中から一つ選び、記号で答えなさい。

ア　不安感　　イ　期待感　　ウ　危機感　　エ　緊張《きんちょう》感

問六　――線部3「つばを飲み込むごくりという音が、耳もとで聞こえた」とありますが、なぜ周斗は「つばを飲み込」んだのですか。その原因がもっともよく説明されている部分を――線部3よりも前の本文中から句読点を含《ふく》めて二十字で探し、最初と最後の五字ずつをぬき出して答えなさい。

問七　本文中の【Ⅰ】～【Ⅳ】にあてはまるように、次の1～4の文を並べかえるとどうなりますか。その組み合わせとしてもっともふさわしいものを、ア～エの中から一つ選び、記号で答えなさい。

1　家は無《な》かった。
2　いや、じいちゃんの家があったところに来た。
3　周斗は呆然《ぼうぜん》と立ちつくした。
4　じいちゃんの家の前まで来た。

ア　3→4→1→2　　イ　1→4→2→3
ウ　3→1→4→2　　エ　4→2→3→1

問八　――線部4「ぎぃと音を立てながら開く門扉」で始まる段落に見られる表現の説明として正しくないものを次のア～エの中から一つ選び、記号で答えなさい。

ア　段落の最後を「……。」とすることによって、他にも同様なものが存在することをそれとなく分かるように示している。

イ　じいちゃんの名字である加賀谷にカギカッコを付けて、じいちゃんが周斗にとって特別な存在であることを印象づけている。

ウ　名詞で終わる文を続けることによって、じいちゃんの家で目にした光景を周斗がひとつひとつ思い出している様子を表現している。

エ　じいちゃんの家の門から玄関までに見えてくるものを、まるで画像を順番に見ているかのように描《えが》いている。

問九　――線部5「瞬きを二回した」とありますが、この時の周斗の気持ちを説明したものとしてもっともふさわしいものを、次のア～エの中から一つ選び、記号で答えなさい。

ア　たくさんのなつかしい思い出がつまったじいちゃんの家が、自分の知らないうちにあまりに狭《せま》い駐車場に変わっていたために、その現実がとうてい信じられないという気持ちになっている。

イ　たとえ小さな駐車場に変わっていたとしても、じいちゃんの家があった場所を実際に目の前にして、まるでじいちゃんやばあちゃんとふれ合っているかのような感覚におちいっている。

ウ　目の前にある駐車場がとても小さかったので驚《おどろ》いたが、周斗の幼い時の思い出の中ではじいちゃんの家は大きな存在であって、その感覚の差がまったく受け入れられないで困惑《こんわく》している。

れたみたいに、喉《のど》の奥が苦しくなった。

きゅっと目を閉じた。

4 ぎぃと音を立てながら開く門扉《もんぴ》。「加賀谷《かがや》」と楷書《かいしょ》で書かれた木の表札。夏にはトマトが植えられた小さな庭。いつも綺麗《きれい》に掃《は》かれた玄関《げんかん》に揃《そろ》えられた、ばあちゃんの朱色《しゅいろ》のサンダル……。

保育園からの帰り、じいちゃんと手をつないで玄関に入ると、（E）お日さまみたいな匂《にお》いがした。じいちゃんちの匂いだ。ばあちゃんはいつもガーゼの手ぬぐいを手に、玄関に出迎える。周斗の頭から湯気みたいに立ちのぼる汗《あせ》を、「すごい汗」と笑いながら、手ぬぐいでくしゃくしゃと拭《ふ》いてくれた。

まるでそこに存在するみたいに、頭のなかに映像が浮かび上がってきた。手を伸《の》ばせば触《ふ》れられそうな、その空間にいるみたいな感覚に包まれた。

なのに、再び目を開けると、駐車場は駐車場でしかなかった。

5 瞬《まばた》きを一回した。ここにあの家が建っていたとは思えない、うそみたいに小さな駐車場だった。

ふと視線を感じた。車のキーを手にした中年のおじさんが、(2)怪訝《けげん》そうに周斗を横目で見ながら駐車場に入ってきた。どうやら白い軽自動車の持ち主らしかった。

おじさんはすぐに車に乗るわけでもなく、キーをぶらぶらさせながら周斗の様子をうかがっている。まるで不審者《ふしんしゃ》を監視《かんし》するかのようだった。

このおじさんも、きっとここにじいちゃんの家があったことを知らないんだろう。幼かった俺が、何百回もここに来てたことを知らないんだろう。

周斗は e を背《そむ》けるようにして、その場を離れた。

6 足先を見ながら、蹴飛《けと》ばすようにして歩いた。来た道を戻《もど》るわけでもなく、ただあちこち歩いた。

（佐藤いつ子『キャプテンマークと銭湯と』による）

※NPO　お金もうけを目的とせず、政府や企業《きぎょう》に属さない団体。

※サインポール　床屋をしめす細長い円柱形の看板。

※モダン　現代的ということ。

問一 本文中の（A）～（E）にもっともよくあてはまる言葉を、次のア～オの中から一つずつ選び、それぞれ記号で答えなさい。ただし、同じ記号をくり返し用いてはいけません。

ア ひょいと　イ きゅっと

ウ ちらっと　エ ふぅっと

オ ふわっと

問二 本文中の a ～ e にもっともよくあてはまる、からだの一部分を表す漢字一字をそれぞれ答えなさい。ただし、同じ漢字をくり返し用いてはいけません。

問三 ＝線部(1)「つつましくて」、(2)「怪訝そうに」の意味としてもっともふさわしいものを後のア～エの中から一つずつ選び、それぞれ記号で答えなさい。

(1) つつましくて

ア 節約につとめて

イ はでではなく

ウ 表通りから隠《かく》れていて

エ 貧しそうで

(2) 怪訝そうに

ア 恐ろしいと感じているように

イ 困ったものだと思っているように

ウ 疑わしいと考えているように

エ 確かに悪人であると信じているように

おぼろげだったじいちゃんの家への道は、歩き出すと記憶《きおく》が鮮明《せんめい》になってきた。商店街の真ん中くらいにある床屋《とこや》の角を右に曲がる。商店街には千円カットの店も新しく出来ていたが、目指す床屋は昔からある老舗《しにせ》だ。

離れたところから、その※サインポールを見つけて頬《ほお》が緩《ゆる》んだ。近づくと赤、白、青の三色の縞《しま》模様がくるくる元気に回っている。

じいちゃんも常連だった床屋だ。（A）店の中をのぞくと、四十代くらいだろうか、父さんくらいの歳《とし》の床屋さんが、お客さんのひげを剃《そ》っていた。

じいちゃんについていったこともあったけど、そのときはじいちゃんと友だちみたいな歳を取った床屋さんだったから、代替わりしたのだろうか。

サインポールを見つけたときの1ふくらみかけた気持ちが、少ししぼんだ。

床屋の角を折れると、賑《にぎ》やかだった商店街から一気に静かな住宅街に変わった。やはり古い家が多く、北口側の新興住宅街とは趣《おもむき》が異なるが、かえって落ち着いた気持ちにさせられた。

たまに新しく建てられた※モダンな家が（B）現れ、北口側ではなんの違和感《いわかん》もないはずの家が、こちらでは気の毒なくらい浮《う》いていた。

確か、もうすぐ竹の生け垣《がき》がある家があって、そこに沿って左に曲がった先がじいちゃんの家だ。

竹の生け垣の家が新しい家に替わっていないことを祈《いの》りつつ、周斗は足を速めた。すると、下の方は黒ずんでいたが昔と変わらない竹の生け垣が目に入った。

（C）小さく息をついたのと同時に、2少し胸がとくとくしてきた。

じいちゃんの家、どうなっているかな。どんな人が住んでいるんだろう。

生け垣ぎりぎりに、体をくっつけるようにして左に曲がる。この数軒先の左側に、じいちゃんの家の赤茶色の屋根が見えるはずだ。

曲がったとたん、足が止まった。

先をうかがいながら、少しずつ道の真ん中の方に移動した。手前の家の屋根と奥の家の屋根は見えるのに、じいちゃんの家の赤茶色の屋根が見えない。

くちびるを（D）結んだ。恐《おそ》る恐るつま先から歩いた。ところどころ変色した、奥の家の側面が見えてきた。じいちゃんの隣《となり》の家の側面全体を見るのは初めてだった。

3つばを飲み込《こ》むごくりという音が、耳もとで聞こえた。

【　Ⅰ　】

【　Ⅱ　】

【　Ⅲ　】

【　Ⅳ　】

じいちゃんの家は、駐車場になっていた。

数台駐《と》めればいっぱいになってしまうような、小さな駐車場《ちゅうしゃじょう》だった。白い古びた軽自動車が、一台だけ駐まっていた。

どうして誰も教えてくれなかったんだ……。

ひょっとしたら場所を勘違《かんちが》いしているのかも知れないと、隣の家の表札に近づいてみた。「田丸《たまる》」とある。確かそんな名前だった。田丸さんの家は、静まりかえってはいたが、きちんと刈《か》り込まれた植木が、その住人の存在を示していた。

アスファルトで四角く塗《ぬ》り固められた土地に、ゆっくり目を這《は》わせた。

昔を知らない人は、例えば、今たまたまこの道を通り過ぎた人は、ここに(1)つつましくて温かな木造の家があったことを、知らない。

当たり前のことが、周斗の[d]をきんと締《し》めつけた。気道をふさが

エ　物事に意味を与えた人が「見える人」か「見えない人」かの違いがあるから。

問十　――線部6『そもそも「意味」とは何でしょうか。』とありますが、本文中のこれより後の部分には、この問いに対する筆者の考えが書かれた、句読点や記号を含めて二十五字の言葉があります。その言葉を探し、終わりの六字をぬき出して答えなさい。

問十一　次の1〜5は、本文から読み取れることを説明したものです。これらについて、正しく説明したものを「ア」、正しく説明していないものを「イ」とし、それぞれ記号で答えなさい。

1　「私たち」の多くは、ほとんどの情報を視覚を通じて得ていると言える。

2　筆者は視力があまりない、いわゆる「見えない人」であると思われる。

3　「見えない人」の多くは、三本脚の椅子にうまく座《すわ》ることができる。

4　一定の関係性はあるものの、「情報」と「意味」は別のものである。

5　「見えない人」は「見えない人」なりのバランスを持って生きている。

四　次の文章を読んで、後の各問いに答えなさい。

ひんやりとした春の風が、商店街を吹《ふ》き抜《ぬ》けた。周斗《しゅうと》はすっと[a]を縮めた。

あの白黒ボール、どこにあるかな。

周斗にとってのファーストボールだ。あのボールは絶対に捨てていないはずだ。母さんはわりと律儀《りちぎ》に思い出の品を段ボールに整理してしまっているので、可能性が高いのは押入《おしい》れの奥《おく》だが、サッカーボールはかさばるから別の場所だろうか。

サッカーボールは、中学生になると大人といっしょの五号球に変わる。四号球より一回り大きいサイズだが、四号球の頃《ころ》から今まで使った自分のボールの数は、両手で足りない。

それでも、じいちゃんのあの白黒ボールは、特別だ。

周斗は小学校に上がると、※ＮＰＯが学校で運営している放課後学童クラブに通うようになり、お迎《むか》えがいらなくなった。友だちと遊ぶ時間が圧倒的《あっとうてき》に多くなり、週末はみなみのキッカーズの練習があったから、じいちゃんやばあちゃんの家からも次第《しだい》に[b]が遠のいた。もちろん、じいちゃんはみなみのキッカーズの試合があれば、欠かさず応援《おうえん》に来てくれていたが。

一年生の秋ごろだろうか、ばあちゃんが病気で亡《な》くなると、元気そのものだったじいちゃんまで、後を追うように半年後に突然《とつぜん》亡くなってしまった。

じいちゃんたちは、周斗の世話という大きな役目を乗り越《こ》えて、安心したかのように、突然いなくなってしまったのだ。

そのときは声がかれるほど号泣《ごうきゅう》し、悲しみに暮れた周斗だったが、時が経《た》つにつれ、いつの間にか思い出すことも減っていった。

最近ではお墓参りすら、忙《いそが》しいことを理由に父《とう》さんたちについていくことはなかった。行こうと思えば行けなかったわけではない。

じいちゃんたちに急にすまないような気持ちになって、地面のアスファルトに[c]を落とした。

……そうだ。

早足になった。じいちゃんの家に行きたくなった。じいちゃんの家は何年か前に手放したと聞いている。もう亡くなってから七年近く経つのだ。誰《だれ》か別の人が住んでいるか、あるいは建て替《か》えられているかも知れない。

にされているのはなぜだと考えられますか。句読点を含《ふく》めて十二字以上、二十字以内で説明しなさい。なお文化という語を必ず用いること。

問三 ……線部A「白羽の矢を立てました。」とありますが、「白羽の矢を立てる」の意味としてもっともふさわしいものを、次のア～エから一つ選び、記号で答えなさい。

ア　特に選び出す　　イ　人々《ひとびと》に話しかける
ウ　丁寧《ていねい》に記録する　　エ　多くを目立たせる

問四 ……線部B「一石を投じる」の意味としてもっともふさわしいものを、次のア～エから一つ選び、記号で答えなさい。

ア　多くの人々の意見に納得《なっとく》する
イ　あたり一面に音が響《ひび》きわたる
ウ　常識的な考え方に従う
エ　反響《はんきょう》を呼ぶような考え方を示す

問五 ――線部1「補色のような存在」とありますが、それはどのようなものですか。もっともふさわしくないものを、次のア～エから一つ選び、記号で答えなさい。

ア　分かりにくいもの　　イ　反対のもの
ウ　似ているもの　　エ　気になるもの

問六 ――線部2「見える人と見えない人が、…つながります。」とありますが、それはどういうことですか。もっともふさわしいものを、次のア～エから一つ選び、記号で答えなさい。

ア　見える人にとっては見えない人が、見えない人にとっては見える人が見ている世界は奇妙《きみょう》なものであるので、お互いに目を向けることはないということ。
イ　見えない人の視力が良くないことは言うまでもないが、見える人であっても実は視力が良くない人が多くいるということに気付くはずだということ。
ウ　見える人と見えない人がお互いに対する興味を持つことで、実は自分にはお互いに知らないことがたくさんあることに気付くことができるはずだということ。
エ　他者を理解しようとすることはとても大切なことであり、そのことは目が良くない人が世の中に多くいることを知るきっかけになるのだということ。

問七 [3]には比喩《ひゆ》的な言葉が入ります。ここに入る三字の語句を本文中から探し、ぬき出して答えなさい。

問八 ――線部4「視覚抜きで成立している体」とありますが、それはどういうものですか。もっともふさわしいものを、次のア～エから一つ選び、記号で答えなさい。

ア　視力が低下してしまっても問題なく生きていけるような存在
イ　視覚情報だけではなく見えていない状態も基準としているような存在
ウ　見るということを前提とせずに物事を認識《にんしき》できるような存在
エ　視力が良くなくても椅子の脚の本数であれば理解できるような存在

問九 ――線部5「同じ世界でも…違ってくるのです。」とありますが、それはなぜだと考えられますか。もっともふさわしいものを、次のア～エから一つ選び、記号で答えなさい。

ア　どのような人がどう見るかによって、世の中のとらえ方に違いがあるから。
イ　視覚抜きのバランスを大切にすると、世の中は意味のあるものとなっていくから。
ウ　物事の意味には、自然に備わっているものと意識的に与えるものがあるから。

味」とは何でしょうか。ずいぶん※原理的な問いですが、※本書のスタンスに関わるところなので、紙面を割《さ》いて確認《かくにん》しておきたいと思います。本書で言う「意味」の※ニュアンスは、「情報」と対置すると明らかになります。

「情報」は、客観的で※ニュートラルなものです。たとえば、「明日の午後の降水確率は六〇パーセントである」。これはふつう情報として受け止められます。友人の「明日の午後の降水確率は六〇パーセントだよ」という発言に対して「ありがとう」と言ったら、それは「情報をありがとう」「大事な情報を教えてくれてありがとう」という意味です。

それに対して、たとえば恋人《こいびと》の言う「あなたは石頭だ」を情報として受けとってしまったら、きっと次にくるのは別れの言葉でしょう。これはむしろ感情の※吐露《とろ》です。ここであなたがすべきなのは、メモをとることではなく、恋人の感情に対して、なだめるなり反論するなり、アクションを起こすことです。

報告者が自分の主観を述べたものは情報ではありません。情報とは、報告者の主観を排《はい》した、客観的な内容のことを指します（天気予報だって厳密には予報士の「判断」なので、そもそも本当に客観的な情報など存在するのか、という疑問にはここでは立ち入りません）。

しかし、この「明日の午後の降水確率は六〇パーセントである」という「情報」は、受け手次第《しだい》で、無数の「意味」を生み出します。明日運動会を控《ひか》えた小学生なら、この情報は「運動会が延期になるかも知れない」ということを意味するでしょうし、傘屋《かさや》なら「明日は儲《もう》かるな」、農家なら「朝の水やりは控えめにしよう」となるでしょう。あるいは災難続きの一日を過ごした人なら、ここに何かの暗示を読《よ》み込《こ》むかもしれない。

つまり「意味」とは「情報」が具体的な文脈に置かれたときに生まれるものなのです。受け手によって、どのような状況《じょうきょう》に置かれるかによって、情報は全く異なる意味を生み出します。

（伊藤亜紗『目の見えない人は世界をどう見ているのか』より）

※五感　視覚・触覚《しょっかく》・味覚・聴覚《ちょうかく》・嗅覚《きゅうかく》のこと。
※西欧　西ヨーロッパ。
※パリのシャンゼリゼ通り　フランス・パリの市内北西部にある大通り。
※凱旋門　パリのシャンゼリゼ通りにある大きな門。
※不謹慎な　ふまじめな。
※盲目さ　見えていない様子。
※美学的な関心から視覚障害者について研究する　筆者は美学・現代アートを専門としている。
※アイマスク　目を覆《おお》うもの。
※欠如　必要なものがないこと。
※本書　出典である『目の見えない人は世界をどう見ているのか』のこと。
※おのずと　自然と。
※原理的な　根本的な。
※本書のスタンス　出典である『目の見えない人は世界をどう見ているのか』の姿勢や立場。
※ニュアンス　ごくわずかでありながら違う印象を与えるようなもの。
※ニュートラル　中立・中間。
※吐露　かくさずに打ち明けること。

問一　本文中の[a]～[d]に入る語としてもっともふさわしいものを、次のア～エから一つ選び、それぞれ記号で答えなさい。同じ記号を二度以上選ぶことはありません。

ア　では　イ　とくに　ウ　もちろん　エ　つまり

問二　～～線部Ｘ「西洋では…されている」とありますが、そのよう込《こ》まれるような感覚を味わうことができます。X西洋では都市のつくりまでもが目の快楽のためにデザインされているのだな、と感じる瞬間《しゅんかん》です。

その、私たちが最も頼《たよ》っている視覚という感覚を取り除いてみると、身体は、世界のとらえ方はどうなるのか？　そう考えて、私は新しい身体論のための最初のリサーチの相手として、「見えない人」にA白羽の矢を立てました。 b 、「見えない人」は、私にとって、そして従来の身体論にとって、ちょうど1補色のような存在に思えたのです。ずいぶん長くなりましたが、これが、私が「視覚を使わない体に変身してみたい」と思った理由です。

見えない体に変身したいなどと言うと、何を※不謹慎《ふきんしん》な、と叱《しか》られるかもしれません。 c 見えない人の苦労や苦しみを軽《かろ》んじるつもりはありません。

でも2見える人と見えない人が、お互《たが》いにきちんと好奇《こうき》の目を向け合うことは、自分の※盲目《もうもく》さを発見することにもつながります。※美学的な関心から視覚障害者について研究するとは、まさにそのような「好奇の目」を向けることです。後に述べるように、そうした視点は障害者福祉《ふくし》のあり方にB一石を投じるものであると信じています。

d いったい、どのようにして「見えない体」に変身すればよいのか。そんなの簡単だよ、視覚を遮《さえぎ》ればいい、目をつぶったり※アイマスクをつければいいじゃないか、と思われるかもしれません。

いいえ、視覚を遮れば見えない人の体を体験できる、というのは大きな誤解です。それは単なる 3 ではありません。見えないことと目をつぶることとは全く違《ちが》うのです。

見える人が目をつぶることと、そもそも見えないことはどう違うのか。見える人が目をつぶるのは、単なる視覚情報の遮断《しゃだん》です。つまり引き算。そこで感じられるのは※欠如《けつじょ》です。しかし私がとらえたいのは、「見えている状態を基準として、そこから視覚情報を引いた状態」ではありません。4視覚抜《ぬ》きで成立している体そのものに変身したいのです。そのような条件が生み出す体の特徴《とくちょう》、見えてくる世界のあり方、その意味を実感したいのです。

それはいわば、四本脚《あし》の椅子《いす》と三本脚の椅子の違いのようなものです。もともと脚が四本ある椅子から一本取ってしまったら、その椅子は傾《かたむ》いてしまいます。壊《こわ》れた、不完全な椅子です。でも、そもそも三本の脚で立っている椅子もある。脚の配置を変えれば、三本でも立てるのです。

脚の配置によって生まれる、四本のバランスと三本のバランス。見えない人は、耳の働かせ方、足腰《あしこし》の能力、はたまた言葉の定義などが、見える人とはちょっとずつ違います。ちょっとずつ使い方を変えることで、視覚なしでも立てるバランスを見つけているのです。

変身するとは、そうした視覚抜きのバランスで世界を感じてみるということです。脚が一本ないという「欠如」ではなく、三本が作る「全体」を感じるということです。

異なるバランスで感じると、世界は全く違って見えてきます。つまり、5同じ世界でも見え方、すなわち「意味」が違ってくるのです。

この「意味」というものをめぐって、※本書は最初から最後まで書かれているといっても過言ではありません。意味には※おのずと生まれるものと、意識的に与《あた》えるものがありますが、本書ではその両方を扱《あつか》っていきます。

とは言ったものの、6そもそも「意

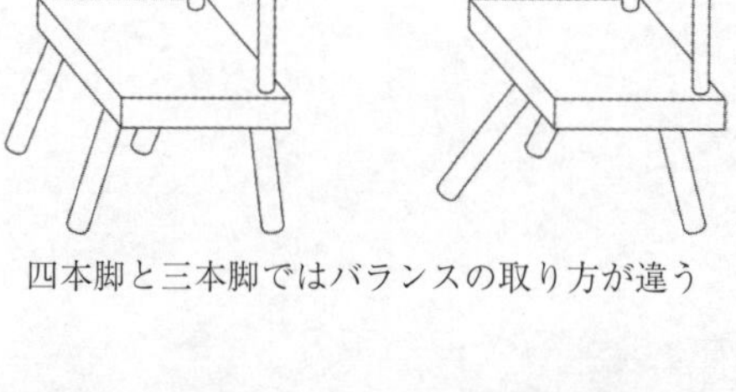

四本脚と三本脚ではバランスの取り方が違う

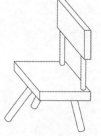

2023年度

湘南学園中学校

【国　語】〈Ｂ日程試験〉（五〇分）〈満点：一五〇点〉

一　――線部のカタカナをそれぞれ漢字に直しなさい。

(1) キショウ観測の結果を記録する。
(2) 人物画のハイケイをていねいにえがく。
(3) 門戸をカイホウし、広く人材を求める。
(4) この人はこの世界ではチョメイな人物だ。
(5) テンネン記念物を手あつく保護する。
(6) 名画をモシャして絵画の技術をみがく。
(7) アンイに物事を判断してはならない。
(8) キチョウ品をしっかり管理する。
(9) カコをふり返って反省する。
(10) イガイな結末に大いに驚《おどろ》いた。

二　以下の各問に答えなさい。

A　次のア～エの□にはそれぞれ漢数字が入ります。その数字を小さいものから大きなものに並べた時に、三番目になるものはどれですか。ア～エの記号でそれぞれ答えなさい。

(1)
ア　石の上にも□年
イ　□転び八起き
ウ　□念岩をも通す
エ　四苦□苦

(2)
ア　□階から目薬
イ　岡目《おかめ》□目
ウ　□面楚歌《そか》
エ　□網打尽《もうだじん》

(3)
ア　無《な》くて□癖《くせ》
イ　□人寄れば文殊《もんじゅ》の知恵《ちえ》
ウ　□方美人
エ　□の足を踏《ふ》む

(4)
ア　朝三暮《ぼ》□
イ　雀《すずめ》□まで踊《おど》り忘れず
ウ　天は□物を与えず
エ　一を聞いて□を知る

(5)
ア　□目《もく》置く
イ　□死に一生を得る
ウ　仏の顔も□度まで
エ　□里霧中《むちゅう》

B　次の語の対義語（反対の意味を持つ語）は何ですか。（　）内に指定された字数のひらがなでそれぞれ答えなさい。

(1) 理想⟷□□□□（4字）
(2) 権利⟷□□（2字）
(3) 過失⟷□□（2字）
(4) 抽象《ちゅうしょう》⟷□□□（3字）
(5) 目的⟷□□□□（4字）

三　次の文章を読んで、後の各問いに答えなさい。

私たちが得る情報の八割から九割は視覚に由来すると言われます。※五感のうちで視覚は特権的な位置を占《し》めていますし、［ａ］※西欧《せいおう》の文化では視覚が非常に重要視されています。※パリのシャンゼリゼ通りなどを歩いていると、※凱旋門《がいせんもん》に向かって目線がスーッと吸《す》い

2023年度

湘南学園中学校 ▶解説と解答

算　数　＜A日程試験＞（50分）＜満点：150点＞

解　答

1 (1)　2　(2)　6　(3)　$2\frac{2}{5}$　(4)　$4\frac{3}{5}$　2 (1)　分速100m　(2)　152g　(3)　7点　(4)　548人　(5)　82度　(6)　8日　(7)　20%　(8)　**ア**　8　**イ**　2　**ウ**　13　3 (1)　72cm^2　(2)　12.56cm　4 **Aの表面積**…240cm^2，**Bの表面積**…284cm^2　5 (1)　360m　(2)　180m　(3)　6分後　(4)　30分後　6 (1)　2と6　(2)　5通り　(3)　3と9　(4)　2と7

解　説

1 四則計算，逆算

(1)　$84\div3-13\times2=28-26=2$

(2)　$1.8\times12.6\div2.1-4.8=1.8\times(12.6\div2.1)-4.8=1.8\times6-4.8=10.8-4.8=6$

(3)　$\left(\frac{4}{5}+\frac{1}{3}\right)\div0.5+\frac{2}{15}=\left(\frac{12}{15}+\frac{5}{15}\right)\div\frac{1}{2}+\frac{2}{15}=\frac{17}{15}\times2+\frac{2}{15}=\frac{34}{15}+\frac{2}{15}=\frac{36}{15}=\frac{12}{5}=2\frac{2}{5}$

(4)　$\left(\square-2\frac{3}{5}\right)\div1\frac{2}{3}-\frac{1}{2}=\frac{7}{10}$ より，$\left(\square-2\frac{3}{5}\right)\div1\frac{2}{3}=\frac{7}{10}+\frac{1}{2}=\frac{7}{10}+\frac{5}{10}=\frac{12}{10}=\frac{6}{5}$，$\square-2\frac{3}{5}=\frac{6}{5}\times1\frac{2}{3}=\frac{6}{5}\times\frac{5}{3}=2$　よって，$\square=2+2\frac{3}{5}=4\frac{3}{5}$

2 速さ，濃度《のうど》，平均とのべ，集まり，角度，仕事算，グラフ，割合，数列

(1)　家から駅まで分速80mの速さで50分かかったので，家から駅までの道のりは，(道のり)＝(速さ)×(時間)より，80×50＝4000(m)となる。この道のりを40分かけて帰ったので，帰りの速さは，(速さ)＝(道のり)÷(時間)より，分速，4000÷40＝100(m)と求められる。

(2)　5％を小数で表すと0.05なので，食塩水の重さの0.05倍が8gとわかる。よって，食塩水の重さは，8÷0.05＝160(g)だから，加える水の重さは，160－8＝152(g)と求められる。

(3)　A，B，C，Dの4人の合計点は，(合計点)＝(平均点)×(人数)より，8.25×4＝33(点)である。Eを加えた5人の平均点が8点を下回らないのは，5人の合計点が，8×5＝40(点)以上のときだから，Eは少なくとも，40－33＝7(点)取ればよい。

(4)　自転車を利用する生徒は，$1110\times\frac{4}{5}=888$(人)なので，右の図1で，ア＋イ＝888(人)となり，電車を利用する生徒は，$1110\times\frac{2}{3}=740$(人)なので，イ＋ウ＝740(人)となる。また，どちらも利用しない生徒が30人いるので，図1より，ア＋イ＋ウ＝1110－30＝1080(人)とわかる。よって，ウ＝(ア＋イ＋ウ)－(ア＋イ)＝1080－888＝192(人)なので，イ＝(イ＋ウ)－ウ＝740－192＝548(人)となり，自転車と電車のどちらも利用している生徒は548人と求められる。

図1

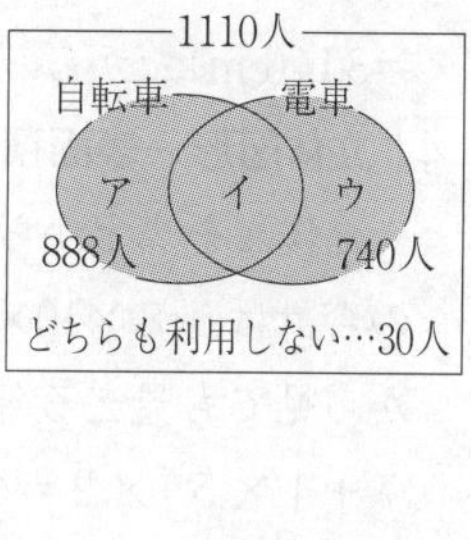

(5)　三角定規を組み合わせているので，下の図2より，●の角の大きさは，180－(23＋45)＝112

(度)となる。すると，かげをつけた四角形において，○の角の大きさは，360－(112＋90＋60)＝98(度)とわかる。よって，アの角の大きさは，180－98＝82(度)と求められる。

図2

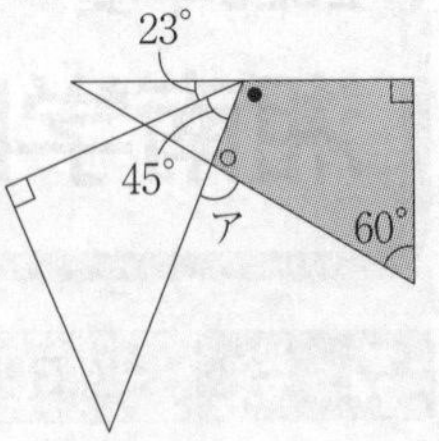

(6)　20と30と12の最小公倍数は60なので，仕事全体の量を60とすると，1日あたりの仕事量は，Aさんが，60÷20＝3，Bさんが，60÷30＝2，Cさんが，60÷12＝5となる。よって，A，B，Cの3人で4日間仕事をすると，(3＋2＋5)×4＝40の量の仕事を終え，残りの仕事量は，60－40＝20である。これをAとBの2人で終えるのにかかる日数は，20÷(3＋2)＝4(日間)なので，この仕事を始めてから終えるまで，4＋4＝8(日)かかる。

(7)　問題文中のヒストグラムより，通学にかかる時間が15分未満の人数は，2＋6＝8(人)で，クラスの人数は，2＋6＋4＋10＋8＋6＋4＝40(人)とわかる。よって，15分未満の人数の，クラス全体に対する割合は，8÷40＝0.2となり，百分率になおして，0.2×100＝20(%)と求められる。

(8)　4段目の和は，1＋3＋3＋1＝8(…ア)，5段目の和は，1＋4＋6＋4＋1＝16なので，右の図3のように，それぞれの段の数の和は，上の段の数の和の2倍(…イ)となっている。よって，図3の表で5段目から下を続けると，6段目の和は，16×2＝32，7段目の和は，32×2＝64，8段目の和は，64×2＝128，9段目の和は，128×2＝256，10段目の和は，256×2＝512，11段目の和は，512×2＝1024，12段目の和は，1024×2＝2048，13段目の和は，2048×2＝4096となるので，和が4096となるのは，13段目(…ウ)である。

図3

段	和	
1	1	)×2
2	2	)×2
3	4	)×2
4	8	)×2
5	16	
⋮	⋮	

3　面積，長さ

(1)　問題文中の斜線《しゃせん》部分の図形は，右の図1のア，イ，ウの図形をそれぞれ8個ずつふくむ。ア，イ，ウを4個ずつ組み合わせると，右下の図2の正方形となる。したがって，図2の正方形が，8÷4＝2(個)できるので，問題文中の図で斜線部分の面積は，6×6×2＝72(cm²)と求められる。

図1

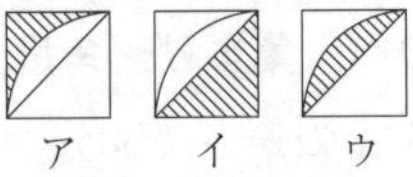

図2

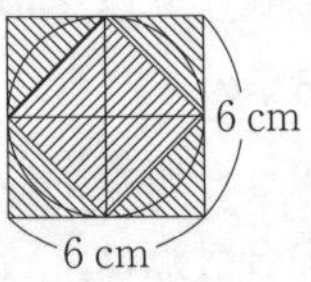

図3

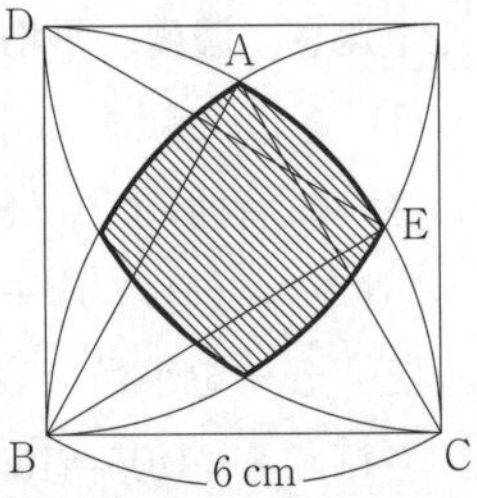

(2)　右の図3で，おうぎ形の半径の長さはすべて等しいので，AB，BC，CAの長さは等しい。よって，三角形ABCは正三角形であり，角ABCの大きさは60度である。同様に考えると，三角形DBEも正三角形であり，角DBEの大きさも60度とわかる。さらに，角DBCは90度なので，角ABEの大きさは，60×2－90＝30(度)となる。よって，弧《こ》AEの長さは，$6\times2\times3.14\times\frac{30}{360}=3.14$(cm)だから，斜線部分の図形の周の長さは，3.14×4＝12.56(cm)と求められる。

4　立体図形—表面積

立体Aを真上から見ても，真下から見ても，下の図1のアのような長方形に見え，それらの面積の合計は，8×10×2＝160(cm²)となる。また，正面から見ると，図1のイのように見え，後ろから見ても見える部分の面積は等しいので，正面と後ろから見える面積の合計は，(1×10＋1×7＋1×5)×2＝44(cm²)である。さらに，左横から見ると，図1のウのように見え，右横から見ても見える部分の面積は等しいので，左横と右横から見える面積の合計は，(1×8＋1×6＋

1×4)×2＝36(cm^2)とわかる。立体Aの表面で，これらの6方向から見えない面はないので，立体Aの表面積は，160＋44＋36＝240(cm^2)と求められる。次に，立体Bを正面，左横から見ると，右下の図2のように見える。このとき，組み合わせている3個の直方体は立体Aと同じなので，正面と後ろから見える面積の合計は44cm^2，左横と右横から見える面積の合計は36cm^{2}である。また，立体Bの上から1段目の直方体について，上の面の面積は，8×10＝80(cm^2)，下の面の面積は，右下の図3より，8×10－4×5＝60(cm^2)である。同様に，上から3段目の直方体について，下の面の面積は，6×7＝42(cm^2)，上の面の面積は，6×7－4×5＝22(cm^2)である。よって，立体Bの表面積は，44＋36＋80＋60＋42＋22＝284(cm^2)と求められる。

図1

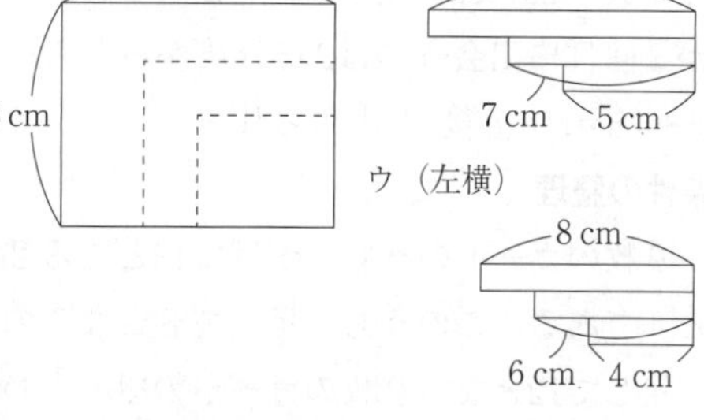

図2

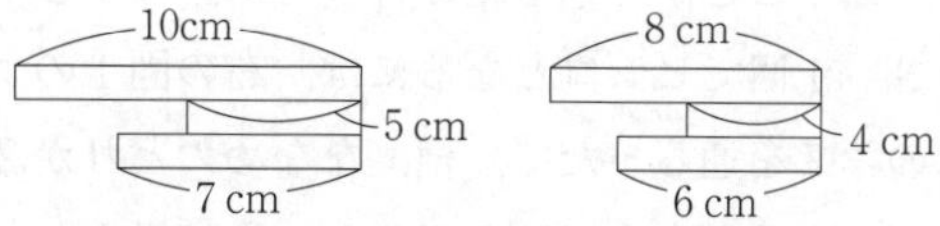

図3

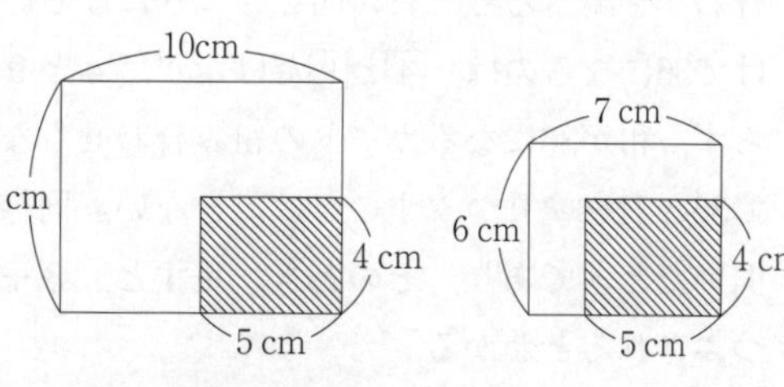

5 グラフ―速さ，旅人算

(1) 問題文中のグラフより，Aさんは出発してから9分間，分速120mで進むので，3分後には出発点であるP地点から，120×3＝360(m)はなれた場所にいる。

(2) Aさんは出発してから9分後に，P地点から，120×9＝1080(m)の地点，つまり，Q地点にいる。また，9分後から21分後までの，21－9＝12(分間)で，90×12＝1080(m)進むので，Aさんは出発してから21分後にP地点に戻《もど》るとわかる。その後，Aさんは21分後から24分後までの，24－21＝3(分間)，分速60mの速さで進むので，24分後にはP地点から，60×3＝180(m)はなれた場所にいる。

(3) 出発するとき，AさんとBさんは1080mはなれていて，Aさんは1分間に120m，Bさんは1分間に60mずつ向かい合って進むので，2人がはじめて出会うのは出発してから，1080÷(120＋60)＝6(分後)である。なお，これは9分以内なので，条件に合うことがわかる。

(4) (2)より，AさんはP地点を出発して，9分後にQ地点，21分後にP地点に戻り，その後分速60mでQ地点に向かう。一方，Bさんは，Q地点を出発して9分間で，60×9＝540(m)進むので，1080÷2＝540(m)より，出発して9分後にPQ間のちょうど真ん中の地点にいるとわかる。その後，21－9＝12(分間)，分速90mで，90×12＝1080(m)進み，これはPQ間の道のりに等しいので，出発して21分後に再びPQ間の真ん中にいる。よって，2人のグラフは，上の図のようになる。出発して21分後か

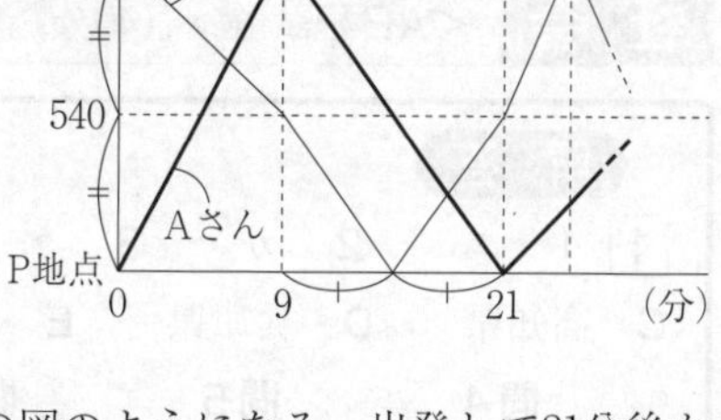

らＢさんは分速120ｍで進むので，Ｂさんが Q 地点に戻るのは，21分後からさらに，540÷120＝4.5（分後）であり，このときＡさんはＰ地点から，60×4.5＝270（m）の地点にいる。よって，出発してから，21＋4.5＝25.5（分後）に，２人の間の道のりは，1080－270＝810（m）になる。したがって，２人が３回目に出会うのは25.5分後からさらに，810÷（60＋120）＝4.5（分後）なので，出発してから，25.5＋4.5＝30（分後）と求められる。

6 条件の整理

(1)　９枚のカードのうち，かけて12となる２枚のカードは，２×６＝12，３×４＝12より，[2]と[6]，[3]と[4]である。このうち，足して８となるのは，[2]と[6]である。

(2)　足して12となる２枚のカードの組み合わせは，[3]と[9]，[4]と[8]，[5]と[7]の３通りである。また，かけて12となる２枚のカードの組み合わせは，[2]と[6]，[3]と[4]の２通りとなる。よって，12を塗《ぬ》りつぶすことができる組み合わせは，３＋２＝５（通り）とわかる。

(3)　１回でビンゴとなるには，右の図１のように，真ん中のマスを通る，たて，横，ななめのどれか２マスを塗りつぶす必要がある。ここで，シートに書かれた８つの数について，積がその数になるような２枚のカードの数字の組み合わせを調べると，右の図２のようになる。図２より，かけて36になるのは，[4]と[9]だけだが，４と９の和は24とならず，和が36になるカードの組み合わせもないから，１回で36と24を塗りつぶすことはできない。同様に考えて調べると，１回でビンゴとなるのは[3]と[9]を引いたときであり，そのとき，足すと，３＋９＝12，かけると，３×９＝27となり，12と27が塗りつぶされるとわかる。

図１

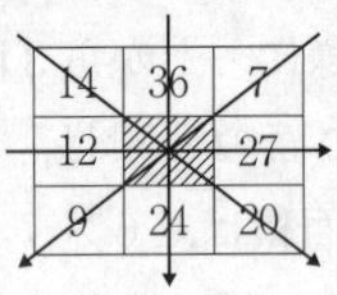

図２

7	1×7
9	1×9
12	2×6，3×4
14	2×7
20	4×5
24	3×8，4×6
27	3×9
36	4×9

(4)　１回目に[3]と[4]を引くと，３＋４＝７，３×４＝12より，７と12の２マスが塗りつぶされる。２回目で２マス塗りつぶして２つのビンゴが同時に起こりうるのは，下の図３のアかイかウの場合だけである。１つずつ調べると，[2]と[7]のカードを引いたとき，足すと，２＋７＝９，かけると，２×７＝14となるので，ウのようになる。これ以外に条件に合うカードの組み合わせはないから，２つのビンゴを同時に起こすには，[2]と[7]のカードを引けばよいとわかる。

図３

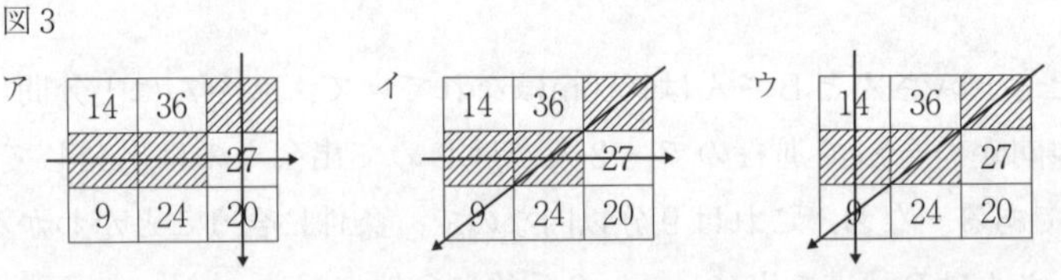

社　会　＜A日程試験＞（40分）＜満点：100点＞

解　答

[1]　1　エ　　2　カ　　3　ケ　　4　ソ　　5　ト　　問1　A　石川県　　B　山形県　　C　高知県　　D　兵庫県　　E　鹿児島県　　問2　神戸市　　問3　B　⑥　　C　㊳　　E　㊸　　問4　エ　　問5　エ　　問6　ウ　　問7　イ　　問8　ア　　問9　エ　　問10　ウ

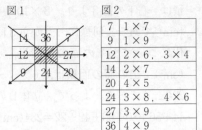

2 問1 ア 問2 ウ 問3 ア 問4 聖武(天皇) 問5 イ 問6 平安京 問7 イ 問8 ア 問9 執権 問10 琉球(王国) 問11 ウ 問12 オ 問13 ウ 問14 イ 問15 50(年) 問16 イ→ウ→ア 問17 ① く ② あ

3 問1 ウ 問2 ウ 問3 イ 問4 ウ 問5 ウ 問6 イ 問7 ① 大豆 ② ユネスコ 問8 ウ 問9 ア 問10 ア 問11 ウ 問12 ウ 問13 生態系 問14 エ 問15 イ 問16 ウ 問17 イ 問18 (例) 世界のさまざまなことを学ぶ。(色々な違いを理解しあえるようになる。)

解 説

1 各地域の特色についての問題

1 最上川は，山形県と福島県の県境に位置する吾妻《あづま》山群を水源として山形県内の米沢《よねざわ》盆地・山形盆地・新庄《しんじょう》盆地を流れて，庄内平野の酒田市で日本海に注いでいる。庄内平野は最上川の豊富な水を使用した稲作がさかんで，日本有数の米どころとして知られる。 2 四万十川は高知県西部を流れ，土佐湾(太平洋)に注ぐ。流域にダムや堤防《ていぼう》などの大規模な人工物がないことから，「日本最後の清流」とよばれる。 3，4 高知県の沖合には暖流の日本海流(黒潮)が流れ，その海流に乗って北上するカツオを「一本釣り」の漁法で漁獲《ぎょかく》している。 5 鹿児島県には南に開けた錦江《きんこう》(鹿児島)湾をはさんで，西に薩摩半島，東に大隅《おおすみ》半島が突き出ている。

問1 A 石川県は中部地方の北西部に位置し，日本海に面している。県庁所在地の金沢市は，江戸時代に加賀百万石の城下町として発展した。 B 山形県は東北地方の南西部に位置し，県内を「日本三大急流」として知られる最上川が流れる。 C 高知県は四国地方の南部に位置し，太平洋に面していて，青森県から山口県まで陸路で移動する場合，北側の日本海側と南側の太平洋・瀬戸内海側のどちらのルートを通っても必ず通ることになる。また，日本の標準時子午線は兵庫県明石市を通っている。 D 兵庫県は近畿地方の北西部に位置し，北は日本海，南は瀬戸内海に面している。 E 鹿児島県は九州地方の南部に位置し，県域の多くが火山灰などが積もってできた水はけのよいシラス台地におおわれている。

問2 兵庫県の県庁所在地は神戸市で，古くから港町として栄えた。

問3 B 山形県は東北地方の南西部に位置し，北で秋田県，東で宮城県，南東で福島県，南西で新潟県と接し，西は日本海に面している。 C 高知県は四国地方の南部に位置し，北東で徳島県，南に太平洋，北西で愛媛県と接している。 E 鹿児島県は九州地方の南部に位置し，東で宮崎県，北で熊本県と接し，南で東シナ海に面している。

問4 金沢市は日本海側の気候で，北西季節風の影響《えいきょう》で冬の降水量(積雪量)が多い。よって，雨温図はエがあてはまる。なお，アは太平洋側の気候の横浜市(神奈川県)，イは中央高地(内陸性)の気候の松本市(長野県)，ウは瀬戸内の気候の高松市(香川県)。

問5 石川県の伝統的工芸品には，輪島塗のほか，九谷焼や加賀友禅などがある。なお，アの南部鉄器は岩手県，イの京友禅とウの西陣織は京都府の伝統的工芸品。

問6 世界農業遺産は，伝統的な農業と林業・漁業によって育まれ，維持されてきた土地利用(農地やため池など)や技術・文化・風習などを一体的に認定し，次世代への継承を図ることを目的に，2002年に国連食糧農業機関(FAO)が創設した。日本の認定地は13か所で(2023年２月現在)，石川県の「能登《のと》の里山里海」がその１つである。なお，アは新潟県，イは熊本県，エは岐阜県にある認定地。

問７　ａは，Ｂの山形県が大半を占《し》め，①の北海道，⑯の山梨県がつづくので，おうとう(さくらんぼ)である。また，ｂは上位を⑧の新潟県，①の北海道，④の秋田県，⑤の宮城県と東北・北海道地方の道県が占めているので，米とわかる。

問８　兵庫県姫路《ひめじ》市の「姫路城」は，ユネスコ(国連教育科学文化機関)の世界文化遺産に登録されている。ユネスコは教育・科学・文化などの分野での国際協力を通じて世界平和に貢献《こうけん》することを目的にしている。なお，イの「法隆寺地域の仏教建造物」は奈良県，ウの「厳島《いつくしま》神社」は広島県にある世界文化遺産。エの「知床《しれとこ》」は北海道にある世界自然遺産。

問９　兵庫県は大阪府とともに阪神工業地帯を形成しており，特定の工業にかたよりなく工業が発達し，ほかの地域に比べて金属工業の割合がやや高いという特徴《とくちょう》がある。よって，グラフはエがあてはまる。なお，アは中京工業地帯，イは京浜工業地帯，ウは関東内陸工業地域。

問10　資料の表で，⑰の静岡県とＥの鹿児島県の収穫量で全国の大半を占めているので，茶である。鹿児島県は水はけのよいシラス台地におおわれていることから，さつまいもや茶などの畑作がさかんで，畜産業も発達している。

2　各時代の歴史的なことがらについての問題

問１　三内丸山遺跡は青森県にある縄文時代中期から晩期の大規模集落跡で，大型掘立柱建物や大型竪穴《たてあな》住居の跡があり，最盛期には500人近い住民がいたという説もある。

問２　写真ウは縄文時代の遺跡から発掘された黒曜石の矢じりである。黒曜石の産地は限られているにもかかわらず，産地から遠いところからも発見されていることから，交易が行われていたと考えられる。なお，アは銅鐸，イは田下駄で，弥生時代に使用された道具。

問３　大陸から日本に移住した渡来人は，機織《はたお》りや漢字，儒教《じゅきょう》といった，中国・朝鮮の進んだ技術や文化を持っていたため，朝廷であつく用いられた。

問４　聖武天皇は仏教をあつく信仰し，仏教の力で国を安定させようと考え，国ごとに国分寺・国分尼《に》寺を建立《こんりゅう》させ，都の平城京には東大寺大仏を造立した。

問５　「シルクロード(絹の道)」は中国が前漢のころに開かれた交通路で，中国から陸路で中央アジア・西アジアを経てヨーロッパに至るルートである。

問６　平安京は，桓武天皇が794年に移した都で，明治時代の東京遷都《せんと》(1869年)までの約1100年間にわたり日本の都として栄えた。

問７　通信使(朝鮮通信使)は，おもに江戸時代に将軍の代替わりごとに朝鮮から来日した使節団である。

問８　源頼朝は1180年に打倒平氏の兵をあげると，本拠地とした鎌倉に侍所《さむらいどころ》や公文所《くもんじょ》(のちの政《まん》所《どころ》)，問注所などを設置し，武家政権の基盤《きばん》を築いていった。1185年の壇ノ浦の戦いで源氏が平氏を滅《ほろ》ぼすと，国ごとに守護，荘園や公領ごとに地頭を置くことを朝廷に認めさせ，武家の支配体制を確立した。1192年には朝廷から征夷《せいい》大将軍に任命され，名実ともに鎌倉幕府が成立した。なお，イについて，防人は律令制度における兵役で，九州北部の防衛にあたった。ウについて，御恩と奉公の主従関係を結んだのは将軍(幕府)と御家人。

問９　鎌倉時代，源氏将軍家が３代でとだえると，北条氏が将軍を補佐する執権《しっけん》という役職のまま，幕府の政治を進めた(執権政治)。

問10　1429年，尚巴志《しょうはし》が沖縄島を統一し，首里城を王府として琉球王国を建国した。琉球王国は日本や中国・東南アジアとの中継貿易で栄えた。

問11　雪舟《せっしゅう》は室町時代後半に活躍《かつやく》した絵師で，明(中国)に渡って水墨画を学び，帰国すると周防《すおう》国(山口県)を中心に活動して日本の水墨画を大成した。代表作に『四季山水図巻』や『秋冬山水図』，ウの『天橋立図』がある。なお，アは喜多川歌麿の『婦女人相十品』「ポッピンを吹《ふ》く女」，イは祇園《ぎおん》祭を描いた『洛中洛外図屏風《びょうぶ》』。

問12　千歯こきは，稲束から穂の部分をしごきおとす脱穀用の農具である。なお，アは唐み，イはふみ車，ウは千石どおし，エは備中ぐわ。

問13　女性に参政権が認められたのは太平洋戦争後の1945年のことであり，戦前の帝国議会では女性議員は１人もいなかった。

問14　太平洋戦争中，日本国内で唯一《ゆいいつ》の地上戦が行われた沖縄県では，激しい戦いの結果，約10万人の沖縄県民が犠牲になった。

問15　サンフランシスコ平和条約(1952年)で日本は独立を回復することになったが，沖縄県はアメリカの軍政下に置かれ，本土復帰したのは1972年である。よって，2022年は復帰50周年にあたる。

問16　アの太閤《たいこう》検地の開始は1582年，刀狩令は1588年，イのキリスト教の伝来は1549年，ウの長篠の戦いは1575年のできごとなので，年代の古い順にイ→ウ→アとなる。

問17　①　第一次世界大戦は大正時代の1914～18年なので，Ｈの明治時代である1889年とＩの昭和時代である1945年の間の時期となる。　②　邪馬台国の女王である卑弥呼が政治を行ったのは３世紀である。よって，Ａの縄文時代とＢの古墳時代の間の時期となる。

3　日本の経済や国際社会についての問題

問１　JR中央本線は，東京駅から高尾駅(東京都)までの中央快速線から，甲府駅(山梨県)を経て長野県と岐阜県を通り，名古屋駅(愛知県)に至る路線である。高崎駅(群馬県)は通らない。

問２　日本で新型コロナウイルス感染症が拡大する2020年までの「日本人の国内宿泊旅行と日帰り旅行ののべ人数の推移」を見ると，年により増減がある。よって，ウが正しくない。

問３　資料の表において，インターネット普及《ふきゅう》率は，アジアの国ではアラブ首長国連邦とサウジアラビアが100％であるが，日本は約90％である。よって，イが正しくない。

問４　「主食・主菜・副菜を組み合わせた食事を１日２回以上食べている国民の割合」を見ると，20～29歳は2015年から2018年にかけて，日数が減る傾向にあることがわかる。よって，ウが正しくない。

問５　国別のトウモロコシ生産量を見ると，アジアではインドネシア・タイ・パプアニューギニアなど熱帯地域が上位となっている。よって，ウが正しくない。

問６　東京市場でのレタスの産地別入荷量を見ると，夏が終わった10月・11月は茨城県からの入荷量が１位であり，静岡県は12～２月の冬の時期に１位になっている。よって，イが正しくない。

問７　①　枝豆は和食に見られる食材で，大豆を未成熟の緑色のうちに枝ごと収穫《しゅうかく》し，ゆでて食用にするものである。　②「世界無形文化遺産」は，ユネスコの事業の１つである。なお，日本では，和食など22件が無形文化遺産に登録されている(2023年２月現在)。

問８　畑の横にある直売所の野菜は，とれたてで鮮度が良く，質が良いため，たくさんの人に好まれるが，野菜が安くなることと直接は関連しないと考えられる。よって，ウが正しくない。

問9　サンフランシスコ平和条約の発効により日本が独立を回復したのは1952年なので，アがあてはまる。なお，イのカラーテレビ放送の開始は1960年，ウの地下鉄の開通は1927年。

問10「消費者物価　3年間の月別の変化」を見ると，2020年の消費者物価はだんだん下がる傾向にあった。よって，アが正しくない。

問11「新しくされる水道管の割合」を見ると，年々減っているので，ウが正しくない。

問12　豊かな森の栄養が河川を通して海に流れこむことで海の生物に良い影響を与えることが指摘されている。そのため，カキなどの養殖《ようしょく》に取り組む漁業関係者らがボランティアで森林を守る活動を行うことがある。

問13　ある地域の生物とそれをとりまく環境《かんきょう》とが結びついてできるつながりを生態系という。生態系はさまざまな条件により変化するが，人間の活動がその大きな要因になることが多い。

問14　ウクライナはソ連を構成する国の1つであったが，1991年のソ連崩壊《ほうかい》後，独立国となった。それにともない，1994年にアメリカ・イギリス・ロシアで交わした「ブダペスト覚書」(1994年)に署名し，ウクライナは核兵器の保有を放棄している。よって，エが正しくない。

問15　シリアは西アジアに位置する国で，2011年に政府軍と反体制派による内戦が始まり，2023年2月現在も続いている。1960年以降の戦争史において，最も難民が発生した戦争といわれる。なお，アのベトナム戦争は1965～73年，ウの湾岸戦争は1991年。

問16　UNHCR(国連難民高等弁務官事務所)は，世界の難民を救済・支援するために設置された機関である。なお，アのUNICEF(ユニセフ)は国連児童基金，イのWHOは世界保健機関，エのUNEPは国連環境計画の略称。

問17　プライベートジェットによる移動では化石燃料が使われるので，地球環境への負荷が大きい。よって，イが正しくない。

問18　人類の歴史が始まって以来，これまで数えきれないほどの戦争が行われてきた。「戦争に勝者も敗者もない」という言葉があるように，勝った方も負けた方も，戦争により多くの人の命がうばわれる。世界から戦争をなくすためには，過去の戦争の悲惨《ひさん》な実態を学び・知ること，それを伝えること，人種・民族・宗教や社会体制などの違《ちが》いがあっても，お互いに理解しあえるように交流を進めること，紛争を話し合いで解決するよう努力することなどが求められる。

理科　＜A日程試験＞（40分）＜満点：100点＞

解答

1 問1　ウ　問2　エ　問3　ウ　問4　ア　問5　エ　問6　イ　問7　ウ　問8　ア　問9　ウ　問10　イ　**2** 問1　イ　問2　ウ　問3　130mL　問4　エ　問5　ア　問6　130mL　問7　オ　問8　1.5g　**3** 問1　ア　ミカヅキモ　イ　ミジンコ　問2　ア，ウ　問3　食物連鎖　問4　イ　問5　イ，エ，オ　問6　イ　問7　(1)　ウ　(2)　C　**4** 問1　350mA　問2　ア，エ　問3　ア，カ　問4　イ，エ　問5　イ，エ　問6　イ，ウ，エ　問7　オ　問8　キ　**5** 問1　エ　問2　ア　問3　イ　問4　ウ　問5　⑧　イ　⑪　オ　問6　⑫　問7

ウ，カ，キ

解　説

1 小問集合

問１　実験は，安全のため，目的や手順をはっきりさせてから始める必要があるので，ウがまちがっている。

問２　湯気は水蒸気が冷やされて小さな水(液体)のつぶになって空気中に浮《う》いているもので，目に見える。一方，水蒸気は水が気体に変化したもので，目に見えない。

問３　SNSの情報は，不特定多数の人たちが見ることができるので，自分や友達の個人情報はむやみに交かんしてはいけない。

問４　葉脈が平行で，ひげ根をもつ植物は，発芽のとき子葉を１枚出す単子葉類で，ここではエノコログサがあてはまる。なお，セイヨウタンポポ，オオバコ，シロツメクサは発芽のとき子葉を２枚出す双《そう》子葉類である。

問５　アサガオは花粉が虫によって運ばれる虫ばい花である。アサガオの花粉には，花粉が虫のからだにつきやすいように，とげのようなものが多数ついている。

問６　ふりこが１往復する時間は，ふりこの長さが短いほど短い。ふりこの長さは，ア，イの方がウ，エより短いので，ふりこが１往復する時間はア，イの方がウ，エより短い。また，イのふりこの右側では，ふりこの長さが15cmになっているから，ふりこが１往復する時間はアより短い。

問７　おもりＡの重さを□gとすると，□×30＝45×20の関係が成り立ち，□＝900÷30＝30(g)と求められる。

問８　星は，東の空では右上がり，西の空では右下がり，南の空では左から右，北の空では北極星を中心に反時計回りに動いて見える。よって，アが選べる。

問９　棒のかげは太陽と反対側にでき，時間の経過とともに，西→北→東と移動する。したがって，ウが北の方角を表しているとわかる。

問10　花こう岩はマグマが地下深いところでゆっくりと冷え固まってできた深成岩で，イのように，大きなつぶが集まったつくりをしている。

2 金属と水よう液の反応についての問題

問１　スチールウール(鉄)は塩酸と反応して水素を発生させ，アルミニウムは塩酸と水酸化ナトリウム水よう液と反応して水素を発生させる。したがって，この実験で使った水よう液は塩酸とわかる。

問２　水素には，空気より軽く，空気中で燃えて水ができ，においはないなどの性質がある。なお，アは二酸化炭素など，イは酸素，エはアンモニアなどの性質である。

問３　図１より，0.9gのスチールウールと塩酸30mLが過不足なく反応し，390mLの水素が発生したことが読み取れる。したがって，0.3gのスチールウールに塩酸30mLを加えると，水素は最大で，$390\times\frac{0.3}{0.9}=130$(mL)発生する。

問４　実験１で，スチールウールがすべてとけた水よう液から水を蒸発させたときに出てきた固体は塩化鉄で，鉄とはまったく別の物質である。スチールウールは磁石につくが，出てきた固体は磁石につかない。

問5　実験1でスチールウールの重さを0.9gより増やしていっても，塩酸にとけていた塩化水素が足りなくなるため，発生する気体の体積は390mLのまま増えない。

問6　こさを$\frac{1}{3}$にした塩酸30mLにとけている塩化水素の量は，元のこさの塩酸10mLにとけている塩化水素の量と等しい。図2より，0.3gのアルミニウムと塩酸30mLが過不足なく反応し，390mLの水素が発生することがわかる。これより，元のこさの塩酸10mLと反応するアルミニウムの重さは，$0.3\times\frac{10}{30}=0.1$(g)だから，アルミニウムが，$0.2-0.1=0.1$(g)反応しないで残る。よって，水素は最大で，$390\times\frac{0.1}{0.3}=130$(mL)発生する。

問7　こさを2倍にした塩酸30mLにとけている塩化水素の量は，元のこさの塩酸60mLにとけている塩化水素の量と等しい。よって，元のこさの塩酸60mLと過不足なく反応するアルミニウムの重さは，$0.3\times\frac{60}{30}=0.6$(g)で，このとき発生する水素の体積は，$390\times\frac{60}{30}=780$(mL)だから，グラフはオのようになる。

問8　2.4gのスチールウールがすべてとけたときに発生する水素の体積は，$390\times\frac{2.4}{0.9}=1040$(mL)である。よって，アルミニウムと反応して発生した水素の体積は，$2990-1040=1950$(mL)とわかる。したがって，誤って混ぜてしまったアルミニウムの粉の重さは，$0.3\times\frac{1950}{390}=1.5$(g)と求められる。

3 食物連鎖《さ》と環《かん》境についての問題

問1，**問2**　アはミカヅキモ，イはミジンコ，ウはケイソウ(ハネケイソウ)，エはゾウリムシである。ミカヅキモとケイソウは植物プランクトンなので，光合成をして，数が増えたと考えられる。

問3　生物どうしの食べる，食べられるの関係を食物連鎖という。

問4　食物連鎖は，植物→草食動物→小型の肉食動物→大型の肉食動物のようにつながっている。オキアミはエビに似たプランクトンで，カサゴより小型だから，カサゴ→オキアミのようなつながりにはならない。

問5　人間の生活活動などによって他の地域から持ち込《こ》まれて野生化した生物を外来種といい，ここではマングース，セイタカアワダチソウ，オオクチバスがあてはまる。

問6　二酸化炭素には地表から放出された熱を吸収し，その熱の一部を再び地表にもどすという性質がある。このため，大気中の二酸化炭素濃度《のうど》が大きくなると，地球全体の平均気温が上昇《じょうしょう》すると考えられている。

問7　⑴　植物は光を利用して，水と二酸化炭素からでんぷんと酸素を作り出す。植物のこのはたらきを光合成という。光合成は，気温が高く，葉が生いしげる夏にさかんになる。このため，夏は光合成によって吸収される二酸化炭素の量が多くなり，その結果，大気中の二酸化炭素の体積の割合が低くなる。　⑵　3地点の中で綾里《りょうり》は最も高緯度に位置している。また，たとえば，表で，2019年に最も数値が大きかった月と小さかった月の差の割合は，最も数値が大きかった月を元にすると，地点Aが，$(418-409)\div418=0.021\cdots$，地点Bが，$(415-408)\div415=0.016\cdots$，地点Cが，$(419-406)\div419=0.031\cdots$となるので，季節による大気中の二酸化炭素の体積の割合の変化が最も大きいのは地点Cとわかる。これより，綾里にあてはまるものは地点Cと考えられる。

4 電流と回路についての問題

問1　マイナス端子《たんし》は500mAの端子につながれているから，いちばん下の目盛りで読み取る。図

2で，針は300と400の真ん中を指しているから，350mAと読み取れる。

問2　モーターの端子Xに電池のプラス極から出ている導線をつなぐと，図1とモーターに流れる電流の向きが反対になり，プロペラは反対向きに回る。したがって，アとエがあてはまる。なお，ウはショートしているのでプロペラは回らない。また，オは電池の同じ極どうしがつながっているので電流は流れない。

問3　アとカのように2個の電池を直列につなぐと，モーターに大きな電流が流れるため，プロペラは図1より速く回る。

問4　イとエのように2個の電池を並列につないでも，モーターに流れる電流の大きさは変わらない。このため，プロペラは図1と同じ速さで回る。

問5　2個の電池を並列につなぐと，電池1個あたりを流れる電流が小さくなるため，電池が長持ちする。

問6　2個の電池を並列につないだとき，いずれか一方の電池を外しても，もう一方の電池がモーターにつながれているため，プロペラは回る。したがって，イとエのプロペラは回る。また，ウでどちらか一方の電池を外すと，モーターに電池が1個つながれている回路になるので，プロペラは回る。

問7　表1より，AB間，AC間には電池が1個ずつつながれているとわかる。また，BC間につなぐとプロペラが速く回ったのだから，このときプロペラに電池が2個直列につながれていることがわかる。よって，オである。

問8　表2より，BD間をつないだときにプロペラが速く回ったことから，このときプロペラに電池が2個直列につながれている。このようになるのはキのみである。したがって，キがあてはまる。

5　地層のでき方と岩石についての問題

問1　虫めがねは目に近づけて持ち，がけなどのように動かせないものを観察するときは，顔を前後に動かしてよく見える位置をさがす。

問2　アサリは浅い海に生息している。よって，アサリの化石が見つかった層ができたころ，その付近は浅い海であったと考えられる。

問3　どろの層は水を通しにくいので，③のどろの層とその上の②の層との境目でわき水が出ることがある。

問4　④の層のつぶは角ばっていて，ガラスのかけらのようなつぶもふくまれていたことから，水のはたらきでできた層ではなく，火山のふん火によってできた層だと考えられる。

問5　がけYの⑨の層は，がけXの④の層と同じつぶからできていることから，がけXとがけYは同じ時期にできた地層が，まわりからの大きな力によってずれたものだと考えられる。したがって，がけYの⑧の層はがけXの③の層(どろの層)と同じで，がけYの⑪の層はがけXの⑥の層(角ばったれきの層)と同じと考えられる。

問6　この地域では地層の逆転がないので，下の層ほど古い。したがって，⑫の層が最も古い。

問7　ア，イ　海底でたい積した地層が，現在がけとして見られることから，少なくとも1回はりゅう起したことはわかるが，それ以外のことはわからない。したがって，どちらも正しくない。

ウ，エ　⑥の層のれきは角ばっていて，火山ガスが出ていったためにできた小さな穴が多数あることから，④の層と⑥の層は火山のふん火によってできた層であることがわかる。したがって，この付近では少なくとも２回火山のふん火が起こったと考えられるので，ウが正しい。　オ　小さいつぶほど河口から遠い場所でたい積する。したがって，①の層と②の層では，つぶの小さい①の層の方が河口から遠い場所でたい積したことがわかる。よって，誤っている。　カ　⑦の層（がけＸの②の丸いれきの層）と⑧の層（がけＸの③のどろの層）では，⑧の層の方が河口から遠い場所でたい積したことがわかる。よって，正しい。　キ　②は丸いれきの層だから流れる水のはたらき，⑥の層は火山のふん火が原因でできたと考えられるので，正しい。　ク　⑦の層は②の層と同じだから流れる水のはたらき，⑪の層は⑥の層と同じなので火山のふん火が原因と考えられるから，誤っている。

国　語　＜B日程試験＞（50分）＜満点：150点＞

解　答

一　下記を参照のこと。　二　A　⑴　イ　⑵　ウ　⑶　ア　⑷　エ　⑸　エ　B　⑴　げんじつ　⑵　ぎむ　⑶　こい　⑷　ぐたい　⑸　しゅだん　三　問１　a　イ　b　エ　c　ウ　d　ア　問２　（例）　西欧文化では視覚が重要視されているから。　問３　ア　問４　エ　問５　ウ　問６　ウ　問７　引き算　問８　ウ　問９　ア　問10　生まれるもの　問11　１　ア　２　イ　３　イ　４　ア　５　ア　四　問１　A　ウ　B　ア　C　エ　D　イ　E　オ　問２　a　首　b　足　c　目　d　胸　e　顔　問３　⑴　イ　⑵　ウ　問４　ア　問５　ウ　問６　じいちゃん～見えない。　問７　エ　問８　イ　問９　ア　問10　エ

●漢字の書き取り

一　⑴　気象　⑵　背景　⑶　開放　⑷　著名　⑸　天然　⑹　模写　⑺　安易　⑻　貴重　⑼　過去　⑽　意外

解　説

一　漢字の書き取り

⑴　気温・雨・風などの天気のようす。　⑵　絵や写真の中心にある人や物の後ろの景色。　⑶　戸や窓を開け放つこと。　⑷　広く知られているようす。　⑸　人の手が加えられていない，ありのままの状態。　⑹　絵や文字などをそっくりまねてかき写すこと。　⑺　いい加減なようす。　⑻　とても大切なこと。　⑼　以前。昔。　⑽　思いがけないようす。

二　慣用句・ことわざ・四字熟語の完成，対義語の知識

A　⑴　「石の上にも三年」は，しんぼうしていればそのうち報われるという意味。「七転び八起き」は，何度失敗してもあきらめずにがんばること。「一念岩をも通す」は，必死になって取り組めば，障害も乗りこえられるということ。「四苦八苦」は，非常に苦しむようす。数字を小さい順に並べると，ウ→ア→イ→エとなる。　⑵　「二階から目薬」は，効き目がうすいこと。「岡目《おかめ》八目」は，わきから見ているほうが，当事者よりもかえって物事がよくわかるということ。「四面楚《そ》歌《か》」は，まわりを敵に囲まれてしまうこと。「一網打尽《もうだじん》」は，悪人などを一度にすべてつかまえること。数字を小さい順に並べると，エ→ア→ウ→イとなる。　⑶　「無くて七癖《くせ》」は，どんな人

にも多少はくせがあるものだということ。「三人寄れば文殊《もんじゅ》の知恵《ちえ》」は，三人集まれば良い知恵がうかぶものだということ。「八方美人」は，だれからもよく思われたいと愛想よくふるまう人。「二の足を踏《ふ》む」は，ためらい，どうしたものかと迷うこと。数字を小さい順に並べると，エ→イ→ア→ウとなる。　(4)「朝三暮四」は，目先の違《ちが》いにとらわれ，結局は同じであることに気づかないこと。「雀《すずめ》百まで踊《おど》り忘れず」は，幼いころの習慣は年をとっても変わらないということ。「天は二物を与《あた》えず」は，天は一人の人にいくつも才能や長所を与えてはくれないということ。「一を聞いて十を知る」は，物事の一部を聞いただけですべてがわかるほどかしこいこと。数字を小さい順に並べると，ウ→ア→エ→イとなる。　(5)「一目置く」は，すぐれた人に対して一歩ゆずること。「九死に一生を得る」は，ほとんど助かる見こみがないところを助かること。「仏の顔も三度まで」は，どれほど温厚な人でも無礼をくり返されれば腹を立てるということ。「五里霧中《むちゅう》」は，手がかりがなく，どうすればよいかわからなくなるようす。数字を小さい順に並べると，ア→ウ→エ→イとなる。

B　(1)　最高・最善の状態をいう「理想」の対義語は，目の前の確かな物事をさす「現実」。(2)　あることをしてよい資格のことをいう「権利」の対義語は，しなければいけないことをいう「義務」になる。　(3)　不注意によるあやまちをいう「過失」の対義語は，わざとすることを意味する「故意」である。　(4)　共通の性質をぬき出すことをいう「抽象《ちゅうしょう》」の対義語は，目に見える形になっていることをいう「具体」となる。　(5)　やりとげようとする目標をいう「目的」の対義語は，物事を行うときのやり方を意味する「手段」である。

三　**出典は伊藤亜紗《いとうあさ》の『目の見えない人は世界をどう見ているのか』による。**見える人と見えない人では世界のとらえ方が違い，情報も受け手や置かれた状況《じょうきょう》によって異なる意味を持つと述べられている。

問1　**a**　次の二文に，パリのシャンゼリゼ通りからは凱旋門《がいせんもん》に目線が吸い込《こ》まれるように見えるという例があげられ，ことに西洋ではどれほど視覚が重視されているかが説明されている。よって，取り立ててという意味の「とくに」が合う。　**b**　最も頼《たよ》っている視覚という感覚を取り除いたときの世界のとらえ方を知るため，筆者は「見えない人」を調査することにしたと前にある。後には，「見えない人」は，従来の身体論にとって補色のような存在だと続く。よって，前の内容をまとめて言いかえるときに用いる「つまり」がよい。　**c**　後に「見えない人の苦労や苦しみを軽《かろ》んじるつもりは」ないと当然の内容が続いているので，“言うまでもなく”という意味の「もちろん」が入る。　**d**「見えない人」について研究する意義が前には述べられているが，後では「見えない体」に変身する方法に話題が変わっている。前のことがらを受けて，それをふまえながら次のことを導く働きの「では」があてはまる。

問2　二文前に，「西欧《せいおう》の文化では視覚が非常に重要視されて」いると説明がある。そのため，パリのシャンゼリゼ通りから見ると凱旋門に目線が吸い込まれるように見えるとあるとおり，都市のつくりも視覚を意識してデザインされていると考えられる。

問3「白羽の矢を立てる」は，多くの中から特に選び出すこと。

問4「一石を投じる」は，その後の展開に影響《えいきょう》を与えるような考え方を提示すること。

問5「補色」は，一定の割合で混ぜ合わせると，光ならば白色，絵の具ならば灰色になる組み合わせにあたる二色のこと。反対色ともいうので，もっともふさわしくないものはウである。

問6　ぼう線部2の「盲目《もうもく》さ」とは，相手について自分は知らないことがたくさんあるということを比喩的《ひゆてき》に表した言葉である。興味を持って相手に向き合うことで，自分は相手について知らないことがたくさんあるとお互《たが》いに気づくだろうという意味になるので，ウがあてはまる。

問7　空らん3の文の最初の「それ」は，「見えないこと」を指す。次の段落の前半に注目すると，見えないことは，単なる視覚情報の遮断《しゃだん》である「目をつぶること」とは違うと述べられている。空らん3には「視覚情報の遮断」を次の段落で言いかえている「引き算」が入る。

問8　ぼう線部4は，見える人が目をつぶるのとは違う，そもそも見えない人の体のことを指す。三段落先にある「視覚抜《ぬ》きのバランスで世界を感じ」る存在のことになるので，ウがよい。

問9　ぼう線部5の直前には，言いかえを示す「つまり」があるので，直前の文はぼう線部5とほぼ同じ内容になる。「異なるバランスで感じる」とは，同じ世界でも，見える人と見えない人のように違う条件で見ることによってとらえ方が変わってくることを言っているので，アが選べる。

問10　最後の段落に，「意味」とは「『情報』が具体的な文脈に置かれたときに生まれるもの」だと書かれている。

問11　**1**　最初の文に，見える人たちは八割から九割の情報を視覚から得ていると書かれている。　**2**　筆者は，視覚を取り除いたときに世界のとらえ方がどう変わるかを知りたいと思い，「視覚を使わない体に変身してみたい」と考えたと二番目の段落にあるので，「見える人」である。　**3**　四本脚《あし》と三本脚の椅子《いす》は，見える人と見えない人のバランスの取り方の違いをたとえるのに使われており，見えない人の多くは三本脚の椅子にうまく座《すわ》れるとは述べられていない。

4　受け手や置かれた状況によって，情報は全く異なる意味を生み出すと最後の文にあるので，合う。　**5**　見えない人は，耳の働かせ方や足腰《あしこし》の能力などが見える人とは違い，少しずつ使い方を変えて視覚なしでも立てるバランスを見つけていると本文の中ほどにあるので，合う。

四　**出典は佐藤《さとう》いつ子の『キャプテンマークと銭湯と』による。**亡《な》くなった祖父母の家を訪ねた周《しゅう》斗《と》は，そこが駐車場《ちゅうしゃじょう》に変わっていることにおどろく。

問1　**A**　通りがかりに店の中をのぞく場面なので，ほんのわずかな時間に見るようすをいう「ちらっと」がよい。　**B**　古い家の多い町並みの中に，たまにモダンな家が現れるのだから，不意に現れるようすを表す「ひょいと」が合う。　**C**　小さく息をつく音を表す「ふぅっと」がふさわしい。　**D**　くちびるを結ぶようすを表す言葉が入るので，しまって細くなるようすを示す「きゅっと」がよい。　**E**　お日さまのような，じいちゃんの家の匂《にお》いがしたという場面なので，軽いものがただようようすを表す「ふわっと」があてはまる。

問2　**a**　直前の文に，ひんやりした風が吹《ふ》き抜《ぬ》けたとあるので，風の冷たさに「首を縮め」たものと考えられる。　**b**　「足が遠のく」は，行かなくなるという意味。友だちと遊ぶ時間が増え，週末はサッカーの練習にも行くようになったため，祖父母の家を訪ねることが減っていったのである。　**c**　かわいがってくれた祖父母のお墓参りにも最近は行かなくなっていたことを思い，申しわけない気持ちになって下を向いたのだから，視線を下に向けるという意味の「目を落とす」が合う。　**d**　「胸を締《し》めつける」は，切なさや悲しみなどで胸が苦しくなること。思い出深い祖父母の家がなくなってしまったことを知り，ここに家があったことを知らない人もいるのだと思って周斗は切なさにとらわれている。　**e**「顔を背《そむ》ける」は，正面を向かずに見ないようにすること。祖父母の家がなくなっていたことにショックを受けた周斗は，あと地の駐車場にたたずむが，不審《ふしん》そうな目で見られたため，つらい現実から目をそらすように，顔を背けてその場を離れたと思われる。

問3　(1)「つつましい」は，ひかえめであるようす。　(2)「怪訝《けげん》」は，納得がいかず，疑わしく思うようす。

問4　ぼう線部1は，祖父の家のそばの床屋の「サインポールを見つけたとき」の気持ちだが，三段落前にそのとき周斗は「頬《ほお》が緩《ゆる》んだ」と書かれている。「頬が緩む」は，うれしくなって口元がゆるむこと。もうすぐ祖父の家だと楽しみに思い，思わず笑みをうかべたのだから，アが合う。

問5　ぼう線部2は，心臓がはげしく打つようすを表している。祖父が住んでいた家はどんなふうになっていて，どんな人が今は住んでいるのかが気になり，期待と不安で緊張《きんちょう》してきたものと考えられる。ふさわしくないものはウになる。

問6　ぼう線部3の三段落前に，祖父が住んでいた家が見えるはずのところまで来たのに，「じいちゃんの家の赤茶色の屋根が見えない」とある。まさか，あの家はなくなってしまったのだろうかと思い，思わず周斗はつばを飲み込んだと考えられる。

問7　祖父の家があった場所に，家がなくなっていたことを周斗が目にする場面である。「じいちゃんの家の前」（4）を「じいちゃんの家があったところ」（2）と心の中で言い直し，さらに決定的な「家は無かった」（1）という表現に変えているので，4→2→1の順になっているエが選べる。

問8　祖父が周斗にとって特別な存在であるという理由で名字にカギカッコがついているわけではない。したがって，イが正しくない。

問9　この直前，周斗は祖父の家での思い出を回想している。なつかしい思い出のつまったその家が今はなくなり，小さな駐車場に変わってしまったことが信じられず，瞬《まばた》きをしているのだから，アがあてはまる。

問10　祖父母が住んでいた家を見たくなってやってきたのに，思いがけずそこが駐車場に変わっていたため，頭の中が混乱して落ち着かないのだと考えられる。よって，エがふさわしい。

Dr.福井の
入試に勝つ！脳とからだのウルトラ科学

寝る直前の30分が勝負！

みんなは，寝る前の30分間をどうやって過ごしているかな？　おそらく，その日の勉強が終わって，くつろいでいることだろう。たとえばテレビを見たりゲームをしたり――。ところが，脳の働きから見ると，それは効率的な勉強方法ではないんだ！

実は，キミたちが眠っている間に，脳は強力な接着剤を使って海馬《かいば》（脳の，知識をためる倉庫みたいな部分）に知識をくっつけているんだ。忘れないようにするためにね。もちろん，昼間に覚えたことも少しくっつけるが，やはり夜――それも“寝る前”に覚えたことを海馬にたくさんくっつける。寝ている間は外からの情報が入ってこないので，それだけ覚えたことが定着しやすい。

もうわかるね。寝る前の30分間は，とにかく勉強しまくること！　そうすれば，効率よく覚えられて，知識量がグーンと増えるってわけ。

では，その30分間に何を勉強すべきか？　気をつけたいのは，初めて取り組む問題はダメだし，予習もダメ。そんなことをしても，たった30分間ではたいした量は覚えられない。

寝る前の30分間は，とにかく「復習」だ。ベストなのは，少し忘れかかったところを復習すること。たとえば，前日の勉強でなかなか解けなかった問題や，１週間前に勉強したところとかね。一度勉強したところだから，短い時間で多くのことをスムーズに覚えられる。そして，30分間の勉強が終わったら，さっさとふとんに入ろう！

ちなみに，寝る前に覚えると忘れにくいことを初めて発表したのは，アメリカのジェンキンスとダレンバッハという２人の学者だ。

寝る前に予習した？
こっちの方がよく覚えられるのっ
復習

Dr.福井（福井一成《ふくいかずしげ》）…医学博士。開成中・高から東大・文Ⅱに入学後，再受験して翌年東大・理Ⅲに合格。同大医学部卒。さまざまな勉強法や脳科学に関する著書多数。

Memo

Memo

2022年度　湘南学園中学校

〔電　話〕(0466) 23－6611
〔所在地〕〒251-8505　神奈川県藤沢市鵠沼松が岡4－1－32
〔交　通〕小田急線―「鵠沼海岸駅」・「本鵠沼駅」より徒歩7分
江ノ島電鉄―「鵠沼駅」より徒歩8分

【算　数】〈B日程試験〉(50分)〈満点：150点〉

1　**次の計算をしなさい。ただし，(4)は [　　] にあてはまる数を答えなさい。**

(1)　$10\times7-6\div3+2$

(2)　$22.2\div1.2-2.5\times4.6$

(3)　$0.7\times\left(5\frac{5}{6}-2\frac{2}{3}\right)\div3\frac{1}{2}$

(4)　$\left(\boxed{}-\frac{5}{6}\right)\times1\frac{1}{4}=1\frac{7}{8}$

2　**次の各問いに答えなさい。**

(1)　国語と算数の平均点は68.5点で，理科，社会，英語の平均点が56点でした。このとき，5教科すべての平均点は何点ですか。

(2)　ある数Aを7で割ると5余り，ある数Bを7で割ると4余ります。数Aと数Bを足した数を7で割ったときの余りはいくつですか。

(3)　濃度《のうど》が8％の食塩水300gに，何gの水を加えれば濃度が5％の食塩水になりますか。

(4)　長さ200m，秒速35mの急行列車と，長さ220m，秒速25mの普通《ふつう》列車が反対方向からすれ違《ちが》いました。急行列車と普通列車が出会ってからはなれるまでに何秒かかりますか。

(5)　A君とB君は，はじめ同じ金額のお金を持っていました。その後，A君は400円をもらい，B君は200円を使ったため，A君の所持金はB君の所持金の3倍となりました。はじめ2人が持っていたお金はそれぞれ何円でしたか。

(6)　ある仕事をするのに，Aさん1人では30日，Bさん1人では45日かかります。2人いっしょにこの仕事を始めましたが，途中《とちゅう》でBさんが何日か休んだので，ちょうど20日かかって仕事を終えました。Bさんが休んだのは何日間でしたか。

(7)　右の図は，直角二等辺三角形と正五角形を重ねた図形です。角アの大きさを求めなさい。

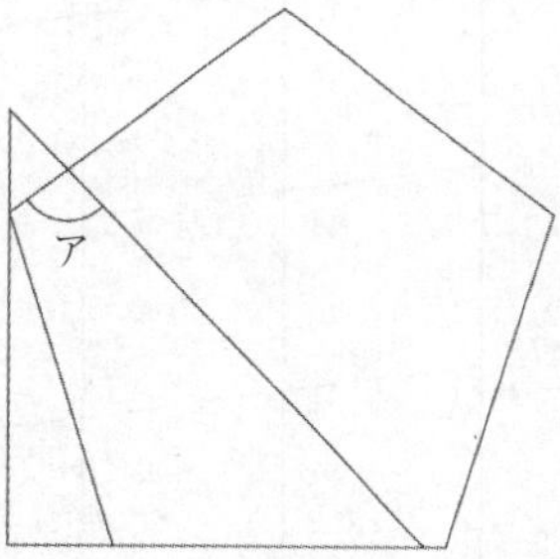

(8)　1Lのガソリンで30km走る車があります。また，ガソリンの値段は1Lで160円かかります。この車が1000円で走ることのできる距離《きょり》を次のように求めました。[ア]～[オ]の空らんにあてはまる数を答えなさい。

160円で [ア] km走ることができるので，1円で走ることのできる距離は [ア] ÷ [イ] ＝ [ウ] (km)となる。

したがって，1000円で走ることのできる距離は [ウ] × [エ] ＝ [オ] (km)と求めることができる。

3 **次の各問いに答えなさい。**

(1) 下の図は，１辺が10cmの正方形の中に正三角形をかき入れ，正方形の頂点(あ)と正三角形の頂点(い)を結んだものです。このとき，斜線《しゃせん》部分の面積を求めなさい。

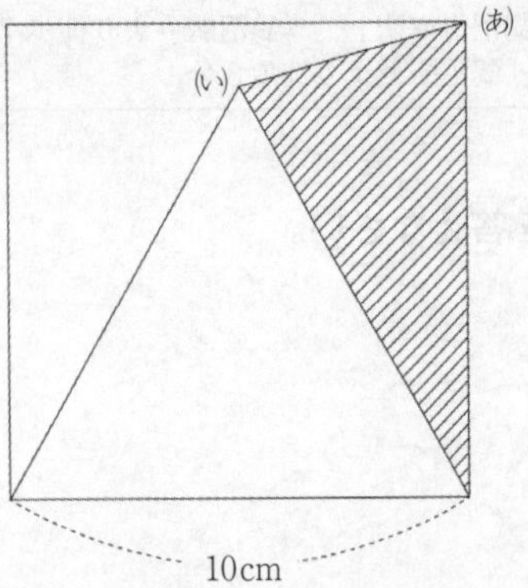

(2) 右の図は，正十二角形と，その頂点が通る円を表しています。このとき，斜線部分の面積の和を求めなさい。ただし，円周率は3.14とします。

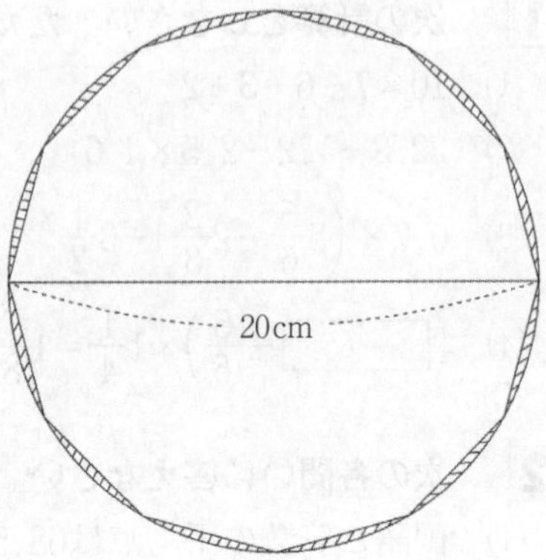

4 **図１と図２は，１辺が１cmの立方体を積み重ねた立体で，図１の中央の穴に図２を入れると，１辺が３cmの立方体となります。このとき図１の立体についてあとの各問いに答えなさい。**

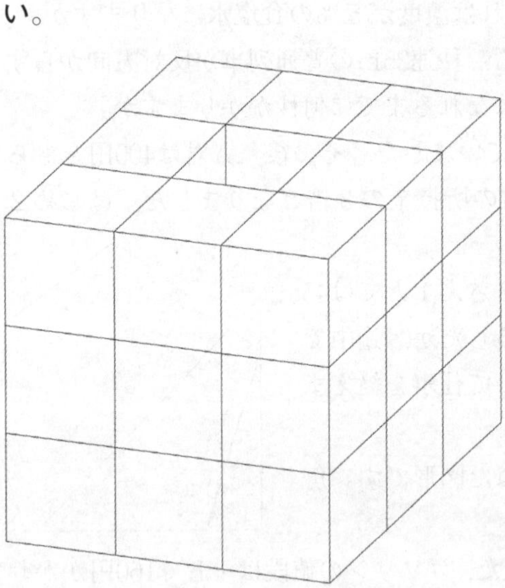
図１

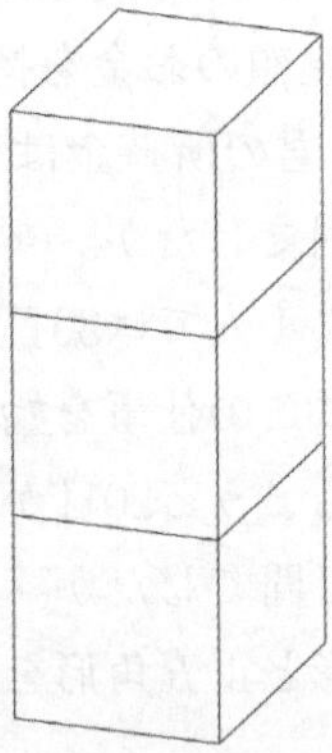
図２

(1) 図１の立体の表面に色を塗《ぬ》りました。塗った面積は，何cm^2ですか。

(2) (1)で色を塗った立体について，積み重ねてある立方体を１つずつ調べて，色が塗られていない面がいくつあるか数えました。立体に使われている立方体をすべて調べたとき，色が塗られていない面は全部でいくつありますか。

5　弟は家から歩いて駅に向かいました。その後，兄が家を出発して，弟と同じ速さで歩いて駅に向かいましたが，途中から走ったところ，弟と同時に駅に着きました。右のグラフは，そのときの２人の道のりと時間の関係を表しています。次の各問いに答えなさい。

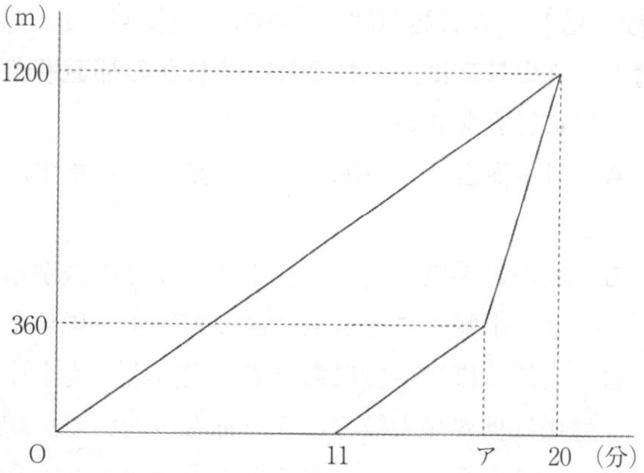

(1)　グラフのアにあてはまる数はいくつですか。

(2)　兄が走ったときの速さは毎分何mですか。

(3)　兄が出発したあと２人の間の道のりが220mになるのは，弟が出発してから何分後ですか。

6　下の図のように，碁《ご》石を並べて正方形を増やしていきます。あとの各問いに答えなさい。

(１番目)　(２番目)　(３番目)

(1)　１番目の図から２番目の図では，正方形の数が２つ増えています。３番目の図から４番目の図では，正方形はいくつ増えますか。ただし，正方形は１番目の図と同じ大きさのものだけを数えることとします。

(2)　３番目の図から４番目の図を作るには，何個の碁石を足せばよいですか。

(3)　４番目の図では，碁石は全部で何個ありますか。

(4)　次の□にあてはまる数はいくつですか。

『□番目の図を作るには，一つ前の(□－１)番目の図に碁石を78個足す必要がある』

【社　会】〈A日程試験〉(40分)〈満点：100点〉

1　次の各文は，それぞれいずれかの都道府県について説明しています。これを読み，あとの問いに答えなさい。

A　日本海と(　1　)海の両方に接しています。(　2　)島は，本州と四国を結ぶ重要な位置にあります。

B　東の岩手県と接する境には(　3　)山脈が南北に連なり，西側は日本海に面しています。夏は，(　3　)山脈をこえる風によって(　4　)現象が起きて暑くなります。

C　九州のほぼ中央にあって，北，東，南を山でかこまれ，西の海沿いに平野が連なります。阿《あ》蘇《そ》山は世界最大級の(　5　)をもつ火山で，現在も活動中です。

D　西の(　6　)山脈，南の富士山，北の八ヶ岳《やつがたけ》など，高い山々にかこまれた内陸の都道府県です。内陸性の気候で，夏と冬の気温差が大きいです。

問1．上の文中の(　)にあてはまる語句を，下の＜語群1＞から1つずつ選び，記号で答えなさい。

＜語群1＞

ア　赤石　　イ　奥羽《おうう》　　ウ　東シナ　　エ　瀬戸内
オ　佐渡《さど》　　カ　木曽《きそ》　　キ　ドーナツ化　　ク　フェーン
ケ　シラス　　コ　淡路《あわじ》　　サ　カルデラ

問2．Aの都道府県庁所在地名を答えなさい。

問3．Bの都道府県所在地の雨温図にあてはまるものはどれですか。次の中から1つ選び，記号で答えなさい。

ア
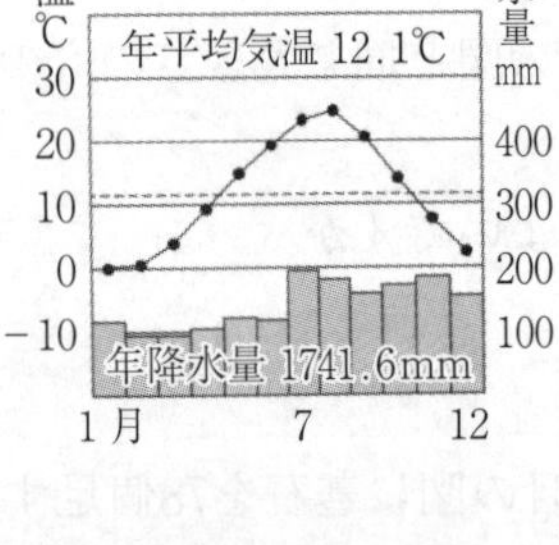

イ
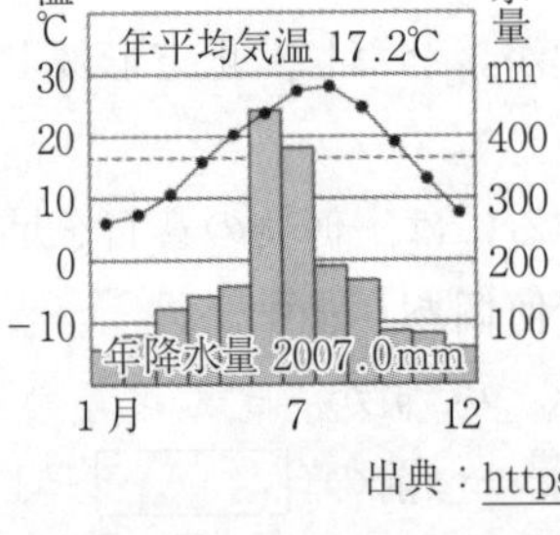

ウ
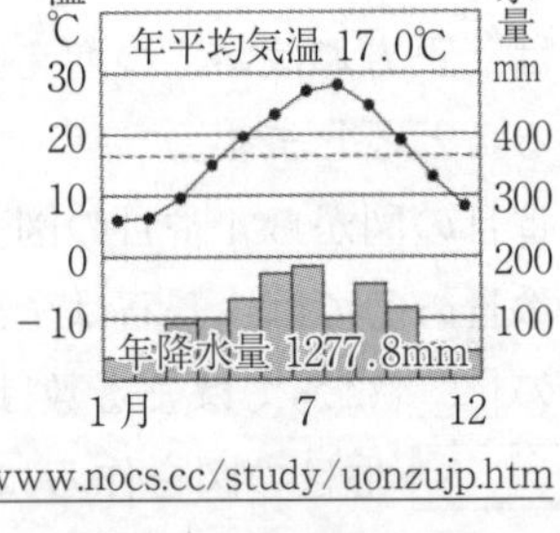

出典：https://www.nocs.cc/study/uonzujp.htm

問4．次の地図からCとDの都道府県にあてはまるものを，次の中から1つずつ選び，記号で答えなさい。

ア

イ

ウ

エ

問5．次の①～④の各文は，それぞれA～Dの都道府県のいずれかの産業のようすについて説明

しています。①～④はそれぞれ**Ａ～Ｄ**のどれにあてはまりますか。あてはまるものを１つずつ選び，記号で答えなさい。

また，文中の(　)にあてはまる語句を＜語群２＞から１つずつ選び，記号で答えなさい。

①　米のとれ高も多いうえ，トマトやスイカなどの畑作の収穫《しゅうかく》も多いです。特に，たたみおもての原材料である(　あ　)は，全国生産の９割以上をしめています。

②　甲府盆地《こうふぼんち》では，水はけのよい(　い　)や山の斜面《しゃめん》を利用した果樹栽培《さいばい》がさかんです。電子部品や機械工業などを中心とした工場が多いのが特徴《とくちょう》です。

③　米とリンゴの収穫量が多く全国有数の生産です。面積の７割を森林がしめ，特に(　う　)は，日本三大美林の一つに数えられています。

④　工業は重化学工業が中心で，製造品出荷額は全国５位になっています。農業生産額は近《きん》畿《き》地方で最も多く，(　え　)，レタス，肉牛の生産が多いです。

＜語群２＞

ア　スギ　　イ　ヒノキ　　ウ　扇状地《せんじょうち》　　エ　三角州

オ　い草　　カ　サトウキビ　　キ　たまねぎ

問６．次のグラフは日本の各地の工業地帯・工業地域の出荷額のうちわけを示しています。**Ａ**の都道府県が含《ふく》まれる工業地帯のグラフはどれですか。１つ選び，記号で答えなさい。

ア

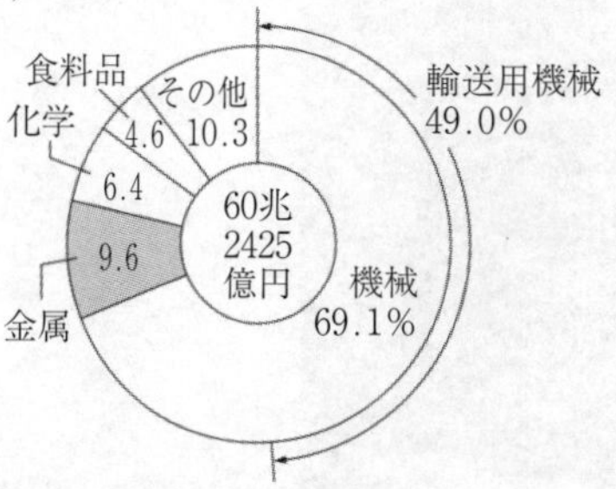

イ

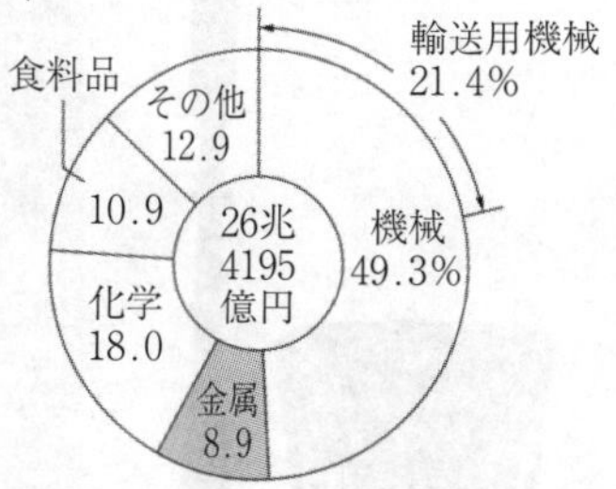

ウ

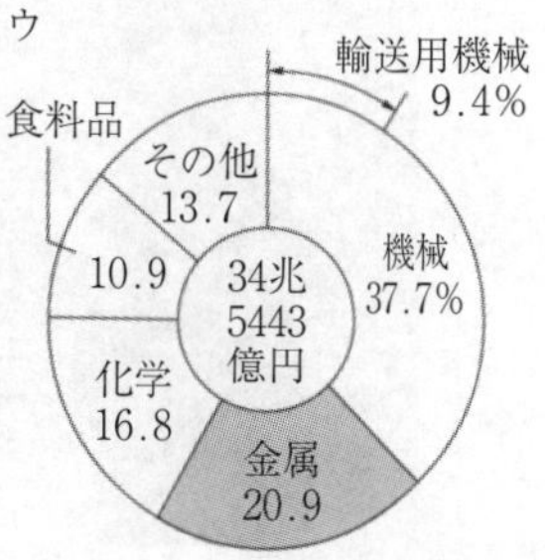

日本のすがた 2021年度版より

問７．下の表は，いずれも**Ａ～Ｄ**の各県が上位に入っている作物(米，あずき，もも，葉たばこ)のとれ高を示しています。このうち**もも**の生産を示しているものはどれですか。ア～エの中から１つ選び，記号で答えなさい。

	全国	第１位	第２位	第３位
ア	1.68	**Ｃ**　0.28	岩手 0.20	青森 0.184
イ	5.91	北海道 5.54	**Ａ**　0.05	京都 0.02
ウ	10.79	**Ｄ**　3.07	福島 2.70	長野 1.20
エ	776.7	新潟《にいがた》 66.7	北海道 59.4	**Ｂ**　52.7

単位：万ｔ　朝日ジュニア学習年鑑《ねんかん》 2021年度版より

２　**歴史の中には，さまざまな人物が登場しますが，教科書の中に子どもたちの姿はあまり見えてきません。歴史の中の子どもたちについて，あとの問いに答えなさい。**

資料Ａ：この資料は，青森県大石平《おおいしたい》遺跡《いせき》から発見された縄文時代のもので，乳児の手や足を型にとって固めてあることがわかります。この時代の乳児は死亡率が高く，縄文時代を生きた人々は，子どもたちのために祈りをこめて，こうした手形や足形を作っていたことがうかがえます。

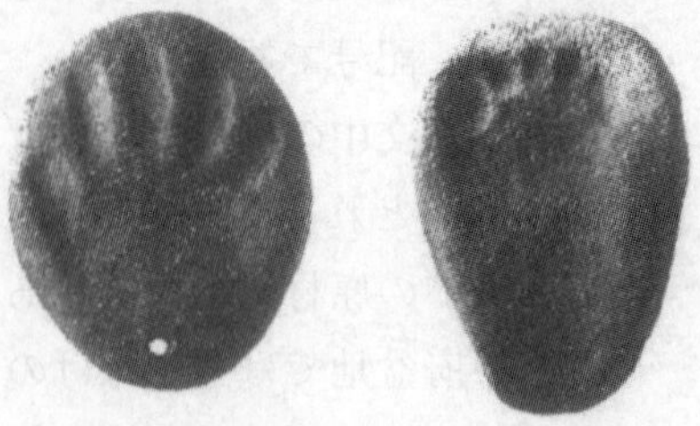

(青森県立郷土館所蔵)

問１．この時代の乳児の死亡率が高かった理由として，**あてはまらないこと**を１つ選び，記号で答えなさい。

ア　ムラ同士の争いが増え，戦争にまきこまれることが多かったから。

イ　医療《いりょう》が十分に発達しておらず，安全な出産や子育てが難しかったから。

ウ　食料を狩りや漁，採集にたよっており，栄養状態がいつも十分とはいえなかったから。

問２．縄文時代の遺跡から出土するものを１つ選び，記号で答えなさい。

ア

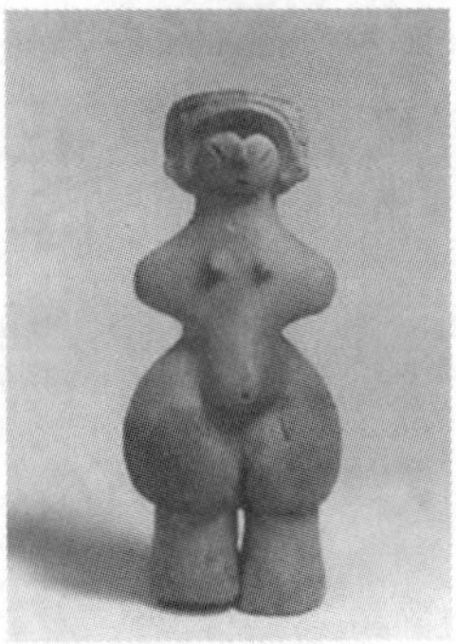

イ

ウ

資料Ｂ：子どもが，いつ一人前《いちにんまえ》とみなされるかについては，時代や地域によって異なります。日本においては，奈良時代にあらわれた法律の中で，納めるべき税について述べられた文章に以下のような内容がみえます。

17～20歳《さい》の男(中男《ちゅうなん》)は正丁《せいてい》の１／４の分量を納めること

21歳～60歳の男(正丁)は絹・※絁《あしぎぬ》・糸・布，地方の特産品などを納めること

61～65歳の男(老丁《ろうてい》)は正丁の１／２の分量を納めること

※絁：古代日本における絹織物の一種

問３．この法律はなんですか。正しいものを１つ選び，記号で答えなさい。

ア　十七条の憲法　　イ　律令　　ウ　御成敗式目

問４．この文章において，一人前のおとなと認められるのは何歳からだと読み取れますか。正しいものを１つ選び，記号で答えなさい。

ア　17歳から　　イ　20歳から　　ウ　21歳から

問5．この時代の出来事として正しいものを1つ選び，記号で答えなさい。

ア　聖徳太子によって，法隆寺が建立された。

イ　天皇の命令で，諸国に国分寺が建立された。

ウ　極楽《ごくらく》浄土《じょうど》へのあこがれが強まり，平等院が建てられた。

資料C：この資料は，藤原氏の家《か》系《けい》図です。平安時代にはいると，藤原氏が次第《しだい》に力を強め，藤原道長の時代に大きな力をふるいました。

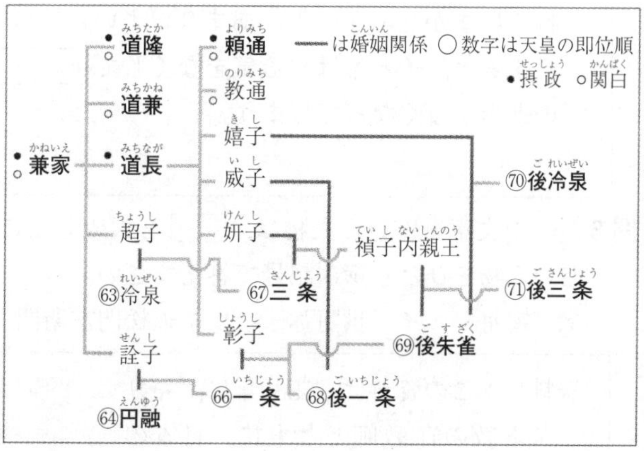

問6．道長はどのようにして力をにぎったのでしょうか。その説明として正しいものを1つ選び，記号で答えなさい。

ア　自分の息子を天皇にして，かげからあやつった。

イ　自分の娘と天皇の間に生まれた子どもを，次の天皇にした。

ウ　武士の力を背景に，天皇をしたがわせた。

資料D：この絵は，琵琶法師《びわほうし》の語りを聞く子どもを描いたものです。子どもたちは，琵琶法師の語る『平家物語』などの物語を聞きながら，歴史上の人物の姿を想像して楽しみました。

(『直幹《なおもと》申文《もうしぶみ》絵詞《えことば》』より)

問7．『平家物語』の登場人物について説明した文章として正しいものを1つ選び，記号で答えなさい。

ア　平将門は，関東で兵を起こして新皇《しんのう》を名乗った。

イ　平清盛は，日宋貿易をさかんにして多くの利益を得た。

ウ　源頼朝は，元軍の襲来《しゅうらい》を二度にわたって撃退《げきたい》した。

資料Ｅ：次の文章は，室町時代に大成《たいせい》されたある芸能の練習を，後継《あとつ》ぎの子どもにさせるときの心得《こころえ》を記したものです。文中の□には，ある芸能の名称がはいります。

「この芸においては，おおかた七歳を初めとする。このころの稽古《けいこ》は，……舞《まい》・動きの間・音曲《おんぎょく》，また鬼《おに》などの激しい演技も，ふと自然に演じた表現を，そのまま本人の気持ちにまかせてさせよ。あまり『よい』『悪い』と教えてはいけない。あまり厳しく注意すると，子どもはやる気をなくして□がめんどうになって，やがて□の進歩がなくなってしまう。」

(『風姿花伝《ふうしかでん》』より)

問８．この文章を書いた人物は，□を大成したことで知られます。この人物は誰ですか。正しい人物をひとり選び記号で答えなさい。

ア　雪舟　　イ　世阿弥　　ウ　近松門左衛門

資料Ｆ：この資料は，1582年に，キリスト教の宣教師《せんきょうし》とともに，日本の大名の代わりにヨーロッパへわたった少年たちの絵です。彼らは船にのり，ヨーロッパへ向かいました。

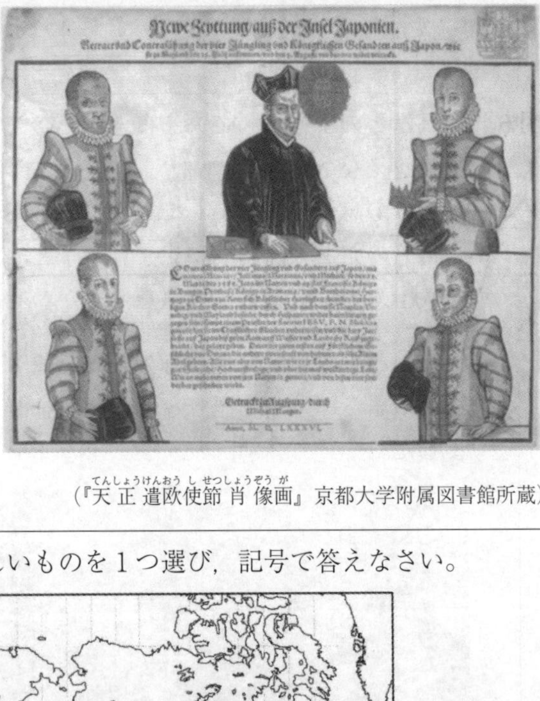

(『天正《てんしょう》遣欧《けんおう》使節《しせつ》肖像《しょうぞう》画《が》』京都大学附属図書館所蔵)

問９．彼らがたどった航路はどれですか。正しいものを１つ選び，記号で答えなさい。

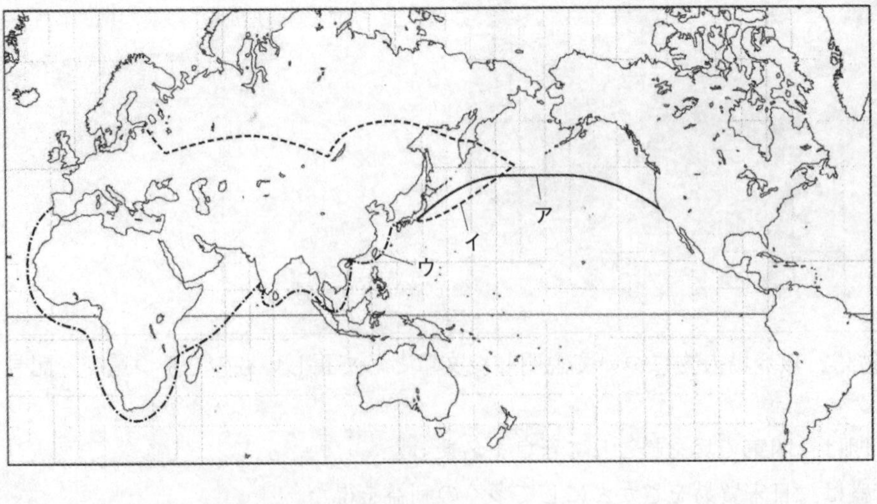

問10. 彼らが**出発した**のは，いつの時期ですか。あてはまる時期として正しいものを１つ選び，記号で答えなさい。

＜ア＞

ポルトガル人が種子島にたどりつき，鉄砲を伝えた。

＜イ＞

九州でおこった島原・天草一揆《いっき》を，幕府が大軍によっておさえた。

＜ウ＞

中国やオランダの商人だけが，長崎で貿易することを許《ゆる》された。

＜エ＞

資料Ｇ：次の資料は，江戸時代の子どもたちが学んでいる様子です。

（「撫育草《そだてぐさ》」『子育ての書』2，平凡社東洋文庫より）

問11. このような場所は，なんとよばれましたか。

問12. 明治になって，新しい国づくりがはじまりました。明治政府の国づくりに関する説明として**誤っているもの**を１つ選び，記号で答えなさい。

ア　小学校の授業料は最初から無料であり，すべての子どもが学校に通った。

イ　兵の多くは，一定の年齢《ねんれい》を超《こ》えて徴兵検査《ちょうへいけんさ》を受けた男子から選ばれた。

ウ　富岡製糸場《とみおかせいしじょう》では女子の労働者をつのり，生糸を生産した。

資料H：子どもたちのおもちゃからも，当時の政治の様子がわかります。次の資料は，すごろく「日満交驩大双六《にちまんこうかんだいすごろく》」の写真です。すごろくの「上がり」のコマには，日本と満州国の政治家が条約を結んでいる様子が描《えが》かれています。

（国立民族学博物館蔵）

問13. 満州国に関する説明として正しいものを１つ選び，記号で答えなさい。

ア　日清戦争によって清から引きわたされ，1895年に日本の植民地になった。

イ　1919年，独立を目指す人々の間で大きな抵抗《ていこう》運動がおこった。

ウ　1932年，中国にいた日本軍がつくり，政治の実権は日本がにぎった。

問14. アジア・太平洋戦争がはじまり，戦争が激しくなると，子どもたちの生活にも大きな変化がおこりました。戦時中の子どもたちの様子に関する説明として**誤っているもの**を１つ選び，記号で答えなさい。

ア　国内では，女性や中学生が兵器工場で働いた。

イ　空襲《くうしゅう》が激しくなり，都市部の小学生は地方へ集団そかいした。

ウ　沖縄は戦場となり，すべての子どもたちは本土へ避難《ひなん》した。

資料Ｉ：次の図は，戦争が終わった後，中学校の教科書で使われたものです。

『あたらしい憲法のはなし』(1947)より

問15．この教科書に書かれている内容として**誤っているもの**を１つ選び，記号で答えなさい。

ア「兵隊も軍艦《ぐんかん》も飛行機も，おおよそ戦争をするためのものは，一切もたない」

イ「決して戦争によって，相手をまかして，自分の言い分をとおそうとしない」

ウ「日本の平和と独立を守り，国民の安全をたもつため，自衛隊をもつ」

3　**次の文章は，航太《こうた》さんとお父さんが昨年の夏休みにした会話です。これを読み，あとの問いに答えなさい。**

航　　太：Ｅ５系新幹線かっこいいなぁ！　お父さん，今度の旅行はこれに乗って東北までいくんでしょう？　楽しみだなぁ！

お父さん：航太は本当に新幹線が好きだな。初めて①新幹線が開通したのはいつか，知っているかい？

航　　太：もちろん知ってるよ！　前の東京オリンピックのときでしょう。東海道新幹線だよね。②今年の夏も東京でオリンピックが開かれたし，新しい新幹線できるのかなってワクワクしていたんだけどな。

お父さん：それは残念だったね。今年もコロナウイルスの影響《えいきょう》で③旅行に行く人も少なかったし，④大雨などの自然災害も多かったし，新しい新幹線はもう少し先かな。

航　　太：まぁ，いいや。ぼくはＥ５系に乗れれば満足！　ところで，東北のどこに行くの？

お父さん：岩手県の平泉というところだよ。岩手県といえば，⑤三陸海岸が有名だね！

航　　太：地図で見ると，ギザギザになっている所だね。線路もくねくねしているのかな？

お父さん：それは電車に乗ってみてのお楽しみだな。でも今度行く平泉は海沿いというよりも，どちらかというと内陸に位置しているんだ。この平泉には，⑥世界遺産にも登録された⑦有名なお堂があって，奥州藤原氏によって建てられたんだ。⑧「五月雨《さみだれ》の降《ふ》り残《のこ》してや光堂」の俳句にも登場するんだよ。奥州藤原氏は金や馬で富を築きあげたほか，源義経をかくまったことでも知られているね。

航　　太：義経は聞いたことある！　弁慶《べんけい》っていうおともを連れていた人だね。

お父さん：その通り！　義経のお兄さんは⑨鎌倉幕府を開いた人だね。

航　　太：鎌倉幕府も社会の授業で出てきた！　鎌倉といえば，こないだ学校で鎌倉と⑩江の島に遠足に行ったんだ。

お父さん：鎌倉と江の島かぁ。いいなぁ，お父さんも行きたかったなぁ。どんなことをしたんだい？

航　　太：江の島は⑪海がとっても気持ち良かったなぁ。鎌倉では，鶴岡八幡宮《つるがおかはちまんぐう》に行ったり長谷寺に行ったり，大仏も見たよ！　そうだ，そのときおもしろいことに気がついたんだ。

お父さん：ほう，どんなことかな？

航　　太：コンビニの看板が，うちの近所の看板と色が違《ちが》ったんだ。いつもぼくが見ているものよりも暗めの色というか…

お父さん：⑫それは条例の影響だね。鎌倉だけでなくて，京都や今度行く平泉にも同じような条例があるよ。きっと平泉の⑬コンビニも近所のものとは違っているはずだよ。

航　　太：そうなんだ！　よく見ておかなきゃ。でも，条例って⑭法律と何が違うの？

お父さん：条例は地方自治体で作られてその地方だけに定められたもの，法律は国全体に定められたものなんだ。

航　太：どちらもぼくたちが選挙で選んだ人たちが関わっているんだね！

お父さん：その通り！　だからこそ⑮選挙に票を投じることには意味があるんだ。今年の秋は(　＊　)議院議員の選挙があるし，お父さんももちろん投票しに行くつもりだ。

航　太：ぼくも一緒《いっしょ》に行っていい？　選挙ってどういう風におこなわれているのか見てみたい！

お父さん：そうだね，きっと良い勉強になると思うよ。

航　太：旅行も選挙も楽しみだなぁ。⑯平泉のことも，東北のこともまだ知らないことがたくさんあるし，旅行までに調べてみようかな。

お父さん：それは良いね。もっと旅行が楽しくなりそうだね。お父さんにも調べたこと，教えてね。

航　太：うん，もちろん！　それまでに，コロナも落ち着いているといいなぁ。

問1．下線部①に関連して，交通について説明したものとして，**誤っているもの**を1つ選び，記号で答えなさい。

ア　明治時代に新橋と横浜の間で初めて鉄道が開通した。

イ　大正時代にはバスが各地で走るようになり，乗務員として女性が働いていた。

ウ　戦後「三種の神器」として，電気洗濯機や冷蔵庫のほか，自動車が登場した。

問2．下線部②について，2021年の東京オリンピックでは，持続可能性を意識したさまざまな取り組みがなされました。実際におこなわれた取り組み**ではないもの**を次のなかから1つ選び，記号で答えなさい。

ア　使用済みの携帯《けいたい》電話や電子機器から取った材料で金メダルを作った。

イ　使い捨てプラスチックを市民や企業《きぎょう》から回収して，表彰台を作った。

ウ　建物に使用された木材は大会後，すべて木炭としてリサイクルされた。

問3．下線部③に関連して，次のグラフは日本を訪れた外国人の数と，海外へ出国する日本人の数を表したものです。このグラフから読み取れることとして正しいものを下の中から1つ選び，記号で答えなさい。

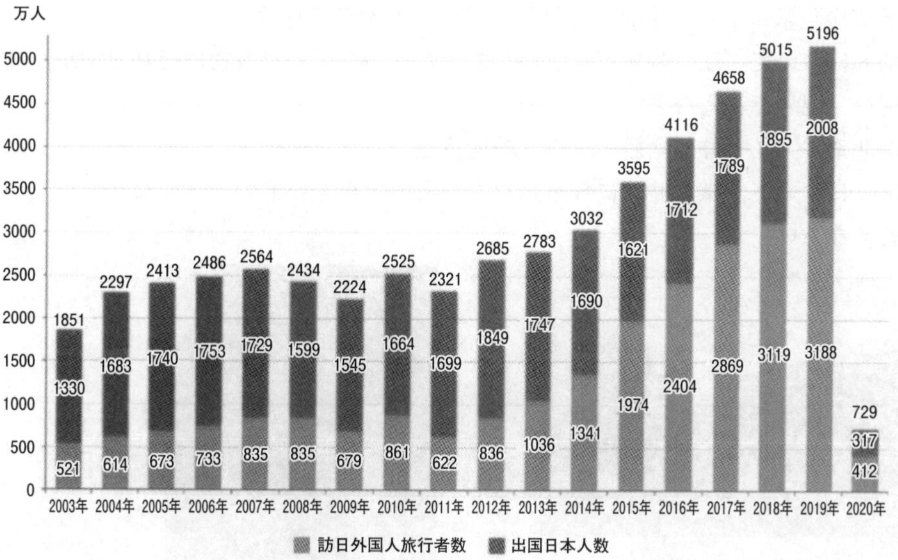

出典：日本政府観光局(JNTO)

ア　2003年から2019年にかけて，日本を出国し海外を訪れる日本人は増加し続けている。

イ　新型コロナウイルスの流行で，2020年日本を訪れた外国人の数は，それまで１番少なかった年の半数程度であった。

ウ　2015年には，海外へ出国する日本人の数を日本を訪れる外国人の数が上回った。

問４．下線部④について，災害から人びとの身を守るため，昨年度新たな「警戒《けいかい》レベル」が発表されました。右の資料の□にあてはまる２文字の言葉を書きなさい。

問５．下線部⑤について，次の問いに答えなさい。

(1)　三陸海岸はリアス式海岸です。この特徴《とくちょう》を説明したものとして**誤っているもの**を次のなかから１つ選び，記号で答えなさい。

ア　もとは山地だったが，海面が上昇《じょうしょう》することで沈んでできたものである。

イ　海岸線は，氷河に削《けず》られたため波打った形となっている。

ウ　地震が起きると入り江に波が押し寄せることで，水位が高くなりやすい。

(2)　ここでおこなわれる養殖でとれるものとして，**誤っているもの**を１つ選び，記号で答えなさい。

ア　こんぶ　　イ　カキ　　ウ　真珠《しんじゅ》

問６．下線部⑥について，昨年世界自然遺産に西表島《いりおもてじま》や，徳之島とともに，奄美《あまみ》大島が登録されました。この奄美大島のある都道府県を答えなさい。

問７．下線部⑦について，この「お堂」を次のなかから１つ選び，記号で答えなさい。

ア　中尊寺《ちゅうそんじ》金色堂　　イ　平等院鳳凰堂《ほうおうどう》　　ウ　東大寺二月堂

問８．下線部⑧について，江戸時代東北を旅してこの俳句をよんだ人物はだれですか。次の中から１人選び，記号で答えなさい。

ア　葛飾北斎《かつしかほくさい》　　イ　井原西鶴《いはらさいかく》　　ウ　松尾芭蕉《まつおばしょう》

問９．下線部⑨について，鎌倉時代に作られたものとして正しいものを次のなかから１つ選び，記号で答えなさい。

ア

イ

ウ

エ

問10．下線部⑩について，江の島について説明した文章として**誤っているもの**を１つ選び，記号で答えなさい。

ア　江の島の面する海には，黒潮に乗ってたくさんのシラスが流れ込むため，シラス漁が盛んとなっている。

イ　江の島は，最深部が2500メートルにも達し日本一深い湾として知られる，駿河《するが》湾に面している。

ウ　江戸時代の人びとは東海道を通って藤沢の宿場に至《いた》り，そこから江の島の神社に参拝をしていた。

問11．下線部⑪について，近年，海洋プラスチック問題が世界中で取り上げられています。日本では2020年，プラスチックごみを減らす取り組みとしてあるものが有料化されましたが，それはなんですか。

問12．下線部⑫について，この条例ではコンビニの看板の色などを制限しています。その理由を説明しなさい。

問13. 下線部⑬に関連して，近年コンビニエンスストアで恵方巻《えほうまき》が大量に捨てられて問題となりました。こうした「食品ロス」に関連して，下に示した資料を参考にしながら，正しく説明したものを１つ選び，記号で答えなさい。

ア　家庭での食品ロスは全体の半分以上をしめており，これはわたしたちの食べ残しが原因となっている。

イ　廃棄される恵方巻を減らせたとした企業のうち，約80％の企業が６割以上削減することができたと回答した。

ウ　企業で出る食品ロス量の割合では，食品製造業から出る食品ロス量が最も多くしめている。

【廃棄される恵方巻の割合が前年と比べてどれぐらい変わったか】

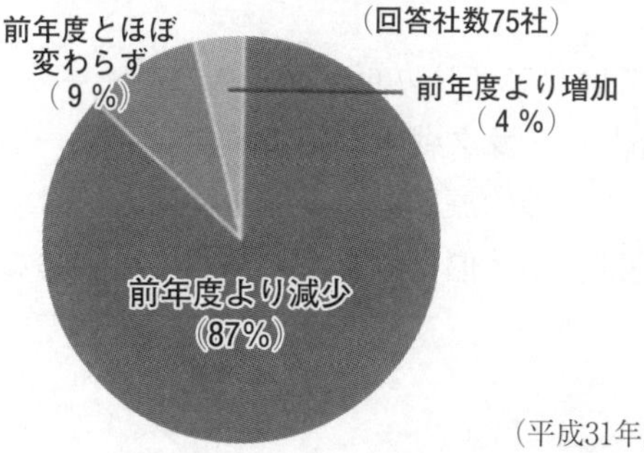

【廃棄される恵方巻をどれぐらい減らせたか】

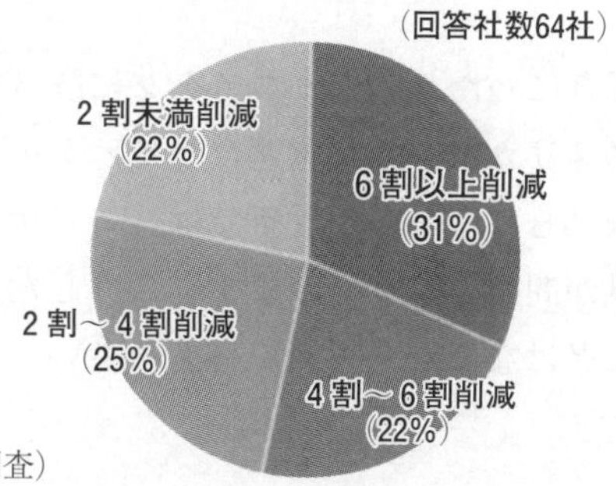

(平成31年度調査)

【家庭や企業で出る食品ロス量の内訳】

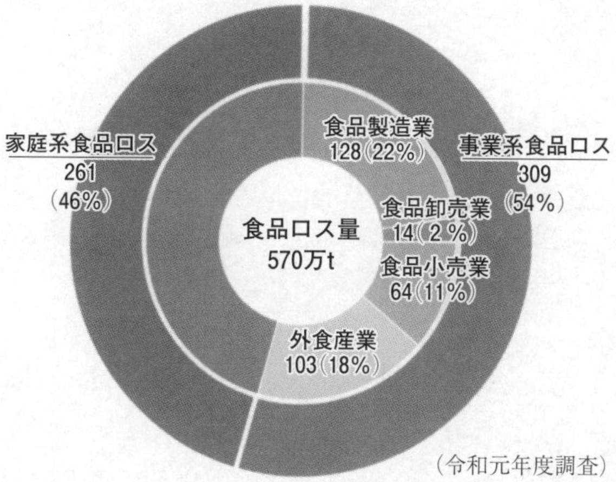

(令和元年度調査)

(農林水産省の調査による)

問14. 下線部⑭について，法律はどの機関で制定されますか。次の中から１つ選び，記号で答えなさい。

ア　国会　　イ　内閣　　ウ　裁判所　　エ　宮内庁《くないちょう》

問15. 下線部⑮について，このように言うのはどうしてですか。あなたの考えを書きなさい。

問16. 文中の(＊)にあてはまる言葉を書きなさい。

問17. 下線部⑯について，航太さんは夏休みの自由研究で東北地方について調べました。そのうちの一部を読み，次の問いに答えなさい。

・東日本大震災から10年

A2011年３月11日に，東北地方太平洋沖でマグニチュード9.0の地震が発生しました。そして，これにともない福島第一原子力発電所の事故も発生し，放射性物質が放出され，住民が県外に避難《ひなん》をするなど人びとにさまざまな影響をもたらしました。

しかし放射性物質の量がほとんど検出されないのに，そこで作られた作物を販売《はんばい》することや買うことを避《さ》けたり，避難してきた人たちをB差別するといった「風評被害《ふうひょうひがい》」が，今もなお残っています。

(1)　波線部Aについて，この出来事よりも後の出来事はどれですか。次の中から１つ選び，記号で答えなさい。

ア　アメリカで，世界貿易センタービルに飛行機が激突《げきとつ》するなど，同時多発テロが発生した。

イ　長きにわたりアフガニスタンに駐留《ちゅうりゅう》していたアメリカ軍が撤退《てったい》した。

ウ　アメリカ中心の有志《ゆうし》連合がイラクを攻撃し，イラク戦争が始まった。

(2)　波線部Bについて，近年では，コロナウイルスの治療にあたる医療《いりょう》従事者に対する差別や偏見《へんけん》が問題となっています。こうした「差別」や「偏見」をなくすために，あなたにできることはなにか，考えて答えなさい。

【理　科】〈A日程試験〉(40分)〈満点：100点〉

1　次の各問いに答えなさい。

問1．実験の安全上の注意として正しいものを選び，記号で答えなさい。

ア　ガラス器具が割れたときは，すぐに手で拾い集める

イ　薬品が目に入ったら，すぐに大量の水であらい流す

ウ　使い終わった薬品は，すべて流しに流す

エ　液体を熱しているときは，よく見えるように顔を近づけて観察する

問2．ガスバーナーを使って加熱するときの炎《ほのお》の色として正しいものを選び，記号で答えなさい。

ア　黄色　　イ　赤色　　ウ　緑色　　エ　青色

問3．ホウセンカの種子《しゅし》の図として正しいものを選び，記号で答えなさい。

ア　　イ　　ウ　　エ

問4．成虫とよう虫のからだのつくりがほとんど同じこん虫として正しいものを選び，記号で答えなさい。

ア　オオカマキリ　　イ　カイコガ　　ウ　カブトムシ

エ　シオカラトンボ　　オ　ナナホシテントウ

問5．葉で冬をこす植物として正しいものを選び，記号で答えなさい。

ア　ホウセンカ　　イ　サクラ　　ウ　タンポポ

エ　ヒマワリ　　オ　ヘチマ

問6．電気回路に流れる電流の大きさを電流計ではかりました。電流計のマイナス端子《たんし》を500mAにしたとき，図のように針のふれが小さく十分に読み取れませんでした。このとき，どのような操作を行えば正しく読み取ることができるか，正しいものを選び，記号で答えなさい。

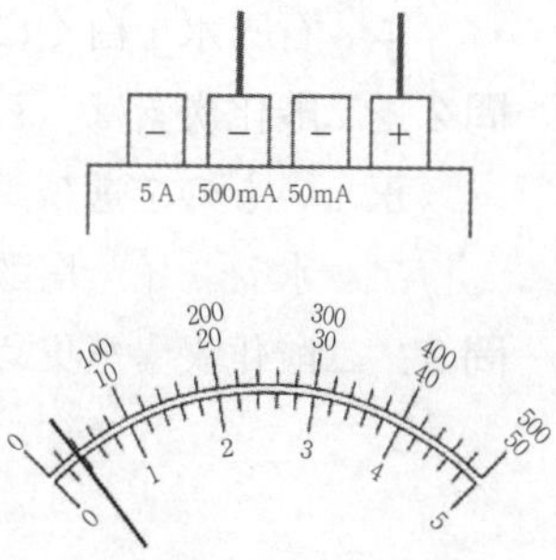

ア　マイナス端子を5Aにかえる

イ　マイナス端子を50mAにかえる

ウ　プラス端子，マイナス端子を逆につなぐ

問7．次のようなふりこを作り，左右にふらせました。ふりこが1往復する時間が最も長いものを選び，記号で答えなさい。

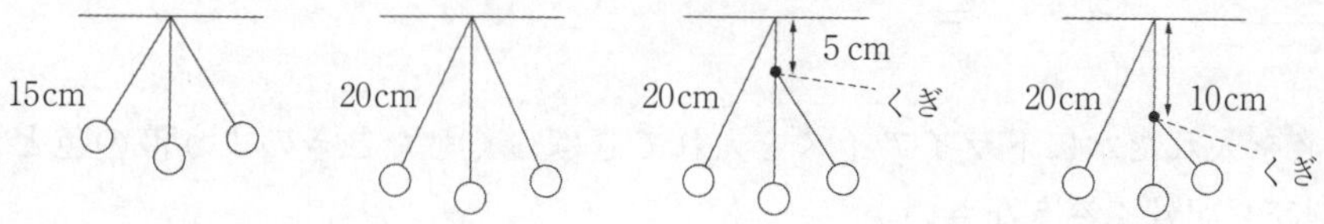

ア　　イ　　ウ　　エ

問8．満月から次の満月までのおよその日数を選び，記号で答えなさい。

ア　15日　　イ　22日　　ウ　29日　　エ　36日

問9．冬の大三角を構成する星としてまちがっているものを選び，記号で答えなさい。

ア　リゲル　　イ　シリウス　　ウ　ベテルギウス　　エ　プロキオン

問10．気温のはかり方としてまちがっているものを選び，記号で答えなさい。

ア　温度計の液だめに息がかからないようにはかる

イ　建物からはなれた風通しの良いところではかる

ウ　地面から1.2～1.5mの高さではかる

エ　温度計に日光をしっかりと当ててはかる

2　**次の文を読み，各問いに答えなさい。**

昨年の夏も非常に暑い日が続きました。そのような日はアイスクリームが食べたくなりますよね。しかし，せっかく買ったアイスクリームが炎天下《えんてんか》の帰り道でとけてしまった人もいるのではないでしょうか。そのようなときに欠かせないものといえばドライアイスです。ドライアイスは保冷剤《ざい》としての役割があります。ドライアイスを空気中に置いておくと，まわりに白い煙《けむり》が発生してなくなってしまいます。これは固体だったドライアイスが気体である二酸化炭素に変化したためです。この現象を昇華《しょうか》といいます。ドライアイスは気体になりやすいため，取りあつかいには注意が必要です。例えば，ペットボトルに入れて密閉すると容器がふくらみ，破裂《はれつ》して危険です。これは固体が昇華して気体になると（　①　）ためです。気体の二酸化炭素は空気と比べて重く，下に向かって流れる性質があります。

問１．二酸化炭素について説明したものとして正しいものを選び，記号で答えなさい。

ア　ものが燃えるのを助けるはたらきがある

イ　鼻をつくにおいがある

ウ　空気中の体積の約80％をしめる

エ　石灰水を白くにごらせる

問２．二酸化炭素は，石灰石にある液体を加えると発生させることができます。この液体として正しいものを選び，記号で答えなさい。

ア　水　　イ　塩酸　　ウ　食塩水　　エ　アンモニア水

問３．二酸化炭素を集める方法としてふさわしくないものを選び，記号で答えなさい。

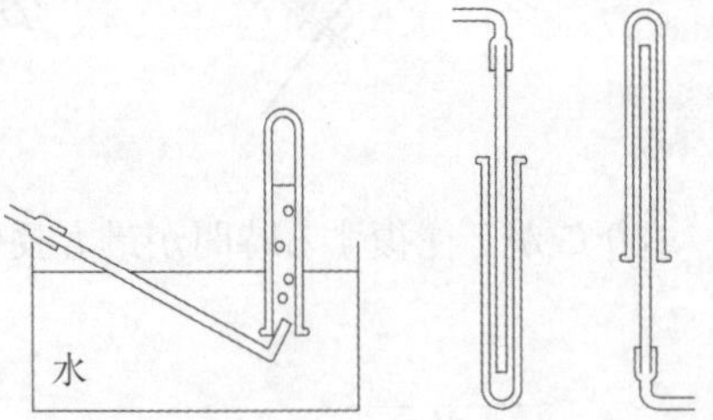

ア　　　　　イ　　　ウ

問４．BTBよう液を入れた水にドライアイスを入れてしばらくしたときのよう液の色として正しいものを選び，記号で答えなさい。

ア　赤色　　イ　白色　　ウ　青色　　エ　緑色　　オ　黄色

問５．ドライアイスのまわりに発生している白い煙の正体として正しいものを選び，記号で答えなさい。

ア　ドライアイスが細かくなったもの

イ　ドライアイスが気体になってできた二酸化炭素

ウ　空気中の水蒸気

エ　空気中の水蒸気が冷やされてできた水の粒《つぶ》

問6．(①)に入る文として正しいものを選び，記号で答えなさい。

ア　体積が増える

イ　体積が減る

ウ　ペットボトルをとかす性質をもつ

問7．体積1Lあたりの重さは，ちっ素が1.25g，酸素が1.43g，ヘリウムが0.18gです。この中で1gあたりの体積が最も大きい気体を選び，記号で答えなさい。

ア　ちっ素　　イ　酸素　　ウ　ヘリウム

問8．空気1gあたりの体積が0.78Lのとき，二酸化炭素1gあたりの体積は0.51Lです。このとき，1Lあたりの重さを比べると，二酸化炭素の重さは空気の何倍ですか。小数第2位を四捨五入して小数第1位まで答えなさい。

3　**次の文を読み，各問いに答えなさい。**

私たち人間は，生きていくために他の生物を食べています。安定して食糧《りょう》を得るためには農業が欠かせません。農業には動物の習性を活用したものが知られています。たとえば，人の手で行うと時間や手間がかかるリンゴの受粉作業に，マメコバチというハチのなかまを利用する方法が大きな成果を挙げています。また，アイガモ農法では，農薬や除草剤《ざい》を使わずにイネを育てることができるため，安心・安全な米づくりにアイガモという鳥のひなが活用されています。

問1．リンゴのように，主にこん虫によって花粉が運ばれる植物をすべて選び，記号で答えなさい。

ア　コスモス　　イ　サザンカ　　ウ　ススキ

エ　ツバキ　　オ　ヒマワリ　　カ　ヘチマ

問2．アイガモ農法では田《た》植《う》えが終わってから稲《いな》穂《ほ》が半分くらい出る時期までアイガモのひなを田んぼに放します。このときの利点としてまちがっているものを選び，記号で答えなさい。

ア　アイガモのひながイネの葉を食べてしまうこん虫を食べてくれる

イ　アイガモのひながイネの花の受粉を助けてくれる

ウ　アイガモのひなが田んぼに生えてくる雑草の芽を食べてくれる

エ　アイガモのひなのふんが田んぼの肥料になる

問3．イネの葉を食べるこん虫を選び，記号で答えなさい。

ア　アキアカネ　　イ　オオカマキリ　　ウ　コクワガタ

エ　コバネイナゴ　　オ　ミンミンゼミ　　カ　モンシロチョウ

問4．イネの葉は細長く，葉の表面には平行なすじが見られます。これと同じ特ちょうの葉をもつ植物を選び，記号で答えなさい。

ア　アサガオ　イ　アブラナ　ウ　エノコログサ

エ　オオバコ　オ　ハルジオン

問5．次の図は，ヒトの臓器を表したものです。口から入った食物がこう門を出るまでに通るところを，口に近い方から順に３つ選び，記号で答えなさい。また，食物の通り道をまとめて何とよびますか。漢字３文字で答えなさい。

ア　　イ　　ウ　　エ　　オ　　カ

問６．**問５**のア～カのうち，次のはたらきをする臓器として正しいものをそれぞれ選び，記号で答えなさい。

①　消化された食物の養分を，水分とともに血液中に吸収する

②　養分をたくわえたり，必要な養分を送り出したりする

③　からだに必要な酸素を取り入れ，二酸化炭素を体外にはい出する

問７．ご飯をよくかむとあまく感じる理由を調べるため，次のような〔実験Ａ〕～〔実験Ｃ〕を行いました。

〔実験Ａ〕　ご飯に水を加えてすりつぶし，その上ずみ液に40℃のお湯を少量加えて試験管に入れ，40℃に保ったまま30分間放置した。その後，ヨウ素液を加えたところ，ヨウ素液の色が変化した。

〔実験Ｂ〕〔実験Ａ〕と同じようにしてつくった上ずみ液に，お湯の代わりにだ液を加えて試験管に入れ，40℃に保ったまま30分間放置した。その後，ヨウ素液を加えたところ，ヨウ素液の色は変化しなかった。

〔実験Ｃ〕〔実験Ｂ〕と同じように上ずみ液にだ液を加えた試験管を10℃に保ったまま30分間放置した。その後，ヨウ素液を加えたところ，ヨウ素液の色が変化したが，〔実験Ａ〕のときよりもうすい色であった。

この実験の結果からわかることとして正しいものを２つ選び，記号で答えなさい。

ア　だ液によってヨウ素液の色は青むらさき色に変化する

イ　だ液によってご飯にふくまれる物質がでんぷんに変化する

ウ　だ液によってご飯にふくまれるでんぷんが別の物質に変化する

エ　だ液のはたらきは10℃よりも40℃の方が活発である

オ　だ液のはたらきは40℃よりも10℃の方が活発である

4　次の文を読み，各問いに答えなさい。

４種類の金属(鉄・銅・真ちゅう・アルミニウム)でできた，太さも長さも同じ棒を用意し，次のような２つの実験を行いました。

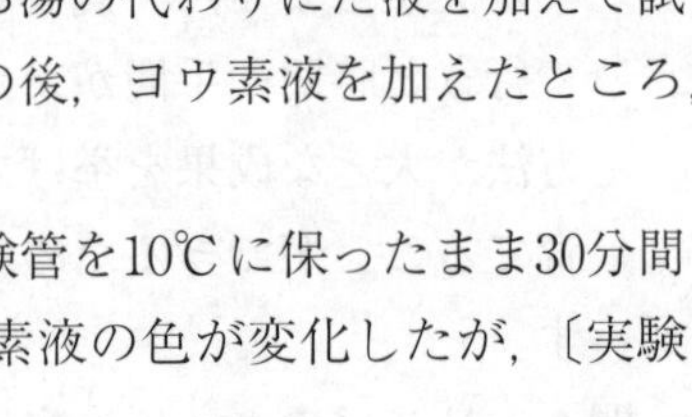

図１

〔実験１〕

手順１　**図１**のように金属棒の右端《はし》をスタンドに取り付け，棒の左端から15cmのところにろうの印をつけた。

手順２　棒の左端をほのおで加熱し，ろうの印がとけるまでの時間をはかった。

この実験を４種類の金属について順に行い，その結果を**表１**にまとめました。

金属の種類	鉄	銅	真ちゅう	アルミニウム
ろうがとけるまでの時間[秒]	310	52	120	61

表1

問1．金属棒の端を加熱するのに，**図2**のような理科実験用ガスコンロを用いました。この使い方の注意として<u>まちがっているものを選び</u>，記号で答えなさい。

図2

ア　つまみを「点火」の方へカチッと音がするまで回して，火をつける

イ　ほのおが外にはみ出すのを防ぐため，面積の大きな鉄板をのせて使用する

ウ　火を消すときには，つまみを「消」の方へ回す

エ　使い終わったらガスボンベを外し，ガスコンロに残ったガスを燃やしてから保管する

問2．4種類の金属のうち，熱を伝える速さが最も速い金属の名前を答えなさい。

問3．**図3**，**図4**のように，長さ15cmの金属棒と深さ15cmまで水を入れた試験管を斜《なな》めにして置き，それぞれの中央部分をほのおで加熱しました。このとき，**図3**のA点，B点，**図4**のC点，D点のあたたまり方について正しく表したものを次から選び，それぞれ記号で答えなさい。ただし，A＝Bはあたたまり方が等しく，A＞BはAの方がBよりも早くあたたまることを表すものとします。

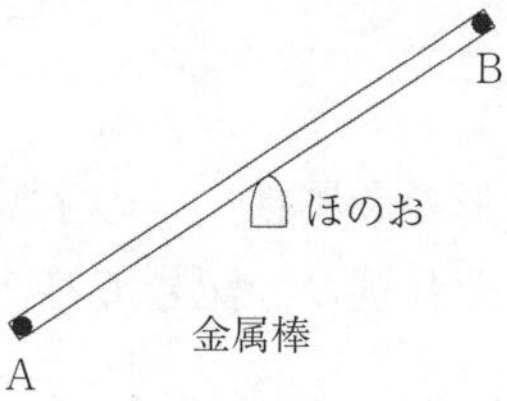

図3

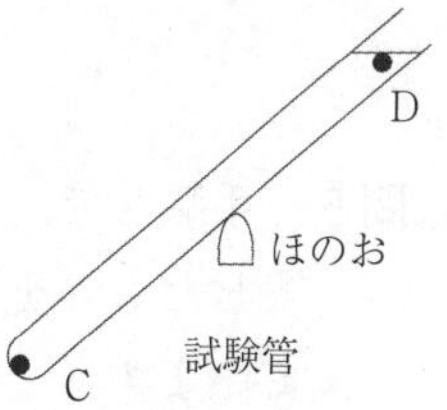

図4

(1)　**図3**　金属棒

ア　金属では熱は下に下がっていく方が伝わりやすいので，A＞Bである

イ　金属では熱は上に上がっていく方が伝わりやすいので，A＜Bである

ウ　金属では熱は棒のかたむきに関係なく等しく伝わるので，A＝Bである

(2)　**図4**　試験管

ア　水の中では熱は下に伝わっていくので，C＞Dである

イ　水の中では熱は上に伝わっていくので，C＞Dである

ウ　熱せられた水はかたむきに関係なく等しく広がるので，C＝Dである

エ　熱せられた水は上に上がっていくので，D＞Cである

問4．それぞれの金属棒を15cmの長さに切り，**図5**のように，金属棒を2本組み合わせて30cmの長さの棒にしました。この棒の右端にろうの印をつけ，左端をほのおで加熱したとき，ろうが最初にとける組み合わせを選び，記号で答えなさい。

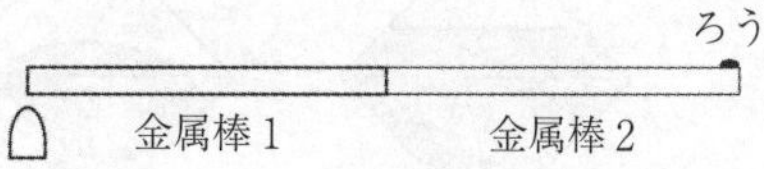

図5

	金属棒1	金属棒2		金属棒1	金属棒2
ア	銅，	アルミニウム	ウ	鉄，	アルミニウム
イ	銅，	真ちゅう	エ	鉄，	真ちゅう

〔実験２〕

手順１　４種類の金属(鉄・銅・真ちゅう・アルミニウム)でできた，大きさも厚さも同じ三角形の板，コの字型の板を用意し，それぞれの金属板にろうそくをこすりつけ，金属板の表面全体にろうを同じ厚さでぬった。

手順２　**図６**，**図７**のように，三角形の金属板，コの字型の金属板をスタンドに取り付け，Ｐ点をガスバーナーで加熱し，ろうがとけていくようすを観察した。

手順３　**図８**のように，２種類の金属板をはり合わせてスタンドに取り付け，Ｑ点をガスバーナーで加熱し，ろうがとけていくようすを観察した。

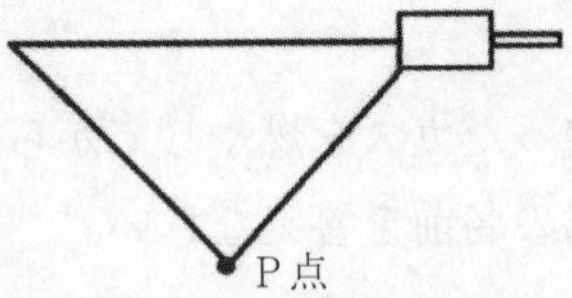

図６

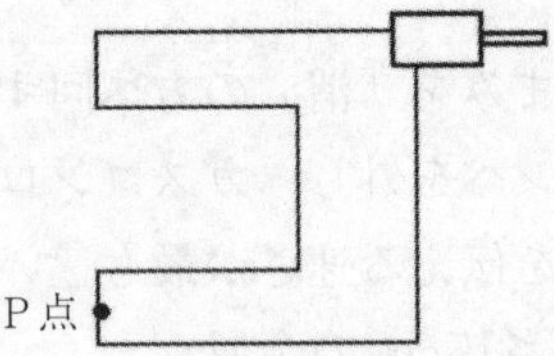

図７

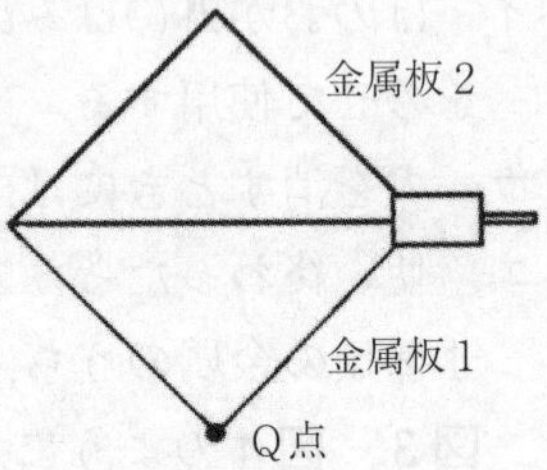

図８

問５．手順２で，三角形の金属板，コの字型の金属板のろうはどのようにとけていくか，正しく表したものをそれぞれ選び，記号で答えなさい。ただし，灰色部分はろうがとけた所を表しています。

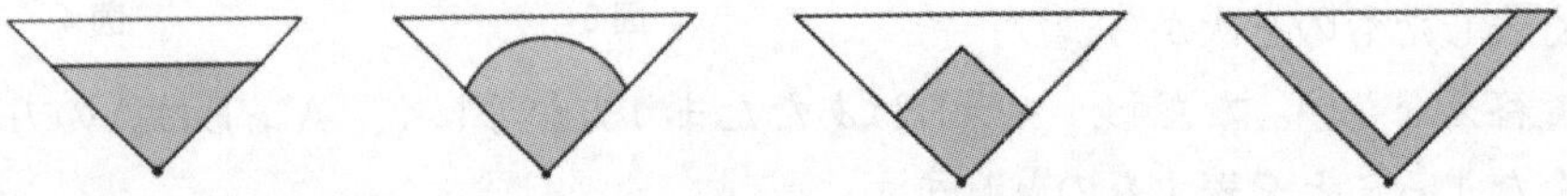

ア　イ　ウ　エ

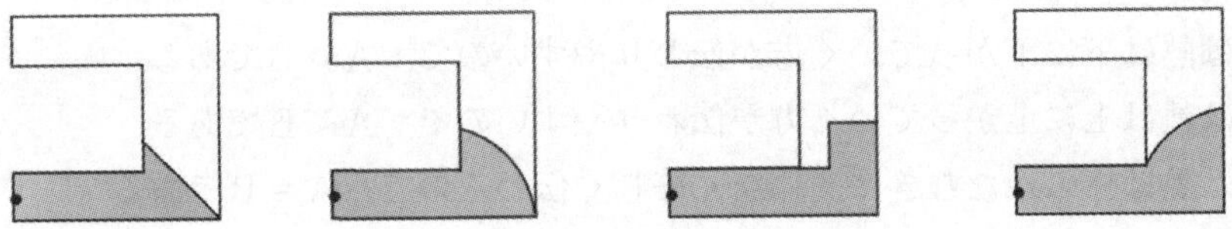

オ　カ　キ　ク

問６．手順３で，⑴金属板１に真ちゅう，金属板２に銅　⑵金属板１に真ちゅう，金属板２に鉄を選んだとき，ろうはどのようにとけていきますか。正しく表したものを次から選び，記号で答えなさい。ただし，図中の点線は結果を分かりやすくするための補助線です。

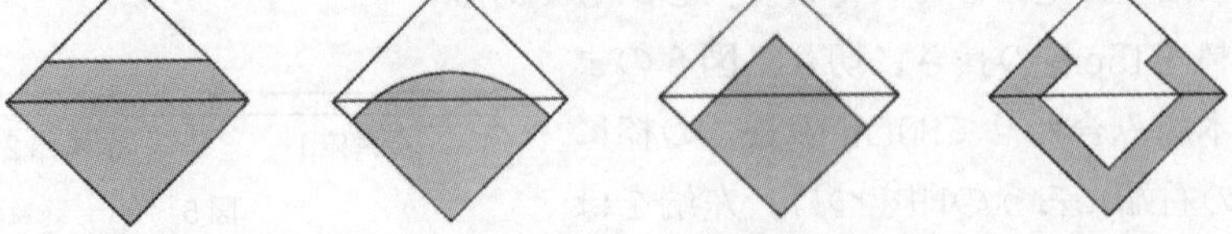

ア　イ　ウ　エ

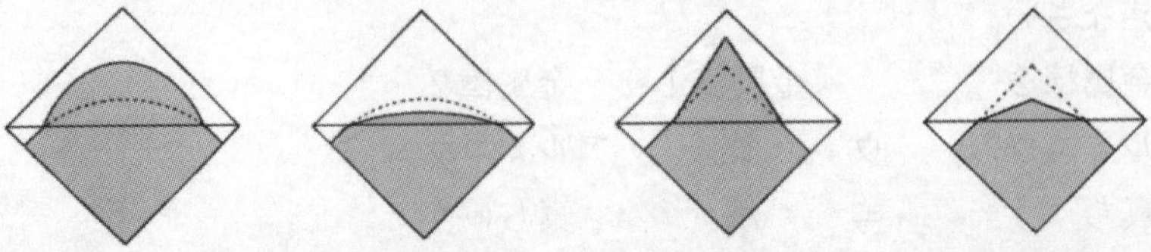

オ　カ　キ　ク

5　**次の文を読み，各問いに答えなさい。**

湘《しょう》太さんがテレビを見ていると，テレビから①警報音とともに「強いゆれがくる地域があるので注意するように」という速報が流れました。その十数秒後に実際にゆれが始まりました。その後のニュースで②Ｍ５，湘太さんの住んでいる地域での震度《しんど》は３ということが伝えられました。

③湘太さんが調べたところ，この速報は地震《じしん》のゆれ方が２種類あることを利用していることがわかりました。

図１は，この地震の震源《しんげん》からの距離《きょり》と，地震が発生してから２種類のゆれが始まるまでの時間との関係をグラフに表したものです。ただし，この地震の震源は地下の浅いところで発生し，地下を伝わる地震のゆれ方は一定であったものとします。

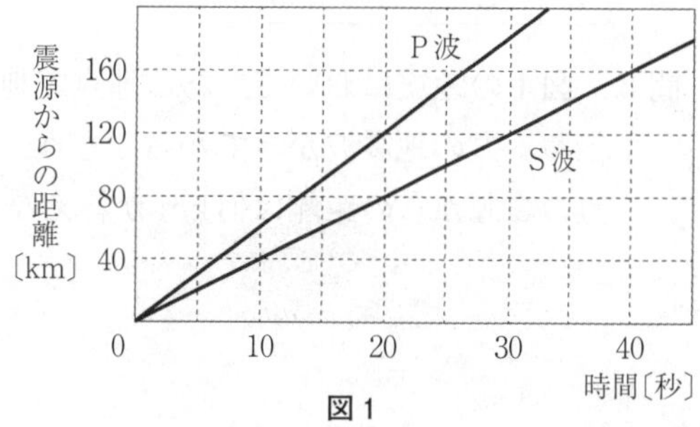

図１

問１．下線部①の速報は，予測震度が５弱以上のときにテレビやスマートフォンなどで地震の発生を知らせるためのものです。この速報の名前として正しいものを選び，記号で答えなさい。

ア　地震予知警報　　イ　緊急《きんきゅう》地震宣言

ウ　地震注意速報　　エ　緊急地震速報

問２．下線部②の「Ｍ」は，地震の規模を表す単位です。「Ｍ」の読み方をカタカナで答えなさい。

問３．地震によって起きる災害ではないものを選び，記号で答えなさい。

ア　土砂くずれ　　イ　液状化現象　　ウ　火さい流　　エ　津波《つなみ》

問４．震源から80kmの地点にＳ波が伝わるのは地震が発生してから何秒後か答えなさい。

問５．Ｐ波の速さは毎秒何kmか答えなさい。

問６．震源から36kmはなれた地点にＰ波が伝わったのは11時15分16秒でした。地震が発生した時刻は，11時何分何秒か答えなさい。

問７．次の文は，下線部③の湘太さんが調べた内容です。文中の［　］にあてはまるものの組み合わせを選び，記号で答えなさい。

地震が発生すると，震源からはゆれが波となって地下を伝わっていきます。これを地震波といいます。地震波にはＰ波とＳ波があり，［　1　］波の方が速く伝わる性質があります。一方，強いゆれによってひ害をもたらすのは後から伝わってくる［　2　］波です。このため，地震波の伝わる速さの差を利用して，先に伝わる地震波を検知した段階で危険がせまっているのを知らせることが可能になります。例えば，**図１**の地震のゆれ方で見ると震源から120kmはなれた地点では，２種類の地震波のうち，速く伝わる方の地震波がきてから，もう一方の地震波が伝わるまでに［　3　］秒かかっています。

	1	2	3
ア	P	S	10
イ	S	P	10
ウ	P	S	20
エ	S	P	20
オ	P	S	30
カ	S	P	30

問８．**図１**の地震において，ある地点で地震波を観測したところ，２種類の地震波のうち，速く伝わる方の地震波がきてから，もう一方の地震波が伝わるまでに15秒かかりました。この地点の震源からの距離は何kmか答えなさい。

ア　どんなにがんばってもなかなか浜に近づくことができず、心細い気持ちがじょじょに強くなってきたから。
イ　掌にできた豆が潰れた痛みをがまんして船を漕いでいたものの、いち早くあきらめてしまった康男の大きな泣き声についつられてしまったから。
ウ　浜に戻《もど》ることをほぼあきらめかけたちょうどその時に浜がだんだん近づいてきて、わずかな望みが生まれてきたから。
エ　みんなでがんばって船を漕いでいる上にオヤジが助けようとしてくれていることが分かり、助かるかもしれないという気持ちになったから。

問六　――線部4「みんなでHを糾弾した」とありますが、この時の「みんな」の気持ちはどのようなものだったと考えられますか。もっともふさわしいものを次のア～エの中から一つ選び、記号で答えなさい。
ア　船に向かって泳いでくるオヤジに怒られるのがただただこわくて、Hを置いて船から早く逃げ出そうとそわそわしている。
イ　オヤジが船に乗りこんだのを見てすっかり安心した気持ちになり、Hの責任を問いつめる心のゆとりが生まれている。
ウ　とても怒った表情をしているオヤジの顔を見て、なんとか自分たちは悪くないということを主張しようとたくらんでいる。
エ　助かることを確信したために、沖に漕ぎ出すということを最初に言い出したHを責める心の余裕ができている。

問七　――線部5「なんとオヤジは、みんなを一塊にしてギュッと抱いていたのだ」とありますが、なぜ「オヤジ」はこのような行動を取ったのですか。もっともふさわしいものを次のア～エの中から一つ選び、記号で答えなさい。
ア　ここで海で失敗をした子どもたちを怒ってしまうと、海に対する恐怖《きょうふ》心を植えつけてしまうことになると考えたから。
イ　自分と同様に子どもたちは今後海を生活の場としていかなければならず、まずは連帯感をいだかせる必要があると考えたから。
ウ　全員が無事であったことをまずは喜ぶべきであって、今回の失敗の原因を追究するのは後にすればよいと考えたから。
エ　子どもたちが思いきって海にいどみ、おとなの助けを求めないという姿勢を大切にして、とにかくほめてあげることが大切だと考えたから。

問八　――線部6「意外な成り行き」とありますが、それを説明した以下の文の（Ⅰ）・（Ⅱ）にあてはまる十字以内のことばを本文中から探し、それぞれぬき出して答えなさい。

Hはてっきり（　Ⅰ　）と思っていたが、実際は（　Ⅱ　）ということ。

問九　以下は本文における表現についての説明です。正しいものには「1」、正しくないものには「2」と答えなさい。
ア　「らしい（らしかった）」とはものごとをおしはかる意味の表現だが、そこには主人公たちの期待する気持ちが強く表されている。
イ　会話文に方言をふんだんに用いることで、登場人物同士の生き生きとしたやりとりを読者に感じさせる効果がある。
ウ　実在する具体的な地名をあげることによって、読者に地理的な位置関係を正確に理解させようとしている。
エ　カギカッコを実際に発したことばには付け、心の中で思っただけのことには付けないというように明確に区別している。
オ　主人公が過去を回想する場面をはさみながら、しだいにさしせまっていく状況《じょうきょう》が効果的に表現されている。

※渾身　からだ全体。
※糾弾　罪や責任などについて、きびしく責めること。

問一　本文中の（A）～（D）にもっともよくあてはまることばを、次のア～カの中から一つずつ選び、それぞれ記号で答えなさい。ただし、同じ記号をくり返し用いてはいけません。

ア　わざわざ　イ　いよいよ　ウ　とうとう
エ　すいすい　オ　ぜんぜん　カ　ただただ

問二　――線部a～cの意味としてもっともふさわしいものはどれですか。後のア～エの中から一つずつ選び、それぞれ記号で答えなさい。

a「勇んで」
ア　張りきって
イ　できるかぎり急いで
ウ　向こう見ずにも
エ　無理に勇気をふりしぼって

b「口々に」
ア　多くの人が説得するように言うこと
イ　多くの人が気持ちを一つにして言うこと
ウ　大勢の人が自分勝手に意見を言うこと
エ　大勢の人がそれぞれにものを言うこと

c「観念して」
ア　いのって　イ　じっくり考えて
ウ　恐れにふるえて　エ　あきらめて

問三　――線部1「覚悟はしていた」とありますが、何を「覚悟」していたのですか。もっともふさわしいものを次のア～エの中から一つ選び、記号で答えなさい。

ア　口では何も説明してくれないということ。
イ　親切に教えてくれるということ。
ウ　教え方に手加減がまったくないこと。
エ　わけもなく怒られるということ。

問四　――線部2「漕いでも漕いでも、なかなか浜辺に近づかなかったので焦った」とありますが、ここに至るまでのHの気持ちの説明としてもっともふさわしいものを次のア～エの中から一つ選び、記号で答えなさい。

ア　沖に船を漕ぎ出すことに内心では不安を覚えていたが、友人たちの意見に合わせて、無理にその気持ちをかくすようにふるまっていた。しかし、意に反して船が浜辺からどんどん離《はな》れてしまったので、どうすればいいのか分からなくなっている。
イ　気分よく船を沖に漕ぎ出し、気持ちが大きくなって思いつきを口にしたものの、船が潮に流されて思い通りにならなくなっていることに気づいて不安を感じるようになった。そして、浜辺に近づくことができずにあわてている。
ウ　最初は何も不安に感じることなく、実現できそうもないことを友人たちに提案するなどしていた。ところが、それに挑戦《ちょうせん》している中で危険な状態におちいってしまい、言い出した自分の責任の大きさを自覚して絶望している。
エ　じょうずに船をあやつることができたので、得意な気持ちになっていた。海をこわがる友人を気づかう余裕もあったが、しだいに潮の流れが変化して目的地に船を到着《とうちゃく》させることが難しくなり、どこでもいいからどこかの浜辺に早く着きたいと思っている。

問五　――線部3「みんな泣き出した」とありますが、それはなぜですか。もっともふさわしいものを次のア～エの中から一つ選び、記号で答えなさい。

どうなるのか、心配でたまらなかったのだ。しかし、他の三人はちょっと沖まで漕ぎだすことに賛成した。

「みんなで漕いでみようや。康男は嫌《いや》やったら漕がんと乗っとれ」とb口々にいった。

ところが、しばらく漕いでいるうちに、Hたちはちょっと不安になった。

船はなかなか西のほうに向かわずに、反対に東のほうに流されているのに気がついた。

すでに潮流が変わっている時刻だったらしい。

「あかん、沖へ出るのヤメや。岸につけよう。もうどの浜でもええわ」

と、潮の流れに逆らって※渾身《こんしん》の力を出し交代で漕いだ。もう淡路島へ向かうどころではなくなっていた。2漕いでも漕いでも、なかなか浜辺に近づかなかったので焦《あせ》った。

Hたちが遊んでいた浜辺の海と違《ちが》って、沖の潮の流れは思ったよりもずっと速かった。

船を出した駒ケ林《こまがばやし》の浜が、目の前から横にどんどん遠ざかっていった。

必死で漕ぎながら横目で浜を見ていると、帰ってきていた鈴木のオヤジが、こっちに向かって手をふりながら何か叫《さけ》んでいるのが見えた。声が（Ｂ）聞こえなかったが、どうやら、手の動きをよく見ると、東へ行くといっているようだった。それからオヤジは自転車にとび乗って走りはじめた。

すぐその姿は家並に隠《かく》れて見えなくなったが、先回りして待っていてくれるらしかった。

みんな頑張《がんば》って交代で漕いでいたが、掌《てのひら》にできた豆が潰《つぶ》れて痛くてたまらなくなった。

康男の大きな泣き声につられて、（Ｃ）3みんな泣き出した。それでも泣きながら漕いだ。

新湊川《しんみなとがわ》の川口の防波堤《ぼうはてい》が目の前に迫《せま》って見えてきたとき、やっと船が浜に近づいた。

オヤジは自転車を砂浜に倒《たお》して服を脱《ぬ》ぎ、海に飛び込んで泳ぎ始めた。

Hは、「やっと助かった！」と思った。友人たちは、安心したのか口々に、

「怒られるぞ。Hが悪いんやで」「ぼくら悪うないぞ。お前のせいや！」

と、4みんなでHを※糾弾《きゅうだん》した。

Hは、たしかにその通りだと思ったから、船から飛び降りて泳いで逃《に》げたかったが、c観念してオヤジがやってくるのを待った。

オヤジが船《ふな》べりに手をかけたので、手をのばして上がるのを手伝った。

Hはぶん殴《なぐ》られるのを覚悟して目を固くつぶった。すると濡《ぬ》れた腕《うで》で抱《だ》きすくめられたのを感じ、ビックリして目を開けてみた。5なんとオヤジは、みんなを一塊《ひとかたまり》にしてギュッと抱いていたのだ。

Hは6意外な成り行きに（Ｄ）驚いた。

「みんな無事やったんやから、もうええ。なにもいわん。これで海が怖《こわ》うなったらあかんぞ。我《われ》は海の子やぞ。ええなあ！　わかったら返事せえ！」

といったので、みんな泣きじゃくりながら「ハイ」と答えた。

※伝馬船　荷物などを運ぶのに使う小さな船。
※櫓　船をこぐ道具。
※凪いでいた　風がやんで、波が静まっている、ということ。
※淡路島　瀬戸《せと》内海《ないかい》の最大の島。兵庫《ひょうご》県の南部にある。

イ　動物を、人間に必要なものを生み出させる労働力と等しい存在とみなす思想。

ウ　動物は人間に害を与えることもあるが、食物として恵みを与えるかけがえのない存在でもあるという思想。

エ　動物は人間がさまざまに利用できる資源であり、人間に必要なものを数多く与えてくれる存在であるという思想。

問八　人間が暴力的にならないために守らなければいけないものを十九字で探し、始めと終わりの五字ずつをぬき出して答えなさい。

問九　全体の主旨《しゅし》をもっともよく表しているものを、次のア～エの中から一つ選び、記号で答えなさい。

ア　文明vs自然という二元論　　イ　自然界との関係の修復

ウ　農業から得る学び　　エ　信仰による自然との共生

四　**以下の文章は妹尾河童《せのおかっぱ》さんの自伝的小説『少年Ｈ《えいち》』の一節です。妹尾さんは元の名を「肇《はじめ》」といい、それをローマ字で書いた時の最初の文字「Ｈ」を呼び名としていました。これを読んで、後の各問いに答えなさい。**

康男《やすお》は潜《もぐ》りもうまかったが、さすが漁師の息子《むすこ》だけあって、※伝馬《てんま》船《せん》を漕《こ》ぐのもうまかった。

「船を漕ぐの教えてくれ」とせがんだら、

「トウチャンに教えてもらえ。そやけどうちのトウチャンはキビシイぞ」といった。

Ｈは、海に投げ込《こ》まれたことをよく覚えていたから、1覚悟《かくご》はしていた。

友だち四人が揃《そろ》って漕ぎ方を教えてもらうことになった。

船に乗って※櫓《ろ》を持とうとしたら、櫓を握《にぎ》る位置が高くて手が届かなかった。それを見た康男が、素早《すばや》く魚を入れる箱を三個積み重ねてくれた。「ぼくも届かんから、いつもこうしているんや」と白い出っ歯を見せて笑った。

オヤジはまず、櫓を8の字を描《か》くように動かせと教えてくれたが、習った通りに漕いでも、同じ所をグルグル回るだけで、少しも船は前へ進まなかった。

でも三日ほど、毎日稽古《けいこ》をしているうちに、船は思った方向に進むようになった。

漁から帰ってくる船を待ち受け、浜辺《はまべ》へ引き上げる前に漕がせてもらっては遊んだ。

ある日、鈴木《すずき》のオヤジがちょっと町へ出る用があって漁を休むと聞いたので、

「船を元どおり浜にあげておくから貸して」と頼《たの》んで、許可してもらった。

さっそくＨたち五人が乗り込んで、a勇んで海に出た。

みんなうまくなっていたので、（Ａ）沖へ出ていった。上天気だったので青い空にポッカリ雲が浮《う》き、海は静かに※凪《な》いでいた。海峡《かいきょう》を隔《へだ》てた※淡路島《あわじしま》がすぐ目の前にハッキリ見えていた。

「いまの潮は西向きでええ天気やから、淡路島まで行けるかもわからん」とＨがいった。

「淡路までは遠いから無理や！　そんなことしたらオトウチャンに怒《おこ》られる」

驚《おどろ》いた康男は猛烈《もうれつ》に反対した。Ｈも本気で淡路まで行けるとは思っていなかったので、

「淡路島まで行けんでもええんや。みんなで交代で漕いで、行けるとこまで行ってみよう」

といったら、しくしく泣き出した。彼《かれ》は、トウチャンの大事な船が

※ドキュメンタリー　実際にあった出来事をそのまま記録したもの。
※肥沃　土地がこえていて、作物がよくできること。
※バイオガス　家畜のふんや尿、生ごみを発酵《はっこう》させると発生するガス。
※灌漑用水　川や湖から田畑をうるおすために、人工的に水を引く水路。
※有機農業　農薬や化学肥料を使わずに作物を生産する農業のやり方。
※エコロジー　生物や人間と、それを取りまく環境の調和を大事にしようとする考え。
※抗生物質　カビや細菌《さいきん》によって作られ、他の微生物《びせいぶつ》を殺したり、はたらきをおさえたりするもの。
※テロ　政治的な目的を成しとげるためには、人の命をうばってもよいとする考え。

問一　(A)～(C)にもっともよくあてはまる接続詞を、次のア～エの中から一つずつ選び、それぞれ記号で答えなさい。ただし、同じ記号をくり返し用いてはいけません。
ア　だから　イ　なぜなら
ウ　一方　エ　たとえば

問二　――線部1「こうした教育」とありますが、その説明としてふさわしくないものを、次のア～エの中から一つ選び、記号で答えなさい。
ア　自然体験を通した心身の発達を目指す教育
イ　自然に触《ふ》れながら自身の感性を磨《みが》く教育
ウ　自然の危機的状況を伝え改善させるための教育
エ　自然体験を通し、自己で判断し行動する力を養う教育

問三　[a]・[b]にあてはまる語句を本文中から探し、それぞれ漢字二字でぬき出して答えなさい。

問四　――線部2「変な表現」とありますが、なぜ「変」なのですか。その説明としてふさわしい所を「～から。」があとに続くように本文中から二十字で探し、始めと終わりの五字ずつをぬき出して答えなさい。

問五　(1)　――線部3「自分の内なる自然への感受性を高めること、そして同時に自分の周りに、自然との一体性を体感できる機会を意識的につくっていくことが大切だ」と筆者は述べていますが、なぜ筆者はそのように考えたのですか。もっともふさわしいものを次のア～エの中から一つ選び、記号で答えなさい。
ア　自然と一体化することで、自然を信仰の対象にできるから。
イ　自然と一体化することで、支配者と被支配者の関係を強化できるから。
ウ　自然と一体化することで、環境活動に熱心な人が増えるから。
エ　自然と一体化することで、環境問題の根本を正すことができるから。

(2)　自然への感受性の高さを育むためにはどうすることがよいと筆者は述べていますか。32ページ下段18行目「長い間、自分と～」から31ページ上段27行目「～思うだろうか。」に出てくる言葉を用いて、句読点をふくめて二十五字以内で説明しなさい。

問六　次の一文を補うのにもっともふさわしい所を、本文中の【Ⅰ】～【Ⅳ】の中から一つ選び、記号で答えなさい。

その意味では、ぼくも、きみも、一種の〝野生〟なのだ。

問七　――線部4「深遠なエコロジー思想」の説明としてもっともふさわしいものを、次のア～エの中から一つ選び、記号で答えなさい。
ア　動物を管理することで、人間が自然界の頂点に立ち生物を繁栄させることができるという思想。

一方、これだけの贈《おく》り物を与えつづける牛たちが、人間に求めるものは何か。少しばかりの世話、人間が食べない草や藁といった食料。そして、多分、感謝と敬意。それだけだ。聖なる牛という、古代からのインドの信仰《しんこう》は、自然の大いなる恵《めぐ》みに対する人間側からのひとつの応答だったのだろう。

何百年、何千年という長い歴史の中で培《つちか》われてきた人間と動物の関係が壊《こわ》された後には、何が現れるのだろう。ぼくはもう十年以上前に、ヴァンダナが家畜《かちく》について書いた文章を読んで、ショックを受けたことがある。それは二〇〇三年の終わりから、翌年初めにかけて、世界中が鳥インフルエンザをめぐるパニックに陥《おちい》っていたころだ。その時だけで、アジアを中心に一億にものぼるニワトリが「殺処分」されたといわれる。

ヴァンダナは、こういう病気が発生する背景として、われわれ人間が、ニワトリたちをどう扱ってきたか、にこそ注意を向けるべきだ、と言った。

ケージにぎゅうぎゅう詰《つ》めにされたニワトリは、電気による人工的な光を浴びながら、餌《えさ》を食べつづける、卵と肉の製造マシーンと化している。これ以上ないというくらい不健全なこれらの生きものたちをなんとか生きながらえさせているのは、大量に投与《とうよ》される※抗生物質《こうせいぶっしつ》などの薬品だという。

それぞれの生きものには、それが自分らしく生きるのに必要な最低限の条件というものがある。それが奪《うば》われた時、その生きものに何が起こるのだろう。ヴァンダナによれば、その生命は、混乱し、不安定化し、劣化し、さらに暴力化する。家畜に見られる「とも食い」現象はその表れだという。ニワトリがくちばしで突《つ》つき合い、放っておけば、相手が死ぬまで攻撃《こうげき》してしまう。それでは困ると、養鶏業者《ようけいぎょうしゃ》は、あらかじめニワトリのくちばしを抜《ぬ》いておくことにする。でも、それが問題の本当の解決であるはずはない。

ヴァンダナは、ここからさらに一歩踏《ふ》みこんでこう言った。こんなふうに人間が家畜に対して暴力的であることと、人間同士がお互《たが》いに対してますます暴力的になっていることとは、深く関係しているにちがいない。家畜に起こっているのと同じことが人間の世界でも起こっているのではないか。つまり、他者に向けられた暴力であるテロも、自分に向けられた暴力である自殺も、ともに、生きものである人間が、人間らしく、生きものらしく、自然と調和して生きていくために必要な、最低限の条件を奪ったり、奪われたりしていることの結果ではないのか。

ヴァンダナはこうつけ加える。そうだとすれば、「※テロに対する戦い」なるものも、問題の解決どころか、とも食いを防ぐためにニワトリのくちばしをあらかじめ抜いておく、というくらいの意味しかもちえないだろう、と。

（辻　信一「弱虫でいいんだよ」より）

※ガーデニング　草木の手入れ、野菜作りなど、趣味《しゅみ》としての庭仕事のこと。

※キャンパス　大学などの構内。

※二元論　ある事柄の本質を解釈するために、二つの対立する観点から説明しようとする方法。

※傲慢　えらぶって、人をばかにするようす。

※賢治　宮沢賢治のこと。

※狩猟採集民　野生の動物をとり、植物を集めて生活する人たち。

※否応なし　無理やりに。

※石器時代　人間が石で作った道具を使っていた時代。

※動悸　心臓がどきどきすること。

世界はただ見ているだけではない、耳を澄ましてもいる。……（昔ながらの教えによれば）人間以外の存在は、自分たちが殺され、食料として食べられるのを気にしてはいない。だがその際、彼《かれ》らは、喜びと感謝の言葉が人間の口から聞かれることを期待しており、自分たちが粗末《そまつ》に扱《あつか》われることをひどく嫌う。（ゲーリー・スナイダー）

アメリカ人の詩人ゲーリー・スナイダーはここで、ただ単に野生動物と※狩猟《しゅりょう》採集民の関係のことを話しているのではない。どこに住んでいようと、それが一見自然と切り離された都会だったとしても、ぼくたちはだれもみな、生きものを食べることによって自分のいのちを養う生きものであることに変わりない。【Ⅲ】

大自然を求めて遠くに出かけていく必要はない。ぼくたちはどこにいても、※否応《いやおう》なしに自然界とつながっているのだし、そもそも自分の身体そのものが、大自然なのだ。※石器時代の昔から、人間の身体機能は基本的に同じだ。他の哺乳類《ほにゅうるい》と同様に、物音に思わず振《ふ》り向いたり、高所で目まいがしたり、興奮すると※動悸《どうき》がしたり……。野生がちゃんとここにある証拠《しょうこ》だ。

スナイダーによれば、現代人はその野性を無視したり、下に見たり、敵視したりすることで、自由になるどころか、逆に大いなる不自由を抱《かか》え込《こ》んできたのだ。（　B　）、人間たちからひどい仕打ちを受けても、野生はとても我慢《がまん》強く、寛容《かんよう》だ。【Ⅳ】

野生が我々《われわれ》に求めているのは、土地について学び、すべての鳥や動植物に黙《だま》って挨拶《あいさつ》し、流れを渡《わた》り、尾根《おね》を越《こ》え、家に帰って楽しい話をすること。

これって、「求めすぎ」だと、きみは思うだろうか。

世界中の伝統文化では、動物を軽蔑《けいべつ》したり、見下したりするどころか、神聖な存在としてあがめることも珍《めずら》しくなかった。（　C　）、インドでは、昔から牛が神聖な存在だと見なされてきた。

ぼくが仲間たちとつくった『いのちの種を抱《だ》きしめて』という、インドの科学者で環境運動家のヴァンダナ・シヴァへのインタビューを中心とする※ドキュメンタリー映画の中に、彼女《かのじょ》が設立したナヴダーニャ農場を訪ねるシーンがある。「あなたにとって牛とは何？」とたずねるぼくに、ヴァンダナはこう答える。

「インドの世界観によれば牛は宇宙そのもの。だって、人間が必要なもののほとんどを与《あた》えてくれるから」

まず牛は農作業や運搬《うんぱん》の仕事を担《にな》う貴重な労働力だ。牛の排泄《はいせつ》物もインドの農業にとってなくてはならないもの。それさえあれば、大地は※肥沃《ひよく》であり続け、藁《わら》と混ぜて乾燥《かんそう》させればそのまま燃料にもなるし、※バイオガスとしても使える「再生可能エネルギー」だ。浄化《じょうか》作用や防腐《ぼうふ》性があるので、石けんとしても、壁材《かべざい》としても使われてきた。尿《にょう》もこして※灌漑《かんがい》用水に混ぜて使えば、これまた万能《ばんのう》肥料。

それらすべてに加えて、栄養たっぷりのミルクや乳製品という貴重な食べ物を与えてくれる。ヴァンダナは、※有機農業を進めるうちにいかに牛が重要かを思い知らされた。そして気づく。「聖なる牛」という考えは、単なる非科学的で古臭《ふるくさ》い迷信《めいしん》などではなく、実は、4深遠な※エコロジー思想に基《もと》づいていたのだ、と。

この美しい生きものさえいてくれれば、石油は不要。すべての環境問題の答えがここにある。これこそが本当の豊かさというものよ。

す必要がある、と信じている。

そういえば、ぼくの大学では、ここ数年、キャンパスでヤギを飼っている。草地に放しておけば、草刈《くさか》りをしてくれるので助かるという実用的な理由もあるだろうが、何よりも、町のただ中に現れた「動物たちのいる風景」が、ぼくたち人間のうちに、忘れかけていた何か貴重なものを呼び起こすのだ。

文明というものは※二元論的だ。そもそも、「文明(英語のcivilization)」という言葉は「町」を意味する言葉からできた。その「町」とは、自然という領域の対極にある人間だけの領域としての町だ。二元論は、都会でもあり田舎《いなか》でもあるとか、里でもなく山でもない、といった「どっちつかず」を嫌《きら》う。そして人間と自然とをきっちりと区別し、切り離《はな》そうとする。(A)文明は、人間と自然との混じり合いや交流にも冷淡《れいたん》だ。

こうして人間が自然から断《た》ち切られることによって、さまざまな問題が起こり始める。「自然欠乏《けつぼう》障害」とか「自然欠乏症候群《しょうこうぐん》」とか呼ばれる病気が、世界のあちこちで話題になっている。特に都市化が進んだ国々では深刻さが急速に増している。この病気は一人ひとりがかかるものだが、現代世界で「環境《かんきょう》問題」と呼ばれる社会的な〝病気〟も、実は、人間と自然の分離《ぶんり》ということにその根っこがあるのだとぼくは考えている。

人間としての自分が自然と地続きであることが感じられなくなり、自分が実は自然の一部であることがわからなくなってしまえば、自然は自分と関係のない単なる「他者」となり、「物」となる。それはさらに単なる「資源」でしかなくなる。そうなれば、自然はもう、人間が自分のために支配し、利用するべき対象でしかない。こうして、「支配する強者としての[a]」対「支配される弱者としての[b]」という二元論的な図式ができあがってしまう。

環境の汚染《おせん》や劣化《れっか》や混乱といった環境問題はよく、「痛めつけられた、みじめでかわいそうな自然」として描《えが》かれる。ほら、あの「油まみれの海ドリ」、「氷を求めて海をさまようシロクマ」といったよく目にするイメージだ。

「環境によい」とか、「自然にやさしい」という言い方をきみも聞いたことがあるだろう。思えば、これはとても2変な表現だ。まず、環境や自然を自分から離れた場所に存在する「他者」として区別した上で、自分よりも下のものとして「上から目線」で見下しているのだ。そういう見方は、環境活動に熱心な人の中にもある。どこかに、「かわいそうな自然を救おう」といった発想がひそんでいるようなのだ。この場合にも、自分が自然の一部だという意識が欠けている。【Ⅰ】

そういうわけで、3自分の内なる自然への感受性を高めること、そして同時に自分の周りに、自然との一体性を体感できる機会を意識的につくっていくことが大切だ。どうやら、「森のようちえん」をぼくたちみんなが必要としているようだね。

長い間、自分と自然とを隔《へだ》ててきた何重もの防壁《ぼうへき》を、ひとつずつとり払《はら》っていく。それは勇気のいることだ。きっと自分の弱さや脆《もろ》さと向き合うことになるから。でも、「弱さ」を知ることで、きみは謙虚《けんきょ》になれるだろう。謙虚は、繊細《せんさい》さや感受性の高さに通じる。それは、「強さ」と見なされているものが、しばしば※傲慢《ごうまん》や鈍感《どんかん》を意味するのと対照的だ。【Ⅱ】

「弱さ」のパワーとはそういうものなのではないか、とぼくは思う。

※賢治《けんじ》がそうしたように、ぼくたちも耳を澄《す》ます。するとやはり耳を澄ましている世界が感じられる。

二〇二二年度 湘南学園中学校

Shonan Gakuen

【国　語】〈B日程試験〉（五〇分）〈満点：一五〇点〉

一　――線部のカタカナをそれぞれ漢字に直しなさい。

(1) 生まれ育ったキョウドの歴史を学ぶ。
(2) 命令にジュウジュンな態度。
(3) 客から寄せられた苦情にタイショする。
(4) 試験に向けてメンミツな学習計画を立てる。
(5) 水にとけやすいセイシツ。
(6) 需要《じゅよう》とキョウキュウとの関係。
(7) 運営にシショウをきたす。
(8) 新作に意欲をモやす。
(9) 正しい手続きをへて入手する。
(10) 期日までに税金をオサめる。

二　□にあてはまる漢数字を解答らんaに、もっとも近い意味を持つ四字熟語を後のア～オの中から一つずつ選んで、解答らんbにそれぞれ記号で答えなさい。

1 □意専心
2 □差万別
3 □里霧中《むちゅう》
4 森羅《しんら》□象
5 一石□鳥

ア 一挙両得　イ 暗中模索《もさく》　ウ 一心不乱
エ 有象《うぞう》無象　オ 十人十色

三　次の文章を読んで、後の各問に答えなさい。なお、問題の都合上一部省略している所があります。

日本だけでなく、今世界中で、「農」が人気を集めている。若い世代には、農的な暮らしを求めて都会を後にする人が少なくない。職業としての農業を志す人、家族のための食料自給を目指す人もいるが、たいがいはベランダや庭や市民農園などでの小規模の※ガーデニングから始まる。それもまた自然界とのつながり直しに向けた一歩なのだろう。「森のようちえん」と呼ばれる幼稚園《ようちえん》が全国に増えている。これは、本来、人間に欠かすことのできない大切な自然体験が、現代社会の中で極《きわ》めて少なくなったことへの反省から、北欧《ほくおう》やドイツの教員や親たちが始めた運動だ。

「森のようちえん全国ネットワーク」のホームページには、「大切にしたいこと」として、まず、「自然はともだち」、「いっぱい遊ぶ」、「自然を感じる」「自分で考える」といった合言葉が並んでいる。そして、目標として、「自然の中で、仲間と遊び、心と体のバランスのとれた発達を促《うなが》す」こと、「自然の中でたくさんの不思議と出会い、豊かな感性を育む」こと、「子どもの力を信じ、子ども自身で考え行動できる雰囲気《ふんいき》をつくる」ことなどがあげられている。

おもしろいのは、1こうした教育が、子どものためにだけあるのではない、という考え方だ。子ども、親、保育者が、自然の中で「共に育ちあうこと」が大事だという。

ぼくが勤める大学で、ぼくは学生たちと一緒《いっしょ》に、※キャンパス内外の田んぼや畑で作物を育てている。すべて手作業で、化学肥料や農薬も一切《いっさい》使わない。はじめのうちは国際学部なのに、なんで？　と首を傾《かし》げる人もいたけど、ぼくは国際人よりもっと先を行く「地球人」になるためには、何より、「自然の一部として生きている自分」を見出《みいだ》

2022年度

湘南学園中学校 ▶解説と解答

算 数 ＜B日程試験＞（50分）＜満点：150点＞

解 答

1 (1) 70 (2) 7 (3) $\frac{19}{30}$ (4) $2\frac{1}{3}$ **2** (1) 61点 (2) 2 (3) 180 g (4) 7秒 (5) 500円 (6) 5日間 (7) 99度 (8) **ア** 30 **イ** 160 **ウ** $\frac{3}{16}$ **エ** 1000 **オ** 187.5 **3** (1) 25cm² (2) 14cm² **4** (1) 64cm² (2) 80 **5** (1) 17 (2) 毎分280m (3) 19分後 **6** (1) 4 (2) 36個 (3) 103個 (4) 10

解 説

1 四則計算，逆算

(1) $10\times7-6\div3+2=70-2+2=70$

(2) $22.2\div1.2-2.5\times4.6=18.5-11.5=7$

(3) $0.7\times\left(5\frac{5}{6}-2\frac{2}{3}\right)\div3\frac{1}{2}=\frac{7}{10}\times\left(5\frac{5}{6}-2\frac{4}{6}\right)\div\frac{7}{2}=\frac{7}{10}\times3\frac{1}{6}\div\frac{7}{2}=\frac{7}{10}\times\frac{19}{6}\times\frac{2}{7}=\frac{19}{30}$

(4) $\left(\square-\frac{5}{6}\right)\times1\frac{1}{4}=1\frac{7}{8}$より，$\square-\frac{5}{6}=1\frac{7}{8}\div1\frac{1}{4}=\frac{15}{8}\div\frac{5}{4}=\frac{15}{8}\times\frac{4}{5}=\frac{3}{2}$ よって，$\square=\frac{3}{2}+\frac{5}{6}=\frac{9}{6}+\frac{5}{6}=\frac{14}{6}=\frac{7}{3}=2\frac{1}{3}$

2 平均とのべ，整数の性質，濃度《のうど》，通過算，比の性質，仕事算，角度，正比例と反比例

(1) （平均点）＝（合計点）÷（教科数）より，（合計点）＝（平均点）×（教科数）となるから，国語と算数の2教科の合計点は，68.5×2＝137（点），理科と社会と英語の3教科の合計点は，56×3＝168（点）と求められる。よって，5教科の合計点は，137＋168＝305（点）なので，5教科の平均点は，305÷5＝61（点）である。

(2) $A=7\times\square+5$，$B=7\times\triangle+4$と表すことができる（□と△は整数）。すると，AとBの和は，$(7\times\square+5)+(7\times\triangle+4)=7\times\square+7\times\triangle+5+4=\underline{7\times(\square+\triangle)}+9$となる。ここで，＿の部分は7で割り切れるから，$A$と$B$の和を7で割ったときの余りは，9を7で割ったときの余りと等しくなることがわかる。よって，9÷7＝1余り2より，2と求められる。

(3) （食塩の重さ）＝（食塩水の重さ）×（濃度）より，8％の食塩水300gに含《ふく》まれている食塩の重さは，300×0.08＝24（g）とわかる。また，食塩水に水を加えても食塩の重さは変わらないので，水を加えて濃度が5％になった食塩水にも24gの食塩が含まれている。よって，水を加えた後の食塩水の重さを□gとすると，□×0.05＝24（g）と表すことができるから，□＝24÷0.05＝480（g）と求められる。したがって，加える水の重さは，480－300＝180（g）である。

(4) 右の図1のようになってから，急行列車の最後尾《さいこうび》アと普通《ふつう》列車の最後尾イが出会うまでの時間を求めればよい。図1で，アとイの間の距離《きょり》は，200＋220＝420（m）である。また，この

図1

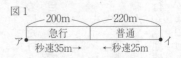

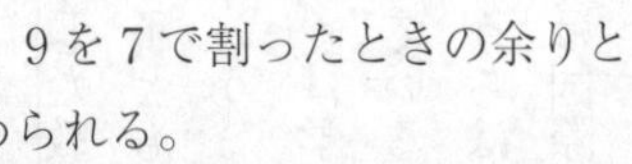

距離は1秒間に，35＋25＝60(m)の割合で縮まるので，アとイが出会うまでの時間は，420÷60＝7(秒)とわかる。

⑸　図に表すと，右の図2のようになる。図2で，③－①＝②にあたる金額が，200＋400＝600(円)だから，①にあたる金額は，600÷2＝300(円)とわかる。よって，2人がはじめに持っていたお金は，300＋200＝500(円)である。

図2

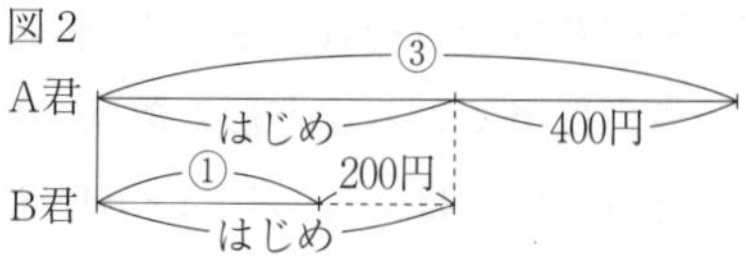

⑹　仕事全体の量を1とすると，Aさんが1日にする仕事の量は，$1\div30=\frac{1}{30}$，Bさんが1日にする仕事の量は，$1\div45=\frac{1}{45}$となる。ここで，Aさんは休まずに20日間仕事をしたので，Aさんがした仕事の量は，$\frac{1}{30}\times20=\frac{2}{3}$となる。すると，Bさんがした仕事の量は，$1-\frac{2}{3}=\frac{1}{3}$だから，Bさんが仕事をした日数は，$\frac{1}{3}\div\frac{1}{45}=15$(日間)である。よって，Bさんが休んだ日数は，20－15＝5(日間)と求められる。

⑺　N角形の内角の和は，180×(N－2)で求められるので，五角形の内角の和は，180×(5－2)＝540(度)となり，正五角形の1つの内角は，540÷5＝108(度)とわかる。また，直角二等辺三角形の直角ではない角の大きさは45度だから，右の図3のようになる。図3で，かげをつけた四角形の内角の和は360度なので，角アの大きさは，360－(108＋108＋45)＝99(度)と求められる。

図3

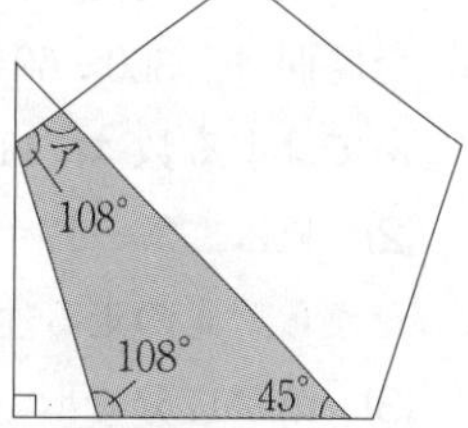

⑻　160円では1Lのガソリンを買うことができ，1Lのガソリンでは30km走ることができるから，160円で30km走れることになる。よって，1円で走ることができる距離は，$30\div160=\frac{3}{16}$(km)となる。したがって，1000円で走ることのできる距離はこの1000倍なので，$\frac{3}{16}\times1000=187.5$(km)と求められる。つまり，アは30，イは160，ウは$\frac{3}{16}$，エは1000，オは187.5となる。

3　平面図形―面積

⑴　右の図1で，角ACBの大きさは，90－60＝30(度)である。また，図1のように，Bから辺ACに垂直な線BDを引くと，三角形BCDは正三角形を半分にした形の三角形になる。よって，BDの長さは，10÷2＝5(cm)だから，斜線《しゃせん》部分の面積は，10×5÷2＝25(cm^2)とわかる。

図1

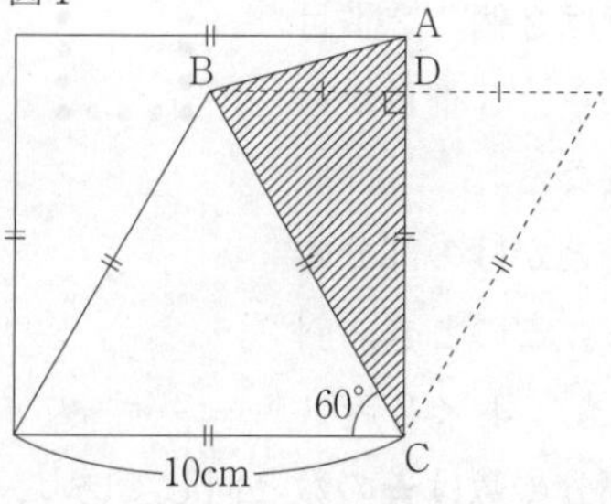

図2

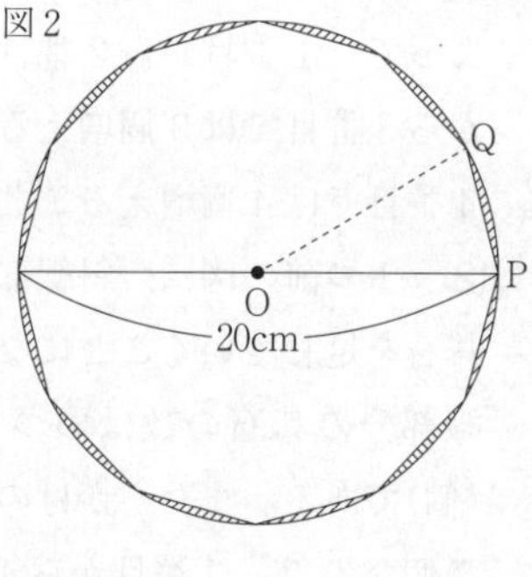

⑵　右上の図2で，OPの長さは，20÷2＝10(cm)であり，角POQの大きさは，360÷12＝30(度)なので，三角形OPQは図1の斜線部分の三角形と合同になる。よって，三角形OPQの面積は25cm^2とわかる。また，円の面積は，10×10×3.14＝314(cm^2)だから，円の面積から三角形OPQの面積12個分をひくと，斜線部分の面積の和は，314－25×12＝14(cm^2)と求められる。

4　立体図形―表面積，構成

⑴　表面に出ている１辺が１cmの正方形の数を求める。正面と背面，右横と左横の４つの方向から見える正方形の数はそれぞれ，３×３＝９(個)であり，真上と真下の２つの方向から見える正方形の数はそれぞれ，９－１＝８(個)である。このほかに，穴の部分に，３×４＝12(個)あるから，表面に出ている正方形の数は全部で，９×４＋８×２＋12＝64(個)とわかる。よって，色を塗《ぬ》った部分の面積は，(１×１)×64＝64(cm^2)と求められる。

⑵　問題文中の図１の立体に使われている立方体の数は，３×３×３－３＝24(個)である。また，１個の立方体には６個の面があるので，すべての立方体の面の数の合計は，６×24＝144(個)とわかる。このうち，色が塗られている面の数は64個だから，色が塗られていない面の数は，144－64＝80(個)である。

5　グラフ―速さ，旅人算

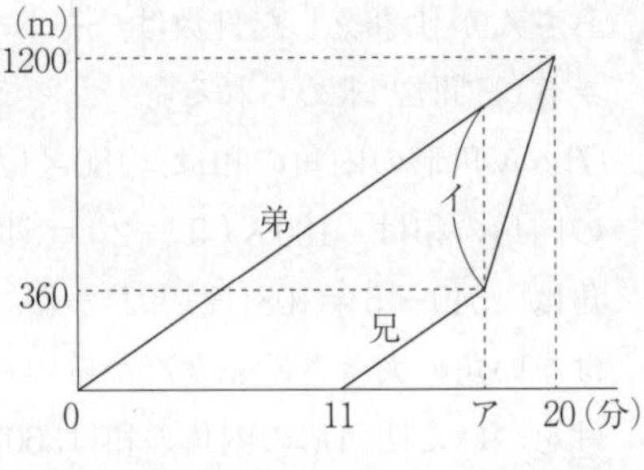

⑴　右のグラフで，弟は20分で1200m歩いたから，弟の速さは毎分，1200÷20＝60(m)とわかる。よって，兄の歩く速さも毎分60mなので，兄が360m歩くのにかかった時間は，360÷60＝６(分)となる。したがって，アにあてはまる数は，11＋６＝17(分)と求められる。

⑵　兄は，20－17＝３(分)で，1200－360＝840(m)走ったから，兄の走る速さは毎分，840÷３＝280(m)である。

⑶　弟が17分で歩いた道のりは，60×17＝1020(m)なので，兄が走り始めるときの２人の間の道のり(グラフのイ)は，1020－360＝660(m)とわかる。この道のりが220mになるのは，兄が弟よりも，660－220＝440(m)多く進んだときである。また，兄が走り始めたあと，兄は弟よりも１分間に，280－60＝220(m)多く進むから，２人の間の道のりが220mになるのは，兄が走り始めてから，440÷220＝２(分後)と求められる。よって，弟が出発してから，17＋２＝19(分後)である。

6　図形と規則

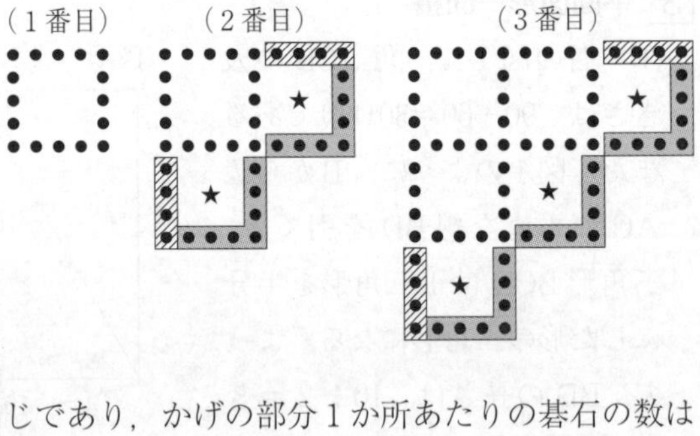

⑴　右の図の★の部分の正方形が増えていく。よって，１番目から２番目では２個，２番目から３番目では３個増えるから，３番目から４番目では４個増えることになる。

⑵　１つ前の図に，斜線部分とかげの部分の碁石《ごいし》を足していくことになる。このとき，斜線部分の碁石の数はいつでも，４×２＝８(個)である。また，かげの部分の数は★の数と同じであり，かげの部分１か所あたりの碁石の数は７個なので，３番目から４番目を作るときのかげの部分の碁石の数は，７×４＝28(個)とわかる。よって，斜線部分と合わせると，８＋28＝36(個)足すことになる。

⑶　１番目の碁石の数は，４×４＝16(個)である。また，１番目から２番目で足す数は，８＋７×２＝22(個)，２番目から３番目で足す数は，８＋７×３＝29(個)，３番目から４番目で足す数は36個だから，４番目の碁石の数は全部で，16＋22＋29＋36＝103(個)と求められる。

⑷　□番目の★の数は□個なので，(□－１)番目から□番目を作るときに足す数は，８＋７×□(個)と表すことができる。よって，８＋７×□＝78(個)より，□＝(78－８)÷７＝10(番目)とわかる。

社　会　＜A日程試験＞（40分）＜満点：100点＞

解　答

1 問1　1　エ　2　コ　3　イ　4　ク　5　サ　6　ア　問2　神戸　問3　ア　問4　C　エ　D　ア　問5　①　C　②　D　③　B　④　A　あ　オ　い　ウ　う　ア　え　キ　問6　ウ　問7　ウ　2 問1　ア　問2　ア　問3　イ　問4　ウ　問5　イ　問6　イ　問7　イ　問8　イ　問9　ウ　問10　イ　問11　寺子屋　問12　ア　問13　ウ　問14　ウ　問15　ウ　3 問1　ウ　問2　ウ　問3　ウ　問4　指示　問5　(1)　イ　(2)　ウ　問6　鹿児島県　問7　ア　問8　ウ　問9　イ　問10　イ　問11　レジ袋　問12　（例）　歴史ある古い街並みを守るため，周りの景色に合うように制限している。　問13　ウ　問14　ア　問15　（例）　自分たちの将来の政治を担う政治家を決めることができるから。　問16　衆　問17　(1)　イ　(2)　（例）　インターネットに書かれている情報だけをうのみにせず，自分で確かめたことを事実としてとらえるようにする。

解　説

1　各県の特色についての問題

問1　1　兵庫県は北が日本海，南が瀬戸内海に面している。　**2**　兵庫県に属する淡路島は，北東の端《はし》を明石海峡大橋で本州と，南西の端を大鳴門橋で四国と結ばれている。これは，本州と四国を結ぶ3つの連絡橋の一つで，「神戸(明石)－鳴門ルート」とよばれるルートである。　**3**　秋田県は東を岩手県と接しており，その境に奥羽山脈が横たわる。奥羽山脈は東北地方の中央部を南北に伸《の》びる山脈で，同地方を東側の太平洋側と西側の日本海側に分けている。　**4**　夏は，南東の季節風が奥羽山脈を越《こ》えて暖かく乾燥した空気となって吹《ふ》き下ろすため，その風下にあたる東北地方の日本海側は，高温になりやすい。この現象を，フェーン現象という。　**5**　阿蘇山は熊本県の北東部に位置する活火山で，世界有数のカルデラがあることで知られる。カルデラとは，火山の噴火《ふんか》によってできた大きなくぼ地で，阿蘇のカルデラは東西約18km，南北約25kmに及《およ》ぶ。　**6**　山梨県は西の赤石山脈と東の関東山地にはさまれた内陸県で，北には八ヶ岳《たけ》，南には富士山がそびえる。赤石山脈は，飛驒山脈・木曽山脈とともに日本アルプスを形成し，南アルプスとよばれる。

問2　兵庫県の県庁所在地は神戸市である。港町から発展し，現在でも日本有数の港湾都市となっている。

問3　日本海側の気候区に属する秋田市の気候は，沖合を流れる暖流の対馬海流と冬の北西の季節風の影響《えいきょう》を受けるため，冬の積雪量が多いことが特徴《とくちょう》である。よって，雨温図はアが正しい。なお，イは太平洋側の気候の熊本市，ウは瀬戸内の気候の神戸市の雨温図。

問4　C　熊本県は九州の南西部に位置し，西側に天草諸島がある。よって，エとわかる。　**D**　山梨県は中部地方の東部に位置する内陸県なので，島や半島がないアがあてはまる。なお，イは淡路島がある兵庫県，ウは西に男鹿半島が突《つ》き出した秋田県である。

問5　①・あ　熊本県はトマト・スイカの収穫《しゅうかく》量が全国で最も多く，たたみおもての原料になるい草の収穫量は全国の99%を占《し》める。統計資料は『日本国勢図会』2021／22年版による(以下同じ)。　②・い　山梨県の甲府盆地は水はけの良い扇状地が発達し，果樹栽培《さいばい》に適している。

③・う　秋田県は日本有数の米どころとして知られ，米の生産量は新潟県・北海道についで日本で３番目に多い。また，県内で生産する秋田スギは，青森(津軽)ヒバ・木曽ヒノキとともに日本三大美林に数えられる。　④・え　大阪府とともに阪神工業地帯を形成する兵庫県の製造品出荷額は，愛知県・神奈川県・静岡県・大阪府についで全国で５番目に多い。また，近郊農業がさかんな淡路島のたまねぎや松阪牛・近江牛とともに三大和牛に数えられる神戸牛の産地としても知られる。

問６　阪神工業地帯は，機械・金属・化学の３つの工業が偏《かたよ》ることなく比較的《ひかくてき》バランスよく発達していることが特徴である。したがって，ウがあてはまる。なお，機械工業が７割近くを占めるアは中京工業地帯，機械工業が約５割を占めるイは京浜工業地帯のグラフを表している。

問７　ももの収穫量は山梨県(D)が全国一多い。したがって，ウがももの生産を示している。なお，アは葉たばこ，イはあずき，エは米のとれ高である。

2　歴史の中の子どもたちの姿についての問題

問１　縄文時代は貧富の差がない平等な社会であったが，縄文時代晩期《ばんき》から弥生時代に稲作が伝わると，水を得やすい土地や収穫物の蓄《たくわ》えをめぐる争いが起きるようになった。つまり，ムラどうしの争いが起こるようになったのは，縄文時代ではなく稲作が普及《ふきゅう》した弥生時代のことなので，アがあてはまらない。

問２　縄文時代には，家族の繁栄《はんえい》や獲物《えもの》の豊かさを願い，土偶とよばれる土製の人形がつくられた。よって，アがあてはまる。なお，イは米の脱穀《だっこく》に使われたキネとウス，ウは祭りや儀式《ぎしき》で使用されたと考えられている銅鐸である。金属器(青銅器と鉄器)は稲作とともに弥生時代に大陸から日本に伝えられた。

問３　「奈良時代にあらわれた法律」と「地方の特産品などを納める」の文言から，資料Bは律令制度における調(各地の特産物を納める税)の負担量を表した資料であることがわかる。なお，アは飛鳥時代に聖徳太子が定めた役人の心構えを示した決まり。ウは，鎌倉時代に第３代執権北条泰時が制定した初の武家法で，貞永式目ともよばれる。

問４　資料Bより，17～20歳《さい》の男(中男)と61～65歳の男(老丁《ろうてい》)が，21～60歳の男(正丁《せいてい》)より税負担が少なく，税の負担量が正丁を基準に決められていることがわかる。よって，ウがあてはまる。

問５　律令制度が確立した奈良時代には，聖武天皇の命で国ごとに国分寺・国分尼《に》寺が建立され，都の平城京には東大寺大仏が造立《ぞうりゅう》された。よって，イが正しい。なお，アは飛鳥時代，ウは平安時代のできごとである。

問６　藤原道長は４人の娘《むすめ》を次々に天皇に嫁《とつ》がせ，生まれた子どもを天皇にして，天皇の外戚《がいせき》となって政治の実権をにぎった。よって，イが正しい。なお，藤原氏が天皇の摂政や関白になって行った政治を摂関政治といい，摂関政治は道長・頼通父子の時に全盛《ぜんせい》を迎《むか》えた。

問７　『平家物語』は鎌倉時代に琵琶法師の弾《ひ》き語りで広まった文学作品である。平安時代末期の平氏の繁栄と没落《ぼつらく》を描《えが》いた軍記物なので，イが正しい。なお，アについて，平将門が関東地方で自らを新皇と名乗り反乱を起こしたのはこれより約250年前の10世紀のことである。ウについて，元軍の襲来を退けたときの幕府の責任者は，鎌倉幕府の第８代執権北条時宗であって，鎌倉幕府の初代将軍源頼朝ではない。源氏の血筋《ちすじ》は３代で途絶《とだ》え，その後は北条氏が執権として幕府の政治を行った。

問8　『風姿花伝《ふうしかでん》』は，世阿弥が著《あらわ》した能楽書である。世阿弥は父の観阿弥とともに，室町幕府の第3代将軍足利義満の保護を受け，能楽を大成した。なお，アの雪舟は室町時代に水墨画を大成した絵師，ウの近松門左衛門は江戸時代の人形浄瑠璃・歌舞伎の脚本家。

問9　1582年に日本を出発した天正遣欧《けんおう》使節は，東南アジアからインドを経てアフリカ大陸へ向かい，アフリカ大陸の南を通ってヨーロッパにいたった。よって，ウが正しい。

問10　ポルトガル人が種子島に鉄砲を伝えたのは1543年，島原・天草一揆が起こったのは1637年のことなので，イの時期にあてはまる。なお，長崎に出島がつくられオランダ商館が移されたのは1641年のことである。

問11　江戸時代の庶民《しょみん》の子どもたちは，「読み・書き・そろばん」を寺子屋で学んだ。なお，武士の子弟は藩が設置した藩校でおもに儒学を学んだ。

問12　明治政府は1872年に学制を発布し，すべての男女に義務教育を施《ほどこ》すこととした。しかし，当時は授業料が無料ではなかったため，貧しい家の子どもは小学校に通うことができなかった。よって，アが誤っている。

問13　中国に駐留《ちゅうりゅう》していた日本軍が1931年に南満州鉄道を爆破し，それを中国のしわざとして戦闘《せんとう》を開始した(満州事変)。そして，翌1932年に満州国を建国し，清(中国)の最後の皇帝溥儀《ふぎ》を執政に置いたが，政治の実権は日本がにぎっていた。よって，ウが正しい。なお，アについて，日清戦争の結果，清から日本に引きわたされ，1895年に日本の植民地となったのは台湾などである。イについて，1919年に三・一独立運動が起きたのは，満州ではなく朝鮮なので正しくない。

問14　沖縄戦を前に沖縄県の小学校児童の多くが本土へ避難《ひなん》したが，すべての子どもが避難できたわけではなく，沖縄戦では子どもたちも犠牲《ぎせい》になった。また，児童を避難させるための船がアメリカ軍の潜水艦《せんすいかん》に沈《しず》められるという事件も起こっている(対馬丸事件)。よって，ウが誤っている。なお，アは学徒動員，イは学童疎開(集団疎開)についての説明として正しい。

問15　1950年に朝鮮戦争が始まると，GHQの指示によって国内の治安維持《いじ》を目的に警察予備隊が組織された。警察予備隊は保安隊を経て，1954年に自衛隊となった。つまり，自衛隊の発足は日本国憲法の施行(1947年)の後なので，ウが誤っている。

3 国内各地への旅行を題材にした問題

問1　戦後の「三種の神器」とは，高度経済成長期前半に家庭に普及した電気洗濯《せんたく》機・電気冷蔵庫・白黒テレビを指す。自動車(カー)は，クーラー(エアコン)・カラーテレビとともに高度経済成長期の後半に普及した「新三種の神器(3C)」の一つなので，ウが誤っている。

問2　2021年の東京オリンピックでは，新たに建設された国立競技場などの施設で木材が大量に使用されたが，これらはレガシー(業績を表す遺産)として残される。よって，ウが正しくない。

問3　グラフより，日本を出国して海外を訪《おとず》れる日本人(出国日本人数)が前年に比べて減少している年もあるので，アは誤り。2020年に日本を訪れた外国人の数は412万人で，それまでで一番少なかった2003年の521万人よりも少ないが，半分程度ではないので，イも誤っている。なお，2014年までは訪日外国人数よりも出国日本人数のほうが多かったが，2015年以降は訪日外国人数のほうが多くなっている。よって，ウが正しい。

問4　避難勧告が出されても避難する人は少なく，手遅《ておく》れになるケースがあったため，避難勧告は廃止されて避難指示に統一され，避難指示が出されたら必ず避難するように改正された。

問5 (1) 氷河に削《けず》り取られてできた複雑な海岸地形は，リアス式海岸ではなく北欧などで見られるフィヨルドなので，イが誤っている。 (2) 真珠の養殖は温暖な地域に適しているため，三重県の志摩半島や愛媛県の宇和海，長崎県の大村湾などで行われているが，東北地方の三陸海岸では行われない。なお，こんぶは北海道についで岩手県・宮城県の収獲量が多く，カキは広島県についで宮城県の収獲量が日本で２番目に多い。

問6 奄美《あまみ》大島と徳之島は鹿児島県，沖縄島と西表《いりおもて》島は沖縄県に属している。

問7 「光堂」とは，平泉(岩手県)にある中尊寺金色堂を指す。中尊寺金色堂は，平安時代後半に東北地方で勢力を拡大した奥州藤原氏の初代藤原清衡《きよひら》がつくった阿弥陀堂である。

問8 松尾芭蕉は江戸時代前半の元禄文化を代表する俳人で，東北地方を旅して記した俳諧《はいかい》紀行文『奥の細道』で知られる。なお，アの葛飾北斎は化政文化の浮世絵師，イの井原西鶴は元禄文化で活躍《かつやく》した浮世草子作家である。

問9 イは運慶と快慶がつくった金剛力士像で，鎌倉時代に再建された東大寺の南大門に安置されている。なお，アは興福寺(奈良時代)，ウは姫路城(天守閣がつくられたのは安土桃山時代)，エは鹿苑寺金閣(室町時代)である。

問10 江の島は砂州によって陸地とつながった陸けい島で，神奈川県の相模《さがみ》湾岸にある。よって，イが誤っている。なお，駿河《するが》湾は静岡県の伊豆半島の西に広がる日本一深い湾である。

問11 プラスチックごみの削減《さくげん》を目指し，2020年７月からスーパーやコンビニエンスストアなどでのレジ袋の有料化が始まった。

問12 京都市では，古い街《まち》並みの景観を保存するため，条例を定めて看板の色や建物の高さなどを制限している。

問13 【家庭や企業で出る食品ロス量の内訳《うちわけ》】を表したグラフより，事業系食品ロスの中で食品製造業の割合が22％と最も大きな割合を占めている。よって，ウが正しい。なお，家庭系食品ロスは食品ロス量の46％で，半分以下なのでアは誤り。イについて，前年度よりも廃棄《はいき》される恵方巻《えほうまき》を減少できたと答えた企業は80％を上回っているが，そのうち６割以上削減することができたと答えた企業は31％にとどまっているので，正しくない。

問14 法律案は内閣または国会議員が国会に提出し，国会の審議を経《へ》て国会で可決・成立する。

問15 民主政治とは，国民が代表者を選び，その代表者によって行われる政治である。選挙は，日本の将来を担《にな》う政治家を決めるために与えられた機会なので，投票することは重要である。

問16 岸田文雄内閣が2021年10月14日に衆議院を解散し，10月31日に総選挙となった。

問17 (1) アは2001年，イは2021年，ウは2003年のできごとである。よって，イが東日本大震災よりも後のできごとになる。 (2) SNSなどのネット情報の中には間違った内容がふくまれているということを前提に，その真偽《しんぎ》を自分で確かめ，正しいかどうかの判断をする能力(メディア・リテラシー)を身につけることが求められる。

理　科　＜A日程試験＞（40分）＜満点：100点＞

解　答

[1] 問1　イ　問2　エ　問3　エ　問4　ア　問5　ウ　問6　イ　問7　イ　問8　ウ　問9　ア　問10　エ　[2] 問1　エ　問2　イ　問3　ウ　問4　オ　問5　エ　問6　ア　問7　ウ　問8　1.5倍　[3] 問1　ア，オ，カ　問2　イ　問3　エ　問4　ウ　問5　記号…カ→オ→ア　通り道…消化管　問6　①　オ　②　エ　③　イ　問7　ウ，エ　[4] 問1　イ　問2　銅　問3　(1)　ウ　(2)　エ　問4　ア　問5　三角形…イ　コの字型…カ　問6　(1)　オ　(2)　カ　[5] 問1　エ　問2　マグニチュード　問3　ウ　問4　20秒後　問5　毎秒6km　問6　11時15分10秒　問7　ア　問8　180km

解　説

[1] 小問集合

問1　薬品が目に入ったときは，すぐに水で10～15分以上あらい流す。

問2　ガスバーナーに火をつけたとき，酸素が十分にあると，炎《ほのお》の色は青色になる。炎の色が赤っぽい色をしている場合は酸素が不足している。

問3　ホウセンカの種子は，エのように小さくて丸い形をしている。

問4　こん虫の育ち方で，卵→よう虫→成虫のように，さなぎの時期のない育ち方を不完全変態という。オオカマキリなど，不完全変態をするこん虫の多くは，成虫とよう虫のからだのつくりがほとんど同じになっている。

問5　タンポポは葉を地面に広げた状態(ロゼット)で冬をこす。

問6　電流計のマイナス端子《たんし》を500mAにして針のふれが小さかった場合は，より小さな電流をはかることができるように，マイナス端子を50mAにかえる。

問7　ふりこが1往復する時間は，ふりこの長さが長いほど長くなる。よって，イが選べる。なお，ウやエでは，くぎの右側でふりこの長さが短くなっているので，ふりこが1往復する時間はイより短くなる。

問8　満月から次の満月までの日数(満ち欠けの周期)は約29.5日である。

問9　オリオン座のベテルギウス，おおいぬ座のシリウス，こいぬ座のプロキオンを結んでできる三角形を冬の大三角という。

問10　温度計に直接日光が当たると，温度計そのものがあたためられて，実際の気温より高い温度を示すおそれがある。

[2] 二酸化炭素の性質についての問題

問1　二酸化炭素を石灰水に通すと，石灰水が白くにごる。なお，アは酸素，イはアンモニアなど，ウはちっ素について説明したものである。

問2　炭酸カルシウムを多くふくむ石灰石に塩酸を加えると，石灰石がとけて二酸化炭素が発生する。

問3　気体の二酸化炭素は空気と比べて重いと述べられているから，ウのような上方置換《ちかん》法で集めることができない。

問４　ドライアイスを水に入れると，二酸化炭素がとけて炭酸水になる。炭酸水は酸性の水よう液で，酸性の水よう液にBTBよう液を入れると黄色を示す。

問５　ドライアイスの温度は非常に低いので，ドライアイスのまわりで空気中の水蒸気が冷やされて細かい水や氷の粒《つぶ》ができる。この細かい水や氷の粒が白い煙《けむり》の正体である。

問６　ドライアイスが昇《しょう》華《か》して気体になると，体積が大きくなる。このため，密閉したペットボトルにドライアイスを入れると，内部の圧力が高くなって，ペットボトルが破裂《はれつ》する。

問７　(体積１Ｌあたりの重さ)$=\frac{(\text{重さ})}{(\text{体積})}$で求められるので，体積１Ｌあたりの重さが小さい気体ほど，１ｇあたりの体積は大きくなる。

問８　１ｇあたりの体積は，空気が0.78Ｌ，二酸化炭素が0.51Ｌなので，１Ｌあたりの重さを比べると，二酸化炭素は空気の，$\frac{1}{0.51}\div\frac{1}{0.78}=1.52\cdots$より，1.5倍とわかる。

3　生き物のつくりやヒトのからだのはたらきについての問題

問１　コスモス，ヒマワリ，ヘチマは，主にこん虫によって花粉が運ばれる。サザンカとツバキは主に鳥，ススキは風によって花粉が運ばれる。

問２　イネの花粉は風によって運ばれる。よって，イは誤り。

問３　コガネイナゴはイネなど植物の葉を食べる。なお，アキアカネとオオカマキリはほかの小さな虫を食べ，コクワガタとミンミンゼミは木のしるをなめたりすったりし，モンシロチョウは花のみつをすう。

問４　葉の表面に平行なすじ(葉脈)が見られる植物のなかまを単子葉類といい，ここではエノコログサがあてはまる。

問５　口から入った食物は，食道→胃(カ)→小腸(オ)→大腸(ア)の順に通り，そこまでに吸収されなかったものはこう門から出される。このような食物の通り道を消化管といいう。

問６　①　消化された食物を水分とともに血液中に吸収しているのは小腸である。　②　養分をたくわえたり，必要な養分を送り出したりしている臓器は，エのかん臓があてはまる。　③　からだに必要な酸素を取り入れ，二酸化炭素を体外にはい出しているのはイの肺である。

問７　でんぷんにヨウ素液を加えると青むらさき色を示す。この反応をヨウ素デンプン反応という。実験Ａではヨウ素液の色が変化したことから，ご飯にふくまれるでんぷんが残っていることがわかる。実験Ｂでは，ヨウ素液の色が変化しなかったので，だ液によってご飯にふくまれるでんぷんが別の物質に変化したことがわかる。また，実験Ｃではヨウ素液の色の変化が，実験Ａのときよりもうすい色であったことから，だ液によってご飯にふくまれるでんぷんが少し別の物質に変化したとわかる。これより，実験Ｂと実験Ｃを比べることによって，だ液のはたらきは10℃よりも40℃の方が活発だとわかる。

4　熱の伝わり方についての問題

問１　ガスコンロの上に面積の大きな鉄板をのせると，金属棒の１点をあたためることができなくなる。また，ガスコンロをおおうような大きな鉄板をのせて使用することは，ガスボンベが高温になって破裂するおそれがあり，危険である。

問２　表１より，ろうがとけるまでの時間が最も短かった銅が，熱を伝える速さが最も速いといえる。

問3 ⑴　金属では，加熱した部分から順に熱が伝わるので，棒のかたむきに関係なく，炎から等しい距離《きょり》にあるAとBは同時にあたたまる。　⑵　あたためられた水はぼう張してまわりの水より軽くなって上に上がっていくため，水面に近いDの方が試験管の底のCより先にあたたまる。

問4　表1で，ろうがとけるまでの時間が短い2種類の金属棒(銅とアルミニウム)を組み合わせたとき，ろうが最もはやくとける。

問5　熱は加熱したところから同心円状に伝わるので，ろうも同心円状にとけていく。よって，三角形の金属板ではイ，コの字型の金属板ではカのようにとけていく。

問6 ⑴　Q点をガスバーナーで加熱すると，Q点から金属板1の真ちゅうに同心円状に熱が伝わる。その熱が金属板1と金属板2の銅をはり合わせた部分に届き，2枚の金属板の境目の中央から同心円状に熱が伝わり出す。このとき，銅の方が真ちゅうより熱が伝わりやすいので，銅での熱の伝わり方は，オのように，真ちゅうでの熱の伝わり方を示す破線の弧《こ》より大きくなる。　⑵　鉄は真ちゅうより熱を伝えにくいので，鉄での熱の伝わり方は，カのように，真ちゅうでの熱の伝わり方を示す破線の弧より小さくなる。

5 地震《じしん》波の伝わり方についての問題

問1　震源に近い地点で大きな地震を観測したとき，震源から遠い地点に強いゆれがくることを事前に知らせる速報を，緊急《きんきゅう》地震速報という。

問2　地震の規模はマグニチュードという単位で表され，記号「M」が使われる。

問3　火さい流は，火山のふん火にともなって起きる現象である。

問4　図1より，震源から80kmの地点にS波が伝わるのは，地震が発生してから20秒後と読み取れる。

問5　図1より，P波は20秒間に120km伝わっているので，速さは毎秒，120÷20＝6(km)になる。

問6　震源から36kmはなれた地点にP波が伝わるのに，36÷6＝6(秒)かかるので，地震が発生した時刻は，震源から36kmはなれた地点にP波が伝わった11時15分16秒の6秒前の，11時15分10秒とわかる。

問7　図1より，伝わる速さはP波の方がS波より速いことが読み取れる。強いゆれによってひ害をもたらすのは，後から伝わってくるS波である。図1より，震源から120kmはなれた地点では，地震が発生してから，P波は20秒後に伝わり，S波は30秒後に伝わることが読み取れる。したがって，その差は，30－20＝10(秒)になる。

問8　P波がきてからS波が伝わるまでの時間は，震源からの距離に比例する。問7より，震源から120kmはなれた地点でのその時間が10秒だから，15秒になる地点の震源からの距離は，$120\times\frac{15}{10}=180$(km)と求められる。

国語　＜B日程試験＞(50分)＜満点：150点＞

解答

一 下記を参照のこと。　二 (a，bの順で)　**1** 一，ウ　**2** 千，オ　**3** 五，イ　**4** 万，エ　**5** 二，ア　三 **問1** **A** ア　**B** ウ　**C** エ　**問2** ウ　**問3** **a** 人間　**b** 自然　**問4** 自分が自然～欠けている(から。)　**問5** ⑴ エ　⑵

（例） 自分の弱さや脆さと向き合い，謙虚になること。 問6 Ⅲ 問7 エ 問8 自分らしく～低限の条件 問9 イ 四 問1 A エ B オ C ウ D カ 問2 a ア b エ c エ 問3 ウ 問4 イ 問5 ア 問6 エ 問7 ア 問8 Ⅰ ぶん殴られる Ⅱ 抱きすくめられた 問9 ア 2 イ 1 ウ 2 エ 2 オ 2

●漢字の書き取り

一 ⑴ 郷土 ⑵ 従順 ⑶ 対処 ⑷ 綿密 ⑸ 性質 ⑹ 供給 ⑺ 支障 ⑻ 燃(やす) ⑼ 経(て) ⑽ 納(める)

解説

一 漢字の書き取り

⑴ 生まれ育った土地。ふるさと。 ⑵ 素直《すなお》で人にさからわないようす。 ⑶ ことがらに応じて適切な処置をとること。 ⑷ 細かくゆきとどいているようす。 ⑸ そのものが本来持っている特徴《とくちょう》。 ⑹ 必要なものを与《あた》えること。 ⑺ さしつかえ。 ⑻ 音読みは「ネン」で，「燃焼」などの熟語がある。 ⑼ 音読みは「ケイ」「キョウ」で，「経過」「経典」などの熟語がある。 ⑼ 音読みは「ノウ」「ナ」「ナッ」「ナン」「トウ」で，「納税」「納屋」「納得」「納戸」「出納《すいとう》」などの熟語がある。

二 四字熟語の完成と意味

1 「一意専心」「一心不乱」は，わき目もふらずに一つのことに集中すること。 **2** さまざまにちがいがあることをいう「千差万別《ばんべつ》」と近い意味の四字熟語は，考えや好みなどは人それぞれだということを表す「十人十色」。 **3** 手がかりがなく，どうしてよいのかわからなくなるようすをいう「五里霧《む》中《ちゅう》」と近い意味の四字熟語は，手がかりがないまま，いろいろ試すようすをいう「暗中模索《もさく》」になる。 **4** この世に存在するあらゆるものをいう「森羅《しんら》万象」と似た意味の四字熟語は，世の中にたくさんあるものを表す「有象《うぞう》無象」。 **5** 「一石二鳥」「一挙両得」は，一つのことをして二つのものを手に入れること。

三 出典は辻信一《つじしんいち》の『弱虫でいいんだよ』による。

自分の弱さや脆《もろ》さと向き合って謙虚《けんきょ》になり，人間は自然の一部であることを認め，自然と調和して生きる大切さを説《と》いている。

問1 **A** 前には，二元論は「どっちつかず」を嫌《きら》い，人間と自然を区別して切り離《はな》そうとするとある。後には，二元論的である文明は，「人間と自然との混じり合いや交流にも冷淡《れいたん》だ」と続く。よって，前のことがらを理由として，後にその結果をつなげるときに用いる「だから」が入る。 **B** 前には，現代人は野性を無視したり，見下したり，敵視したりしてきたとある。後には，人間たちからひどい仕打ちを受けても，野生は「我慢《がまん》強く，寛容《かんよう》だ」と続く。前では人間の野生への対し方，後では野生の人間への対し方が述べられているので，“別のほうでは”という意味の「一方」がよい。 **C** 前には，世界の伝統文化では，動物を神聖な存在としてあがめることも多かったとある。後には，その例として，インドでは昔から牛を神聖な存在と見なしてきたと書かれている。よって，具体的な例をあげるときに使う「たとえば」が合う。

問2 ぼう線部1は，直前にある「自然の中で，仲間と遊び，心と体のバランスのとれた発達を促《うなが》す」こと，「自然の中でたくさんの不思議と出会い，豊かな感性を育む」こと，「子どもの力を信じ，子ども自身で考え行動できる雰囲気《ふんいき》をつくる」ことなどを目標とする教育をいうので，ウがふさわしくない。

問3　**a，b**　同じ段落の前の部分には，人間が自然から断ち切られ，人間が自然の一部であることを忘れてしまえば，自然は単なる「資源」になると書かれている。a，bをふくむ文は，その結果生まれた図式を説明しているので，支配する強者であるaには「人間」，支配される弱者であるbには「自然」が入る。

問4　ぼう線部2に続く部分に注目する。環境《かんきょう》や自然を人間から離れた「他者」として区別し，人間よりも下のものと見下し，「かわいそうな自然を救おう」といった発想がひそんでいることが「変」なのであって，その理由は「自分が自然の一部だという意識が欠けている」からである。

問5　⑴　ぼう線部3の直前に「そういうわけで」とあるので，筆者がそう考える理由は前にある。環境問題に取り組む人の中にも，環境や自然を自分と区別し，自分より下のものとして見下し，自分が自然の一部だということを忘れている人がいることを筆者は問題視しているので，エがよい。　⑵【Ⅱ】の直前に，「謙虚は，繊細《せんさい》さや感受性の高さに通じる」とあるので，謙虚になることが必要であるとわかる。謙虚になるには，自分の弱さや脆さと向き合い，「弱さ」を知る必要があると前に書かれていることからまとめる。

問6　もどす文の最初に「その意味では」とあるので，「ぼくも，きみも，一種の“野生”なのだ」といえる内容の後に入れるのがよい。「ぼくたち」はみな，生きものを食べる生きものだと前にある【Ⅲ】がふさわしい。

問7　牛は労働力であり，排泄《はいせつ》物も肥料などさまざまに利用でき，ミルクなど食べ物も与えてくれるきわめて重要なものだと知り，深遠なエコロジー思想に基《もと》づいて「聖なる牛」という考えが生まれたことにヴァンダナは気づいたと書かれている。この内容にエが合う。

問8　最後から三番目の段落に注目する。「自分らしく生きるのに必要な最低限の条件」が奪《うば》われた生きものは，混乱し，不安定化し，劣化《れっか》し，暴力化すると述べられている。

問9　「地球人」になるためには「自然の一部として生きている自分」を見いだす必要があると信じる筆者が，環境や自然を他者として見下す姿勢を批判し，自然と調和して生きるための最低限の条件を守らないと人間は暴力化すると述べているので，イがよい。

四　**出典は妹尾河童《せのおかっぱ》の『少年H』による。**Hたちは康男《やすお》の父親(オヤジ)に船の漕《こ》ぎ方を教わって沖《おき》に出たが流されてしまう。助けてくれたオヤジに怒《おこ》られると思ったが，抱《だ》きすくめられてHは驚《おどろ》く。

問1　**A**　船をうまく漕げるようになっていたのだから，「すいすい」沖へ出ていったと考えられる。「すいすい」は，水中を軽《かろ》やかに進むようす。　**B**　手の動きを見てオヤジの言っていることを判断したのだから，声は「ぜんぜん」聞こえなかったことになる。「ぜんぜん」は，全く。　**C**　なかなか浜に近づけずに不安なうえに，掌《てのひら》の豆も潰《つぶ》れて痛く，康男の泣き声にもつられて「とうとう」心細いみんなは泣き出したものと考えられる。「とうとう」は，ついに。　**D**　Hはぶん殴《なぐ》られるものと覚悟《かくご》していたのに，抱きすくめられたので「ただただ」驚いたのである。「ただただ」は，ひたすらに。

問2　**a**　「勇んで」は，張りきること。心が奮い立つこと。　**b**　「口々に」は，めいめいがそれぞれに言うこと。　**c**　「観念する」は，あきらめて，置かれている状況《じょうきょう》を受け入れること。

問3　康男の父親は船の漕ぎ方を教えてはくれるが，教え方は「キビシイ」と康男が言うのを聞いてのHの思いである。Hは康男の父親に海に投げ込《こ》まれたことがあるというのだから，手加減せず厳しく教えられることを「覚悟」していたものとわかる。

問4　沖に漕ぎ出すことに不安はなかったこと，淡路島《あわじしま》のほうへ行けるところまで行ってみようと言い出した責任を感じたのはオヤジに助けられる直前であること，康男は海をこわがったのではなく，沖まで漕ぎ出して父親の船に何かあったら困ると思って泣いたことから，ア，ウ，エは誤り。

問5　康男は父親の船が心配で泣いていたのであり，沖に着くのをあきらめて泣いたのではないこと，望みが生まれたのはこの後，助けに来てくれたオヤジが泳ぎ始めたときであることから，イ～エは合わない。

問6　H以外の者はオヤジに自分が怒られるとは思っていなかったこと，この時点ではオヤジは船に乗りこんでいないこと，オヤジはこのとき怒っていたわけではないことから，ア～ウは正しくない。

問7　全員無事だったのだから怒りはしないし，この経験で海を怖《こわ》いと思ってはいけないとオヤジは言っているので，アが合う。

問8　Ⅰ　Hはオヤジに「ぶん殴られる」のを覚悟していた。　Ⅱ　実際は，オヤジに全員まとめて「抱きすくめられた」ので，Hは驚いている。

問9　**ア**「すでに潮流が変わっている時刻だったらしい」という表現は，行きたい方向の逆に船が流されていることに気づいた場面にあるので，主人公たちの期待する気持ちが表されているとはいえない。　**イ**　オヤジやHら子どもたちのやり取りは方言で，生き生きとした雰囲気《ふんいき》を伝える効果があるので，合う。　**ウ**「淡路島」などの具体的な地名はあげられているが，地理的な位置関係を正確に伝えようとする意図は感じられない。　**エ**「『やっと助かった！』と思った」という文では，心の中で思っただけのことにカギカッコがつけられているので，合わない。　**オ**　主人公が過去のことを思い出した場面は，「海に投げ込まれたことをよく覚えていた」という部分だけで，さしせまっていく状況が表現されているともいえない。

2021年度　湘南学園中学校

〔電　話〕(0466) 23－６６１１
〔所在地〕〒251-8505　神奈川県藤沢市鵠沼松が岡４－１－32
〔交　通〕小田急線―「鵠沼海岸駅」・「本鵠沼駅」より徒歩７分
江ノ島電鉄―「鵠沼駅」より徒歩８分

【算　数】〈Ｄ日程試験〉(50分)〈満点：150点〉

1　**次の計算をしなさい。ただし，(4)は □ にあてはまる数を答えなさい。**

(1)　$20-12\div4+2\times3$

(2)　$5.4-3.9\div(2.17+4.33)$

(3)　$\left(8.25-3\frac{1}{2}\right)\div2\frac{8}{15}-\frac{17}{20}$

(4)　$8\frac{1}{2}-\left(4\frac{5}{6}+\square\right)\times\frac{7}{15}=5$

2　**次の各問いに答えなさい。**

(1)　Ａ君はこれまで３回の計算テストを行い，その平均は72点でした。あと２回のテストで平均何点以上をとれば，５回の平均が75点以上となりますか。

(2)　周の長さが2700ｍの池の周りを，兄は毎分100ｍ，弟は毎分80ｍの速さで走ります。２人が同時に同じ場所から反対方向に走ると，初めて出会うのは何分後ですか。

(3)　濃度《のうど》６％の食塩水が200ｇあります。この食塩水を20％の食塩水にするには，食塩を何ｇ加えればよいですか。

(4)　兄ははじめ弟の３倍のお金をもっていました。２人ともお母さんから500円のおこづかいをもらったので，兄のもっているお金は弟のもっているお金のちょうど２倍となりました。おこづかいをもらう前に兄はいくらのお金をもっていましたか。

(5)　50円，100円，500円の３種類の硬貨《こうか》を２枚ずつもっています。おつりのないように買い物をするとき，何種類の金額の買い物ができますか。

(6)　右の図は円周上に，円周を５等分する点Ａ，Ｂ，Ｃ，Ｄ，Ｅをとったものです。アの角の大きさは何度ですか。

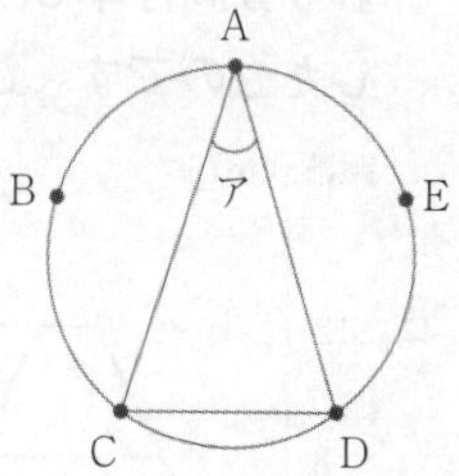

(7)　ある仕事をやり終えるのに，Ａ君１人では30日，Ｂ君１人では24日，Ｃ君１人では20日かかります。この仕事を３人がいっしょに行うとしたら，何日間で仕事をやり終えますか。

(8)　たかし君は，ある本を１日目に全体の$\frac{1}{3}$を読み，２日目に残りの$\frac{3}{5}$を読んだところ８ページ残りました。この本のページ数を以下のようにして求めました。空らん［ア］～［エ］にあてはまる数を答えなさい。

　２日目に読みだす前に残っていたページは，８÷［ア］＝［イ］ページ
　よってこの本のページ数は，［イ］÷［ウ］＝［エ］ページ
と求められる。

3 次の図は点Oを中心とする半径４cmの円と，半径８cmのおうぎ形を組み合わせてつくったものです。

斜線《しゃせん》をつけた部分について，下のものを求めなさい。ただし，円周率は3.14とします。

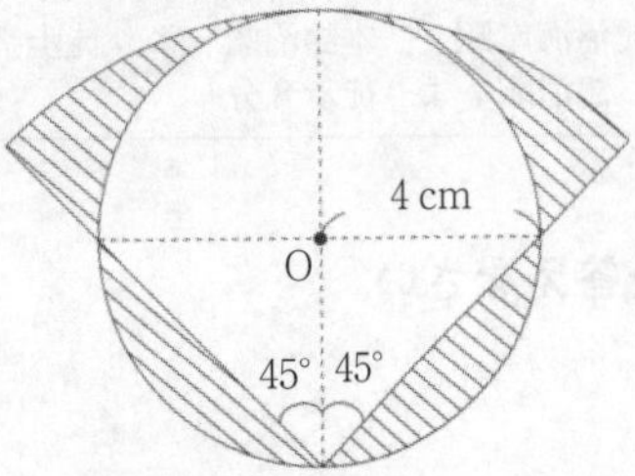

(1) 周の長さの合計

(2) 面積の合計

4 表面に色をぬった同じ大きさの立方体をすき間なく積み重ねて立体をつくります。この立体は真正面から見ると図１のように見え，真上から見ると図２のように見えます。次の各問いに答えなさい。

図１（真正面）

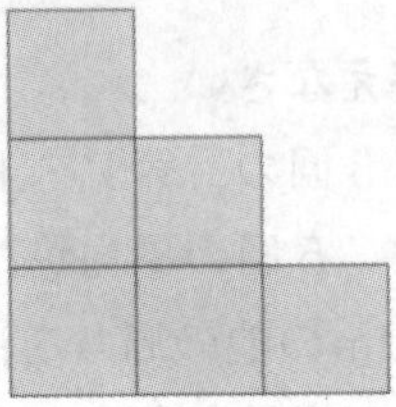

図２（真上）

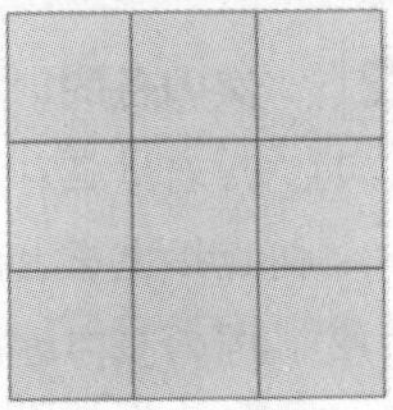

(1) 立方体は最も少なくて何個必要ですか。

(2) 立方体を最も多く使用して立体をつくりました。

このあと立体の表面に別の色をぬりました。このとき３つの面だけに別の色がぬられた立方体は何個ありますか。

5 駅から12km離《はな》れた遊園地と８km離れた水族館があります。駅と遊園地の間をシャトルバスAが時速60kmで往復し，駅と水族館の間をシャトルバスBが時速40kmで往復しています。シャトルバスAは遊園地と駅でそれぞれ４分間停車し，シャトルバスBは水族館と駅でそれぞれ８分間停車します。次のグラフはシャトルバスAとBが９時に駅を出発してからの様子を表したものです。このとき，下の各問いに答えなさい。

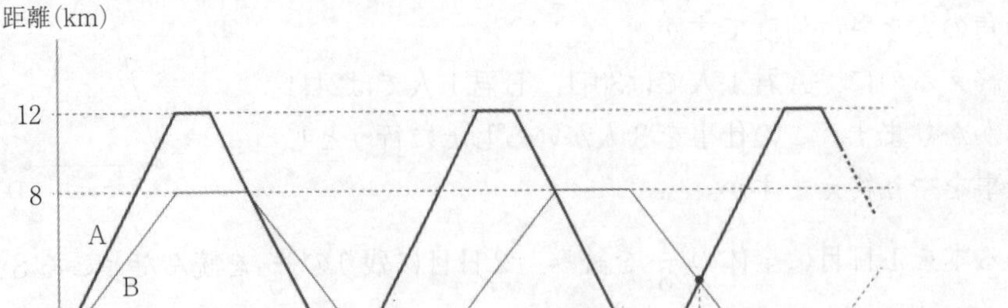

(1) シャトルバスAが最初に駅に戻《もど》ってくるのは何時何分ですか。

(2) グラフ中のアの時刻は何時何分何秒ですか。

(3) シャトルバスAとシャトルバスBが次に同時に駅を出発するのは何時何分ですか。

(4) ９時から12時までの間でシャトルバスAが停車している時間は合計で何分間ですか。

6 **赤色，青色，黄色の3色のボールが袋《ふくろ》に入っています。この袋からボールを1個取り出し，色を記録したのち，袋に戻《もど》します。また，色が赤色なら10点を，色が青色なら5点を，色が黄色なら3点として得点をつけていきます。このとき，次の各問いに答えなさい。**

(1) この操作を10回行ったところ得点の合計は61点で，黄色のボールは2回出ました。赤色のボールは何回出ましたか。

(2) この操作を3回行ったとき，得点の合計が18点となるようなボールの色の出方は何通りありますか。ただし，色の出る順番が違《ちが》うときは別の場合として考えます。

(3) この操作を5回行ったとき，得点の合計が24点となるようなボールの色の出方は何通りありますか。ただし，色の出る順番が違うときは別の場合として考えます。

【社　会】〈A日程試験〉(40分)〈満点：100点〉

1　**次の〈A〉～〈E〉の各文はそれぞれ，いずれかの都道府県について説明したものです。これを読み，あとの問いに答えなさい。**

〈A〉　この都道府県には，1988年に開通した海底トンネルがあります。夏には東北三大祭のひとつである，(1)もおこなわれ，毎年多くの人でにぎわいます。また，①大間のマグロはこの都道府県の特産物となっています。

〈B〉　この都道府県には，2018年国内最高気温を記録した熊谷市があります。ここでは，2019年にラグビー・ワールドカップの試合がおこなわれました。大都市へ農作物を出荷する(2)農業がさかんですが，近年は宅地化が進んでいます。

〈C〉　この都道府県には，木曽川・長良川・揖斐《いび》川が集まる濃尾《のうび》平野が広がっています。この濃尾平野には，水害に備えて堤防《ていぼう》をはりめぐらした集落があります。また北には，世界遺産に登録された合掌《がっしょう》造りで有名な(3)があります。

〈D〉　この都道府県の北部には(4)平野と瀬戸内海にうかぶ島々があり，日本で最も面積が小さい都道府県となっています。また，その気候の特徴《とくちょう》から多くのため池がありますが，これらは近年災害の影響《えいきょう》を受けています。

〈E〉　この都道府県は九州南部に位置し，その中央には活火山の(5)があります。②火山灰が降り積もった土地では，さまざまな作物が栽培《さいばい》されています。また，③畜産《ちくさん》もさかんで，肉用牛や豚《ぶた》，鶏《とり》は全国有数の出荷量をほこります。

問1．〈A〉〈B〉〈C〉の都道府県名を答えなさい。

問2．〈D〉〈E〉の都道府県の形を次の中からそれぞれ選び，記号で答えなさい。

ア

イ

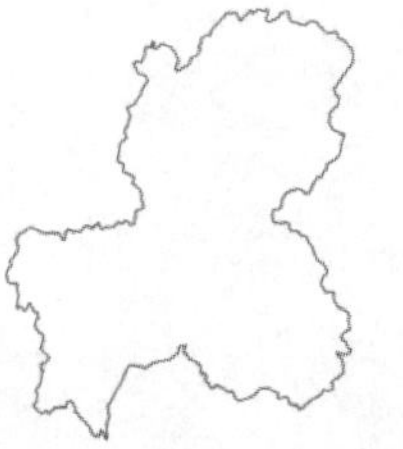

ウ

エ

オ

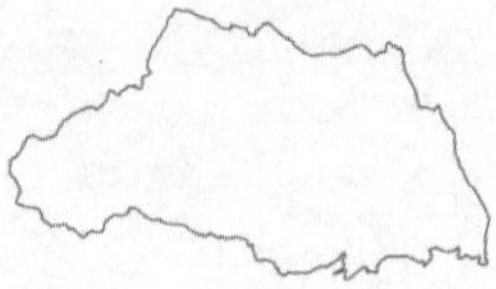

(それぞれの地図の縮尺は異なります。)

問3．文中の(1)～(5)にあてはまるものを次の語群から選び，それぞれ記号で答えなさい。

ア　筑紫《つくし》　　イ　讃岐《さぬき》　　ウ　祇園《ぎおん》祭　　エ　ねぶた祭　　オ　佐渡島《さどがしま》

カ　桜島　　キ　白川郷　　ク　輪中　　ケ　近郊

問4．次の表は，ねぎ・じゃがいも・キャベツ・りんごの収穫量を示したものです。次のア～エのうち，**ねぎ**を選び，記号で答えなさい。なお，表中の**A**・**B**・**E**は本文の都道府県を示しています。

	全国(単位はトン)	第1位	第2位	第3位
ア	756100	445500　**A**	142200　長野	47300　岩手
イ	2259000	1742000　北海道	96500　**E**	92100　長崎
ウ	452900	62600　千葉	55500　**B**	49900　茨城
エ	1467000	276100　群馬	245600　愛知	124900　千葉

(『データでみる県勢 2020』より作成)

問5．下線部①に関連して，右の表は養《よう》殖物《しょくもの》の産地をならべたもので，うなぎ・ほたて貝・かき・こんぶ類を示しています。このうち，**ほたて貝**を示したものをア～エから選び，記号で答えなさい。なお，表中の**A**・**E**は本文の都道府県を示しています。

	取れ高	産地(全体の取れ高に対してしめる割合)
ア	18万トン	広島 59%，宮城 15%
イ	17万トン	北海道 49%，**A** 48%
ウ	3万トン	北海道 73%，岩手 24%
エ	1.5万トン	**E** 42%，愛知 23%

(『日本のすがた 2020』より作成)

問6．〈**C**〉の都道府県にも広がる工業地帯の説明として正しいものを1つ選び，記号で答えなさい。

ア　金属工業や化学工業がさかんで，工業出荷額全体にしめる割合が高いです。また，都市部には中小企業《きぎょう》が多く存在しています。

イ　自動車生産がさかんで，機械工業が工業出荷額全体の3分の2をしめているほか，陶磁《とうじ》器《き》などをつくる窯業《ようぎょう》も昔からさかんです。

ウ　機械工業が工業生産額全体の半分近くをしめています。また出版社が集中していることから，印刷業もさかんです。

問7．〈**D**〉の県庁所在地の雨温図は次のうちどれですか。1つ選び，記号で答えなさい。

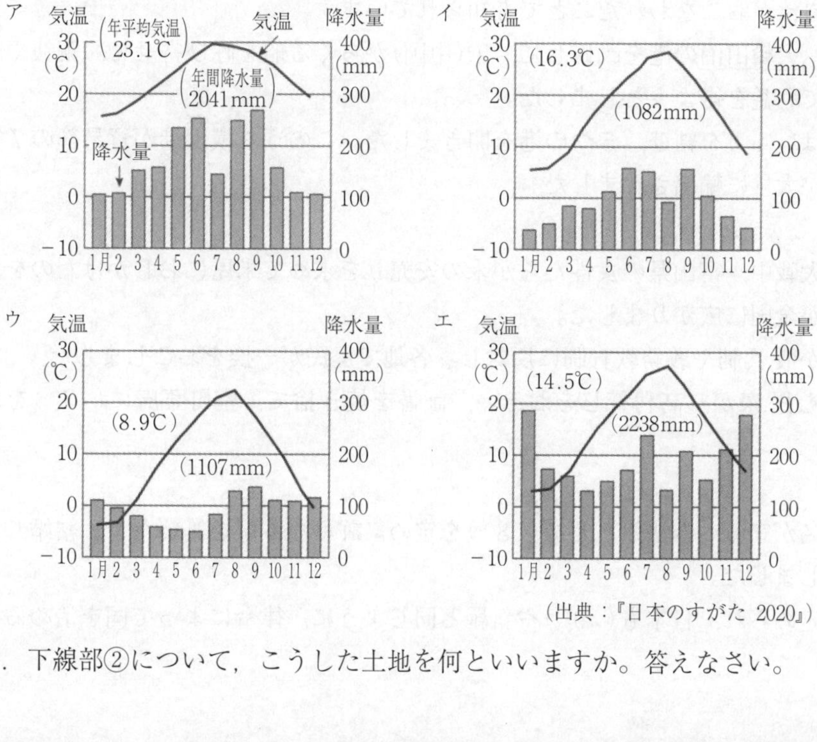

(出典：『日本のすがた 2020』)

問8．下線部②について，こうした土地を何といいますか。答えなさい。

問９．下線部③に関連して，次の円グラフは牛肉・ぶた肉・にわとりの肉の輸入先をあらわしたものです。このうち，**あ**にあてはまる国はどこですか。１つ選び，記号で答えなさい。

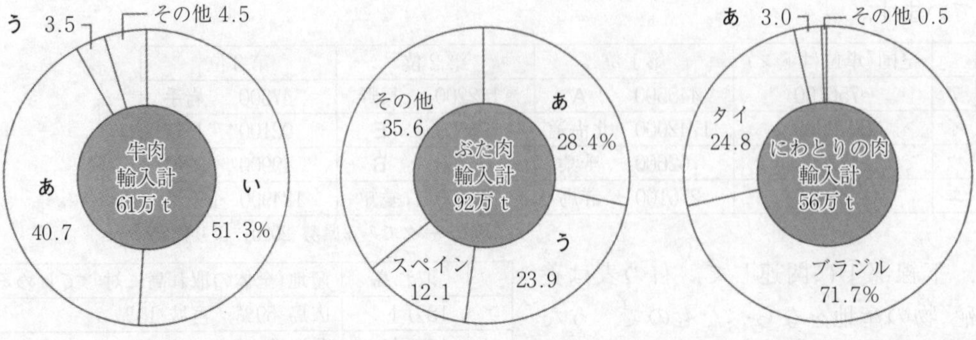

(『日本のすがた 2020』より作成)

ア　アメリカ　　　イ　オーストラリア
ウ　カナダ　　　　エ　中国

2　**次の〈Ａ〉～〈Ｅ〉の各文を読んで，あとの問いに答えなさい。**

〈Ａ〉

あ．縄文《じょうもん》時代の人々は，木の実や野草や魚・貝などをとり，けものの狩《か》りをして生活をしていました。

い．人々は，水田で稲作《いなさく》をおこない，実った稲穂《いなほ》を石包丁でつみとりました。収穫した稲は，(　１　)や穴にたくわえました。

う．ナウマンゾウやオオツノジカなどの大型動物の狩りをし，火を使って生活していました。

〈Ｂ〉

あ．堺《さかい》は，勘合《かんごう》貿易の港として発展し，戦国時代には(　２　)貿易の港としてさかえました。町の人々による自治がおこなわれたことでも知られています。

い．(　３　)は，①大輪田泊《とまり》の港を改修して，宋《そう》(中国)からくる船を呼び寄せて，銅銭や陶磁器《とうじき》などを輸入して利益を得ようとしました。

う．②江戸《えど》幕府は(　４　)を結び，５つの港を開きました。このうち横浜《よこはま》港が貿易額の７割以上をしめ，生糸が大量に輸出されました。

〈Ｃ〉

あ．第一次世界大戦中，富山県の女性たちが米の安売りを求めて米屋におしかけたのをきっかけに，(　５　)が全国に広がりました。

い．(　６　)のほか徴兵《ちょうへい》制や義務教育制に反対し，各地で農民が一揆《いっき》をおこしました。

う．借金に苦しむ民衆《みんしゅう》が，高利貸しをおそい，証書を焼き捨て，室町幕府に(　７　)を求めました。

〈Ｄ〉

あ．幕府は，大名が守るべき法律として(　８　)を定め，許可なく城を築いたり，結婚《けっこん》したりすることを禁止しました。

い．大宝律令が定められ，日本も(　９　)や新羅《しらぎ》と同じように，律令によって国を治めることになりました。

う．幕府の執権《しっけん》である北条泰時《やすとき》は，武士のしきたりや裁判の基準《きじゅん》を定めた，(10)という法律をつくりました。

〈E〉

あ．将軍のあとつぎ争いと，幕府の実力者の争いがむすびついて，京都で大きな戦《いくさ》になりました。

い．アメリカ大統領のなかだちで，日本と(11)はポーツマス条約を結び，戦争が終わりました。

う．満州で鉄道の線路が爆破《ばくは》され，日本軍はこれを中国側がしたことだとして攻撃《こうげき》を始め，③満州全体を占領《せんりょう》しました。

問1．文中の(　)にあてはまる語句を，下の〈**語群**〉の中から1つずつ選び，記号で答えなさい。

〈**語群**〉

ア	源頼朝《みなもとのよりとも》	イ	平清盛	ウ	地租《ちそ》改正	エ	徳政
オ	南蛮《なんばん》	カ	米騒動《そうどう》	キ	明	ク	唐《とう》
ケ	御成敗《ごせいばい》式目	コ	武家諸法度	サ	日米修好通商条約	シ	正倉院
ス	高床《たかゆか》倉庫	セ	ドイツ	ソ	ロシア		

問2．〈A〉～〈E〉の あ～う を，それぞれ時代の古い順に並べかえた場合，次のどれにあてはまりますか。それぞれ1つ選び，記号で答えなさい。

ア　あ→い→う　　イ　あ→う→い

ウ　い→う→あ　　エ　い→あ→う

オ　う→あ→い　　カ　う→い→あ

問3．下線部①について，この場所はどこですか。下の地図中のア～オから1つ選び，記号で答えなさい。

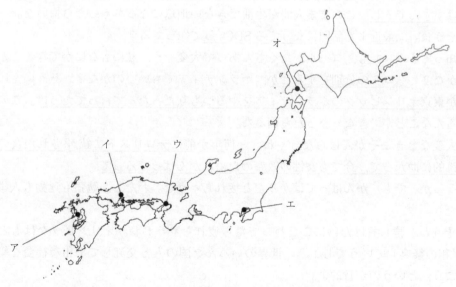

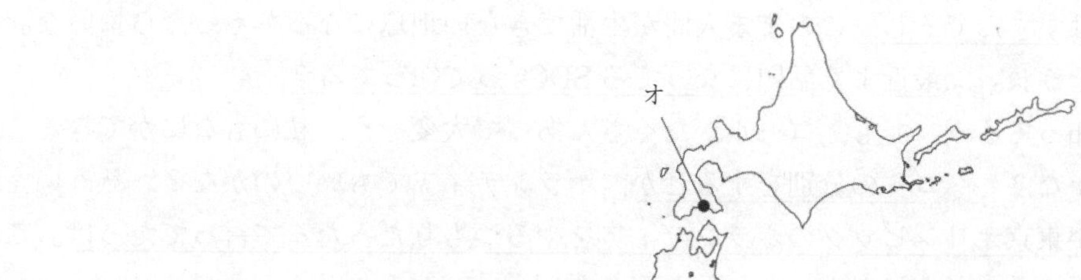

問4．下線部②について，江戸時代の文化について説明している文はどれですか。1つ選び，記号で答えなさい。

ア　能や狂言《きょうげん》が生まれ，茶の湯や生け花がさかんになりました。民衆の間では「一寸法師」などのおとぎ話が読まれました。

イ　俳句を芸術に高めたことで知られる松《まつ》尾《お》芭蕉《ばしょう》は，東北や北陸を旅して「奥《おく》の細道」を書きました。

ウ　清少納言は，「枕《まくらの》草子《そうし》」を著《あらわ》し，日常生活の中で感じられた思いをかな文字で書きました。

問5．下線部③について，これに対し中国は国際連盟に訴《うった》えました。このとき連盟が派遣《はけん》した調査団の代表はだれですか。

3　**次の会話文を読んで，あとの問いに答えなさい。**

湘《しょう》　子《こ》：ただいまー！

お母さん：おかえりなさい。よく手を洗ってね！

湘　子：感染予防しなきゃね！　だけど，新型コロナウィルス…，いつまでつづくのかしら？

お母さん：それはわからないけど，①人間は今までにもたくさんの病気とたたかってきたわね。私たちの生活もこれを機に変わっていくわね。学校の授業はオンライン，②お仕事もテレワークにする会社が増えたわね。

湘　子：うん。私も人と接しないようにした。だけど，みんなSNSでつながってた。海外の友達ともお話しできたわ。

お母さん：そうね。③インターネットがあるから世界中の人たちとつながることができるわね。

湘　子：そういえば，その子が言ってたけど，新型コロナがひろがって人間の活動が減って，④そのときに大都市の空気がきれいになったって。

お母さん：でも，働かないとお給料をもらえないし，レストランにも行けないし，旅行にも行けないわ。

湘　子：そっか。⑤私たちの生活は働くことによって支《ささ》えられているのね。でも，⑥地球温暖化はすすんでるし，このまま人間が生活できない地球になっちゃったら怖《こわ》いな。

お母さん：そうね。⑦最近よく話題になってるSDGsって知ってる？

湘　子：知ってる！　でも，ゴールがたくさんあって大変そう。私にもなにかできることはあるかな？　⑧ゴミの分別をするとか，ボランティアでもいいのかな？　そういえば⑨友達が東京オリンピックのボランティアをやるつもりだったって言ってたっけ。このままいろんなことができなくなったら困るな。

お母さん：大変なときこそがんばらなきゃね。⑩何年か前にテロリストに銃撃《じゅうげき》された女の子が奇跡的《きせきてき》に助かって，今でも女性の教育のためにがんばってるって。

湘　子：そっか。でも，がんばってばかりだと疲《つか》れちゃうな。わたし，勉強も運動も人より苦手だし。

お母さん：そうね。勝ち負けだけにこだわってたら疲れちゃうわね。オリンピックはもともと「平和の祭典」ていうでしょ？　世界のいろんな国の人と交流して平和な社会を築いていこう，というのが目的よ。

湘　子：そうなんだ。そんなことどこに書いてあるの？

お母さん：たしか「オリンピック憲章」っていう，オリンピックの憲法みたいなものに書いてあるんじゃないかしら？

湘　子：⑪憲法は知ってる。国の一番大切なことが書かれているものだよね。

お母さん：金メダルを取ることもいいけど，自分なりにがんばることが感動をあたえるってことね。終わったらおたがいに健闘《けんとう》をたたえる⑫ラグビーのワールドカップもそうだったわね。

湘　　子：そっか。いろんな国の人が競争するんじゃなくて，みんなで一緒に生きていけるようにすることが大切ってことなのね。

お母さん：⑬戦争やききんで困っている人たちを支えたり，⑭日本でも災害にあった人たちがいたでしょ。⑮みんなで支えあえる社会っていいわね。

問1．下線部①について，かつて世界ではさまざまな感染症《しょう》や伝染病が流行し，人類はそれらの伝染病とたたかってきました。このことについて，**あやまっているもの**を次の中から1つ選び，記号で答えなさい。

ア　多くの国にまたがって，感染症や伝染病が世界的に大流行することをパンデミックといいます。

イ　感染症や伝染病では，病気にかかった人を隔離《かくり》する対策がとられますが，このことが人びとの間にさまざまな差別を生むこともありました。

ウ　感染症や伝染病は，治らなかったり遺伝したりするので，憲法では，感染した人びとに子どもをつくることを禁止しています。

問2．下線部②について，テレワークとは，情報化がすすむことで，場所を選ばずに仕事ができる働き方のことです。テレワークについて，次の文中の(あ)にあてはまる言葉を答えなさい。

テレワークは，感染症で外出をひかえる場合だけでなく，育児や介護《かいご》で自宅を離《はな》れられない人に利用されることが期待されます。また，企業《きぎょう》が地方にオフィスを移すことで，人口が減少しつづける地方の(　あ　)化の解消につながると期待されます。

問3．下線部③について，現在では情報化がすすみ，実際に海外に行けなくても外国のさまざまな情報をえることができます。次の写真はある国の首都の写真です。この写真について，下の(1)，(2)の各問いに答えなさい。

(1)　以下の湘子さんと南男さんの会話文をもとにして，この都市のある国を下のア～エの中から1つ選び，記号で答えなさい。

〈会話文〉

湘子：海外旅行って，行けなくなっちゃったね。

南男：そうだけど，僕《ぼく》はインターネットで海外の写真や動画を楽しんでるよ。これはインターネットにあった写真だよ。

湘子：ビルがいっぱいあるから欧米《おうべい》の国なのかしら？

南男：いいや，これは東南アジアの国だよ。中央にある塔《とう》は植民地からの独立を記念する塔で「モナス」っていうんだ。世界で最もイスラム教徒が多い国なんだ。

〈記号〉

ア　インドネシア

イ　アメリカ

ウ　韓国《かんこく》

エ　ブラジル

(2)　この国には，世界有数の熱帯雨林がありますが，その多くが失われています。このことについて述べた次の文の中から，**あやまりをふくむもの**を１つ選び，記号で答えなさい。

ア　森林伐採《ばっさい》のおもな目的は，紙やパーム油をえることでした。

イ　トラやゾウ，オランウータンなどの野生生物が絶滅《ぜつめつ》の危機においこまれています。

ウ　森林伐採によってつくられた紙やパーム油は，日本には輸出されていません。

問４．下線部④について，大気汚染《おせん》によって発生した物質が，雨にとけて森林などの植物を枯《か》らしてしまったり，建物などの表面をとかしたり，水中の生き物にも影響をあたえたりします。このような雨のことを何というか答えなさい。

問５．下線部⑤について，下の**Ａ～Ｃ**のグラフは，日本の男女の労働についての資料です。これを参考に，**あやまっているもの**を次の中から１つ選び，記号で答えなさい。

ア　1990年に比べると2017年では，25歳《さい》から40歳までの働く女性の割合は下がっています。

イ　男性が育児休業《きゅうぎょう》をとる割合は上がっていますが，まだ男女が平等に育児休業をとっているとはいえません。

ウ　女性の賃金は，年齢《ねんれい》が高くなっても男性ほどは増えないといえます。

Ａ　各年代の男女の賃金(月収，2016年６月)

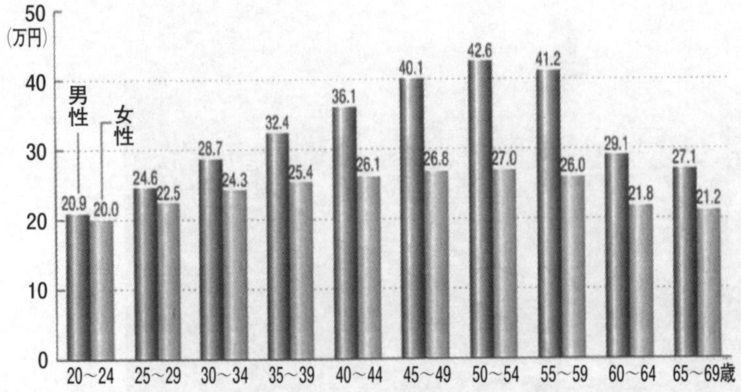

B　各年代の労働力人口比率

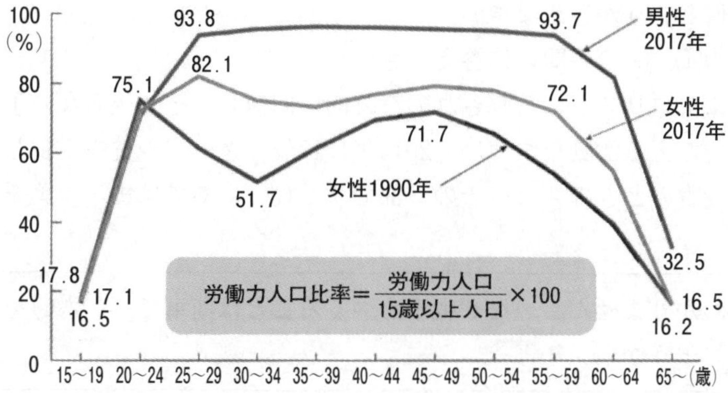

C　育児休業取得率の推移

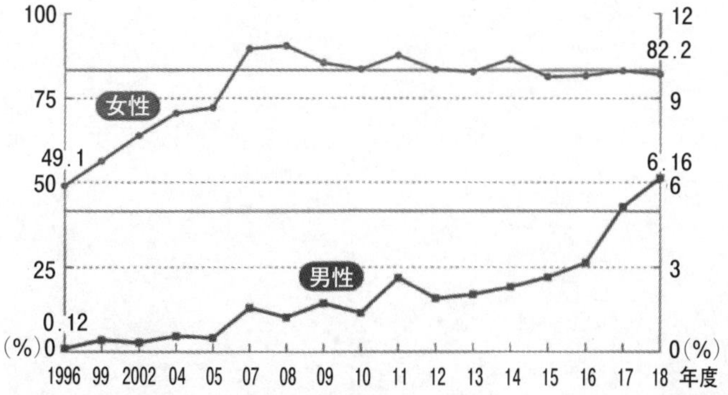

注 2011年度は岩手・宮城・福島県を除く。
左のたて軸《じく》が女性の，右のたて軸が男性のそれぞれ取得率(%)を示す

（A，B，Cは厚生労働省資料）

問6．下線部⑥について，地球温暖化の原因の一つはCO_2などの温室効果ガスとされています。次の文は，日本の発電量とエネルギー資源の移りかわりについて述べた文です。(　)にあてはまる言葉を答えなさい。

> 日本では，1970年代におこった二度にわたる(　あ　)を経て，石油に代わり，天然ガスを用いる火力発電や原子力発電の導入にとりくんできました。2011年から原子力の割合は大きく下がり，天然ガスや石炭・石油などの火力発電に依存《いぞん》するようになっています。しかし一方では，風力や太陽光などの(　い　)可能エネルギーの開発もすすんでいます。

問7．下線部⑦について，SDGsとは，2015年９月の国連サミットで採択《さいたく》された「持続可能な開発のための2030アジェンダ」にあらわされた国際目標です。このスローガンとして新たに示されたものを次の中から１つ選び，記号で答えなさい。

ア　「テロとの戦い」

イ　「誰《だれ》ひとり取り残さない」

ウ　「ぜいたくは敵だ」

問8．下線部⑧について，ゴミの分別によって，使い終わったものをもう一度資源にもどして製品をつくることを何というか，**カタカナ５字**で答えなさい。

問9. 下線部⑨について，オリンピックと同じ年，同じ場所で開催《かいさい》される，障がい者を対象としたスポーツの競技大会を何というか答えなさい。

問10. 下線部⑩について，次の(1)，(2)の各問いに答えなさい。

(1)　この少女は，2012年にテロリストに銃撃されて奇跡的に回復し，その後も女の子にとっての教育の大切さをうったえる活動をつづけ，2014年に17歳でノーベル賞を受賞しました。次の文は，ノーベル賞受賞のときのスピーチの一部です。(あ)にあてはまる言葉を答えなさい。

…私たち子どもにはわかりません。…なぜ戦車をつくることは簡単で，（　あ　）を建てることは難しいのでしょうか？

(2)　この少女とはだれですか。次の写真の人物を選び，記号で答えなさい。

ア　グレタ＝トゥーンベリ

イ　マララ＝ユスフザイ

ウ　アンネ＝フランク

問11. 下線部⑪について，日本国憲法について述べた次の文の中から，**あやまっているもの**を1つ選び，記号で答えなさい。

ア　日本国憲法では，さまざまな基本的人権が認められています。

イ　天皇は，日本の象徴《しょうちょう》であって，政治についての権限はいっさいもっていません。

ウ　日本の憲法では，戦力として軍隊をもってもいいことになっています。

問12. 下線部⑫について，2019年のラグビー・ワールドカップは，岩手県釜石《かまいし》市でも試合が行われ，震災《しんさい》被害《ひがい》の復興を示しました。しかし，福島県では，いまだに震災《しんさい》の復興ができていないところもあります。とくに福島県の沿岸部で復興が遅《おく》れてしまっているのはなぜですか。説明しなさい。

問13. 下線部⑬について，世界には，病気や栄養不足のため，または薬や医者が不足しているために，命を落とす子どもたちがたくさんいます。このような子どもたちを守るために「国連児童基金」という機関が設置されていますが，これを通称《つうしょう》で何と呼んでいますか。次の中から1つ選び，記号で答えなさい。

ア　UNICEF　　イ　UNESCO　　ウ　WHO

問14. 下線部⑭について，昨年の7月の豪雨《ごうう》で熊本《くまもと》県のある川が氾濫《はんらん》し大きな被害《ひがい》が発生しました。日本三大急流の一つとされているこの川を何というか，次の中から1つ選び，記号で答えなさい。

ア　最上川　　イ　球磨《くま》川　　ウ　利根川

問15. 下線部⑮について，このような社会をつくるには政治の役割が大切です。日本では，政治のすすめ方を決めるのは国民で，国民は選挙を通して国会議員を選ぶことで国の政治に参加しています。次の表は，国会議員選挙の投票率をあらわしています。このことについて下の(1)，(2)の各問いに答えなさい。

参議院議員通常選挙（地方区・選挙区）における投票率の推移

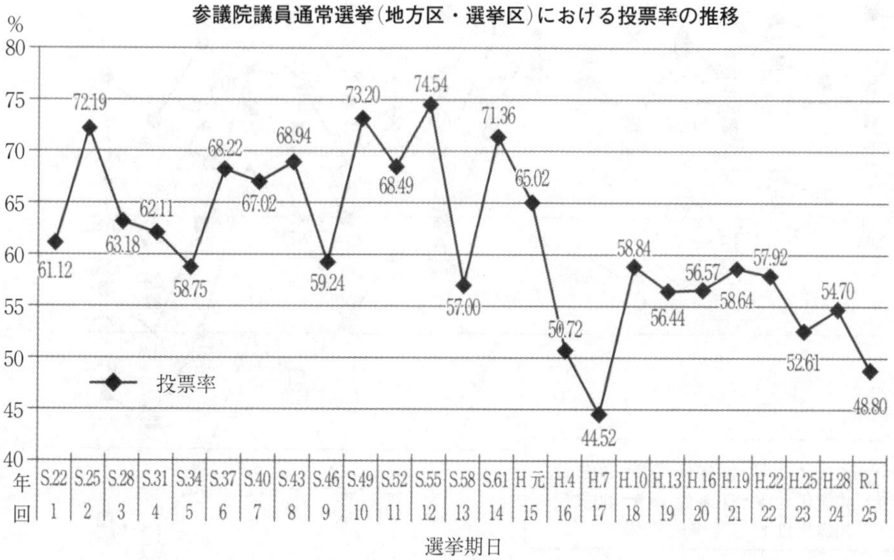

衆議院議員総選挙（大選挙区・中選挙区・小選挙区）における投票率の推移

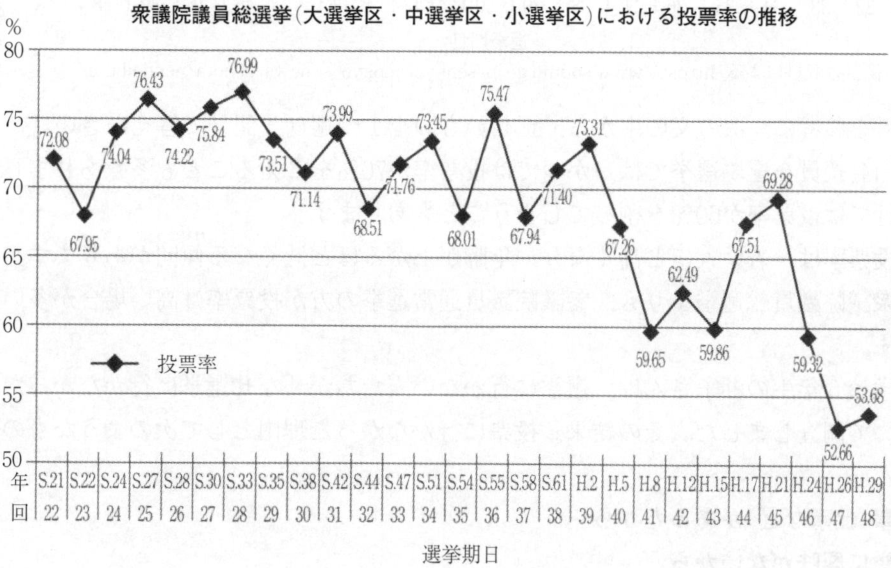

総務省統計資料による https://www.soumu.go.jp/senkyo/senkyo_s/news/sonota/ritu/

衆議院議員総選挙における年代別投票率（抽出）の推移

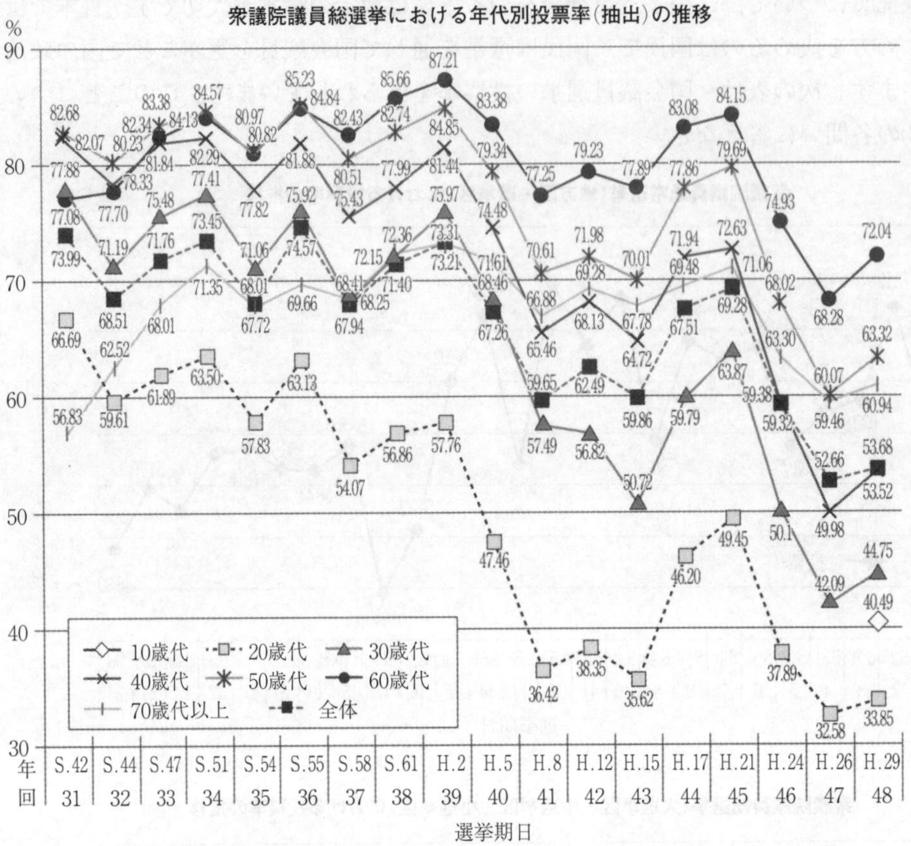

総務省資料による https://www.soumu.go.jp/senkyo/senkyo_s/news/sonota/nendaibetu/

(1)　資料を参考に，次の文の中から，正しいものを１つ選び，記号で答えなさい。

ア　国会議員を選ぶ選挙では，かつては投票率が70％をこえることも多くありましたが，最近では投票率が60％を割ってしまうこともあります。

イ　投票率は，若い人ほど高くなり，年齢が上がるほど低くなる傾向《けいこう》があります。

ウ　衆議院議員総選挙よりも，参議院議員通常選挙の方が投票率は高い場合が多いといえます。

(2)　小学校６年生の湘子さんは，選挙に行かない人たちが「なぜ選挙に行かなかったのか」について調査しました。その結果，投票に行かなかった理由として次のようなものがありました。

・用事（仕事など）があったから。

・選挙に興味がないから。

・投票しても何も変わらないから。

そこで湘子さんは，選挙に行かない人たちに対して「選挙に行ってほしい」と訴《うった》えることにしました。湘子さんはどのように訴えたらよいと思いますか。あなたの考えを述べなさい。

【理　科】〈A日程試験〉（40分）〈満点：100点〉

1　**次の各問いに答えなさい。**

問1．実験をするときの操作として正しいものを選び，記号で答えなさい。

ア　ガスバーナーを使うときには，炎《ほのお》のようすをしっかり確認するために，真上からのぞきこむ

イ　薬品が目に入るのを防ぐために，保護めがねをかける

ウ　使い終わった薬品は，流しに捨てる

エ　ガラス器具にひびが入っていても，小さなひびであれば問題ないのでそのまま使う

問2．海水から食塩を取り出す方法として正しいものを選び，記号で答えなさい。

ア　海水をよくかき混ぜる

イ　海水にストローで空気をふきこむ

ウ　海水に水を加える

エ　海水を熱して水の量を減らす

問3．めがねをかけたまま熱いラーメンを食べると，めがねがくもることがあります。この現象について説明した文章として正しいものを選び，記号で答えなさい。

ア　気体になった水が，めがねのレンズについた

イ　小さな水のつぶが，めがねのレンズについた

ウ　小さな氷のつぶが，めがねのレンズについた

エ　気体になった油が，めがねのレンズについた

問4．インゲンマメの発芽に必要な条件としてまちがっているものを選び，記号で答えなさい。

ア　水　　　イ　空気

ウ　温度　　エ　光

問5．おもに鳥によって花粉が運ばれる植物として正しいものを選び，記号で答えなさい。

ア　アサガオ　　イ　コスモス

ウ　サザンカ　　エ　スギ

問6．窓から入る日差しを防いだり，蒸散の効果によって室内の温度上昇《しょう》をおさえたりする「緑のカーテン」に利用される植物として，まちがっているものを選び，記号で答えなさい。

ア　ツユクサ　　イ　ツルレイシ

ウ　アサガオ　　エ　ヘチマ

問7．右の表は，４種類の金属の棒(長さ10m)を熱したとき，温度が１℃上がるごとに長さがどれだけ長くなるかを表したものです。これらの金属をはり合わせ，アイロンなどの自動温度調節に使われるバイメタルを作って熱したとき，上向きに曲がるものを選び，記号で答えなさい。

金属棒ののびる長さ

アルミニウム	0.23mm
銅	0.17mm
金	0.14mm
鉄	0.12mm

表

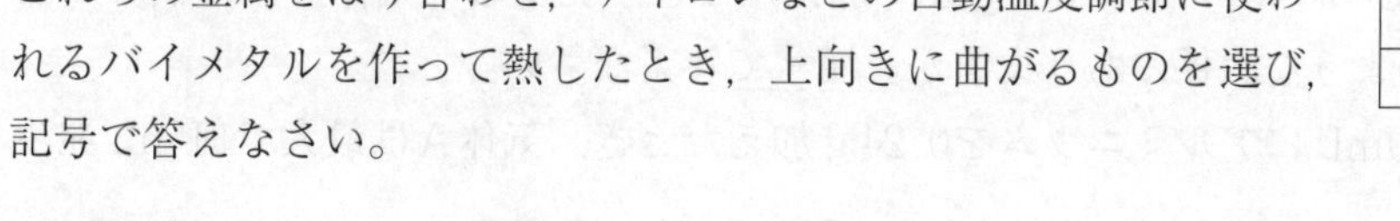

ア　　　イ　　　ウ　　　エ

問8．図のようなてこのA点に100gのおもりをつけたとき，B点に何gのおもりをつけるとつり合うか，正しいものを選び，記号で答えなさい。ただし，てこの重さは考えないものとします。

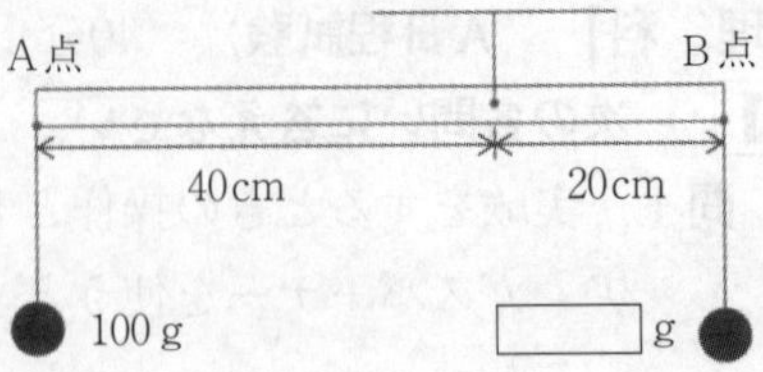

ア　50g　　イ　100g　　ウ　200g
エ　300g　　オ　400g

問9．地震《じしん》にともなって起こる変化としてまちがっているものを選び，記号で答えなさい。
ア　断層　　イ　土砂くずれ　　ウ　土地のりゅう起　　エ　V字谷

問10．おもにどろが固まってできる岩石を選び，記号で答えなさい。
ア　砂岩　　イ　でい岩　　ウ　れき岩　　エ　安山岩

2　**次の文を読み，各問いに答えなさい。**

うすい塩酸30mLにアルミニウムを加えたところ，気体Aが発生しました。

右のグラフは，発生した気体Aの体積と加えたアルミニウムの重さとの関係を示しています。

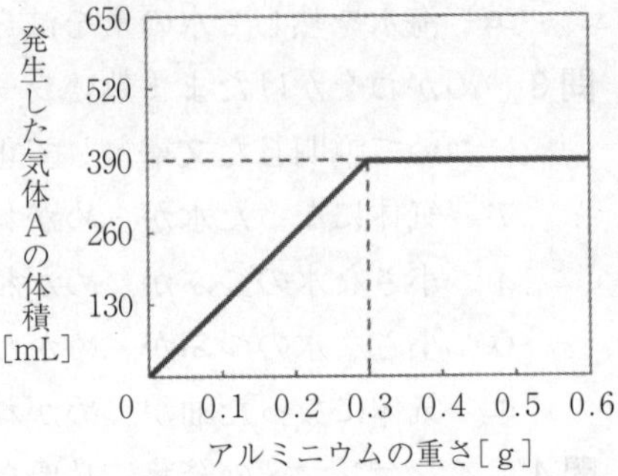

問1．気体Aは何ですか。漢字で答えなさい。

問2．気体Aを試験管に集める方法としてふさわしくないものを選び，記号で答えなさい。

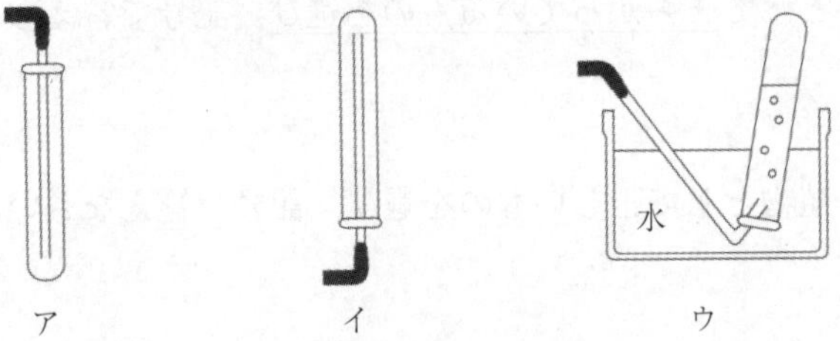

問3．気体Aの性質として正しいものを2つ選び，記号で答えなさい。
ア　無色で，においもない
イ　ものを燃やすはたらきがある
ウ　鼻をさすようなにおいがある
エ　石灰水に通すと白くにごる
オ　マッチの火を近づけると，ポンと音を立てて燃える

問4．うすい塩酸にアルミニウムを0.3gまで加えたとき，発生した気体Aの体積とアルミニウムの重さはどのような関係にありますか。漢字で答えなさい。

問5．うすい塩酸30mLにアルミニウムを0.24g加えたとき，気体Aは最大で何mL発生しますか。

問6．グラフからわかるように，アルミニウムの重さを増やしていっても，0.3g以上では，発生する気体Aの体積は増えませんでした。この理由として正しいものを選び，記号で答えなさい。
ア　塩酸が足りなくなったため

イ　アルミニウムが足りなくなったため

ウ　塩酸とアルミニウムがどちらも足りなくなったため

エ　塩酸とアルミニウムがどちらも多くなりすぎたため

問7．塩酸30mLのこさを２倍にし，アルミニウムを0.5ｇ使ったとき，気体Ａは最大で何mL発生しますか。

問8．塩酸30mLのこさを３分の１にしたときに，発生した気体Ａの体積と加えたアルミニウムの重さとの関係を表すグラフとして正しいものを選び，記号で答えなさい。

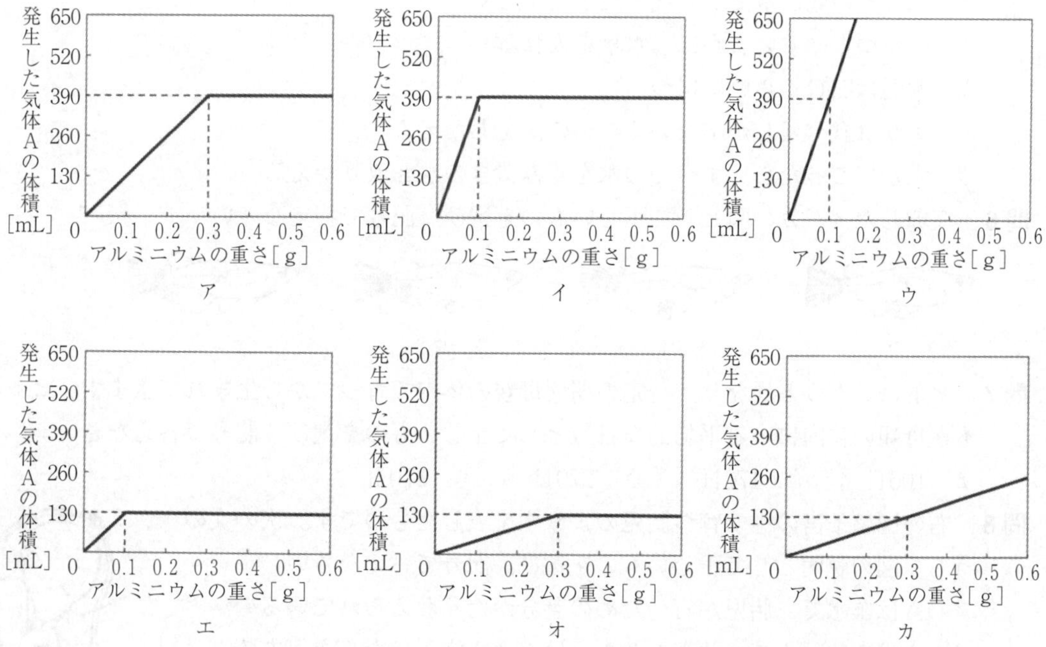

3　**次の文を読み，各問いに答えなさい。**

地球上に存在している生物は，名前がつけられているものだけでも190万種におよび，そのうちの半数以上が①こん虫のなかまであることが知られています。実際にはもっとたくさんの生物がいると推定されており，毎年新しい種が発見されています。それぞれの生物は，すんでいるかん境や季節の変化に合わせて生活しています。たとえば，②寒い冬を過ごす方法は生物によって異なります。また，③子孫を残す方法も生物によって大きくちがいます。

問1．下線部①のなかまとして正しいものをすべて選び，記号で答えなさい。

ア　アゲハ　　イ　ダンゴムシ　　ウ　ミドリムシ

エ　クモ　　オ　アキアカネ　　カ　ゾウリムシ

問2．幼虫からさなぎにならずに成虫になるこん虫をすべて選び，記号で答えなさい。

ア　ナミテントウ　　イ　トノサマバッタ　　ウ　カイコガ

エ　シオカラトンボ　　オ　モンシロチョウ

問3．下線部②について，卵で冬を過ごす動物として正しいものを選び，記号で答えなさい。

ア　ナナホシテントウ　　イ　カブトムシ　　ウ　オオカマキリ

エ　ヒキガエル　　オ　アゲハ

問4．長いきょりを移動し，季節によって過ごすところを変える鳥をわたり鳥といいます。次のうち，秋に北の方からやってきて日本で冬を過ごし，春になると北の方へもどってひなを育てる鳥を選び，記号で答えなさい。

ア　ツバメ　　　イ　オナガガモ　　ウ　ホトトギス

エ　カッコウ　　オ　オオルリ

問5．下線部③について観察するため，メダカを飼育しました。次のうち，メダカの飼い方としてまちがっているものを選び，記号で答えなさい。

ア　水そうの底に水でよく洗った小石をしく

イ　卵がつきやすいように，水草を入れる

ウ　水温は25℃くらいに保つ

エ　エサは食べ残しが出ないくらいの量をあたえる

オ　水がにごったら，すべての水をくみ置きの水と取りかえる

問6．産卵したメダカの図として正しいものを選び，記号で答えなさい。

問7．ヒトはメダカと異なり，一定の期間母親の体内で育ってから生まれてきます。ヒトの子どもが母親の体内にいる平均的な日数として正しいものを選び，記号で答えなさい。

ア　100日　　イ　170日　　ウ　270日　　エ　370日

問8．右の図は子宮の中で育つ胎児《たいじ》のようすを表したものです。次の文のうち，図の説明として正しいものを選び，記号で答えなさい。

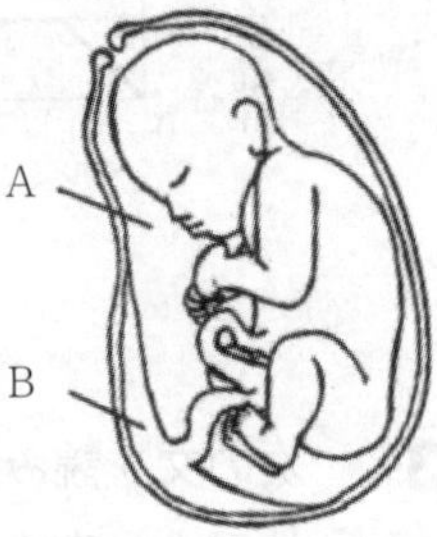

ア　Aは羊《よう》水で，胎児が育つための養分がたくわえられている

イ　Aはたいばんで，胎児をしょうげきから守るはたらきがある

ウ　Bは羊水で，胎児へ養分を送るはたらきがある

エ　Bはたいばんで，胎児から不要物を受け取るはたらきがある

問9．ヒトと同じように，体内で一定の期間育ってから子どもが生まれてくる動物として，正しいものをすべて選び，記号で答えなさい。

ア　ゾウ　イ　クジラ　ウ　サケ　エ　スズメ　オ　ハムスター

4　**次の文を読み，各問いに答えなさい。**

同じ豆電球，同じ電池を用意し，導線でつないで回路をいくつか作りました。電池はすべて買ったばかりの新しい1.5Vのものです。

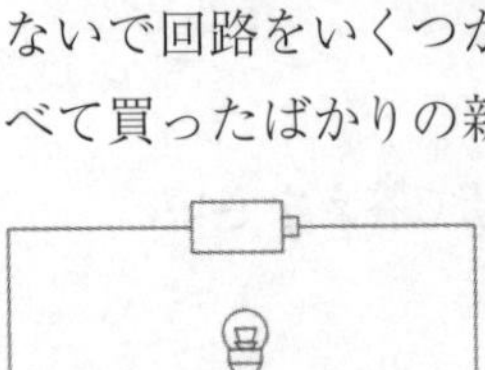

図1

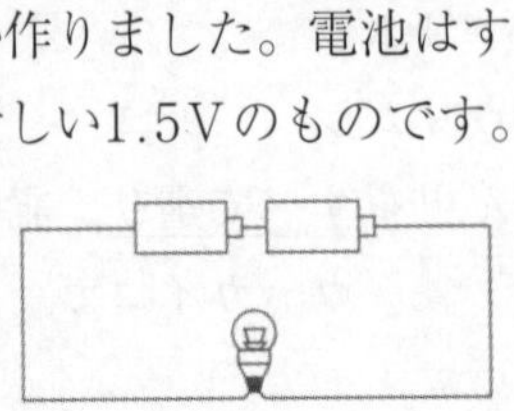

図2

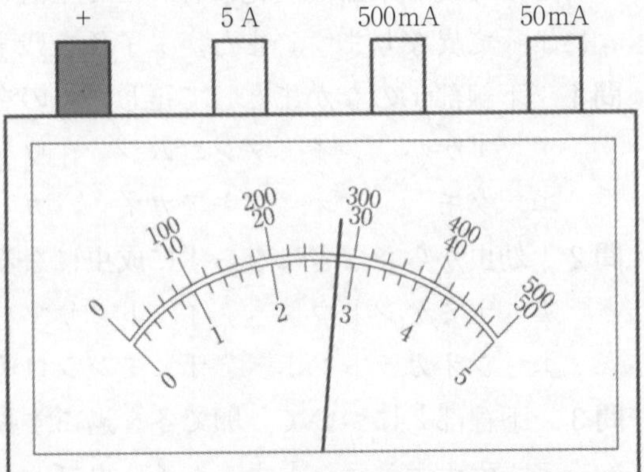

図3

問1．**図1**の回路に流れる電流の大きさを電流計ではかったところ，電流計の針が**図3**の

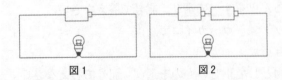

ようになりました。導線が電流計の500mAの－たん子につながれていたとき，電流の大きさは何mAですか。

問2．**図2**の回路に流れる電流の大きさと豆電球の明るさは，**図1**の回路と比べるとどのようになっていますか。正しいものをそれぞれ選び，記号で答えなさい。

〈電流の大きさ〉

ア　小さくなっている　　イ　大きくなっている

ウ　変わらない

〈豆電球の明るさ〉

エ　暗くなっている　　オ　明るくなっている

カ　変わらない

問3．次の回路のうち，最も明るく光る豆電球をふくんでいるものを選び，記号で答えなさい。

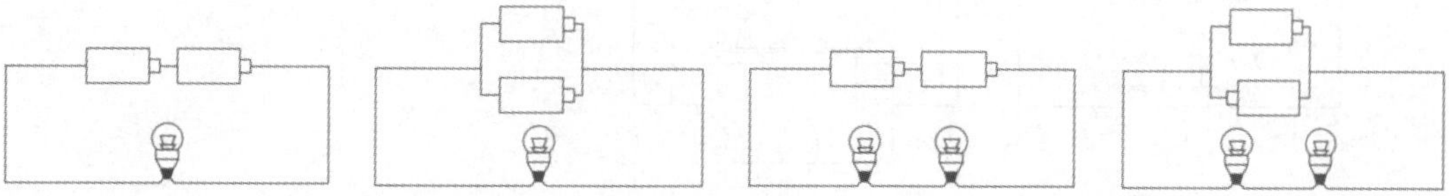

ア　　イ　　ウ　　エ

問4．**問3**の回路のうち，豆電球が光らないと考えられる回路を選び，記号で答えなさい。

さらに，同じLED(発光ダイオード)を用意し，回路をいくつか作りました。**図4**・**図5**のように，電池1個とLED1個を図のような向きにつないだところ，どちらもLEDは光りませんでした。**図6**・**図7**のように電池2個とLED1個を図のような向きにつないだところ，**図6**のLEDだけ光りました。

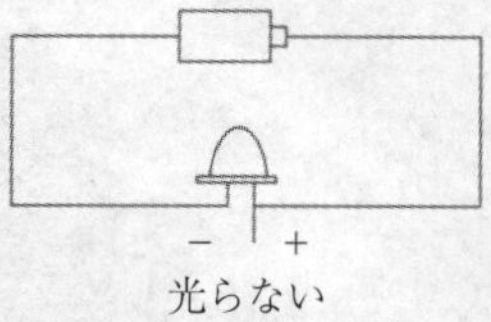

図4

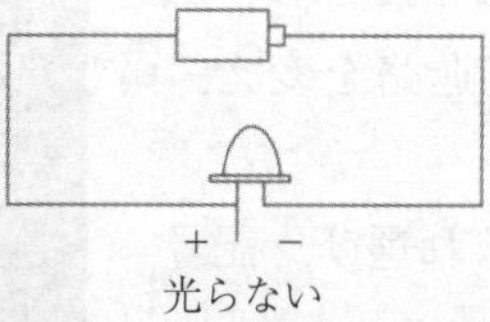

図5

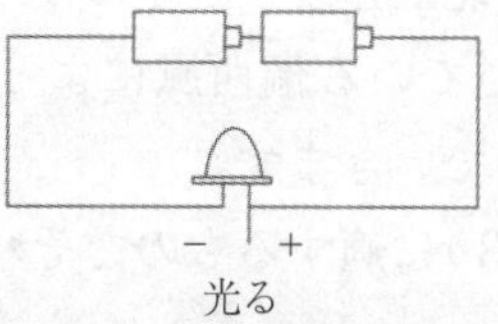

図6

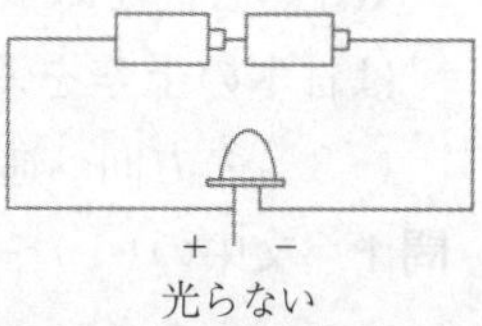

図7

なお，LEDには**図8**に示したように，＋の長いたん子と－の短いたん子があります。<u>＋と－につなぐ電池の向きを逆にすると，LEDに電流が流れずにLEDは光らないという性質</u>があります。

問5．上の文中の下線部の性質を確かめるためには，**図4**～**図7**のうち，どの回路とどの回路を比べればよいか，正しい組み合わせを番号で答えなさい。

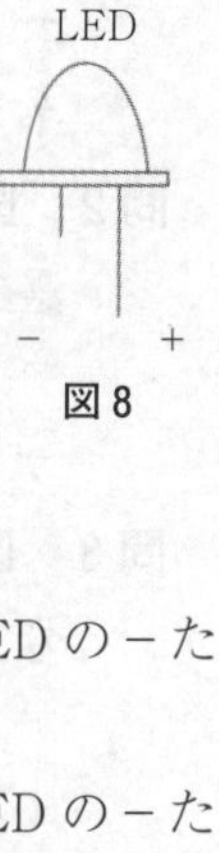

図8

問6．**図4**～**図7**のLEDのつき方を比べたとき，わかることとして正しいものを選び，記号で答えなさい。

ア　このLEDは，電池を2個並列につなぎ，LEDの＋たん子と電池の＋極，LEDの－たん子と電池の－極をつなぐと光る

イ　このLEDは，電池を2個並列につなぎ，LEDの＋たん子と電池の－極，LEDの－たん子と電池の＋極をつなぐと光る

ウ　このLEDは，電池を2個直列につなぎ，LEDの＋たん子と電池の＋極，LEDの－た

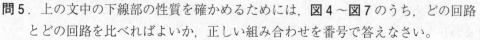

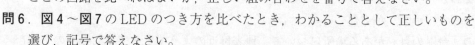

ん子と電池の－極をつなぐと光る

エ　このLEDは，電池を２個直列につなぎ，LEDの＋たん子と電池の－極，LEDの－たん子と電池の＋極をつなぐと光る

問７．次の回路のうち，LEDが２つ光るものを選び，記号で答えなさい。

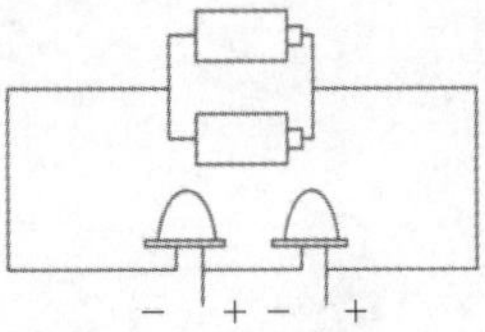

ア

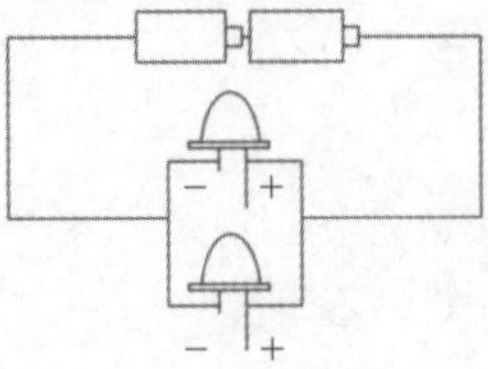

イ

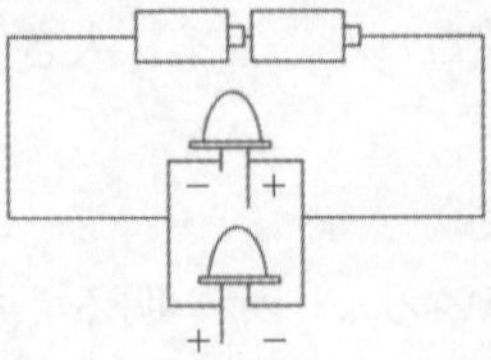

ウ

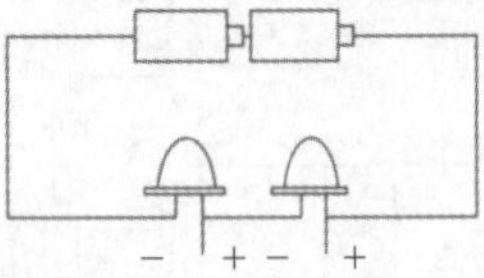

エ

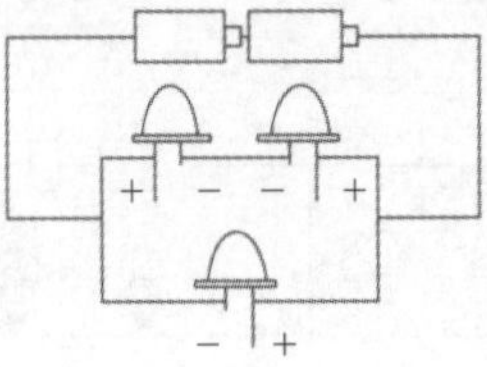

オ

問８．問７の回路のうち，LEDが１つ光るものを２つ選び，記号で答えなさい。

5　次の文を読み，各問いに答えなさい。

台風は，日本の（　１　）の海上で（　２　）が集まってできます。日本に上陸する台風は，おもに夏から秋にかけて，高気圧の谷間をぬって北上します。その後，ほとんどの台風は日本の上空をふいている偏西《へんせい》風によって進路を変え，（　３　）の方向へ進んでいきます。

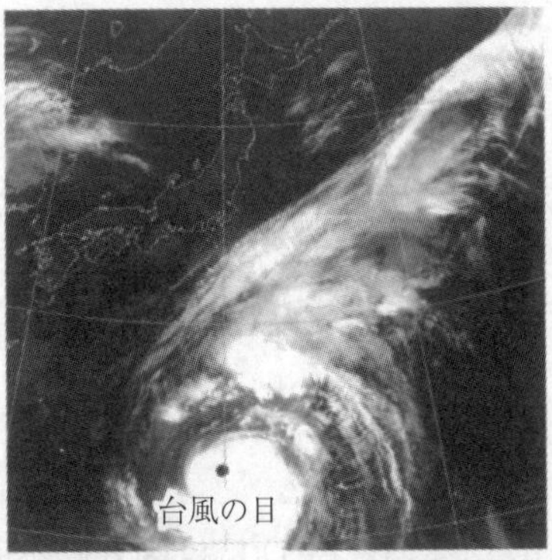

図１　日本に近づく令和元年東日本台風

問１．文中の（１）～（３）に適するものをそれぞれ選び，記号で答えなさい。

ア　東　　　イ　西　　　ウ　南

エ　北　　　オ　けん雲　　　カ　積乱雲

キ　高積雲　　　ク　けん層雲

問２．図１は，現在の気象観測に欠かせない気象衛星からの画像です。日本の気象衛星の名前を選び，記号で答えなさい。

ア　ひまわり　　　イ　さくら

ウ　はやぶさ　　　エ　かぐや

問３．図１の「台風の目」がある場所について，地表付近のようすとして正しいものを選び，記号で答えなさい。

ア　周囲に比べて風は強くなり，雨も激しくなる

イ　周囲に比べて風は弱くなり，雨は激しくなる

ウ　周囲に比べて風は強くなり，雨はほとんどふらなくなる

エ　周囲に比べて風は弱くなり，雨もほとんどふらなくなる

問4．次の台風による災害のなかで，おもに強風が原因のものをすべて選び，記号で答えなさい。

ア　河川が氾濫《はんらん》して市街地に水が流れる

イ　河川にかかっている橋が流される

ウ　鉄塔《てっとう》や街路樹がたおれる

エ　海沿いの道路が高い波によってこわされる

オ　土砂くずれによって山がくずれる

問5．地上付近での台風の風のふき方について説明した次の文の(①)～(③)に適する語を，AとBからそれぞれ選び，記号で答えなさい。

上空から見ると，台風の風は(①　A　中心　　B　外側)に向かって，時計の針の動きと(②　A　同じ　　B　反対)向きに強くふいています。この風向きと進行方向が重なり，台風が進む方向の(③　A　左　　B　右)側では風が特に強くなります。

問6．**図2**は，2019年10月12日に「令和元年東日本台風」が関東に上陸したときの経路を示したものです。経路上の●はその時刻における台風の中心を表わしています。19：00から21：00までの間に湘南《しょうなん》学園付近にふいた風の向きとして正しいものを選び，記号で答えなさい。ただし，矢印の向きは風のふく向きを表わしています。

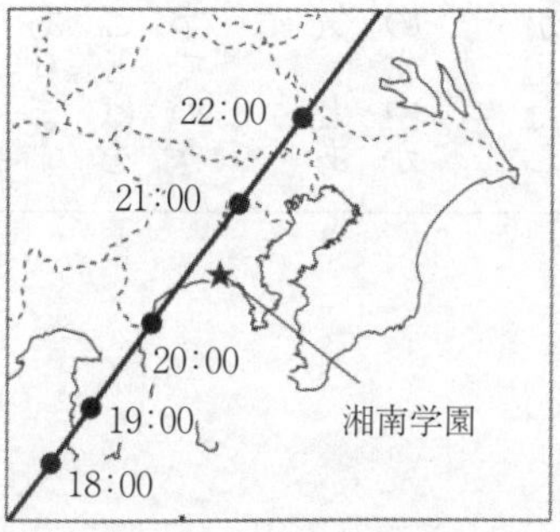

図2　令和元年東日本台風の経路図

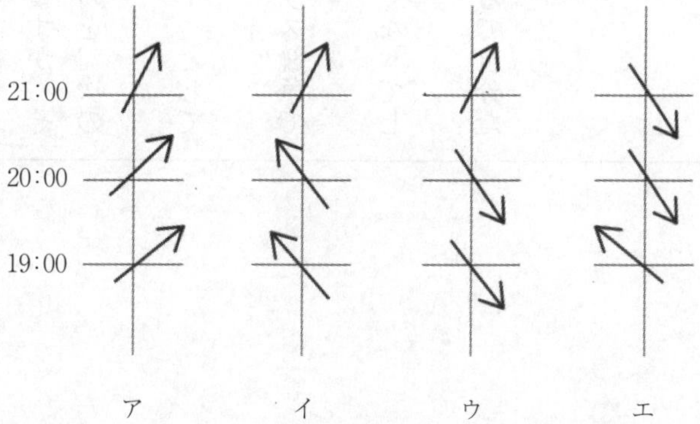

エ　クラス競争を通じて、子どもたちが友達の大切さを理解できるようになったことがうれしかったということ。

問七　――線部6「山岸がすこし険しい顔をしていった」とありますが、それはなぜだと考えられますか。そのことが分かることばを、解答欄《らん》につながるように文中の山岸（先生）の発言から八字でぬき出して答えなさい。

問八　――線部7「自分たちでがんばろうというほどのやる気」とありますが、そのことを言いかえたことばを、これより前の文中から三字でぬき出して答えなさい。

問九　――線部8「自分の教室」とありますが、それを言いかえたことばを、これより後の文中から二字でぬき出して答えなさい。

問十　――線部9「山岸と染谷が〜不愉快だった」とありますが、それはなぜだと考えられますか。もっともふさわしいものを、次のア〜エから一つ選び、記号で答えなさい。

ア　教師として自分なりに色々と考えているのに、ぼーっとしているだけだと言われているような気がしたから。

イ　子どもたちがやる気を出しているのに、3組がクラス競争でトップを取ることはないと言われてしまったから。

ウ　ぼーっとしていると教育について考えることがなくなってしまうなどと説教じみたことを言われたから。

エ　良太は何も迷うことがないと言われたことで、まるで自分だけが教師として仲間外れにされているような気がしたから。

良太がそのようにしているのはなぜだと考えられますか。もっともふさわしいものを、次のア〜エから一つ選び、記号で答えなさい。

ア　テストを苦手としている子どもたちでも、ドリルと呼ぶことで良い成績を取れるに違《ちが》いないと考えていたから。

イ　真剣に勉強している子どもたちにとっては、テストよりもドリルの方が到達度を確認しやすいものであるから。

ウ　朝から勉強することは良いことであるが、それがテストのための勉強であることは好ましくないことであるから。

エ　子どもたちの競争意識が過熱して、到達度を測るという本来の目的を見失わせたくなかったから。

問三　――線部2「せいぜいがんばってくれ」とありますが、良太はどのような気持ちでこのように言ったと考えられますか。もっともふさわしいものを、次のア〜エから一つ選び、記号で答えなさい。

ア　テストに向けてがんばる子どもたちに、学年で一番となる喜びを味わって欲しいという気持ち。

イ　クラス競争でトップになるという素晴《すば》らしい経験を子どもたちにさせてあげたいという気持ち。

ウ　2組を追い抜くことは難しいことだが、この三十二人ならできるかも知れないという気持ち。

エ　子どもたちがやる気を出していることはうれしいが、クラス競争に興味はないという気持ち。

問四　――線部3「子どもたちの目が急に真剣になった」とありますが、それはなぜだと考えられますか。もっともふさわしいものを、次のア〜エから一つ選び、記号で答えなさい。

ア　担任の中道先生が自分たちに対して何も言ってくれることなく、じっと黒板を背にして立っていたから。

イ　担任の中道先生から、初めて自分たちに対する期待の言葉を聞けるのではないかと楽しみにしているから。

ウ　クラス競争でトップを取ることについて、担任の中道先生がどう考えているかを知りたくて仕方ないから。

エ　担任の中道先生が、自分たちに対して「誇りに思う」と答えてくれたことがうれしかったから。

問五　――線部4「春の清崎港を〜上昇したようだった」とはどういうことですか。もっともふさわしいものを、次のア〜エから一つ選び、記号で答えなさい。

ア　担任の先生にほめられた子どもたちが照れたことで、室温が上がったように感じられたということ。

イ　教室の中に春の光が入るようになったことで、子どもたちの気持ちが一つになったということ。

ウ　教室にいる三十二人の心が一つになり、子どもたちの気持ちが一気に高まったということ。

エ　担任の先生が子どもたちをほめたので、暗かった教室の様子が明るくなっていったということ。

問六　――線部5「うれしさと〜涙が出そうになる」とありますが、どういうことですか。その説明としてもっともふさわしいものを、次のア〜エから一つ選び、記号で答えなさい。

ア　3組の子どもたちが自分たちの力でまとまっていく姿を見ることができて、感動しているということ。

イ　子どもたちを信じてあえて声をかけなかった、担任としての自分の判断の正しさに満足しているということ。

ウ　必要な部分には手を貸すようにしていたことで、子どもたちの成長を感じることができたということ。

えると、ときどき責任の重さに震《ふる》えてしまうことがある。

「うちはどうしようかな」

良太がつぶやくと、染谷が微笑《ほほえ》んでいった。

「良太はそのままでいいんじゃないかな。ぼくはルールを破って、ゲームに勝つようなことはよくないと思う。その点では主任や岩本先生には反対です。ずるいことをしてまで勝たなければいけない。口ではなにをいっても、子どもたちにそういうメッセージを送ることになる」

さすがにクラス競争トップの常連がいうと説得力があった。

「うん、龍一のいうとおりだな。まあ、うちは一番じゃなくて、今の位置でも十分いい感じだから、無理はしないでおこう」

「へえ、余裕だね。わたしの4組に抜かれて三番手に落ちるかもしれないのに」

地方のちいさな小学校のたった一学年の教諭のあいだでさえ、こうしてライバル心はある。それがなんだか不思議な気がした。良太は山岸を笑って見ていた。

「いいですよ。去年のビリにくらべたら、それでもふたつもジャンプアップだ」

山岸はおかしな顔をして、良太を見た。染谷にいう。

「やっぱり中道先生って、調子がはずれてるなあ」

染谷も苦笑して、うなずいた。

「そうでしょう。ぼくも良太を見てると、いい教育ってなんなのか、迷うことがあります。教師はただぼーっとしてるほうがいいのかなって」

「ほんとにそうかもねー」

9山岸と染谷が大笑いしているのが、良太には不愉快《ふゆかい》だった。

（石田衣良『5年3組リョウタ組』より）

※指標　ものごとの状態を知る目じるしになるもの。

※熱狂　夢中になること。

※ルーティンの連絡　毎日決まっておこなわれる連絡。

※ダークホース　ここでは「有力な者」という意味。

※島　ここでは「職員室の、その学年の先生たちが集まっている場所」という意味。

※ブラックボックス　ここでは「外からは中身が見えないもの」という意味。

問一　――線部A「公平を期す」、B「手心を加えた」、C「水をさす」のそれぞれの語句の意味としてもっともふさわしいものを、後のア〜エから一つずつ選び、記号で答えなさい。

A　公平を期す
ア　一方的な判断をされることがほとんどない
イ　予想通りに全てが正しい判断をされる
ウ　全てが平等になることを期待する
エ　かたよることなく扱《あつか》おうとする

B　手心を加えた
ア　いい加減な仕事で済ませてしまった
イ　相手の状況《じょうきょう》を考えて加減をした
ウ　色々と世話をして大切に育てた
エ　むだであると考えてあきらめた

C　水をさす
ア　競争相手との差を広げていく
イ　関心がそちらに向くようにする
ウ　物事がうまくいっている時などに邪魔《じゃま》をする
エ　自分の得意な状況などで生き生きとする

問二　――線部1「子どもたちの〜させていなかった」とありますが、

ここからはいつものホームルームだよ」

心地よい熱気の残る教室で、良太は学校からの※ルーティンの連絡《れんらく》を子どもたちに伝え始めた。

「へえ、そんなことがあったの」

6山岸がすこし険しい顔をしていった。

小学校教諭の夜は長い。試験の採点やプリントの準備、うえにあげる報告書などをつくっているうちすぐに午後九時、十時になってしまう。月曜日の夜、山岸と染谷といっしょに、良太はコンビニエンスストアの弁当をたべていた。さしてうまくはないけれど、空腹と便利さには勝てない。

「そんなふうに子どもたちがまとまると、いよいよ3組が※ダークホースになりそうだなあ」

山岸が重ねていった。良太は甘辛《あまから》いつくねがのどにつまりそうになった。ペットボトルのお茶をのんでいう。

「ちょっと待ってくださいよ。ただ今日そういうことがあったっていうだけの話ですから」

良太は別にほかのクラスの担任にけんかを売るつもりはなかった。ただクラスで起きたいい話をしただけである。山岸は良太を無視して、染谷に質問した。

「2組では、子どもたちの様子はどうですか」

染谷は測ったように白いごはんを四角く切り崩《くず》しながら淡々《たんたん》といった。

「学年末が近づいて、それなりには盛りあがっていますよ。でも、3組みたいな自発性は見られませんね。やはり去年の春から、あれこれと3組には事件がありましたからね。それをのり越《こ》えることで、子どもたちも成長したんじゃないかな。つぎの年度がたのしみです」

さすが染谷で校長のようなコメントだった。クラス替《が》えはないので3組をもちあがることになるのだが、そこまで先のことを良太は考えていなかった。

「あら、染谷先生にはそんなに余裕《よゆう》があるの。いよいよお尻《しり》に火がついてきた感じだけど」

染谷は箸《はし》をもった右手の人さし指で、メタルフレームのメガネの位置を高く直した。

「まあ、それなりに手は打っています。うちのクラスの子は、7自分たちでがんばろうというほどのやる気はだしていませんけどね」

うーんとうなって、山岸はいった。

「そうかあ、わたしも到達度試験のために、特別に補習でもしようかな。負けていられないものね」

良太は5年生の※島を見わたした。学年主任のキツネは副校長について、どこかにいってしまった。小学校の教諭には意外なほど地域社会との接点が多く、校外活動も活発だ。1組の岩本は採点用紙をもって、早々に学校をでている。良太はいった。

「富田主任も、岩本先生も、授業時間を割《さ》いて補習をしてるって噂《うわさ》だけど、ほんとうですか」

山岸は白いジャージの肩《かた》をすくめた。

「まあね、いちおう到達度試験のために授業時間をつかうのは禁止されてるけど、背《せ》に腹《はら》は替《か》えられないものね。だいたい小学校の教諭は、8自分の教室にはいってしまえば独立国の王さまみたいなものだから、なにをしてるかなんて、※ブラックボックスみたいだもんね」

主任や副校長のいないところでは、山岸ははっきりとものをいった。教室がブラックボックスであることは、良太もつねづね感じていたことだった。自分のようなたったひとりの若い教諭に、三十二人の子どもたちが閉じこめられた暗室の運命がまかされているのだ。それを考間のようだった。教室のあちこちに四、五人の子どもたちが集まってグループをつくっている。熱心に勉強しているようだ。授業中にも見られないほどの真剣《しんけん》さだった。
「おはよう。どうしたんだ、みんな。朝から、そんなに勉強なんかして」
学級委員の日高真一郎が右手をあげていった。
「はい、中道先生。あの、今週は水曜日に競争ドリルがあるでしょう」
「ああ、そうだね」
1子どもたちのあいだではテストという呼びかたをさせていなかった。保護者むけにはあくまでも軽いドリルなのだ。
副委員の西川未央がいう。
「今うちのクラスは第二位です。みんなでがんばって、3組を一番にしようって話しあったんです」
ほかの子どもたちも口々に騒《さわ》ぎだした。
「そうそう、3組一番」
「2組を大逆転」
「絶対追い抜《ぬ》いてやろうな」
良太は両手をあげていった。
「わかった、わかった。みんながやる気になってるなら、先生はなにもいわない。2せいぜいがんばってくれ」
本多元也のよくとおる声がきこえた。
「もしうちのクラスがトップになったら、中道先生にとって初めてですよね」
3子どもたちの目が急に真剣になったのがわかった。三十二人の目がじっと黒板を背にした良太にむかってくる。
「ああ、そうだよ。ずっと四位かビリだったからなあ」
近くの席から本多元也がじっと見あげてきた。
「先生も、うちの3組が一番になったら、うれしいですか」
現在の五クラス中二番という成績だって、できすぎなくらいである。良太自身にはクラス競争に欲はなかった。だいたいが良太はがつがつしたところのない無邪気《むじゃき》な性格である。だが、せっかくやる気になっている子どもたちにC水をさすわけにはいかなかった。すこしおおげさにいってみる。
「それは、すごくうれしいよ。きっとみんなのことを誇《ほこ》りに思うだろうな」
よく子どもたちの目が輝《かがや》くという。けれども全員の輝きがそろうことなど、良太の経験ではめったになかった。だが、そのとき教室にいる三十二名の子どもたちの目が文字どおり生きいきと光ったのである。4春の清崎港を見おろす教室の温度が、二、三度急に上昇《じょうしょう》したようだった。学級委員の真一郎がいった。
「先生、ぼくたち、中道先生のためにがんばります。うちのクラスは、すごくいいクラスだから、絶対に一番でゴールしますから」
お調子者の川村友樹が手拍子《てびょうし》を打ち始めた。
「3組一番、3組一番、3組一番」
だんだんとほかの子どもたちも声をあわせ始める。無口でおとなしい武田清人や戸張卓美まで、月曜朝の頬《ほお》を赤く染めて手を打っている。
クラスがまとまるときというのは、こういう感じなのか。良太は立ち尽《つ》くして、教室を見わたしていた。自分もすこしは手を貸したかもしれない。けれど、ほとんどは子どもたち自身がみずから集まって、心をひとつにしたのである。良太の短い教諭生活で、そんなことは初めてだった。5うれしさと誇らしさで、なんだか涙《なみだ》が出そうになる。
良太は手を広げて、子どもたちの※熱狂《ねっきょう》を抑《おさ》えた。
「はい、はい、よくわかりました。みんな、がんばってくれ。さあ、

ということ。

ウ　かつては生産力のあった豊かな土地が、塩害や砂漠化などのさまざまな理由で農地としては使えなくなってしまっているということ。

エ　都市化により他の目的の土地へと転用された分、森林を切り開いたり草地を開墾したりし、これまでとまったく同じ状態を保っているということ。

オ　生産量＝耕地面積×収穫率であるため、農業用地や収穫率の伸びが壁にぶつかり、穀物の生産量が伸び悩《なや》むようになっているということ。

問四　【C】に入ることばとしてもっともふさわしいものを、次のア～オから一つ選び、記号で答えなさい。

ア　土地が肥えすぎてきている

イ　食糧が不足してきている

ウ　貧富《ひんぷ》の差がひらいている

エ　システム思考で考えられていない

オ　土地がやせてきている

問五　――線部D「本質的な問題を永久に隠しておくことはできません」とありますが、その理由を四十字以内で答えなさい。

問六　三つの[E]に入ることばとしてもっともふさわしいものを、文中から四字以内でぬき出して答えなさい。

問七　本文には次の一文がぬけ落ちています。補う箇所《かしょ》としてもっともふさわしい所を、文中の①～⑤から一つ選び、番号で答えなさい。

作物にも、吸収できる栄養分に限界があるからです。

問八　次のア～エについて、本文の内容にあてはまるものには1、あてはまらないものには2と答えなさい。

ア　化学肥料を使用することで、土壌の養分を瞬時《しゅんじ》に補うことができ、生産量を長期的に増加させることができる。

イ　その土地で以前からいろいろな工夫《くふう》がなされてきている場合、収穫率を引き上げることは容易ではない。

ウ　発展途上国では今でも栄養不足の子どもが少なくなく、将来的にも安定した収穫をし続けるために施肥量を増やす必要がある。

エ　一人当たりの耕地面積が大きく減っているのは、人口が増えているにもかかわらず、耕地面積は増えていないためである。

四

中道良太は希望の丘小学校5年3組の担任をしている教諭《きょうゆ》（先生）である。次の文章を読んで、後の問いに答えなさい。

新しい週が始まった。

希望の丘小学校では、月に二度、国語・算数・理科・社会の四教科分の試験がおこなわれていた。職員室では到達《とうたつ》度試験と呼ばれるこのテストは、クラス競争においてもっとも重要度の高い※指標《しひょう》になっていた。遅刻《ちこく》や欠席のすくなさ、課外活動や生活学習の充実《じゅうじつ》といったその他の評価は、テストの結果の半分ほどしか評価されない。名門小学校の復活には、やはり成績が第一なのだった。

授業一時間をつかって二教科分をすませるドリル形式の簡単な試験である。出題は直近《ちょっきん》の一ヵ月分の学習内容に限られていた。文字どおり授業の到達度を測る試験だ。採点のA公平を期すためには担任教諭は自分のクラスではなく、よそのクラス分を担当する徹底振《てっていぶ》りだった。以前、クラス競争でトップになるために、答案にB手心を加えた先生がいたらしい。

良太が月曜朝一のホームルームに顔をだすと、教室のなかは自習時ではない変化」の一例でもあります。③

作物の場合もまったく同じです。最初のうちは、肥料の量を増やしていくにしたがって、ぐんぐん収穫量が上がるでしょう。しかし、ある段階を超えると、それ以上肥料を与《あた》えても、収穫量は増えなくなります。④

先進国では、※施肥量《せひりょう》が頭打ちとなり、国によっては減っています。それ以上肥料をやっても収穫量が増えないという限界に達したことがわかったからです。このように、土地の限界から一人当たりの耕地面積が減り続けているうえ、これまでのように収穫率を大きく引き上げることが難しくなってくると、増加する人口に合わせて食糧生産量を増やしていくことも難しくなってきます。⑤

（ドネラ・H・メドウズ　デニス・L・メドウズ　枝廣淳子
『地球のなおし方』より）

※慢性的　望ましくない状態が長く続くこと。
※灌漑　水路を作って田畑に必要な水を引き、土地をうるおすこと。
※鈍化　にぶくなること。
※作付面積　田畑で作物を実際に植えつけている面積のこと。
※肥沃　土地が肥えていて、農作物がよくできること。
※開墾　山野を切りひらき耕して新しく田畑にすること。
※兆候　何かが起こりそうな様子。
※システム思考　全体を一つのものとしてとらえる考え方。
※行き過ぎの必要十分条件の三つ　同書内で「行き過ぎ」が起こる条件としてあげられた　①変化があること　②限界があること　③遅れがあることを指す。
※コスト　商品を生産するのにかかる費用。
※施肥量　畑にまいた肥料の量。

問一　（1）～（4）に入ることばとしてもっともふさわしいものを、次のア～エから一つずつ選び、記号で答えなさい。

ア　しかし　　イ　つまり
ウ　たとえば　エ　そこで

問二　――線部Ａ「理論的には、現在の穀物生産量があれば、世界のすべての人に十分な食糧を供給することができます」とありますが、どういうことですか。その説明としてもっともふさわしいものを、次のア～オから一つ選び、記号で答えなさい。

ア　食糧の生産量をもっと増やしさえすれば、世界のすべての人が必要な栄養を食糧から取れるようになることは明らかだ。
イ　一人当たりの穀物生産量が減少しているため、現状では満足な食糧を得られない人たちが出てしまうのは当然である。
ウ　人口の増加を止めない限り、世界中の人たちへ公平に食糧を分配することは現在の穀物生産量においては不可能である。
エ　この二〇～三〇年の間、穀物生産量の増加ペースが緩やかになったために、人口増加率に穀物生産量が抜かされてしまった。
オ　現在の穀物生産量であれば、分配さえ公平であれば本来は世界のすべての人に必要な食事を行き渡《わた》らせることは可能である。

問三　――線部Ｂ「『減っていない』といっても～『質』は同じとは限りません」とありますが、どういうことですか。その説明としてもっともふさわしいものを、次のア～オから一つ選び、記号で答えなさい。

ア　作物を植えつけられる土地の広さは変わっていなかったとしても、その土地で生産される作物の量や質は変わっていないとは限らないということ。
イ　味のおいしい作物を作ることができる土地は都市化の影響《えいきょう》はありつつも、「面積」の上では以前と比べて減ってはいないも、「面積」で測ればということであって、その土地からどれほどの食糧が生み出せるかという「質」は同じとは限りません。

　土地の養分が減ってきたり、やせた土地で農業をすることになると、養分を補うために、化学肥料が使われます。化学肥料によって土壌の養分を補えば、生産量は増やせます。しかしそうすると、「土壌自体が弱って養分が足りなくなっている」という本質的な問題の※兆候は見えなくなります。

　※システム思考で考えれば、化学肥料は短期的な生産量アップには役に立つのですが、一方で【　Ｃ　】という本質的な問題のシグナルを隠《かく》してしまいます。表面上は収穫量が保たれていて、何も問題がないように見えますから、問題に取り組む必要性も感じません。そのまま化学肥料に頼《たよ》って生産を続けているうちに、本質的な問題解決に取り組むのが遅《おく》れてしまい、ますます行き過ぎをもたらしてしまいます。（３）、変化があり、限界があるのに、限界を超《こ》えてしまったというシグナルが遅れてしまい、「※行き過ぎの必要十分条件の三つ」がそろってしまうのです。

　しかし、Ｄ本質的な問題を永久に隠しておくことはできません。化学肥料に頼って、土壌の限界を超えた生産を続けているうち、ある時点で土地の養分がなくなってしまい、農業ができなくなります。実際に、そのようにして、使えなくなって放棄《ほうき》された耕作地が世界にはたくさんあるのです。①

　人口は加速度的に増えている一方、耕地面積はほとんど変わっていないので、一人当たりの耕地面積は減少しています。世界の一人当たりの耕地面積は、一九五〇年の〇・五ヘクタールから二〇〇〇年には〇・二五ヘクタールへと、大きく減っているのです。②

　これまで一人当たりの耕地面積が減っているにもかかわらず、増え続ける人口に食糧を供給することができたのは、収穫率が向上していたからです。（４）、コメのヘクタール当たりの平均収穫率は、一九六〇年には二トンでしたが、九五年には三・六トンに増えています。米国のトウモロコシの収穫率は、六七年にはヘクタール当たり平均五トンだったのが、九七年には八トンを超えています。

　この三〇年間、農地面積は変わっていないのに、世界の食糧生産量が少しずつでも増え、増加の一途《いっと》である人口に食糧を提供できてきたのは、［Ｅ］が向上してきたおかげです。しかし、［Ｅ］がこれからもずっと同じ勢いで向上しつづけるとは考えられません。土地の［Ｅ］の上昇《じょうしょう》カーブはだんだんと鈍《にぶ》くなり、今よりももう一歩アップするために必要な※コストが、どんどん高くなっていくでしょう。

　収穫率が低い間は、何をやっても効果的に収穫率を改善できるでしょう。しかし、すでにさまざまな取り組みをしていたとしたら、そこからさらに収穫率を大きく上げ続けるのはとても難しくなります。

　たとえば、作物にはじめて肥料をやると収穫量は増えます。それは、私たちが一日一食しかご飯を食べていないときに、一日二食に増やしてもらったのと同じです。前よりもずっと元気になり、いろいろなことができるでしょう。二食が三食になったら、もっと元気になって、もっとたくさんのことができるかもしれません。しかし、一日に四食、五食、六食と増えていったら？　もうお腹いっぱいで食べられなくなり、生産性はアップしなくなります。

　いくらそこにあっても、それをエネルギー源として使うことができないという生理学的な限界があるのです。「食べたぶんだけ生産性が上がり続ける」わけではなく、だんだんと伸びが鈍化し、どこかで天《てん》井《じょう》にぶつかってしまいます。そして、その一歩一歩が以前よりも高くつくものになっていきます。これは、システム思考でいう「直線的の肉類、野菜類などがあります。野菜類なども体の働きを整えるためには重要な栄養ですが、体の働きを保つカロリー換算《かんさん》で考えると、穀物と肉類が主となります。肉類のうち、放牧で育てる牛や羊、天然ものの魚介《ぎょかい》類以外は、飼養場で育てるにしても養殖《ようしょく》するにしても、主に穀物からつくるエサが必要になります。（1）、「食糧《しょくりょう》」の全体像を見る場合には、穀物の生産量や消費量に換算して考えます。

一九五〇～二〇〇〇年の世界の穀物生産量は、五億九〇〇〇万トンから二〇億トン以上へ、三倍以上に増えました。その前半にあたる一九五〇～七五年の年間増加率は三・三パーセントで、同時期の人口増加率である一・九パーセントを上回っていました。ですから、この時期、一人当たりの穀物生産量は増えていました。

（2）その後、この二〇～三〇年の間は、穀物生産量の増加ペースが緩《ゆる》やかになり、ついには人口増加率に抜《ぬ》かされてしまいました。したがって、一人当たりの穀物生産量は、一九八五年あたりでピークに達し、以後少しずつ減っています。

一人当たりの穀物生産量は減り始めた

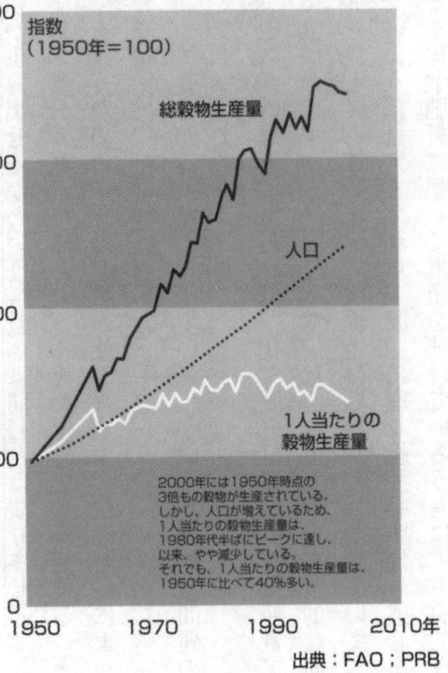
指数
(1950年=100)
400
300
200
100
0
1950
1970
1990
2010年
総穀物生産量
人口
1人当たりの
穀物生産量
2000年には1950年時点の
3倍もの穀物が生産されている。
しかし、人口が増えているため、
1人当たりの穀物生産量は、
1980年代半ばにピークに達し、
以来、やや減少している。
それでも、1人当たりの穀物生産量は、
1950年に比べて40%多い。

出典：FAO；PRB

A 理論的には、現在の穀物生産量があれば、世界のすべての人に十分な食糧を供給することができます。しかし、食糧の分配は公平ではなく、実際には飢餓《きが》がなくなりません。国連食糧農業機関（FAO）では、※慢性的《まんせいてき》に必要な量以下の食事しかとれていない人が、世界に約八億五〇〇〇万人いると見積もっています。発展途上《とじょう》国では、子どもの三人に一人が栄養不良で、夜もいつもお腹《なか》をすかせたまま眠らなくてはなりません。インドでは約二億人が、アフリカでも二億人以上が、バングラデシュでは四〇〇〇万人、アフガニスタンでは一五〇〇万人が、慢性的に飢《う》えた状態にあります。

人口が増加しつづけている状況《じょうきょう》では、食糧の生産量もどんどん増やしていかなければなりません。

穀物の生産量を決めるのは何でしょうか？　生産量＝耕地面積×収穫《しゅうかく》率です。収穫率とはある面積の土地で生産できる穀物の量で、作物の品種や、※灌漑《かんがい》ができるかといった使える水の量、肥料の量などによって変わってきます。したがって、穀物生産量の伸《の》びが※鈍化《どんか》しているのは、農業用地や収穫率の伸びが壁《かべ》にぶつかっているからかもしれません。

最もわかりやすい限界は土地です。この三〇年間、世界の※作付面《さくづけめん》積《せき》は、ほとんど変わっていません。かつては生産力のあった※肥沃《ひよく》な土地が、風や雨に肥沃な表土を失ってしまう土壌浸食《どじょうしんしょく》や、土壌にわずかに含《ふく》まれている塩分が凝結《ぎょうけつ》して農地を不毛の地に変えてしまう塩害、砂漠《さばく》化などによって失われています。都市化によって、道路や駐車《ちゅうしゃ》場、工場や住宅に転用される農地も増えています。こうして減った農地を補うために、森林を切り開いたり、これまでは農業が行われていなかった草地を※開墾《かいこん》することで、何とか耕地面積を減らさないようにしている状況です。しかし、B「減っていない」といって

二〇二一年度　湘南学園中学校

【国語】〈B日程試験〉（五〇分）〈満点：一五〇点〉

一 次の――線部のカタカナを漢字に直しなさい。

1 食べ過ぎてイ腸《ちょう》薬を飲む。
2 将来はウチュウ船の開発に関わりたい。
3 小田原《おだわら》城の天守カクに登った。
4 先生がカクセイ器で話をした。
5 祖母のカンビョウをする母。
6 避難《ひなん》所に設置されたカンイトイレ。
7 黒潮はダンリュウである。
8 欲《ほ》しい洋服のネフダを見る。
9 人間はハイ呼吸である。
10 あのハイユウの演技はすばらしい。

二 次の1～10のことわざを完成させるために□に入る語を後の《語》から一つずつ選び、それぞれ記号で答えなさい。また、そのことわざの意味としてもっともふさわしいものを後の《意味》から一つずつ選び、それぞれ記号で答えなさい。なお、同じ記号を二度以上用いることはありません。

1 □の甲《こう》より年の功
2 飼い□に手をかまれる
3 立つ□跡《あと》をにごさず
4 □をかぶる
5 □も木から落ちる
6 心を□にする
7 □の耳に念仏
8 □につままれる
9 井《い》の中の□
10 □の涙《なみだ》

《語》
ア 雀《すずめ》　イ 猿《さる》　ウ 猫《ねこ》　エ 犬　オ 馬
カ 亀《かめ》　キ 蛙《かわず》　ク 鬼《おに》　ケ 狐《きつね》　コ 鳥

《意味》
ア 長い年月で身につけた経験や知恵《ちえ》は尊《とうと》いということ。
イ 去る時は、きれいに後始末《あとしまつ》をしておこうということ。
ウ とても少ないということ。
エ いくら忠告《ちゅうこく》をしても、まったく聞こうとしないということ。
オ 世話をしたり面倒《めんどう》を見たりしてきた相手から、思いがけず裏切られるということ。
カ わけがわからずきょとんとするということ。
キ 本当の姿、本性《ほんしょう》を隠《かく》して、おとなしそうに見せかけるということ。
ク 物の見方《みかた》や考え方がせまいということ。また、そのような人。
ケ 相手のためを思って、あえて厳しくするということ。
コ どんな名人であっても、時には失敗することがあるということ。

三 次の文章を読んで、後の問いに答えなさい。（句読点は一字と数えます）

私たちが食べるものには、コメや小麦、トウモロコシなどの主食である穀物のほか、タンパク質源としての牛肉や豚《ぶた》肉、鶏《とり》肉、魚肉など

2021年度

湘南学園中学校 ▶解説と解答

算 数 ＜D日程試験＞（50分）＜満点：150点＞

解 答

1 (1) 23 (2) 4.8 (3) $1\frac{1}{40}$ (4) $2\frac{2}{3}$ 2 (1) 79.5点以上 (2) 15分後 (3) 35g (4) 1500円 (5) 20種類 (6) 36度 (7) 8日間 (8) ア $\frac{2}{5}$ イ 20 ウ $\frac{2}{3}$ エ 30 3 (1) 53.68cm (2) 18.24cm^2 4 (1) 12個 (2) 6個 5 (1) 9時28分 (2) 10時7分12秒 (3) 11時40分 (4) 44分間 6 (1) 3回 (2) 6通り (3) 20通り

解 説

1 四則計算，逆算

(1) $20-12\div4+2\times3=20-3+6=17+6=23$

(2) $5.4-3.9\div(2.17+4.33)=5.4-3.9\div6.5=5.4-0.6=4.8$

(3) $\left(8.25-3\frac{1}{2}\right)\div2\frac{8}{15}-\frac{17}{20}=\left(8\frac{1}{4}-3\frac{1}{2}\right)\div2\frac{8}{15}-\frac{17}{20}=\left(\frac{33}{4}-\frac{7}{2}\right)\div\frac{38}{15}-\frac{17}{20}=\left(\frac{33}{4}-\frac{14}{4}\right)\div\frac{38}{15}-\frac{17}{20}=\frac{19}{4}\times\frac{15}{38}-\frac{17}{20}=\frac{15}{8}-\frac{17}{20}=\frac{75}{40}-\frac{34}{40}=\frac{41}{40}=1\frac{1}{40}$

(4) $8\frac{1}{2}-\left(4\frac{5}{6}+\square\right)\times\frac{7}{15}=5$ より，$\left(4\frac{5}{6}+\square\right)\times\frac{7}{15}=8\frac{1}{2}-5=3\frac{1}{2}$，$4\frac{5}{6}+\square=3\frac{1}{2}\div\frac{7}{15}=\frac{7}{2}\times\frac{15}{7}=\frac{15}{2}$ よって，$\square=\frac{15}{2}-4\frac{5}{6}=\frac{15}{2}-\frac{29}{6}=\frac{45}{6}-\frac{29}{6}=\frac{16}{6}=\frac{8}{3}=2\frac{2}{3}$

2 平均とのべ，旅人算，濃度《のうど》，倍数算，場合の数，角度，仕事算，相当算

(1) (平均点)＝(合計点)÷(回数)より，(合計点)＝(平均点)×(回数)となるから，これまでの3回の合計点は，72×3＝216(点)とわかる。また，5回の平均点を75点以上にするには，5回の合計点を，75×5＝375(点)以上にすればよいので，あと2回の合計点が，375－216＝159(点)以上になればよい。よって，あと2回の平均点が，159÷2＝79.5(点)以上になればよい。

(2) 2人が初めて出会うのは，2人合わせて池1周分，つまり2700m走ったときである。また，2人は1分間に合わせて，100＋80＝180(m)走るから，2人が初めて出会うのは走り始めてから，2700÷180＝15(分後)である。

(3) 食塩を加えても水の重さは変わらないことを利用する。濃度6％の食塩水に含《ふく》まれている水の割合は，100－6＝94(％)なので，濃度6％の食塩水200gに含まれている水の重さは，200×0.94＝188(g)とわかる。また，濃度20％の食塩水に含まれている水の割合は，100－20＝80(％)だから，食塩を何gか加えた後の食塩水の重さを□gとすると，□×0.8＝188(g)と表すことができる。よって，□＝188÷0.8＝235(g)なので，加える食塩の重さは，235－200＝35(g)と求められる。

(4) 兄と弟がもっているお金の比は，おこづかいをもらう前は3：1であり，おこづかいをもらった後は2：1である。また，おこづかいをもらっても2人がもっているお金の差は変わらないから，これらの比の差をそろえると下の図1のようになる。すると，そろえた比の，4－3＝2－1＝1

にあたる金額が500円とわかるので，おこづかいをもらう前に兄がもっていたお金は，500×３＝1500(円)と求められる。

図１

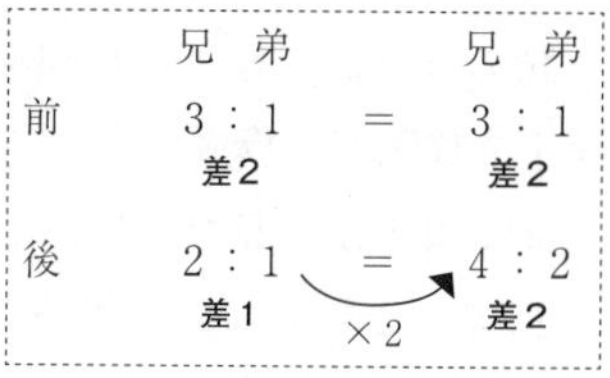

⑸　右下の図２のように，500円硬貨《こうか》を使わない場合(０枚の場合)は，０円を含めて７通りの金額を作ることができる。これらに500円硬貨を組み合わせることによって，全部で，７×３＝21(種類)の金額の買い物ができることになる。ただし，この中には０円の場合が含まれているから，21－１＝20(種類)と求められる。

図２

500円(０枚)	0円	50円	100円	150円	200円	250円	300円
500円(１枚)	500円	550円	600円	650円	700円	750円	800円
500円(２枚)	1000円	1050円	1100円	1150円	1200円	1250円	1300円

⑹　右の図３のように，円の中心をOとすると，OA，OC，ODは１つの円の半径なので，同じ長さである。よって，三角形OACと三角形OADは二等辺三角形とわかる。また，太線部分は円周を５等分したうちの２つ分だから，角AOCの大きさは，360÷５×２＝144(度)となり，角OACの大きさは，(180－144)÷２＝18(度)と求められる。同様に，角OADの大きさも18度なので，アの角の大きさは，18×２＝36(度)とわかる。

図３

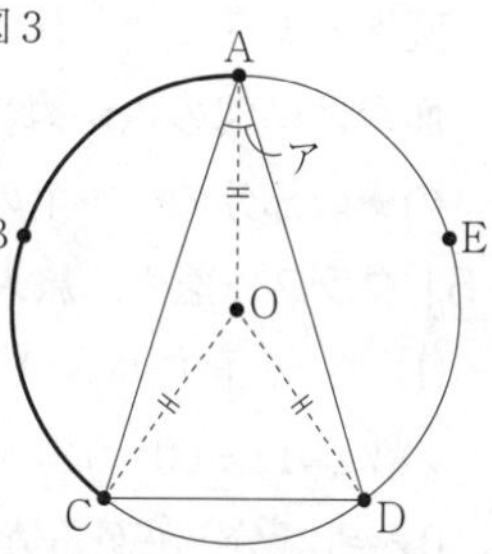

⑺　全体の仕事の量を30と24と20の最小公倍数である120とすると，A君が１日にする仕事の量は，120÷30＝４，B君が１日にする仕事の量は，120÷24＝５，C君が１日にする仕事の量は，120÷20＝６となる。よって，３人がいっしょにすると，１日に，４＋５＋６＝15の仕事ができるから，仕事をやり終えるのに，120÷15＝８(日間)かかる。

⑻　この本のページ数を①，２日目に読みだす前に残っていたページ数を$\boxed{1}$とすると，右の図４のようになる。図４で，$\boxed{1}-\boxed{\frac{3}{5}}=\boxed{\frac{2}{5}}$にあたるページ数が８ページなので，$\boxed{1}=8\div\frac{2}{5}=20$(ページ)とわかる。よって，①$-\left(\frac{1}{3}\right)=\left(\frac{2}{3}\right)$にあたるページ数が20ページだから，①$=20\div\frac{2}{3}=30$(ページ)と求められる。つまり，アは$\frac{2}{5}$，イは20，ウは$\frac{2}{3}$，エは30である。

図４

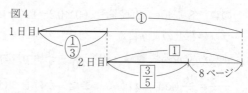

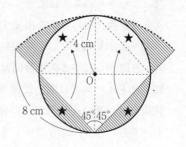

3　平面図形―長さ，面積

⑴　右の図で，太実線の部分は直径８cmの円周であり，太点線の部分は半径が８cmで中心角が，45＋45＝90(度)のおうぎ形の弧《こ》だから，これらの長さの合計は，$8\times3.14+8\times2\times3.14\times\frac{90}{360}=8\times3.14+4\times3.14=(8+4)\times3.14=12\times3.14=37.68$(cm)となる。また，直線部分の長さの合計は，８×２＝16(cm)なので，斜線《しゃせん》をつけた部分の周の長さの合計は，37.68＋16＝53.68(cm)とわかる。

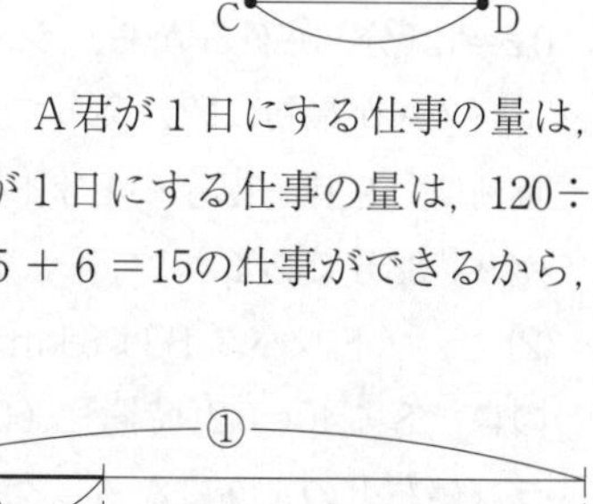

⑵　★印をつけた部分は合同だから，矢印のように移動すると，斜線をつけた部分は，半径が８cmで中心角が90度のおうぎ形から，対角線の長さが８cmの正方形を取り除いた図形になる。ここ

で，正方形の面積は，(対角線)×(対角線)÷2で求めることができるから，斜線をつけた部分の面積の合計は，$8\times8\times3.14\times\frac{90}{360}-8\times8\div2=16\times3.14-32=50.24-32=18.24(\mathrm{cm}^2)$とわかる。

4 立体図形—構成

(1) 真上から見た図に，その場所に積まれている立方体の個数を書き入れると，立方体の個数が最も少ないのは，たとえば右の図①のように積まれている場合とわかる。よって，最も少ない個数は，$1\times7+3+2=12$(個)である。

図①

1個	1個	1個
1個	1個	1個
3個	2個	1個
↑	↑	↑
3個	2個	1個

(真正面から見える個数)

図②

★3個	2個	1個
3個	2個	1個
3個	2個	1個
↑	↑	↑
3個	2個	1個

(真正面から見える個数)

図③

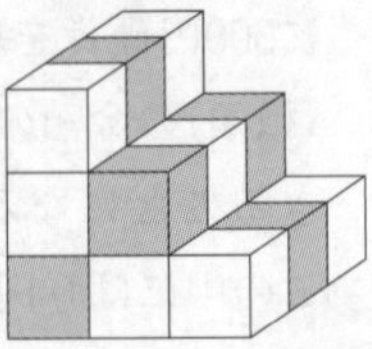

(2) 立方体の個数が最も多いのは右上の図②のように積まれている場合であり，これを見取り図で表すと，上の図③のようになる。3つの面だけに別の色がぬられた立方体は，図③のかげをつけた部分と，見えない部分に1個ある(図②の★の部分の一番下の段)。よって，全部で，5＋1＝6(個)とわかる。

5 グラフ—速さ，旅人算，周期算

(1) シャトルバスAは12km走るのに，12÷60＝0.2(時間)，60×0.2＝12(分)かかるから，シャトルバスAが最初に駅に戻《もど》ってくる時刻は，9時＋12分＋4分＋12分＝9時28分である。

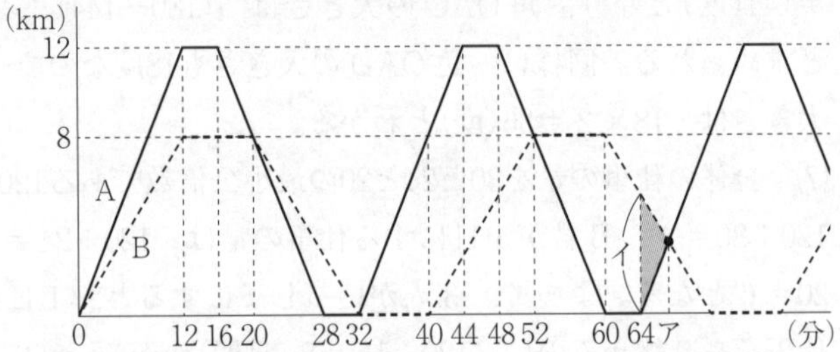

(2) シャトルバスBは8km走るのに，8÷40＝0.2(時間)，60×0.2＝12(分)かかるので，横軸《よこじく》を出発してからの時間にすると，グラフは右上のようになる。グラフのかげをつけた部分に注目すると，シャトルバスBが，64－60＝4(分)で走る距離《きょり》は，$40\times\frac{4}{60}=\frac{8}{3}$(km)だから，64分後のAとBの間の距離(グラフのイ)は，$8-\frac{8}{3}=\frac{16}{3}$(km)とわかる。また，かげをつけた部分では，AとBの間の距離は1時間に，40＋60＝100(km)の割合で縮まるので，かげをつけた部分の時間は，$\frac{16}{3}\div100=\frac{4}{75}$(時間)，$60\times\frac{4}{75}=3.2$(分)と求められる。これは，60×0.2＝12(秒)より，3分12秒となるから，アの時刻は，9時＋64分＋3分12秒＝10時7分12秒である。

(3) シャトルバスAは32分ごとに駅を出発し，シャトルバスBは40分ごとに駅を出発する。よって，AとBが次に同時に駅を出発するのは，32と40の最小公倍数である160分後とわかる。これは，160÷60＝2余り40より，2時間40分後となるので，その時刻は，9時＋2時間40分＝11時40分である。

(4) 9時から12時までの時間は，60×(12－9)＝180(分)である。180÷32＝5余り20より，この間にシャトルバスAは駅と遊園地の間を5回往復し，さらに20分経過していることがわかる(1回の往復には，駅に戻ってからの停車時間も含む)。また，1回往復する間に，4＋4＝8(分間)停車し，さらに余りの20分の中で4分間停車しているから，停車している時間の合計は，8×5＋4＝44(分間)と求められる。

6 つるかめ算，場合の数

赤色(10点) ┐ 合わせて
青色(5点) ┘ 8回で55点

(1) 黄色の2回を除くと，赤色と青色が合わせて，10－2＝8(回)出て，これらの得点の合計が，61－3×2＝55(点)になるから，右の図のようにまとめることができる。青色だけが8回出たとすると，5×8＝40(点)になるので，実際よりも，55－40＝15(点)低くなる。青色のかわりに赤色が出ると，1回あたり，10－5＝5(点)ずつ高くなるから，赤色の回数は，15÷5＝3(回)と求められる。

(2) {10，5，3} を3個組み合わせて和が18になる組み合わせは，10＋5＋3＝18だけである。つまり，3回行って得点が18点になるのは，赤色と青色と黄色が1回ずつ出る場合だけである。このとき，1回目の色の出方は3通り，2回目の色の出方は残りの2通り，3回目の色の出方は残りの1通りあるので，全部で，3×2×1＝6(通り)となる。

(3) {10，5，3}を5個組み合わせて和が24になる組み合わせは，10＋5＋3＋3＋3＝24だけである。つまり，5回行って得点が24点になるのは，赤色と青色が1回ずつと黄色が3回出る場合だけである。このとき，赤色が出る順番は1回目～5回目の5通りあり，青色が出る順番は残りの4通りある。すると，残りの3回がすべて黄色になるから，赤色と青色が1回ずつと黄色が3回出る場合は，5×4＝20(通り)と求められる。

社　会　＜A日程試験＞（40分）＜満点：100点＞

解　答

1 問1　A　青森県　B　埼玉県　C　岐阜県　問2　D　ウ　E　ア　問3　1　エ　2　ケ　3　キ　4　イ　5　カ　問4　ウ　問5　イ　問6　イ　問7　イ　問8　シラス台地　問9　ア　2 問1　1　ス　2　オ　3　イ　4　サ　5　カ　6　ウ　7　エ　8　コ　9　ク　10　ケ　11　ソ　問2　A　オ　B　エ　C　カ　D　ウ　E　ア　問3　ウ　問4　イ　問5　リットン

3 問1　ウ　問2　過疎　問3　(1)　ア　(2)　ウ　問4　酸性雨　問5　ア　問6　あ　オイルショック　い　再生　問7　イ　問8　リサイクル　問9　パラリンピック　問10　(1)　学校　(2)　イ　問11　ウ　問12　(例)　福島原発の事故による放射線の影響がまだあるから。　問13　ア　問14　イ　問15　(1)　ア　(2)　(例)　自分たちのよいと思うことをかなえるのは政治家であり，政治をよくするために選挙に行ってほしい。

解　説

1 都道府県の特色についての問題

問1　A　1988年，津軽海峡《かいきょう》の海底を通って北海道と青森県を結ぶ青函《せいかん》トンネルが開通した。また，高級マグロが水揚《みずあ》げされることで知られる大間町は，青森県北東部にのびる下北半島の北の端にある。　B　熊谷《くまがや》市は埼玉県北部に位置する都市で，2018年には当時の国内最高気温を記録するなど，夏の気温が高いことで知られる。　C　濃尾《のうび》平野は岐阜県南部から愛知県西部，三重県北東部にかけて広がる平野で，木曽川・長良川・揖斐《いび》川という木曽三川が流れているため，水害に備えて周囲に堤防をはりめぐらした輪中とよばれる集落が発達した。また，岐阜県北部は豪雪地帯となっており，雪がすべり落ちやすいように屋根の傾《かたむ》きを急にした，合掌《がっしょう》造りとよばれる家屋が見られる。

問2　**D**　「日本で最も面積が小さい都道府県」とあることから，香川県である。香川県は四国の北東部に位置する横長の県で，北部は瀬戸内海に面している。北東部の小豆《しょうど》島をはじめ，瀬戸内海にうかぶ小さな島々も県域にふくまれる。　**E**　鹿児島県は県域の大部分が火山灰土でおおわれているため，畑作や畜産を中心に農業が発達し，豚の飼養頭数は全国第1位，肉用牛の飼養頭数は北海道についで全国第2位，鶏(肉用若鶏)の飼養羽数は宮崎県についで全国第2位となっている。県の形は，西で薩摩《さつま》半島，東で大隅《おおすみ》半島が南へとのび，南方には屋久島や種子島などの島々があることが特徴である。統計資料は『日本国勢図会』2020／21年版などによる(以下同じ)。　なお，イは岐阜県，エは福岡県，オは埼玉県の形。

問3　**1**　青森市で行われるねぶた祭，秋田市で行われる秋田竿燈《かんとう》まつり，宮城県仙台市で行われる仙台七夕まつりを合わせて，東北三大祭という。　**2**　大都市の周辺で，大都市向けに野菜や果物，畜産物などをつくる農業を近郊農業という。埼玉県や千葉県，茨城県などでは，東京都を中心とする首都圏《けん》に向けて農畜産物を生産する近郊農業がさかんに行われている。　**3**　岐阜県北西部の白川郷は合掌造りで有名な集落で，北にある富山県の五箇山《ごかやま》とともに，「白川郷・五箇山の合掌造り集落」としてユネスコ(国連教育科学文化機関)の世界文化遺産に登録されている。　**4**　香川県北部に広がる讃岐《さぬき》平野は，1年を通して降水量が少なく，水不足になやまされてきた。そのため，農業用水や生活用水を確保する目的で，古くから多くのため池がつくられてきた。　**5**　桜島は鹿児島湾内にある活火山で，1914年の大噴火によって，東側の大隅半島と陸続きになった。

問4　ねぎの収穫量は，近郊農業がさかんな千葉県・埼玉県・茨城県などで多いので，ウがあてはまる。なお，Aの青森県が第1位，長野県が第2位となっているアはりんご，北海道が全国収穫量の4分の3以上を占《し》めるほか，長崎県が上位に入っているイはじゃがいも，抑制《よくせい》栽培がさかんな群馬県や近郊農業がさかんな愛知県が第1位，第2位を占めるエはキャベツ。

問5　ほたて貝は北海道のサロマ湖や青森県の陸奥《むつ》湾での養殖がさかんで，この2道県で養殖生産量のほぼすべてを占めている。なお，アはかき，ウはこんぶ類，エはうなぎがあてはまる。

問6　中京工業地帯は，愛知県と三重県の伊勢湾岸を中心に発達した工業地帯で，岐阜県南部にも工場が広がる。自動車を中心とする機械工業の割合が非常に高いことが特徴で，愛知県の瀬戸や常《とこ》滑《なめ》，岐阜県の多治見《たじみ》では陶磁器などをつくる窯業《ようぎょう》もさかんである。よって，イがあてはまる。なお，アは阪神工業地帯，ウは京浜工業地帯についての説明。

問7　Dの香川県の県庁所在地は高松市で，1年を通じて降水量が少なく，比較《ひかく》的温暖な瀬戸内の気候に属している。よって，イがあてはまる。なお，年平均気温が20℃を上回るアは，南西諸島の気候に属する那覇市(沖縄県)，年平均気温が10℃を下回るウは，北海道の気候に属する札幌市，冬の降水量が多いエは，日本海側の気候に属する福井市の雨温図。

問8　九州南部には，シラスとよばれる火山灰土の台地が広がっている。シラスは，鹿児島湾内にあった火山が数万年前に巨大噴火を起こし，このときに噴出された火山灰が降り積もり形成された。

問9　日本は肉の多くをアメリカ(合衆国)から輸入しており，牛肉・ぶた肉・にわとりの肉のいずれでも上位に入る。なお，牛肉の輸入量第1位の「い」にはオーストラリアが，ぶた肉でアメリカについで第2位となっている「う」にはカナダがあてはまる。

2　各時代の歴史的なことがらについての問題

問1　**1**　弥生時代に稲作が始まると，収穫した稲をたくわえるため，高床倉庫がつくられるようになった。　**2**　堺《さかい》(大阪府)は，室町時代に明(中国)との間で行われた勘合《かんごう》貿易の港として発展し，戦国時代には南蛮《なんばん》貿易で栄えた。大商人らによる自治が行われたが，のちに織田信長の支配下に入った。　**3**　平清盛は，父の忠盛のころから始まっていた宋(中国)との貿易の利益に注目し，大輪田泊《おおわだのとまり》を修築して日宋貿易をさかんに行った。　**4**　1858年，江戸幕府は日米修好通商条約を結び，函館・神奈川(横浜)・新潟・兵庫(神戸)・長崎の５港を開いて貿易を始めた。　**5**　1918年，シベリア出兵を見こして大商人らが米の買い占めを行ったことから，米の価格が上昇《じょうしょう》した。富山県の漁村で，主婦らが米の安売りなどを求めて米屋におしかけ，これが新聞で報道されると，全国に同じような騒《さわ》ぎが広がり，米騒動《そうどう》とよばれた。　**6**　明治政府は1873年に地租改正を行い，地価の３％を土地所有者が現金で納めることとした。しかし，農民の負担は実質的にはそれまでと変わらないものであったため，各地で地租改正反対一揆《いっき》が起こった。これを受け，1877年には地租が地価の2.5％に引き下げられた。　**7**　室町時代には，土倉・酒屋などの高利貸しをおそい，幕府に借金の帳消しを求める一揆が起こるようになった。このような，徳政(令)を求める一揆を土一揆といい，近江《おうみ》(滋賀県)の馬借が1428年に起こした正長の土一揆がその最初とされる。
8　江戸幕府は，大名を統制するための法令として武家諸法度《しょはっと》を定めた。武家諸法度は，1615年に第２代将軍徳川秀忠の名で初めて出され，第３代将軍徳川家光のときには参勤交代が制度化された。　**9**　701年，文武《もんむ》天皇の命を受け，藤原不比等《ふひと》や刑部《おさかべ》親王らが唐(中国)の律令にならって作成した大宝律令が完成した。　**10**　鎌倉幕府の第３代執権北条泰時《やすとき》は，1232年に初の武家法である御成敗《ごせいばい》式目(貞永《じょうえい》式目)を制定した。　**11**　1905年，ともに戦争続行が難しくなっていた日本とロシアは，アメリカのセオドア＝ルーズベルト大統領のなかだちにより，日露戦争の講和条約としてポーツマス条約を結んだ。

問2　**A**　「あ」は縄文時代，「い」は弥生時代，「う」は旧石器(先土器)時代について説明しているので，時代の古い順に「う」→「あ」→「い」となる。　**B**　「あ」は戦国時代，「い」は平安時代，「う」は江戸時代について説明しているので，時代の古い順に「い」→「あ」→「う」となる。　**C**　「あ」は大正時代，「い」は明治時代，「う」は室町時代について説明しているので，時代の古い順に「う」→「い」→「あ」となる。　**D**　「あ」は江戸時代，「い」は飛鳥時代，「う」は鎌倉時代について説明しているので，時代の古い順に「い」→「う」→「あ」となる。
E　「あ」は室町時代，「い」は明治時代，「う」は昭和時代について説明しているので，時代の古い順に「あ」→「い」→「う」となる。

問3　大輪田泊は，現在の神戸港(兵庫県)の一部にあたる。なお，アは長崎，イは広島，エは東京，オは函館の位置。

問4　松尾芭蕉《ばしょう》は江戸時代前半の元禄文化を代表する俳人で，代表作に俳諧《はいかい》紀行文『奥の細道』がある。よって，イが正しい。なお，アは室町時代，ウは平安時代の文化について説明している。

問5　1931年，満州(中国東北部)にいた日本軍が南満州鉄道の線路を爆破し，これを中国側のしわざとして軍事行動を開始した。この柳条湖《りゅうじょうこ》事件をきっかけに日本は満州を支配し，翌32年には満州国を建国して植民地化した。これらの行為について中国からの訴《うった》えを受けた国際連盟は，リットンを団長とする調査団を現地に派遣し，その報告にもとづいて満州国の不承認や日本軍の満州からの撤退《てったい》を勧告《かんこく》した。これを不服とした日本は，1933年に国際連盟を脱退《だったい》した。

3 感染症《しょう》や地球環境，政治や選挙についての問題

問1　日本国憲法に子どもをつくることを禁じるような内容はなく，これは基本的人権の尊重という日本国憲法の原則に反する考え方といえる。よって，ウがあやまっている。

問2　人口の流出や減少により，地域の社会生活が維持できなくなる状態を過疎《かそ》といい，地方の農村などでは人口の高齢化と過疎化が同時に進行して問題となっている。テレワークが普及《ふきゅう》すると，地方を出なくても仕事が可能になるため，過疎化の解消につながると期待されている。

問3　(1)　インドネシアは東南アジアの島国で，世界で４番目に人口が多い。２億5000万人以上いる人々の多くがイスラム教を信仰しており，世界で最もイスラム教徒が多い国となっている。写真は，首都ジャカルタにある独立記念塔《とう》で，「モナス」とよばれる。　(2)　日本はインドネシアから合板・紙やパーム油を輸入しているので，ウにあやまりがふくまれている。

問4　酸性雨は，工場から出る煙《けむり》や自動車の排気ガスにふくまれる窒素《ちっそ》酸化物や硫黄《いおう》酸化物が雨水にまじって地表に降り注ぐ現象である。植物を枯《か》らしたり，河川や土壌《どじょう》を酸性化して生態系に影響を与えたりするほか，コンクリートや大理石をとかし，金属に錆《さび》を発生させたりすることで建造物や文化財にも被害をもたらす。

問5　資料Ｂより，25歳から40歳までの女性の労働力人口比率は，1990年に比べて2017年のほうが高くなっていることがわかる。よって，アがあやまっている。

問6　**あ**　1970年代には，第四次中東戦争(1973年)とイラン革命(1979年)をきっかけに石油価格が急上昇するオイルショック(石油危機)が起こり，世界経済が低迷した。オイルショックを機に日本は，エネルギー資源を西アジアの原油に依存する政策を見直すことになった。　**い**　風力や太陽光，地熱といった自然の力を利用して，半永久的に得られるエネルギーのことを，再生可能エネルギーという。

問7　SDGsは，17の目標と169のターゲットがすべての国，すべての人々，すべての部分で満たされるよう，地球上の誰《だれ》ひとり取り残さないことを誓《ちか》っている。よって，イが正しい。

問8　ゴミを分別し，資源として再利用することをリサイクルという。リデュース(ゴミの減量)・リユース(ゴミの再使用)・リサイクルの「３Ｒ」は，ゴミを減らすための取り組みとしてすすめられている。

問9　オリンピックが開催《かいさい》されたあと，同じ年・同じ都市で，障がい者を対象にしたスポーツの競技大会として，パラリンピックが開かれる。

問10　(1)，(2)　マララ＝ユスフザイはパキスタンの人権運動家で，その考えに反対するイスラム教過激派の銃撃《じゅうげき》やおどしなどに屈《くっ》せず，女性の教育を受ける権利を主張したことが評価され，2014年に史上最年少でノーベル平和賞を受賞した。スピーチが教育の大切さを訴えるものであることから，「あ」には「学校」があてはまると判断できる。なお，アはスウェーデンの女性環境活動家，ウはナチスドイツの迫害《はくがい》を受けたユダヤ人女性。

問11　日本国憲法は第９条で，戦争放棄《ほうき》，国の交戦権の否認とともに，陸海空軍などの戦力を持たないことを定めている。よって，ウがあやまっている。

問12　2011年の東日本大震災では，東京電力福島第一原子力発電所で，放射性物質が外部にもれ出すという重大な事故が発生した。福島県は，放射性物質に汚染《おせん》された土を取り除いたり，放射線量が減るのを待ったりしているため，ほかの被災地域に比べて復興が遅れている。

問13　UNICEF《ユニセフ》(国連児童基金)は紛争，自然災害や飢《う》えに苦しむ発展途上国の子どもたちを救うために設置された国際連合の自立的補助機関で，本部はニューヨークに置かれている。なお，イは国連教育科学文化機関，ウは世界保健機関の略称。

問14　山形県を流れる最上川，山梨県と静岡県を流れる(上流の一部は長野県も流れる)富士川，熊本県を流れる球磨《くま》川を合わせて，日本三大急流という。

問15　(1)　ア　1つ目と2つ目のグラフを正しく読み取っている。　イ　3つ目のグラフから，若い年代ほど投票率が低いことがわかる。　ウ　1つ目と2つ目のグラフから，衆議院よりも参議院のほうが投票率が低い場合が多いことが読み取れる。　(2)　投票に行かなかった理由には，政治や選挙に対する無関心が反映されているといえる。したがって，政治をよくするのは，みずからが投票で選ぶ政治家であり，日々の生活と政治が結びついていることなどを自覚してもらうように訴えること，つまり，主権者が自分たち国民であることを認識してもらうように訴えることが，投票行動をうながすことにつながると考えられる。

理　科　＜A日程試験＞（40分）＜満点：100点＞

解　答

1　**問1**　イ　**問2**　エ　**問3**　イ　**問4**　エ　**問5**　ウ　**問6**　ア　**問7**　エ　**問8**　ウ　**問9**　エ　**問10**　イ　**2**　**問1**　水素　**問2**　ア　**問3**　ア，オ　**問4**　比例　**問5**　312mL　**問6**　ア　**問7**　650mL　**問8**　エ　**3**　**問1**　ア，オ　**問2**　イ，エ　**問3**　ウ　**問4**　イ　**問5**　オ　**問6**　ア　**問7**　ウ　**問8**　エ　**問9**　ア，イ，オ　**4**　**問1**　280mA　**問2**　**電流**…イ　**豆電球**…オ　**問3**　ア　**問4**　エ　**問5**　図6と図7　**問6**　ウ　**問7**　イ　**問8**　ウ，オ　**5**　**問1**　**1**　ウ　**2**　カ　**3**　ア　**問2**　ア　**問3**　エ　**問4**　ウ，エ　**問5**　①　A　②　B　③　B　**問6**　イ

解　説

1　**小問集合**

問1　実験をするとき，薬品が目に入ると目をいためることがあるので，イのように保護めがねをかけるようにする。なお，アについて，炎《ほのお》を真上からのぞきこむとやけどをする危険がある。ウについて，使い終わった薬品は専用の容器などに保管し，環境《かんきょう》に悪い影響《えいきょう》をあたえないように適切に処理する。エについて，ひびの入ったガラス器具を使うと，実験の途中《とちゅう》で割れるなどの危険性がある。

問2　ふつう水溶液《すいようえき》にとけている固体を取り出すには，水溶液を熱し，水を蒸発させて取り出す。したがって，海水から食塩を取り出すには，海水を熱して水の量を減らせばよい。

問3　ラーメンのあたたかいスープの液面から蒸発した水蒸気が，めがねのレンズの表面で冷やされて，細かい水のつぶになってつくとメガネがくもる。

問4　インゲンマメの発芽に必要な条件は，水があること，空気があること，適当な温度であることの3つである。光は肥料とともに，成長に必要な条件である。

問5　アサガオとコスモスは虫，サザンカは鳥，スギは風によって花粉が運ばれる。なお，アサガオは自花受粉も行う。

問6　緑のカーテンに利用される植物としては，つるや茎《くき》をのばして成長するツルレイシやヘチマ，支柱などに巻きついて成長するアサガオなどが適している。ツユクサは背たけが低いので，緑のカーテンには適さない。

問7　熱したとき上向きに曲がるのは，上側の金属より下側の金属の方が熱したときにのびる長さが長い場合である。よって，エが選べる。

問8　B点につけるおもりの重さを□gとすると，てこのつり合いから，100×40＝□×20の関係が成り立ち，□＝4000÷20＝200(g)となる。

問9　V字谷は，流れる水のけずるはたらきによって山間部にできるV字形の谷である。

問10　おもにどろが固まってできる岩石をでい岩，砂が固まってできる岩石を砂岩，小石が固まってできる岩石をれき岩という。安山岩は，マグマが地表付近で急に冷え固まってできた火山岩である。

2　うすい塩酸とアルミニウムの反応についての問題

問1　うすい塩酸にアルミニウムを加えると，アルミニウムがとけて水素が発生する。

問2　水素は水にとけにくく空気より軽い気体なので，イの上方置かん法やウの水上置かん法で集めることができるが，アの下方置かん法で集めることはできない。

問3　水素には無色でにおいがない，気体の中で最も軽い，マッチの火を近づけるとポンと音を立てて燃えるなどの性質があるが，ものを燃やすはたらきはない。なお，石灰水に通すと白くにごるのは，二酸化炭素である。

問4　アルミニウムを0.3gまで加えたとき，グラフは原点を通る右上がりの直線になっているので，発生した気体Aの体積とアルミニウムの重さは比例(正比例)の関係にあるとわかる。

問5　うすい塩酸30mLとアルミニウム0.3gが過不足なく反応し，390mLの気体Aが発生することから，うすい塩酸30mLにアルミニウムを0.24g加えたときに発生する気体Aの最大の体積は，$390\times\frac{0.24}{0.3}=312$(mL)となる。

問6　アルミニウムを0.3gより多く加えても，アルミニウムと反応する塩酸がなくなっているため，発生する気体Aの体積は増えない。このとき，0.3gより多いアルミニウムはとけないで残る。

問7　こさを2倍にした塩酸30mLと過不足なく反応するアルミニウムの重さは，もとのこさの塩酸30mLの体積を2倍にした場合と同じように，0.3×2＝0.6(g)になる。よって，このとき発生する気体Aの体積は，390×2＝780(mL)になり，こさを2倍にした塩酸30mLにアルミニウムを0.5g加えたときに発生する気体Aの最大の体積は，$780\times\frac{0.5}{0.6}=650$(mL)と求められる。

問8　こさを3分の1にした塩酸30mLと過不足なく反応するアルミニウムの重さは，もとのこさの塩酸30mLの体積を3分の1にしたときと同じように，$0.3\times\frac{1}{3}=0.1$(g)になり，このとき発生する気体Aの体積は，$390\times\frac{1}{3}=130$(mL)となる。よって，エが選べる。

3　いろいろな生物の特ちょうについての問題

問1　こん虫には，からだが頭・胸・腹の3つの部分に分かれていて，胸から3対(6本)のあしが出ているという特ちょうがあり，ここではアゲハ，アキアカネがあてはまる。なお，ダンゴムシはエビやカニと同じなかまの甲かく類，クモはクモ類に属する。ミドリムシやゾウリムシは水中で生活しているプランクトンのなかまである。

問２　幼虫からさなぎにならずに成虫になる育ち方を不完全変態という。不完全変態をするこん虫には，バッタ(トノサマバッタなど)やトンボ(シオカラトンボなど)，セミのなかまなどがある。なお，さなぎになって成虫になる育ち方を完全変態という。

問３　ナナホシテントウは成虫，カブトムシは幼虫，オオカマキリは卵，ヒキガエルは成体，アゲハはさなぎで冬を過ごす。

問４　秋に北の方からやってきて日本で冬を過ごし，春になると北の方へもどってひなを育てる鳥を冬鳥という。冬鳥には，オナガガモやハクチョウ，ガンなどがある。ツバメやホトトギス，カッコウやオオルリは，春に南の方からやってきて日本で産卵，子育てをし，秋になると南の方へもどっていく夏鳥である。

問５　水そうの水がにごったとき，水そうの３分の１から２分の１くらいの水をくみ置きの水と取りかえるようにする。これは，メダカの環境を急に変化させないようにするためである。

問６　背びれに，切れこみがないものがメスで，切れこみがあるものがオスである。メスのメダカは，腹びれとしりびれの間にあるこう門から産卵する。

問７　ヒトの子どもは受精してから約38週(266日)で生まれる。

問８　Ａは羊水で，胎児《たいじ》をしょうげきから守るなどのはたらきをしている。また，Ｂはたいばんで，たいばんでは母親の血液から胎児の血液に酸素や養分がわたされ，胎児の血液から母親の血液に二酸化炭素や不要物がわたされている。

問９　ヒトのように，母親の体内で一定の期間育ってから子どもが生まれてくるうまれ方を胎生といい，ほとんどのほ乳類が胎生である。ゾウとクジラ，ハムスターはほ乳類，サケは魚類，スズメは鳥類に属する。

4　回路と豆電球・LEDの明るさについての問題

問１　ここでは導線が電流計の500mAの－たん子につながれているとき，１目もりは20mAを表している。したがって，電流の大きさは280mAと読み取れる。

問２　図２は，電池が２個直列につながれているので，図１より電流を流そうとするはたらきが大きい。したがって，電流の大きさは大きくなり，豆電球の明るさは明るくなる。

問３，問４　豆電球を流れる電流が大きいほど，豆電球は明るく光る。図１の豆電球を流れる電流の大きさを１とすると，それぞれの豆電球を流れる電流は，アは２，イは１，ウは１である。また，エは２個の電池が導線のみでつながれたショート回路になっているので，豆電球に電流が流れない。

問５，問６　LEDは図４と図５ではどちらも光らずに，図６と図７では図７のときだけ光っていることから，電池１個では光らないと考えられる。また，図６と図７から，電池を直列につなぎ，LEDの＋の長いたん子と電池の＋極，LEDの－の短いたん子と電池の－極をつなぐと光ることがわかる。

問７，問８　アのLED１個には電池が0.5個分しかはたらかないのでどちらも光らない。イの２つのLEDはそれぞれ２個の電池が直列につながれていると考えることができ，たん子のつなぎ方も正しいため２つとも光る。ウの上側のLEDには電池が２個分はたらき，たん子のつなぎ方も正しいので光るが，下側のLEDはたん子のつなぎ方が逆なので光らない。エのLED１個には電池が１個分しかはたらかないためどちらも光らない。オの上側のLEDには電池が１個分しかはたらかず，左側のLEDのたん子のつなぎ方が正しくないので両方とも光らない。オの下側のLEDには電池が2個直列につながれ，たん子のつなぎ方も正しいため光る。

5 台風についての問題

問1 台風は日本の南にある赤道付近の海上で積乱雲が集まってうずをつくり，うずの中心付近の気圧が下がり，さらに発達してできる。夏から秋にかけて，台風は北上しながら日本付近に近づき，上空をふいている強い西風(偏西《へんせい》風)によって進路を東に変えるものが多くなる。

問2 日本の気象衛星「ひまわり」は宇宙から雲などの観測を行っている。

問3 図1の雲画像からわかるように，台風の目では雲がなく，下降気流となっている。台風の目の地表付近では，周囲に比べて風が弱くなり，雨もほとんどふらなくなることが多い。

問4 強風によって鉄塔《てっとう》や街路樹がたおれたり，海沿いで高い波が起こったりする。よって，ウとエが選べる。ア，イ，オはおもに降雨によるものである。

問5 台風は低気圧なので，風は中心付近に向かって時計の針と反対向きに強くふきこんでいる。また，台風が進む方向の右(東)側では，台風にふきこむ風と台風の進行方向が重なるため，風が特に強くなる。

問6 図2で，台風の中心は★地点の西側から北側を通っていくため，★地点では風向きが東→南→西と変化する。

国語 ＜B日程試験＞（50分）＜満点：150点＞

解答

一 下記を参照のこと。　二（語，意味の順で）　1 カ，ア　2 エ，オ　3 コ，イ　4 ウ，キ　5 イ，コ　6 ク，ケ　7 オ，エ　8 ケ，カ　9 キ，ク　10 ア，ウ　三 **問1** 1 エ　2 ア　3 イ　4 ウ　**問2** オ　**問3** ア　**問4** オ　**問5**（例）化学肥料に頼り，土壌の限界を超えた生産を続けると，農業ができない土地になるから。　**問6** 収穫率　**問7** ④　**問8** ア 2　イ 1　ウ 2　エ 1　四 **問1** A エ　B イ　C ウ　**問2** エ　**問3** エ　**問4** ウ　**問5** ウ　**問6** ア　**問7** 負けていられない(から)　**問8** 自発性　**問9** 暗室　**問10** ア

●漢字の書き取り

一 1 胃　2 宇宙　3 閣　4 拡声　5 看病　6 簡易　7 暖流　8 値札　9 肺　10 俳優

解説

一 漢字の書き取り

1 食べたものをこなす，食道の下に位置する内臓。　2 太陽・地球・星などのすべての天体をふくむ，果てしない空間。　3「天守閣」は，日本の城の高く築かれた物見やぐら。　4「拡声器」は，声や音を大きくして遠くまで聞こえるようにする道具。　5 病人の世話をすること。　6 手軽で簡単なようす。　7 赤道付近から温帯方面に流れる暖かい海水の流

れ。　**8**　商品の値段が書かれたふだ。　**9**　胸の左右にある，呼吸のための二つの器官。
10　劇や映画などで，役を演じることを仕事にしている人。

二　ことわざの完成

1「亀《かめ》の甲《こう》より年の功」は，老人の知恵《ちえ》の尊《とうと》さを教えることわざで，「老いては子にしたがえ」が反対の意味のことわざになる。　**2**「飼い犬に手をかまれる」は，「恩《おん》をあだで返される」に近い意味の言葉である。　**3**「立つ鳥跡《あと》をにごさず」と反対の意味のことわざは，「あとは野となれ山となれ」になる。　**4**「猫《ねこ》をかぶる」は，本性《ほんしょう》をかくしておとなしく見せかけること。　**5**「猿《さる》も木から落ちる」は，名人も時には失敗するということのたとえで，「弘法も筆の誤り」「かっぱの川流れ」が同じ意味のことわざになる。　**6**「心を鬼《おに》にする」は，感情に流されずに手加減しないといった意味。　**7**「馬の耳に念仏」は，いくら働きかけてもむだなようすをいい，「馬耳《ばじ》東風」が同じような意味の四字熟語である。　**8**「狐《きつね》につままれる」は，思わぬことにぽかんとするようすをいい，「狐に化かされる」が同じような意味である。　**9**「井の中の蛙《かわず》」は，広い世界を知らないようすをいう。　**10**「雀《すずめ》の涙《なみだ》」は，とても少ないようすをいい，とてもせまいことをいう「猫の額《ひたい》」が近い意味になる。

三　出典はデニス・L・メドウズ，ドネラ・H・メドウズ，枝廣淳子《えだひろじゅんこ》の『地球のなおし方―限界を超《こ》えた環境《かんきょう》を危機から引き戻《もど》す知恵』（ダイヤモンド社刊）による。増加する人口に合わせて食《しょく》糧《りょう》の生産を増やす難しさを，作付面積《さくつけめんせき》と収穫率《しゅうかくりつ》の観点から説明している。

問1　**1**　体の働きを保つカロリー換算《かんさん》で考えるとき，私たちの食糧は主に穀物《こくもつ》と肉類となるが，肉類の多くには穀物からつくるエサが必要になると前にある。後には，食糧の全体像を見るには，穀物の生産量や消費量に換算して考えると続く。よって，前の内容を受けて次を導くときに使う「そこで」が合う。　**2**　一九五〇～七五年には，一人あたりの穀物生産量は増えていたと前にある。後には，その後の一人あたりの穀物生産量は一九八五年あたりでピークとなり，以後は減っていると続く。よって，前の内容と相反する内容が後に続くときに使う「しかし」が入る。　**3**　やせてきた土地に化学肥料《ひりょう》を使って生産を続けるのには限界があるが，一見問題がないように見えるため，本質的な問題解決が遅《おく》れると前にある。後ではその状態を「行き過ぎの必要十分条件の三つ」がそろうと言いかえているので，言いかえるときに使う「つまり」がふさわしい。　**4**　直前に「収穫率が向上していた」とあり，後にはコメとトウモロコシの収穫率の変化があげられているので，具体的な例をあげるときに使う「たとえば」がよい。

問2　ぼう線部Aの次の文に，食糧の分配が公平でないために飢餓《きが》がなくならないと述べられている。つまり，食糧が公平に分配されさえすれば世界のすべての人に必要な食事が行き渡《わた》るのだから，オが選べる。

問3　ぼう線部Bの前後に注意する。土壌侵食《どじょうしんしょく》，砂漠《さばく》化，都市化などで減った農地を補うため，森林を切り開いたり草地を開墾《かいこん》したりして同程度の耕地面積は確保できているが，やせた土地で農業をするために化学肥料を使っており，その土地で収穫できる作物の量や質は同じとは限らないのである。

問4　Cは「本質的な問題」の内容にあたるが，前の文で「本質的な問題」とされているのは「土壌自体が弱って養分が足りなくなっている」ことなので，これを言いかえたオが入る。

問5　「本質的な問題」とは，土地がやせてきていることを指す。次の文にぼう線部Dの理由が説明されている。化学肥料に頼《たよ》り，土壌の限界を超えた生産を続けると，土地の養分がなくなり農業ができない土地になるからである。

問6　耕地面積はほとんど変わっていないのに，増え続ける人口に食糧を供給できたのは，「収穫率」が向上していたからだと直前の二段落から読み取ることができる。

問7　もどす文には，理由を表す「から」があるので，栄養分を与《あた》えれば与えるだけ作物の収穫量が増えるわけではないといった内容が前に来るはずである。よって，ある段階を超えると，肥料を増やしても収穫量は増えなくなると述べられた後の④に入れると文意が通る。

問8　**ア**　化学肥料に頼って土壌の限界を超えた生産を続けていると，ある時点で土地の養分がなくなって農業ができなくなると，ぼう線部Dがある段落で述べられているので，合わない。　**イ**　最後から五番目の段落に同じ内容が書かれている。　**ウ**　ある段階を超えると，それ以上肥料を与えても収穫量は増えなくなると最後から二番目の段落にあるので，合わない。　**エ**　①の直後の段落に，同じ内容が述べられている。

四　**出典は石田衣良《いしだいら》の『5年3組リョウタ組』による。**良太《りょうた》の担任する3組の生徒が，自発的にクラス競争のトップをめざそうとしていると知ったほかの教師は，さまざまな反応を示す。

問1　**A**　全てを同じにあつかうよう心がけること。　**B**「手心を加える」は，相手の事情などを考えに入れて手加減すること。　**C**　うまくいっていることを邪魔《じゃま》すること。

問2　ぼう線部Cをふくむ段落に，良太自身にはクラス競争に欲がなかったことが書かれている。本来，授業の到達《とうたつ》度を測る目的の試験であり，不必要に競争意識を刺激《しげき》したくなかったものと考えられる。

問3　少し後に，良太自身にはクラス競争でよい成績を上げたいという欲はないが，子どもたちがやる気を出していることはうれしく思っているようすが描《えが》かれている。よって，エが合う。

問4　本多元也の言葉に，子どもたちは真剣《しんけん》な目で良太を見つめてきた。自分のクラスが一番になったことのない中道《なかみち》先生が，トップを取ることについてどう考えているかを知りたかったものと推測できるので，ウがふさわしい。

問5　次の真一郎の言葉でわかるとおり，3組の生徒は担任の良太のためにがんばろうとしている。3組が一番になったら誇《ほこ》りに思うだろうという良太の言葉に，3組の生徒全員の目は生きいきと光ったと直前にある。担任を喜ばせようと，3組全員の気持ちが一気に盛り上がったのだから，ウがよい。

問6　同じ段落の内容に注意する。クラス競争で一番になろうと全員の気持ちが一つになったのを目にして，生徒たち自らの力でクラスがまとまったことに良太は感動したのだから，アが合う。

問7　クラス競争で一番になりたいという気持ちが，3組の生徒たちを一つにしたという良太の話に，山岸先生は「険しい顔」になっている。さらに，2組の染谷先生もクラス競争にむけて何らかの手を打ったと聞き，自分も「負けていられない」と山岸が言ったことに注意する。

問8　3組の生徒の「自分たちでがんばろうというほどのやる気」を，染谷は「自発性」と前の会話で表現している。

問9「自分の教室」とは小学校の教諭《きょうゆ》にとっての担任のクラスを指すが，山岸は担任を独立国の王さまにたとえ，なにをしているかわからない教室を「ブラックボックス」にたとえている。これを聞いた良太は，教室を，三十二人の子どもたちが閉じこめられた「暗室」だと感じている。

問10　良太は良太なりに，教師としてどうあるべきかを考えて生徒に接している。だが，山岸と染谷は良太を「調子がはずれてる」「ただぼーっとしてる」と評して笑っているので，良太は不《ふ》愉《ゆ》快《かい》に感じたのだと考えられる。

Dr.福井の 入試に勝つ！脳とからだのウルトラ科学

入試当日の朝食で，脳力をアップ！

朝食を食べない学生は，朝食をきちんと食べる学生に比べて成績が悪かった──という研究発表がある。まあ，ちょっと考えればわかると思うけど，朝食を食べないということは，車にガソリンを入れないで走らせようとするようなものだ。体がガス欠になった状態では，頭が十分に働くわけがない。入試当日の朝食はちゃんと食べよう！　朝食を食べた効果があらわれるように，試験開始の２時間以上前に食べるようにするとよい。

では，入試当日の朝食にふさわしいものは何か？

まず，脳の直接のエネルギー源はブドウ糖だけであるから，それを補給するためのご飯やパン，これは絶対に必要だ。また，砂糖や果物の糖分は吸収されやすく，効果が速くあらわれやすいので，パンにジャムをぬったり果物を食べたりするのもよいだろう。

次に，タンパク質。これは脳の温度を上げる作用がある。温度が低いままでは十分に働かないからね。タンパク質を多くふくむのは肉や魚，牛乳，卵，大豆などだが，ここでは大豆でできたとうふのみそ汁や納豆をオススメする。そして，記憶力がアップするDHAを多くふくんでいる青魚，つまりサバやイワシなども食べておきたい。

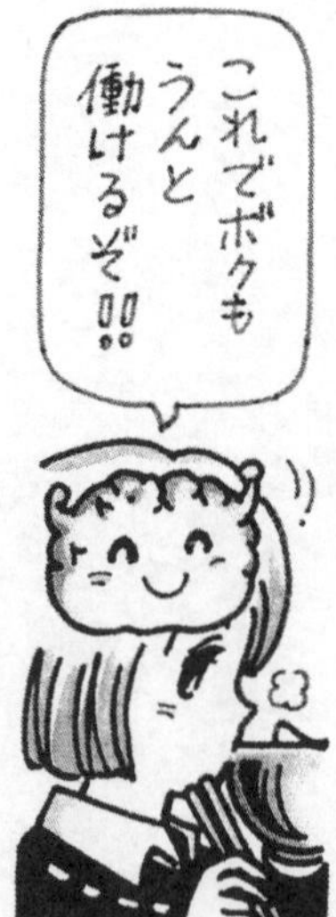

生野菜も忘れてはならない。その中にふくまれるビタミンBは，ブドウ糖を脳に吸収しやすくする働きを持つので，結果的に脳力アップにつながるんだ。

コーヒーや紅茶，緑茶は，カフェインという成分の作用で目覚めをうながすが，トイレが近くなってしまうので，飲みすぎに注意！　試験当日はひかえたほうがよいだろう。眠気を覚ましたいときはガムをかむといい。脳が刺激《しげき》されて活性化し，目が覚めるんだ。

Dr.福井（福井《ふくい》一成《かずしげ》）…医学博士。開成中・高から東大・文Ⅱに入学後，再受験して翌年東大・理Ⅲに合格。同大医学部卒。さまざまな勉強法や脳科学に関する著書多数。

Memo

Memo

2020年度　湘南学園中学校

〔電　話〕(0466) 23－６６１１
〔所在地〕〒251-8505　神奈川県藤沢市鵠沼松が岡４－１－32
〔交　通〕小田急線－「鵠沼海岸駅」・「本鵠沼駅」より徒歩７分
江ノ島電鉄－「鵠沼駅」より徒歩８分

【算　数】〈Ｂ日程試験〉(50分)〈満点：150点〉

1　**次の計算をしなさい。ただし，(4)は［　　］にあてはまる数を答えなさい。**

(1)　$3\times14-35\div5$

(2)　$6.4-8.4\div2.4\times1.4$

(3)　$\left(2\frac{2}{3}-2.4\right)\times\left(0.5+\frac{1}{8}\right)$

(4)　$\left(1\frac{13}{40}+\boxed{}\right)\times\frac{8}{9}-\frac{2}{5}=1$

2　**次の各問いに答えなさい。**

(1)　濃度《のうど》４％の食塩水300ｇに，濃度９％の食塩水200ｇを加えてできる食塩水の濃度は何％ですか。

(2)　国語と算数のテストをしました。平均点が86.5点で，国語は算数より５点高かったそうです。算数は何点でしたか。

(3)　分速900ｍの電車が，トンネルに入り始めてからすべての車両が出るまでに38秒かかりました。電車の長さを70ｍとするとき，トンネルの長さを求めなさい。

(4)　ある仕事をＡとＢの２人でやると12分，ＢとＣの２人でやると15分，ＡとＣの２人でやると20分かかります。この仕事を３人でやると何分かかりますか。

(5)　正三角形を右の図のように折ったとき，アの角度を求めなさい。

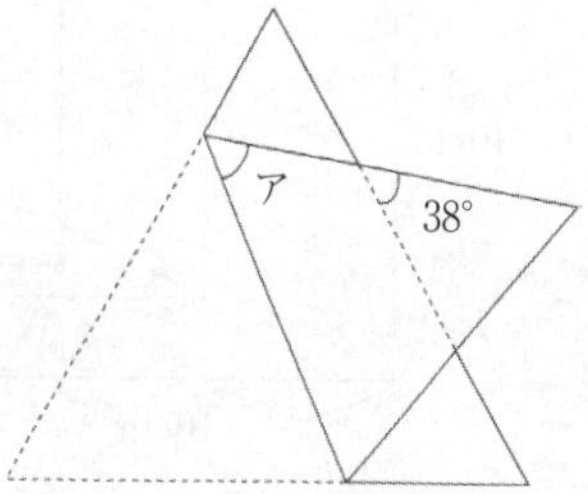

(6)　[0]，[1]，[2]，[3]のカードが１枚ずつ合計４枚あります。４枚の中から３枚のカードを並べて３桁《けた》の整数をつくるとき，全部で何通りつくることができますか。

(7)　３辺の長さが36ｍ，48ｍ，60ｍの三角形の形をした広場の周囲に木を植えます。木と木の間はすべて等しく，三角形の各頂点には必ず木を植えるものとします。木の本数をできるだけ少なくしたいとき，木は何本必要ですか。

(8)　３時から４時の間に長針と短針が重なる時刻を次のように求めました。[ア]～[エ]にあてはまる数を答えなさい。

長針は１分間で[　ア　]°，短針は１分間で[　イ　]°進みます。このことから長針は短針に１分間で[　ウ　]°近づくことが分かります。

３時のときの長針と短針のつくる角は90°なので90÷[　ウ　]＝[　エ　]となることから，３時から４時の間で長針と短針が重なるのは３時[　エ　]分となります。

3 図のような枠《わく》の中を半径２cm の円が枠にそって転がりながら１周します。下の各問いに答えなさい。ただし，円周率は3.14とします。

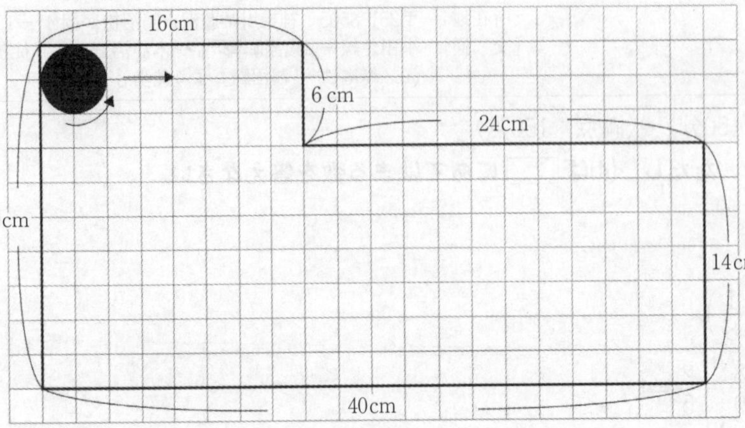

(1) 円の中心が通る長さを求めなさい。

(2) 枠内で円が通らなかった部分の面積の合計を求めなさい。

4 図１の立体と図２，３の直方体を組み合わせると１辺が10cm の立方体になります。図１の体積と表面積を求めなさい。

図１

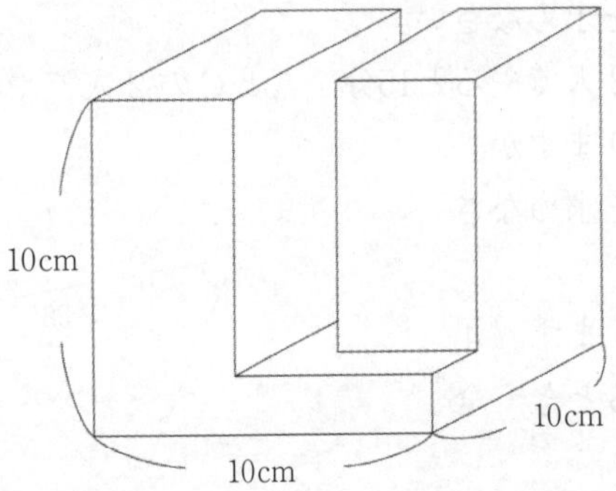

図２

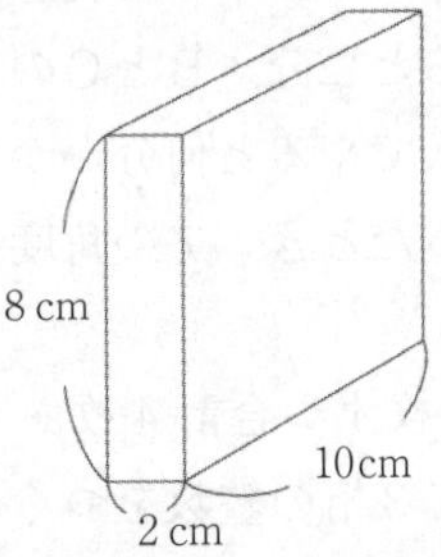

図３

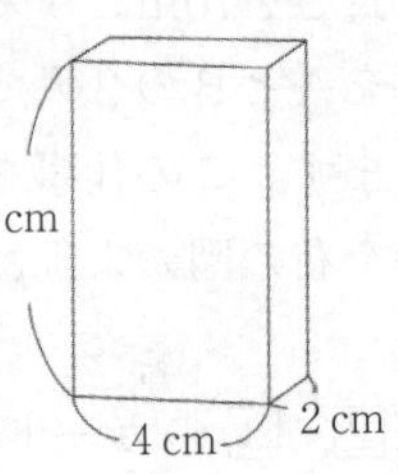

5 兄，弟，妹の３人が家から2.5km 離《はな》れた駅に向かいました。兄は一定の速さで歩いて駅に向かいました。兄と同時に出発した弟は家から1200m離れた図書館の前で忘れ物に気づき，行きの２倍の速さで家に戻《もど》りすぐに親の車で駅に送ってもらうと，兄より２分早く駅に着きました。妹は兄たちの15分後に自転車で出発し駅に向かうと，兄と同時に駅に着きました。次のグラフは３人の家からの距離《きょり》と時刻を表したものです。ただし，車と自転車の速さも一定とします。下の各問いに答えなさい。

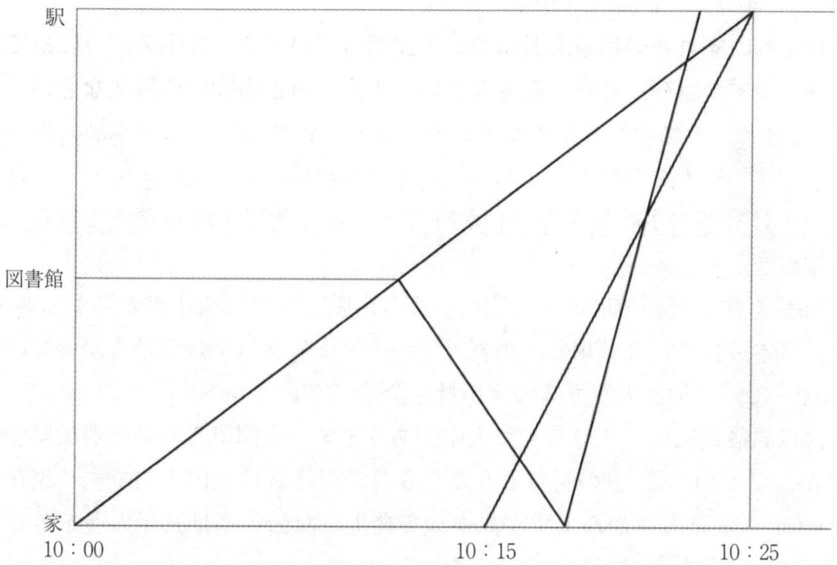

(1) 兄の歩く速さは分速何mですか。

(2) 弟が家に戻った時刻は何時何分ですか。

(3) 弟が親に送ってもらった車の速さは分速何mですか。

(4) 弟の乗った車が妹の自転車を追い越《こ》した位置は駅まで残り何mのところですか。

6 次の図のように，円に下のような方法で点を書いていきます。

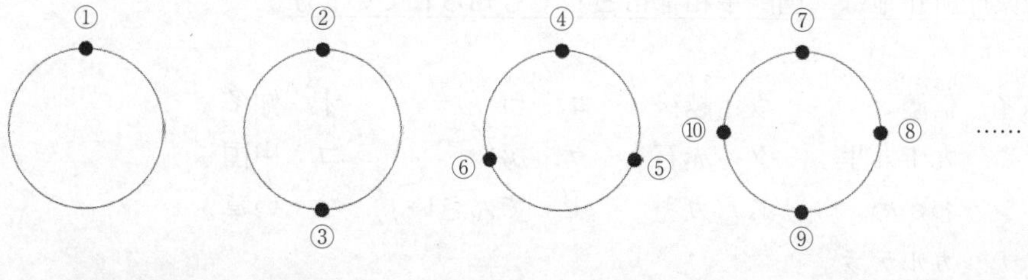

1個目の円に点①を書く。

2個目の円が2等分されるように点②，③を書く。

3個目の円が3等分されるように時計周りに点④，⑤，⑥を書く。

4個目以降も同様にして円に点を書いていく。

円の周の長さはすべて同じで，点①，②，④，⑦，……はすべて同じ位置にあります。

次の各問いに答えなさい。

(1) 点㉚は何個目の円に書いてありますか。

(2) 点③と同じ位置にある点のうち，点③の次にくるのは点⑨です。同様に，点⑥と同じ位置にある点のうち，点⑥の次にくる点を答えなさい。

(3) 2020個目までの円の中で点⑥と同じ位置にある点は，点⑥もふくめて全部で何個ありますか。

(4) 12個目の円で，1から11個目までの円の点と同じ位置にない点は全部で何個ありますか。

【社　会】〈Ｂ日程試験〉（40分）〈満点：100点〉

1　**次の各文は，それぞれいずれかの都道府県について説明しています。文中の(　)にあてはまる語句を〈語群〉から１つずつ選び，記号で答えなさい。また，あとの問いに答えなさい。**

Ａ　(　１　)半島の丘陵《きゅうりょう》地と，半島の付け根の台地からなり，①台地と低地は日本最大の平野である関東平野の一部です。三方を海にかこまれ，②銚子《ちょうし》港の水揚《みずあ》げ量は全国一です。③日本有数の農業県で，とりわけ野菜の生産量が多いのが特徴《とくちょう》です。④湾岸《わんがん》を埋《う》め立てて造《つく》られた工業地域では，重工業がさかんです。

Ｂ　日本海に臨《のぞ》む，細長く伸《の》びた都道府県で，東に(　２　)山脈，南には火山群からなる妙高連《みょうこうれん》峰《ぽう》が走っています。日本最長の(　３　)川と，阿賀野《あがの》川の下流に(　２　)平野がひろがっています。⑤米の収穫《しゅうかく》量は全国一で，石油と天然ガスの産出量も全国一です。

Ｃ　北東の阿蘇《あそ》には，世界最大級の(　４　)をもつ火山があります。全国でも有数の農業県で，米づくりや牧畜《ぼくちく》がさかんですが，畳表《たたみおもて》の材料となる(　５　)の収穫量は全国１位です。現在ではICなどをつくるハイテク産業もさかんですが，かつて発生した公害病は長年人々を苦しめてきました。⑥2016年には大きな災害がおこりました。

Ｄ　北海道に次ぐ面積をもちますが，そのほとんどが山地です。北上川沿いの平地がおもな農業地帯で，⑦都道府県庁所在地もここにあります。東の(　６　)海岸は，海岸線が入りくんでおり，天然の良港となっています。2011年の東日本大震災《だいしんさい》では，６千人以上の犠牲《ぎせい》者がでました。

Ｅ　中国山地から瀬戸内海《せとないかい》沿岸まで，山がちな地形がつづきます。芸予《げいよ》諸島ではかんきつ類の生産や(　７　)の養殖《ようしょく》がさかんです。沿岸部では自動車や鉄鋼・造船などの重化学工業がさかんです。気候は瀬戸内《せとうち》式で少雨ですが，2018年７月におきた西日本豪《ごう》雨では大きな被害を受けました。⑧都道府県庁所在地は，国際平和都市としても知られています。

〈語群〉

ア	富士	イ	信濃《しなの》	ウ	越後《えちご》	エ	伊豆《いず》	オ	知多
カ	三陸	キ	九十九里	ク	赤石	ケ	房総《ぼうそう》	コ	中国
サ	四国	シ	わかめ	ス	カキ	セ	てんさい	ソ	い草
タ	シラス	チ	カルデラ						

問１．Ｂ，Ｃ，Ｅは，それぞれ，どこの都道府県のことを説明していますか。下の地図から選び，記号で答えなさい。

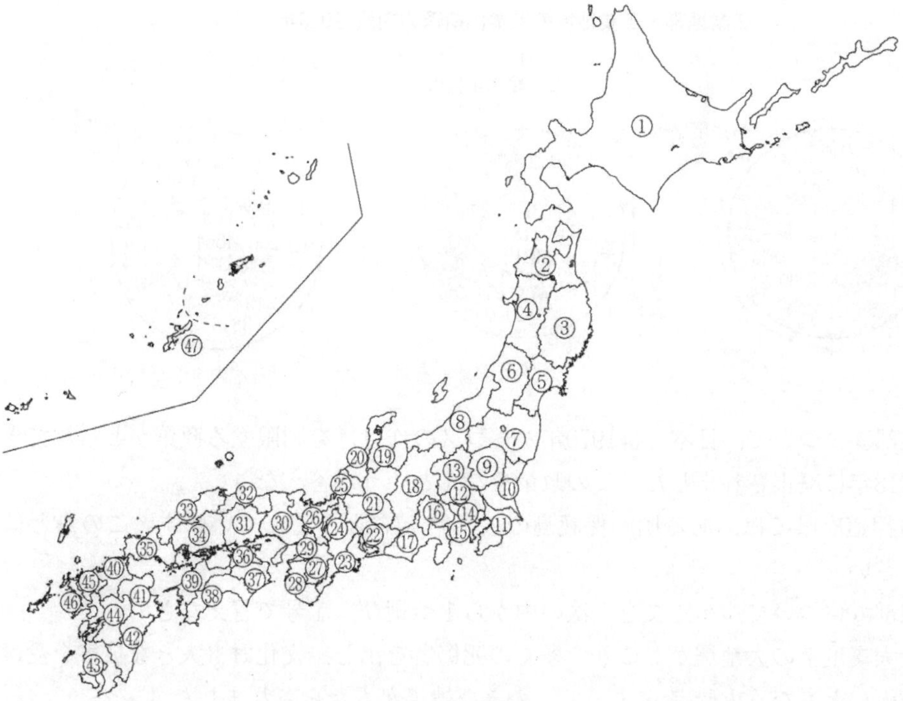

問２．**Ａ**の都道府県には成田国際空港があります。次の表の中で，この空港の輸出入の値《あたい》をあらわしているものをア・イ・ウから１つ選び，記号で答えなさい。

おもな港の貿易額の内訳(2017年)

	輸出		輸入		計	
	億円	%	億円	%	億円	%
ア	111679	14.3	122444	16.2	234123	15.2
東京港	58621	7.5	117011	15.5	175632	11.4
イ	117421	15.0	48656	6.5	166078	10.8
横浜《よこはま》港	71772	9.2	41336	5.5	113108	7.4
ウ	56439	7.2	39406	5.2	95846	6.2

『日本のすがた 2019』より

問３．下線部①について，この平野を流れる日本最大の流域面積をもつ河川をなんというか答えなさい。

問４．下線部②について述べた次の文の中から，**誤りをふくむもの**を１つ選び，記号で答えなさい。

ア　銚子の沖合《おきあい》は，黒潮と親潮が出合う豊かな漁場となっています。

イ　銚子では，かつては沖合漁業がさかんでしたが，現在は遠洋漁業が中心となっています。

ウ　銚子では，食品加工もさかんで，しょう油の生産量も全国有数です。

問５．下線部③について，この都道府県では，大消費地に近いために常に新鮮《しんせん》な野菜を出荷できるという利点があります。このような大都市周辺で行われる農業をなんというか答えなさい。

問６．下線部④について，この工業地域の生産額の割合をあらわしているものを１つ選び，記号で答えなさい。

工業地帯・工業地域の工業出荷額の内訳(2016年)

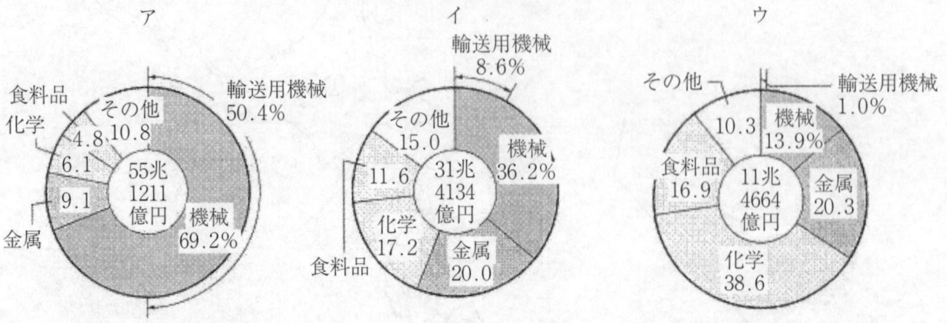

『日本のすがた 2019』より

問７．下線部⑤について，日本では1970年からコメの作付けを制限する政策がとられてきましたが，2018年に廃止《はいし》されました。この政策をなんというか答えなさい。

問８．**Ｂ**の都道府県では，ある国際保護鳥の人工繁殖《はんしょく》にとりくんでいます。この鳥とはなにか答えなさい。

問９．下線部⑥について述べた文を，次の中から１つ選び，記号で答えなさい。

ア　最大震度《しんど》７の大地震がおこり，多くの死傷者を出し，文化財も大きな被害を受けました。

イ　噴火《ふんか》にともなう火砕流《かさいりゅう》によって，大きな被害がもたらされました。

ウ　数十メートルの津波《つなみ》がおこり，原子力発電所が被災《ひさい》して放射性物質による被害がひろがりました。

問10．下線部⑦について，この都道府県庁所在地名を答えなさい。

問11．**Ｄ**の都道府県では，再生可能エネルギーによる発電がすすんでいます。このことについて述べた次の文の中から，**誤りをふくむもの**を１つ選び，記号で答えなさい。

ア　八幡平《はちまんたい》市に日本初の地熱発電所がつくられるなど，地熱を利用した発電がすすめられています。

イ　久慈《くじ》港では，日本初の波力発電所がつくられました。

ウ　再生可能エネルギーとして，原子力発電所の再稼働《かどう》がすすめられていますが，現在までに再稼働した原子力発電所は，まだありません。

問12．**Ｄ**の都道府県について，この地域の代表的な伝統工芸品を，次の中から１つ選び，記号で答えなさい。

ア　　　　　イ　　　　　ウ

問13. 下線部⑧について，この都市にある世界遺産を，次の中から１つ選び，記号で答えなさい。

ア

イ

ウ

エ

2 **次の各文の（　）にあてはまる語句を〈語群〉から１つずつ選び，記号で答えなさい。また，あとの問いに答えなさい。**

〈Ａ群〉

あ　海外の政治制度や産業を取り入れるため，ヨーロッパやアメリカに向けて①使節団を送り，近代化に取り組みました。

い　人々は，石や動物の骨を使ってつくった道具を用いて動物や魚をとり，とった食べ物を調理したりたくわえたりするのに（　１　）を使用しました。

う　（　２　）は２度にわたって朝鮮《ちょうせん》に大軍を送りこみ，多くの朝鮮の人々をぎせいにしました。大名のなかには，焼き物の職人を日本に連れて帰る者もいました。

〈Ｂ群〉

あ　（　３　）は仏教の力で国を安定させようと，各地に国分寺・国分尼寺《にじ》をつくったり，東大寺に大仏をつくる命令を出しました。

い　各地で②古墳《こふん》がつくられ，内部には銅鏡や冠《かんむり》，鉄製のくわなどがおさめられていました。こうした出土品から強力な支配者がいたことがわかります。

う　幕府は，③大名が勝手に城を修理することを禁《きん》じたり，参勤交代をおこなうことを決め，大名を厳《きび》しく支配しました。

〈Ｃ群〉

あ　聖徳太子は隋《ずい》に（　４　）らを使者として送り，隋の進んだ制度や文化を取り入れ，また隋と対等な交わりを結ぼうとしました。

い　3代将軍(　5　)は，明との間で貿易を始め，大きな利益を得ました。そして，京都北山に金ぱくをはりつめた金閣を建てました。

う　執権《しっけん》(　6　)が元からの要求を受け入れなかったため，元は2度にわたって日本を攻撃《こうげき》しました。

〈D群〉

あ　(　7　)づくりが始まり，しだいに「むら」が「くに」にまとめられるようになりました。

い　長州や薩摩《さつま》の武士が中心となり新しい政府をつくる運動を始めました。こうした中，将軍は政権を天皇に返しました。

う　織田信長は，④鉄砲《てっぽう》を使って戦いを勝ち進めていきましたが，家来の(　8　)に本能寺でおそわれて，天下統一を果たすことができませんでした。

〈E群〉

あ　25歳《さい》以上の男性に選挙権が認められましたが，『青鞜《せいとう》』をつくった(　9　)などは女性にも選挙権を認めるよう，うったえ続けました。

い　連合国軍は日本の民主化政策を進めました。そして，日本国憲法が制定されて天皇は国の象徴《しょうちょう》となることなどが定められました。

う　「この世をばわが世とぞ思うもち月のかけたることもなしと思えば」という和歌をうたった(　10　)は，娘《むすめ》を天皇のきさきとして大きな力をもちました。

〈語群〉

ア　足利義満　　イ　足利義政　　ウ　聖武天皇　　エ　天武天皇
オ　豊臣秀吉　　カ　明智光秀　　キ　小野妹子　　ク　平塚らいてう
ケ　藤原道長　　コ　徳川吉宗　　サ　北条時宗　　シ　米
ス　麦　　セ　銅鐸《どうたく》　　ソ　土器

問1．〈A群〉～〈C群〉について，それぞれ時代の古い順に並べかえ，正しい並び順を次の中から1つずつ選び，記号で答えなさい。

ア　**あ→い→う**　　イ　**あ→う→い**　　ウ　**い→あ→う**
エ　**い→う→あ**　　オ　**う→あ→い**　　カ　**う→い→あ**

問2．下線部①について，この使節団の一員としてヨーロッパに向かった人物はだれですか。次の中から1人選び，記号で答えなさい。

ア　岩倉具視《いわくらともみ》　　イ　板垣退助《いたがきたいすけ》　　ウ　大隈重信《おおくましげのぶ》　　エ　西郷隆盛《さいごうたかもり》

問3．下線部②について，大阪府にある日本で最も大きな古墳の名前を答えなさい。

問4．下線部③について，このような決まりごとが定められたものをなんといいますか。**漢字5字**で答えなさい。

問5．〈C群〉の**い**について，この時代に栄えた文化を説明した文を次の中から1つ選び，記号で答えなさい。

ア　かな文字を用いた『枕草子《まくらのそうし》』や『源氏物語』のような文学作品が多く生まれました。

イ　猿楽《さるがく》から発展した能や狂言《きょうげん》が演じられ，書院造の部屋には生け花や水墨画《すいぼくが》がかざられ，今の和室の基礎を形づくりました。

ウ　歌舞伎《かぶき》や人形浄瑠璃《じょうるり》が演じられ，また『東海道五十三次』などの浮世絵《うきよえ》が描かれるなど，町人が生み出した文化が栄えました。

問6．下線部④について，「鉄砲」が日本に初めて伝わった場所はどこですか。次の地図から1つ選び，記号で答えなさい。

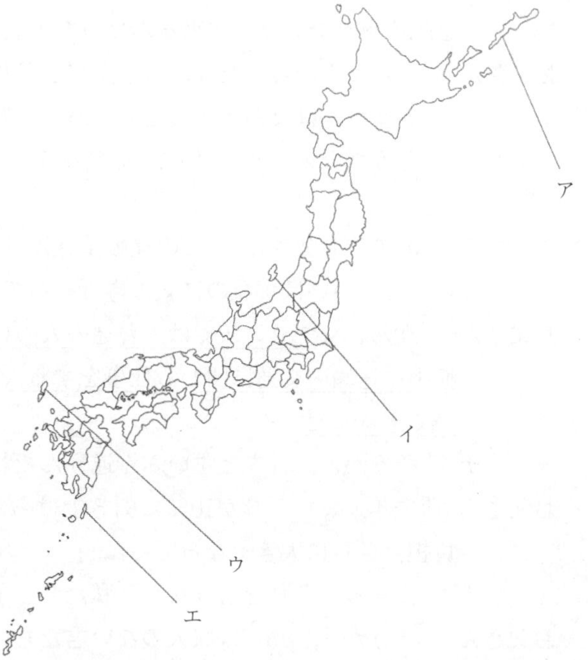

問7．〈E群〉の**あ**の出来事より前に起きたこととして正しいものはどれですか。次の中から1つ選び，記号で答えなさい。

ア　「満州国」を認めないと国際連盟で決議したため，日本は連盟を脱退《だったい》し，国際社会から孤立《こりつ》しました。

イ　日本は人々の抵抗《ていこう》をおさえて韓国《かんこく》を併合《へいごう》し，日本の植民地としました。

ウ　日本軍はマレー半島やハワイを攻撃し，イギリス・アメリカなどを相手に戦争を始めました。

3　**ミナさんとお父さんの会話を読み，あとの問いに答えなさい。**

ミ　　ナ：「ねえお父さん，地球のピンチだよ！　ブラジルですごい山火事があったんだって！」

お父さん：「ああ，それは去年の①アマゾンの森林火災のことかい？」

ミ　　ナ：「うん，今日学校でその映像みたの。どうしてあんなことになっちゃったの？」

お父さん：「うーむ。火災の原因は，牛の放牧地と②(　　)の畑作地を広げるための森林伐採《ばっさい》と焼き畑だ。森に火を入れて焼くことは，③森の力を回復させることにもつながるんだけど，あまりにもひんぱんに行われると環境破壊《かんきょうはかい》につながる。だから今回の火災の責任は，ブラジルから大量に(②)を輸入する④先進国にあるという見方もあるよ。」

ミ　　ナ：「そういえば，お姉ちゃんの学校に来た⑤カナダからの留学生は『環境のために肉は食べない！』って言ってるんだって！…⑥そういうことだったのかぁ。」

お父さん：「⑦環境問題を，自分のこととして考えた時，その子はベジタリアンになるという選《せん》択《たく》をしたわけだね。」

ミ　　ナ：「そういえば，バリ島で小学生の姉妹が，⑧レジ袋《ぶくろ》の使用禁止のためにとりくんだって話があったよね。“リーダーになるのに年齢《ねんれい》は関係ない”って言葉…すごいなぁって思った。」

お父さん：「そうだね。去年，⑨国連で⑩温暖化の危機《きき》について，世界の大人たちに厳《きび》しいメッセージを送ったグレタさんも，スウェーデンの高校生だったね。」

ミ　　ナ：「子どもなのに，ちゃんと考えて行動できるってすごいなぁ。」

お父さん：「⑪選挙権がなくても⑫子どもだって社会に参加することはできる。日本でもそういう例があるよ。」

ミ　　ナ：「私もね，災害の時の⑬避難《ひなん》所をもっと改善できないかなって思ってたんだ！　イタリアでは，みんなが困らないように，すぐに⑭広くてきれいなトイレと，温かい食べ物を配るキッチンカーが来るんだって！」

お父さん：「それなら避難した人たちも，安心だね。」

ミ　　ナ：「お父さんはなんとかしたいなあって思うこと…ない？」

お父さん：「そうだなぁ，やっぱり，去年の列車と運送業者のトラックがぶつかった事故のこと…。」

ミ　　ナ：「あの時お父さん，『この運転手さんは，国から⑮(　　)をもらって，もうのんびり暮《く》らしてていいはずなのに気の毒だ』って言ってたよね。」

お父さん：「うん。⑯フランスでは，普通《ふつう》の人の(⑮)受け取りは60歳《さい》なんだけど，トラック運転手や運輸《うんゆ》・交通に関わる仕事をする人は，50歳代で仕事をやめて(⑮)を受けとる事ができるんだ。」

ミ　　ナ：「そうかぁ，日本とずいぶん違《ちが》うんだね。」

お父さん：「去年，⑰(　　)が10%に引き上げられたから，(⑮)だけで暮らしている人たちの負担，さらに大きくなってるね。」

ミ　　ナ：「えーっ，それを言うなら，私たち⑱子どもにとっても負担は大きいよーっ！」

お父さん：「そうか，(⑰)は収入のない君たちにも，同じようにかかるんだもんな。」

ミ　　ナ：「やっぱり私，まずは自分のおこづかい値上げを目指してとりくむことにするわ！」

お父さん：「うわっ　」

問1．文中の下線部①について，次の地図で，アマゾンと呼ばれる熱帯雨林が広がる地域はどこですか。ア～オより1つ選び，記号で答えなさい。

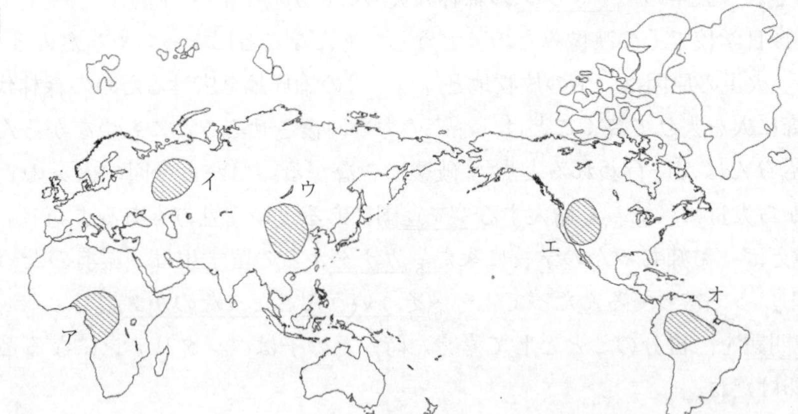

問2．文中の下線部②について，(　)にあてはまる作物はなんですか。**漢字2字**で答えなさい。この作物は，しょう油などの原料として，日本は，多くをアメリカやブラジル，カナダなどからの輸入に頼《たよ》っています。

問3．文中の下線部③について，自然環境を守るために「森」は，どんな働きをしていますか。考えられることを1つ答えなさい。

問４．文中の下線部④について，世界の国々の中には，経済的に豊かで発展している国がある一方で，人々が十分な食料を得られず，貧困に苦しむ国々もあります。Ａの国々を「先進国」と呼ぶのに対して，下図のＢの国々をなんといいますか。

出典：JICA Webサイトより

問５．文中の下線部⑤について，カナダで初めてオリンピックが開催《かいさい》されたのは，1976年。開催地は，モントリオールでした。次のア～ウの中から，そのころの日本の様子を説明した文を１つ選び，記号で答えなさい。

ア　オイルショックの影響《えいきょう》で，急にモノの値段が上がったり，商品が買い占《し》められるなど，パニックも起きた。これを境に，高度経済成長の時代が終わった。

イ　朝鮮特需《とくじゅ》で輸出が増えた。日本経済は奇跡《きせき》的な回復をした。カラーテレビや，エアコン（クーラー），冷蔵庫が家庭に登場したのもこのころ。

ウ　人々は，多くのお金を株や土地に投資《とうし》し，お金が社会にたくさん出回って，人々の消費は増えていった。こうして「バブル景気」が始まった。

問６．文中の下線部⑥について，「そういうこと」とはどういうことですか。次の中から，**あてはまらないもの**を１つ選び，記号で答えなさい。

ア　牛を育てるためには，広大な放牧地が必要なため，アマゾンの森林がどんどん切りひらかれ，先住民たちの暮らしをおびやかすことになる，ということ。

イ　牛や豚を育てるためには大量の飼料《しりょう》が必要で，その飼料作物生産のために，焼き畑が繰り返されることで，アマゾンの森林は再生しにくくなる，ということ。

ウ　自分が肉を食べると，動物を殺すことにつながり，牛や豚が絶滅《ぜつめつ》すると困る，ということ。

問7．文中の下線部⑦について，日本では1950年代に，**水俣病**が公式に確認されました。その原因となった有毒物質をア～ウより，病気の主な症状《しょうじょう》をエ～カより，それぞれ1つずつ選び，記号で答えなさい。

＊原因物質：ア　カドミウム　　イ　亜硫酸《ありゅうさん》ガス　　ウ　有機水銀

＊病気の症状：

エ　神経がおかされたり，手足がしびれたり，目が見えなくなったりする。

オ　ぜんそくの症状で，特に10歳以下の子どもと60歳以上の老人が多かった。

カ　骨がおかされる病気で，身体がちぢみ，せきをしただけで肋骨《ろっこつ》が折れることもある。

問8．文中の下線部⑧について，下に示した写真やイラストは，すべてレジ袋と同じ原料から作られたものです。すべてに共通する原料はなんですか。**漢字2字**で答えなさい。

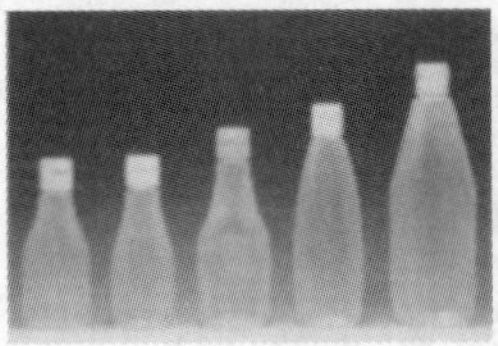

マヨネーズのボトル

スーパーの食品トレイ

フリースジャケット

合成洗剤《ごうせいせんざい》

合成ゴムのビーチサンダル

問9．文中の下線部⑨について，次の写真はユニセフが発行しているポスターです。あなたなら，子どもたちが笑顔になるために，□の中にどんな言葉を入れますか。**5字以上**で答えなさい。

問10．文中の下線部⑩について，地球温暖化の原因は，CO_2（二酸化炭素）をはじめとした温室効果ガスだといわれています。

右の図は，同じ熱量を得るために，**石油・天然ガス・石炭**を燃料として燃やしたとき，排出《はいしゅつ》されるCO_2（二酸化炭素）の量を比較《ひかく》したものです。**ア**の二酸化炭素排出量を100としたとき，**イ**は80，**ウ**は57となっています。石炭を示す記号はどれですか。**ア・イ・ウ**から１つ選び，記号で答えなさい。

出典：（財）エネルギー総合工学研究所
IEA（国際エネルギー機関）

問11．文中の下線部⑪について，去年７月に行われた参議院議員選挙では，それぞれの選挙区から立候補した人の名前を書いて投票する「選挙区選挙」と，もう１つは，政党名か個人の名前を書いて投票する「◯◯代表選挙」が行われました。

◯◯の部分にあてはまる語句を，**漢字２字**，または**ひらがな**で答えなさい。

問12．文中の下線部⑫について，これは，「歩きタバコ禁止」のルールを作ってほしいと，当時小学生だった大石《おおいし》悠《ゆう》太《た》さんが行動を起こし，同級生らと２万人をこえる署名を集めて静岡市議会に請願《せいがん》したことを指しています。こうして生まれたのが，「静岡市路上《ろじょう》喫煙《きつえん》による被害等の防止に関する◯◯」という市のルールです。

◯◯の部分にあてはまる語句を，**漢字２字**で答えなさい。

問13．文中の下線部⑬について，下のＡ・Ｂ・Ｃ３つの避難所の写真を比べ，それぞれのちがいについて，あなたが「気づいたこと」と，「考えたこと」を書きなさい。

A

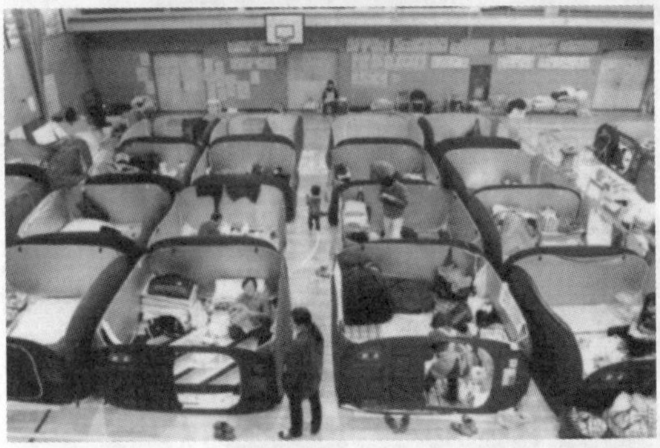

B

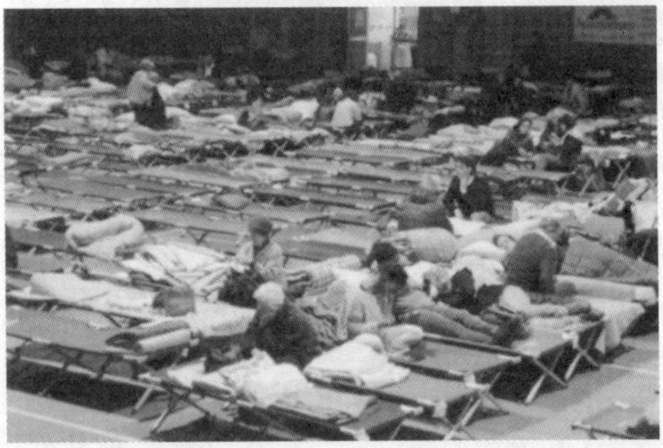

C

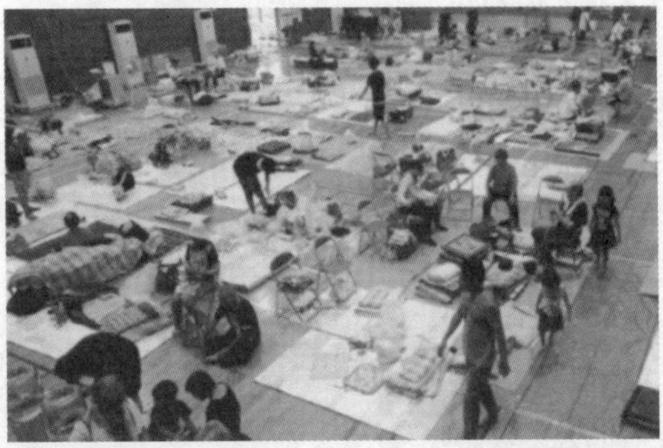

問14．文中の下線部⑭について，次の３つの資料からトイレに関してどんなことが読み取れたり，予測することができますか。**あてはまらないもの**を，あとのア～ウより１つ選び，記号で答えなさい。

〈救急外来を受診《じゅしん》した脱水症患者《だっすいしょうかんじゃ》数の推移（熊本）〉　(防災衛生《ぼうさいえいせい》会議作成)

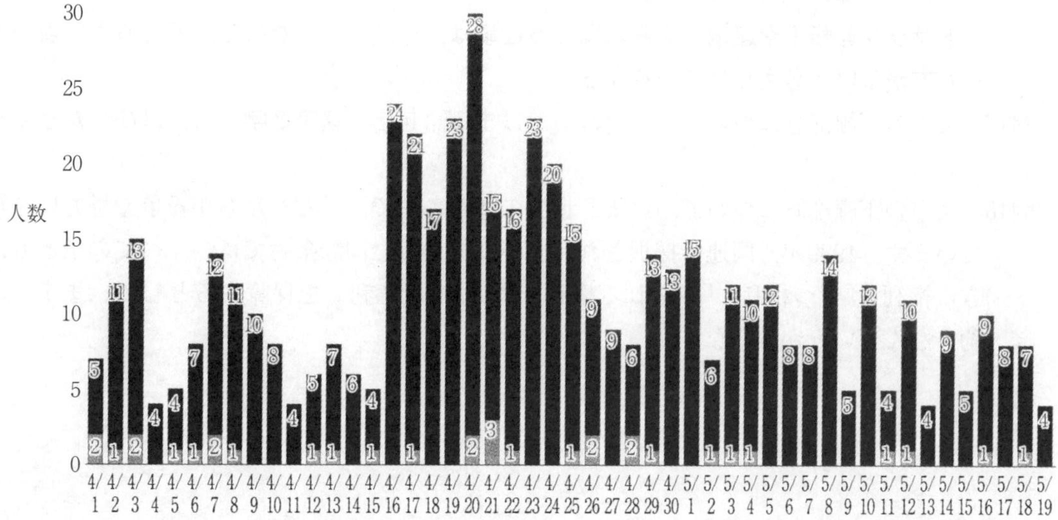

※熊本地震が発生したのは４月14日と16日　この両日に，震度７が観測されました。

〈**エコノミークラス症候群を防ぐには**

日本静脈《じょうみゃく》学会などの資料から

- 時々軽い体操やストレッチ
- こまめに十分な水分補給
- ゆったりとした服装できつくベルトをしめない
- 弾性《だんせい》ストッキングの着用

予防のための主な足の運動

厚生労働省などの資料から

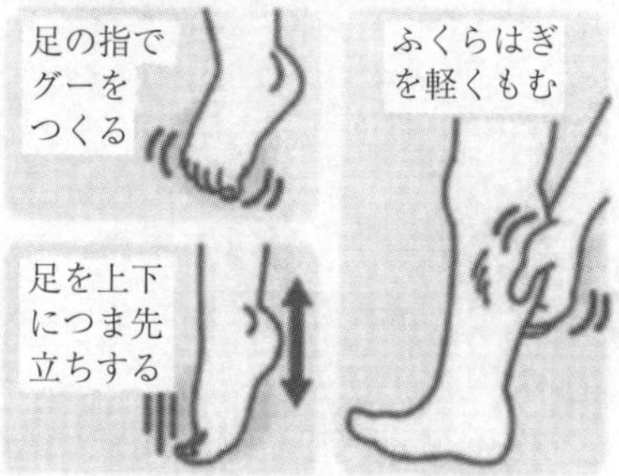

↑2018.9.7　朝日新聞より〉

〈地震(熊本)直後に避難所で
あなたが不便《ふべん》に思ったことは？〉

「学校のトイレ　研究会研究誌」より

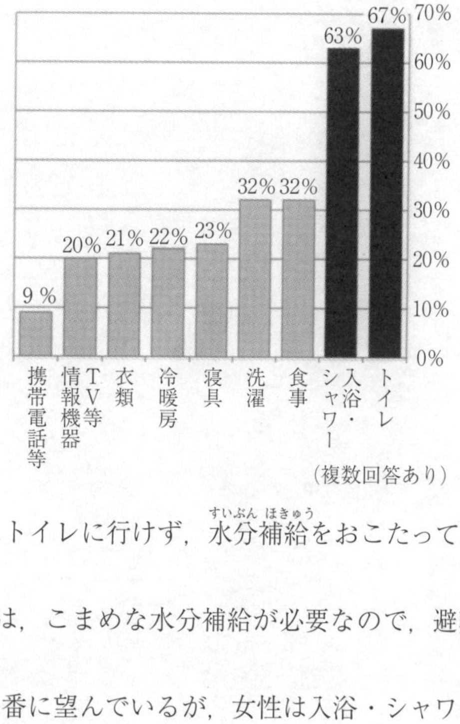

(複数回答あり)

ア　熊本地震が発生した直後は，思うようにトイレに行けず，水分補給《すいぶんほきゅう》をおこたって，脱水《だっすい》症《しょう》にかかる人が増えた。

イ　エコノミークラス症候群《しょうこうぐん》を防ぐためには，こまめな水分補給が必要なので，避難所のトイレはきれいであるべきだ。

ウ　男性は，きれいなトイレがあることを一番に望んでいるが，女性は入浴・シャワーを望んでいる人の方が多い。

問15. 文中の下線部⑮について，(　)にあてはまる語句を**漢字2字**で答えなさい。

問16. 文中の下線部⑯について，どうしてフランスでは，トラック運転手や運輸・交通に関わる仕事をする人は，50歳代で(⑮)を受けとれる仕組みになっているのでしょうか。次の文の〔　〕にあてはまる内容を答えなさい。

トラック運転手や運輸・交通に関わる仕事は，〔　　　　〕なので，できるだけ若い人がやった方がよいと考えられているから。

問17. 文中の下線部⑰について，(　)にあてはまる語句を，**漢字3字**，または**ひらがな**で答えなさい。

問18. 文中の下線部⑱について，いま，世界のあちこちで，子どもたちが紛争《ふんそう》や暴力にさらされています。1989年，国連で採択《さいたく》され，翌年に発効した国際条約では，すべての子どもに「生きる権利」「育つ権利」「守られる権利」「参加する権利」を保障するとしています。この条約をなんというか答えなさい。

【理　科】〈Ｂ日程試験〉（40分）〈満点：100点〉

1　**次の各問いに答えなさい。**

問１．空気中で最も多い気体として正しいものを選び，記号で答えなさい。

ア　ちっ素　　イ　酸素　　ウ　二酸化炭素　　エ　水蒸気

問２．ものが燃えるための３つの条件としてまちがっているものを選び，記号で答えなさい。

ア　燃えるためのものがあること

イ　新しい空気があること

ウ　燃えるために必要な温度があること

エ　ちっ素があること

問３．アルコールランプの火を消す方法として正しいものを選び，記号で答えなさい。

ア　アルコールランプの真横から強く息をふきかける

イ　ふたをアルコールランプのななめ上からかぶせる

ウ　きりふきで水をふきかける

エ　アルコールランプを横にして中の燃料をすてる

問４．さなぎにならずに成虫になるこん虫を２つ選び，記号で答えなさい。

ア　バッタ　　イ　カブトムシ　　ウ　トンボ　　エ　チョウ

問５．ヒトの受精卵ができてから子どもがうまれてくるまでの平均的な日数として正しいものを選び，記号で答えなさい。

ア　およそ100日　　イ　およそ165日　　ウ　およそ265日

エ　およそ365日　　オ　およそ400日

問６．おもりを棒につり下げたところ，棒が水平になりました。このときのおもりＡの重さとして正しいものを選び，記号で答えなさい。ただし，棒とひもの重さは考えないものとします。

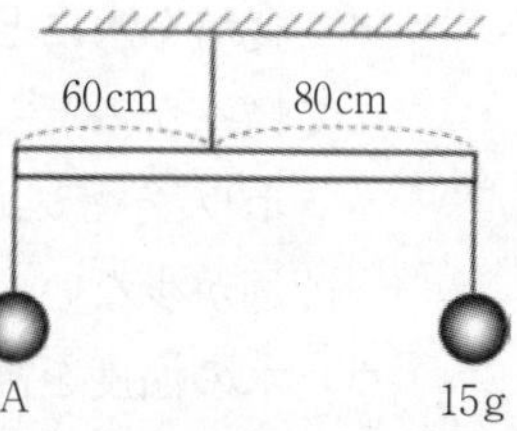

ア　10ｇ　　イ　20ｇ　　ウ　30ｇ　　エ　40ｇ

問７．ビーカーに水を入れて，ビーカーの底をアルコールランプで加熱しました。ビーカー内の水の動きとして正しいものを選び，記号で答えなさい。ただし，図の矢印は水の動き方を表しているものとします。

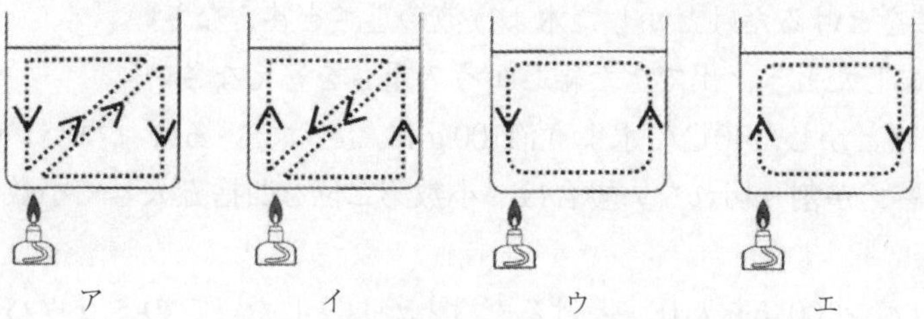

問８．川の上流と下流のようすを説明した文として正しいものを選び，記号で答えなさい。

ア　上流は川岸ががけのようになっていて，川はばが広くなっている

イ　上流は川の流れがはやく，角ばった大きな石が多く見られる

ウ　下流は川はばがせまく，小さな丸い石や砂が多く見られる

エ　下流は平らな土地を川が流れていて，川はばがせまくなっている

問９．オリオン座が西の空にしずむころ，東の空からのぼってくる星座として正しいものを選び，

記号で答えなさい。

ア　カシオペヤ座　　イ　ペガスス座　　ウ　こいぬ座　　エ　さそり座

問10．マグマが地表付近で急激に冷やされてできた岩石のつくりとして，正しいものを選び，記号で答えなさい。

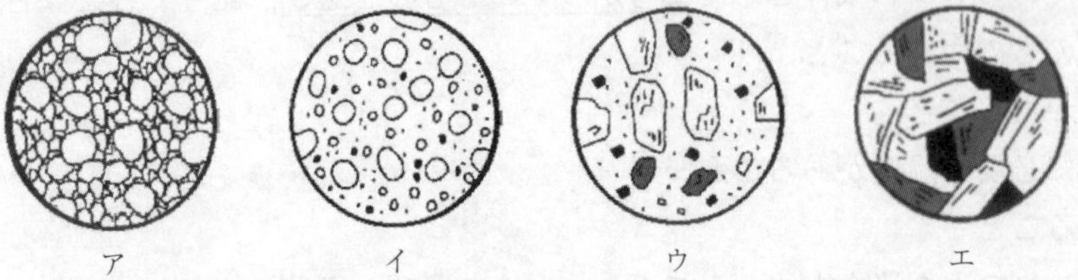

ア　　イ　　ウ　　エ

2　**次の文を読み，各問いに答えなさい。**

食塩を水に入れてかき混ぜると，食塩のつぶが見えなくなりますが，その液をなめると塩からいので食塩がなくなったわけではないことがわかります。このように，水の中でものの形が見えなくなり，とう明な液体になることを「ものがとける」といいます。また，ものが水にとけた液体を「水よう液」といいます。

右の表は，水100ｇにとけるだけとかした場合の食塩，ホウ酸，ミョウバンの量を，水の温度を変えながら調べた結果を表したものです。

水の温度　[℃]	20	40	60	80
食塩　[ｇ]	35.8	36.3	37.1	38
ホウ酸　[ｇ]	4.9	8.9	14.9	23.5
ミョウバン[ｇ]	6	12	25	70

問１．食塩水について書かれた文のうち，まちがっているものを２つ選び，記号で答えなさい。

ア　食塩を水にとかすとつぶが見えなくなってしまうので，全体の重さはとかす前にくらべて軽くなる

イ　ホウ酸やミョウバンの水よう液と比べて，食塩水は冷やしていっても出てくる結しょうの量が少ない

ウ　水の温度を高くすると，とける食塩の量がふえる

エ　水の量をふやすと，とける食塩の量がふえる

オ　ゆっくりかき混ぜると，とける食塩の量がふえる

問２．60℃の水100ｇにホウ酸をとけるだけとかした水よう液の重さを答えなさい。

問３．**問２**の水よう液を20℃にしたとき，出てきた結しょうの重さを答えなさい。

問４．ミョウバンをとけるだけとかした40℃の水よう液100ｇに，とけているミョウバンの重さを答えなさい。ただし，答えが割り切れない場合は，小数第二位を四捨五入して小数第一位まで答えなさい。

問５．60℃の水200ｇにミョウバン100ｇを入れ，とけるだけとかしました。このミョウバン水よう液の濃《のう》度を答えなさい。

問６．食塩，ホウ酸，ミョウバン50ｇをそれぞれ80℃の水100ｇに入れ，とけるだけとかして，３つの水よう液を作りました。濃度が最も高い水よう液として正しいものを選び，記号で答えなさい。

ア　食塩水　　　　　　　イ　ホウ酸水よう液

ウ　ミョウバン水よう液　エ　すべて同じ

問7．**問6**の3つの水よう液を20℃まで冷やしたとき，濃度が最も高い水よう液として正しいものを**問6**のア～エから選び，記号で答えなさい。

3　**次の文を読み，各問いに答えなさい。**

インゲンマメの発芽条件について調べるため，次のように条件を変えて数日間観察しました。結果は[条件2]と[条件3]のインゲンマメだけが発芽し，ほかの条件のインゲンマメは発芽しませんでした。

[条件1]　ビーカーの底にかわいただっしめんをしき，25℃の明るいところに置いた。その上にインゲンマメの種子をまいた。

[条件2]　ビーカーの底にしめらせただっしめんをしき，[条件1]と同じ場所に置いた。その上にインゲンマメの種子をまいた。

[条件3]　ビーカーの底にしめらせただっしめんをしき，[条件1]と同じ場所に置いた。その上にインゲンマメの種子をまき，さらに上から光をさえぎる箱をかぶせた。

[条件4]　ビーカーの底にだっしめんをしき，多量の水を入れて[条件1]と同じ場所に置いた。その後，水中にインゲンマメの種子をしずめた。

問1．インゲンマメの種子の図として正しいものを選び，記号で答えなさい。

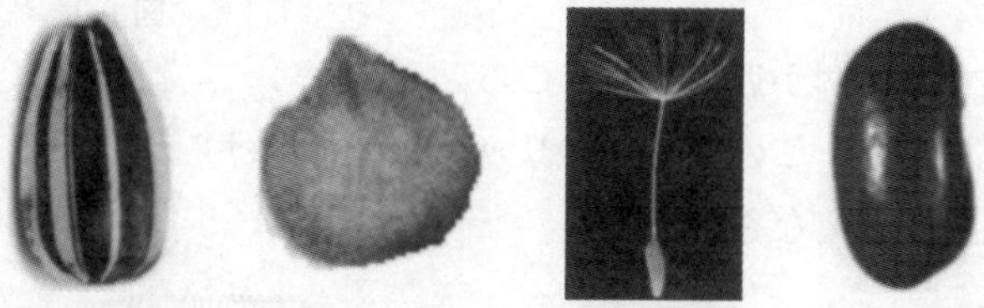

ア　イ　ウ　エ

問2．インゲンマメが発芽したとき，はじめに出てくる子葉の枚数を答えなさい。

問3．この実験を行うときに気をつけることとして，正しいものを2つ選び，記号で答えなさい。

ア　実験の条件を3つ以上変えるとよい

イ　調べる条件がと中で変わらないようにする

ウ　実験を行うインゲンマメの種子は数が多い方がよい

エ　使用するビーカーは，実験によってさまざまな大きさにする

問4．ある2つの条件を比べると，インゲンマメの発芽に水が必要であることが分かります。比べる条件として正しいものを[条件1]～[条件4]の中から2つ選び，数字で答えなさい。

問5．[条件2]と[条件3]を比べることによって分かる，インゲンマメの発芽に必要がないものを答えなさい。

問6．[条件2]と[条件4]を比べることによって分かる，インゲンマメの発芽に必要なものを答えなさい。

問7．インゲンマメの種子が発芽しやすい温度を調べるために，条件を変えて実験を行いました。インゲンマメの種子をどのような条件に置いて数日間観察すればよいか，正しいものを選び，記号で答えなさい。

ア　5℃に保ったしめらせただっしめんの上

イ　5℃に保ったかわいただっしめんの上

ウ　5，10，15，20，30℃にそれぞれ保ったしめらせただっしめんの上

エ　5，10，15，20，30℃にそれぞれ保ったかわいただっしめんの上

問8．インゲンマメが発芽してしばらくすると，子葉が小さくなってしおれてきました。発芽する前の子葉にふくまれていたデンプンが，発芽するときに使われたことを調べるために必要なものを3つ選び，記号で答えなさい。

ア　水にひたしてやわらかくした発芽する前のインゲンマメの種子

イ　大きく育ったインゲンマメの葉

ウ　発芽してしばらくたってしおれたインゲンマメの子葉

エ　BTBよう液

オ　リトマス試験紙

カ　ヨウ素液

4　次の文を読み，各問いに答えなさい。

エナメル線を太いストローのまわりに100回巻いてコイルを作りました。その中に鉄のくぎを入れ，電池をつないで電磁石を作りました(**図1**)。このとき，コイルの右側に置いた方位磁針のN極は左側を指しました。

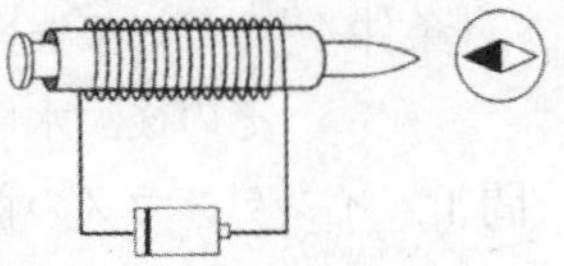

図1

問1．**図1**のコイルのまわりにクリップを何個か近づけたところ，クリップがコイルに引き付けられました。このとき，クリップが引き付けられているようすとして最も適するものを選び，記号で答えなさい。

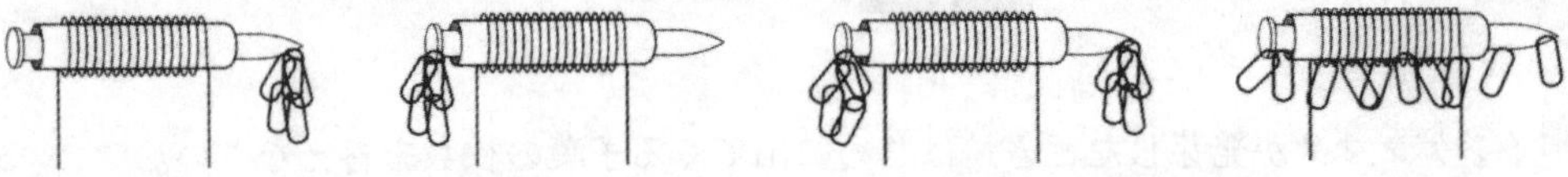

ア　　　　イ　　　　ウ　　　　エ

問2．**図1**のとき，コイルの右側は，磁石の何極にあたるか答えなさい。

問3．同じコイルを使って，**図2**のように電池をつなぎました。コイルの左側のAに方位磁針を置いたとき，方位磁針の針の向きとして正しいものを選び，記号で答えなさい。

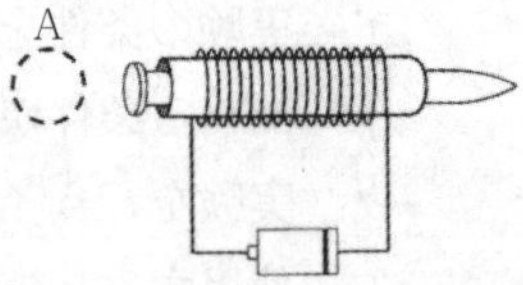

図2

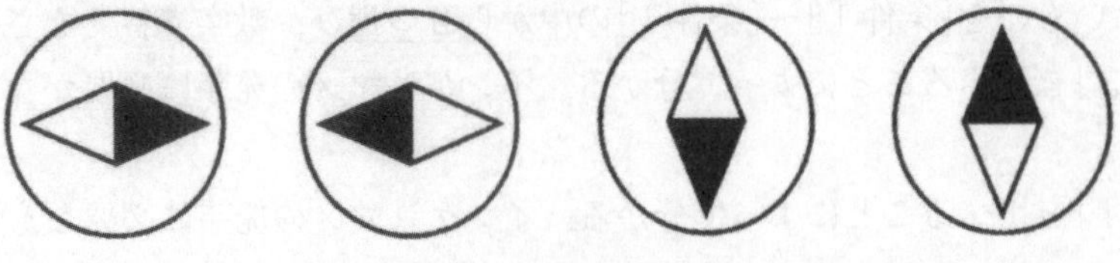

ア　　　　イ　　　　ウ　　　　エ

次に，**図3**のように長さが2.5mと5mのエナメル線を使ってコイルを作り，電池とつなげたア～オの電磁石があります。これらの電磁石の強さを調べました。ただし，**図3**の＊の部分には余ったエナメル線が巻かれています。

ア	イ	ウ	エ	オ
2.5mのエナメル線で100回巻き	2.5mのエナメル線で100回巻き	5mのエナメル線で50回巻き	2.5mのエナメル線で200回巻き	5mのエナメル線で100回巻き
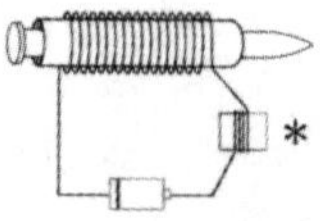	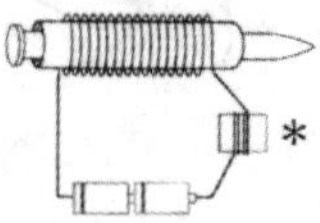	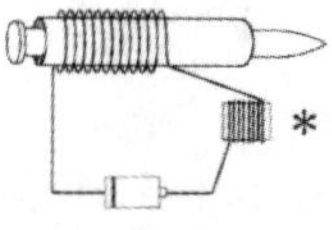	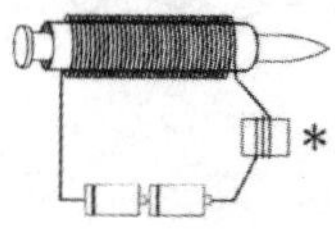	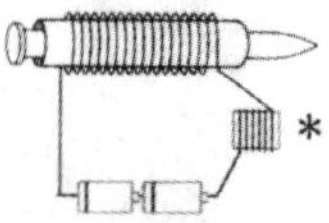
電池1個	電池2個	電池1個	電池2個	電池2個

図3

問4．コイルの巻き数と電磁石の強さの関係を調べるときに比べるものを，**図3**のア～オから2つ選び，記号で答えなさい。

問5．電池の数と電磁石の強さの関係を調べるときに比べるものを，**図3**のア～オから2つ選び，記号で答えなさい。

問6．エナメル線の長さと電磁石の強さの関係を調べるときに比べるものを，**図3**のア～オから2つ選び，記号で答えなさい。

問7．**図3**のア～オの中で，最も弱い電磁石を選び，記号で答えなさい。

問8．**図3**のア～オの中で，2番目に強い電磁石を選び，記号で答えなさい。

5 **次の文を読み，各問いに答えなさい。**

以下の文は，2019年の夏休み明けの教室で交わされた会話の一部です。

湘《しょう》太さん「お盆《ぼん》休みに広島県の呉《くれ》市にあるおじいちゃんの家に泊《と》まりに行ったんだけど，①台風10号が上陸したから大変だったよ。」

南さん　「私はその日，新潟《にいがた》へ旅行だったの。台風の影響《えいきょう》の(②)現象で最高気温が40℃をこえたから，とにかく暑くてびっくりしたわ。」

学さん　「ぼくはその日，四国の親せきの家にいたよ。四国の中でも台風の進行方向(③)側の地域は暴風雨が続いて大変だったみたい。でも，ぼくがいたところは，強い雨が降ったのは1時間くらいで，おばさんが『④台風の目が大きいのかしら？』なんて言っていたよ。」

園子さん「習った通りなのね。ところで，みんな，自由研究は何をしたの？」

湘太さん「台風が上陸した2日後には朝から晴れたから，おじいちゃんと一緒《しょ》に⑤太陽がつくるかげの動きを観察したよ。実は去年の冬休みから何回か観察していたから，それを全部まとめてレポートにしたんだ。」

南さん　「私は月の観察。8月前半は⑥夕方から観察できる日が多かったけど，⑦23日以降は夕方から夜おそくまで観察できなかったの。」

問1．下線部①の地表付近での風のふき方を表している図として，正しいものを選び，記号で答えなさい。

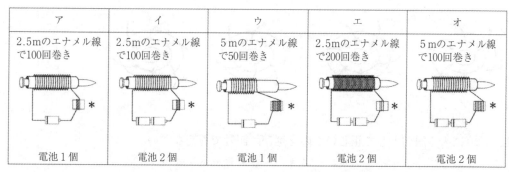

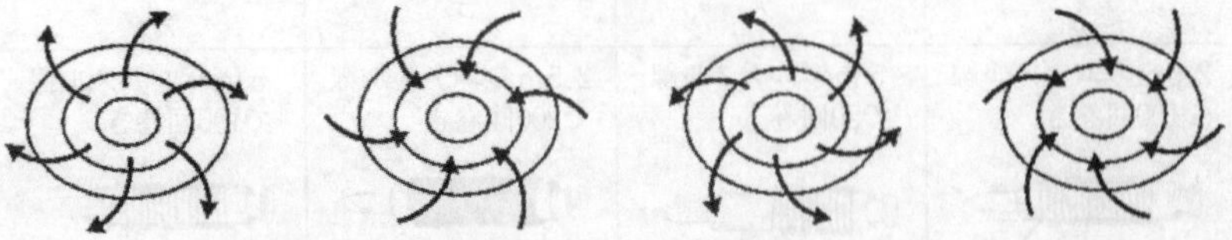

ア　　　イ　　　ウ　　　エ

問2．(②)に入る語句として正しいものを選び，記号で答えなさい。

ア　ラニーニャ　　イ　エルニーニョ　　ウ　ヒートアイランド

エ　ブロッケン　　オ　フェーン

問3．(③)に入る語句として正しいものを選び，記号で答えなさい。

ア 左　　イ 右　　ウ 上　　エ 下

問4．下線部④の特ちょうとして正しいものを選び，記号で答えなさい。

ア　雨や風が最も強くなる　　　　イ　雨は弱まるが最も風が強くなる

ウ　風や雨が弱まることが多い　　エ　竜巻《たつまき》が起こることが多い

問5．下線部⑤について，下の**図1**のように水平な板の上に東西方向と南北方向に点線を書いた紙をはり，その交点に垂直に棒を立てて太陽の光によるかげの記録を取りました。下の**図2**は記録した棒のかげの先たんの位置を線で結んだものです。**図2**のXの方角を答えなさい。なお，広島県呉市は北緯《い》34度にあります。また，**図2**において，ア・イのどちらの方向にかげが移動しましたか。

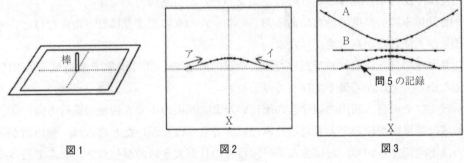

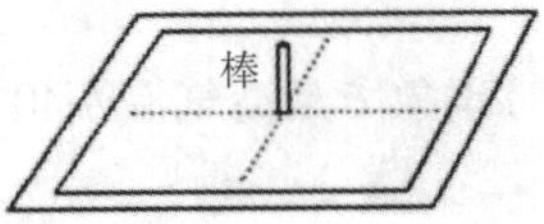

図1

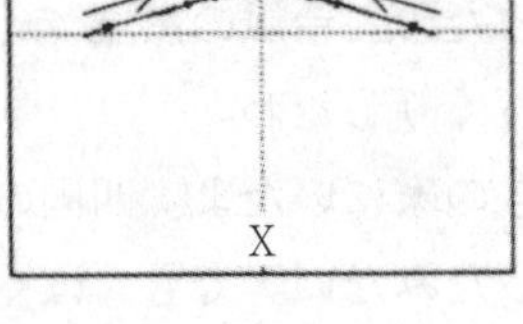

図2

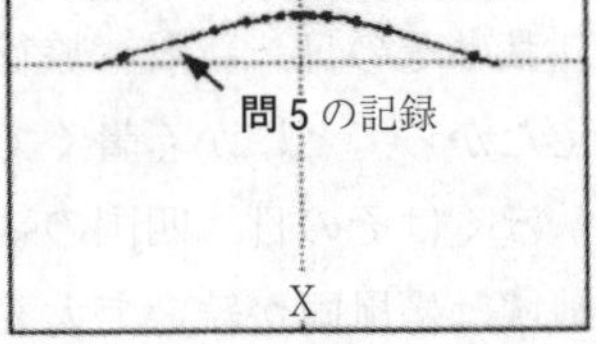

図3

問6．上の**図3**は**問5**と同じ観察を別の日に行ったときの記録です。A・Bを記録した日を次のうちからそれぞれ選び，記号で答えなさい。

ア　3月20日　　イ　5月5日

ウ　8月31日　　エ　12月25日

問7．下線部⑥について，日の入り直後に南の空高いところに月が観察されました。このとき見えた月の形として正しいものを選び，記号で答えなさい。

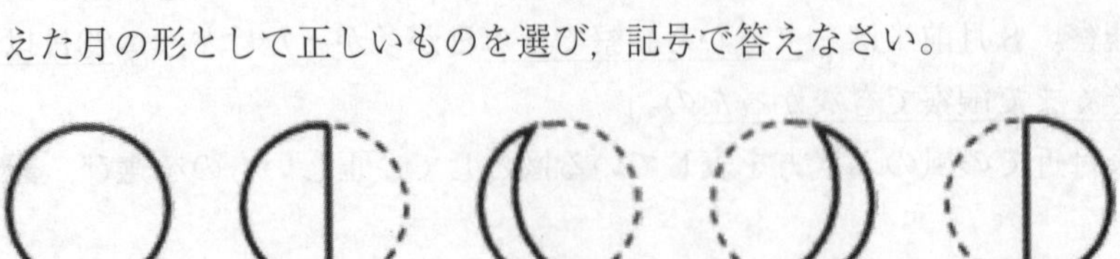

ア　　　イ　　　ウ　　　エ　　　オ

問8．下線部⑦の期間，真夜中から明け方にかけての時間帯にのぼってくる月の形の変化として，正しいものを選び，記号で答えなさい。

ア　新月から上げんの月　　イ　上げんの月から満月

ウ　満月から下げんの月　　エ　下げんの月から新月

くりに気付かされ、これまで人を信じて疑うことのなかった桃はあまりのことにぼう然としてしまった。そして、貧しかったけれど幸福を感じていた幼かった頃と恵まれている現在とをくらべて、昔のままの方が良かったと大きな悲しみに包まれている。

イ 「いい人ランキング」が桃をいじめるきっかけを作るために仕組まれたイベントであったことを指摘《してき》する圭機の説明を聞いて、桃は次第に心の平静さを失うようになった。そして、突然恵まれた環境となった自分をクラスのみんながねたんでいることが原因となっていることを知り、あまりの驚きのために頭の中が混乱している。

ウ 圭機が説明する、どうやっても沙也子と知奈津のいじめから逃れられなかったという自分の立場を信じることができず、桃は周囲の生徒に対して怒りを感じるようになった。そして、どうしていいのか分からない自分をからかうように、体操選手のようなポーズを取ったり、笑ったりする圭機のふまじめな態度に腹を立てている。

エ これまで一番の仲良しだと思っていた沙也子と知奈津が自分をいじめようとするために「いい人ランキング」を企画したという圭機の説明を聞いて、桃は大きな衝撃《しょうげき》を受けた。そして、いじめる理由が母親の再婚《さいこん》にあったという想像もしていなかったことだったために、あっけに取られて言葉が出ない状態になっている。

問九 本文の表現の特徴《とくちょう》を説明した次のア～オの中から正しいものを二つ選び、記号で答えなさい。

ア 比喩《ひゆ》表現をたくみに用いながら、登場人物である桃・圭機・鞠の心情や情景を分かりやすく表している。

イ 岩場やそこを訪れる人々の様子の描写《びょうしゃ》を通じて、桃のつらい気持ちをたくみに表現している。

ウ 会話文を中心として、桃と圭機との明るく生き生きとしたやり取りが展開している。

エ 桃が圭機に対して絶えず敬語を用いる様子をえがくことで、二人の間の親密ではない関係を表している。

オ 桃がとまどいの気持ちをいだく場面で、桃の言葉の中に「……」を多く用いている。

問三　――線部２「首をかしげて」と同じように、「首」という漢字を用いた慣用表現はたくさんあります。次のⅠ～Ⅲの意味を持つ「首」という漢字を使った慣用表現は何ですか。（　）にふさわしいことばをそれぞれ指定された字数のひらがなで答えなさい。

Ⅰ　借りたお金が返せなくて、どうにもならない　＝首が（　　　）［五字］

Ⅱ　自分から進んでものごとにかかわる　＝首を（　　　）［四字］

Ⅲ　今か今かと期待して待つ　＝首を（　　　）［五字］

問四　――線部３「その危険性」とありますが、具体的にはどのような危険性のことですか。「危険性。」が後に続くように、本文のこれより前の部分から探し、ぬき出して答えなさい。

問五　――線部４「今日の授業は大変そうだ」とはどういうことですか。もっともふさわしいものを、次のア～エの中から一つ選び、記号で答えなさい。

ア　桃の現在置かれている状況からすべて説明しなければならず、それにはかなりの時間や労力がかかるということ。

イ　桃が陥《おちい》っているピンチはとても深刻で、そこから脱出《だっしゅつ》するにはいくつもの難しい問題を解決しなければならないということ。

ウ　物事を理解するのに時間がかかる桃を説得するために、これから長時間話をしなければならないということ。

エ　鞠とふたりでこれからどうすべきなのかを桃に助言しなければならないので、いつもよりも相当手間がかかるということ。

問六　――線部５「ちっとも主機は驚かず、顔を曇らせることもなく」とありますが、それはなぜですか。もっともふさわしいものを、次のア～エの中から一つ選び、記号で答えなさい。

ア　桃の言うことは事前に鞠に聞いていたこととほぼ同じだったから。

イ　桃の言うことに同情してしまうと話がなかなか先に進まなくなるから。

ウ　桃の言うことが自分が事前に予想した範囲《はんい》の内に収まっていたから。

エ　桃の言うことを中立の立場で聞かないと正しい判断ができないと思ったから。

問七　文中の会話文Ａ～Ｈには主機と桃の言葉が交互《こうご》に入ります。正しい順序になるように次のア～クの会話文を並べかえて、記号で答えなさい。

ア　モノマネ

イ　鞠っぺは、笑いを取るとか無理っていうんで、泣き落としだよ

ウ　すごい理論……

エ　おれは、笑いを取りに行った。選んでいただいたお礼に、新作のモノマネやりますってね

オ　そうやってバカをやるのはおれの武器なんだ。バカは下に見られるからね。「いい人」のままみんなの上に君臨《くんりん》してないで下のほうに回る。そうするとみんなをイラッとさせない

カ　尾島くんも？

キ　少し聞いた。本人から

ク　だから「いい人」に選ばれた時点で、おれも鞠っぺもそれぞれ手を打った

問八　岩場で主機と話をした時の桃の心情説明としてもっともふさわしいものを、次のア～エの中から一つ選び、記号で答えなさい。

ア　主機の順序立てた説明によって「いい人ランキング」のから

「芯《しん》からいい人っていうのは、間抜《まぬ》けな人さ。間抜けな人間なら、幸せを逃《のが》して貧乏《びんぼう》なままのはず。それをしっかり摑《つか》むってことは、ずる賢《がしこ》いところがあるはずだ」

「うちのお母さんは絶対そんな――」

「『いい人』の化けの皮を剝《は》いでやりたい。剝げないならば、『いい人』ぶり過ぎてウザい、という方向で少しずつ追いつめていきたい」

「そんなこと言わないで！」

「おれが言ったんじゃない。クラスのみんなが心のなかで思ったことさ」

「ウザい……って、みんな」

桃は思わず、その言葉を繰《く》り返した。沙也子たちのくちびるがそう動いていたように見えたのは、きっと思い違いではなかった。

圭機は立ち上がって、ぴょんとはねて、体操選手が床《ゆか》演技で着地をした瞬間《しゅんかん》のように、手を水平に伸《の》ばした。

「結論。だから、君がよほどの※策士《さくし》でない限り、いじめられるのは必然だ。あの女子たちは、いじめると決めたら、やり抜くだろうからな。そういう意味で、君が何かを失敗したり失言をしたりしたわけじゃない」

言葉が見つからない。「英語で日記を書いてみましょう」と言われて、途方《とほう》に暮れてしまったときのように。言葉は他人行儀《ぎょうぎ》に、するすると逃《に》げていってしまう。結局、さっきから同じことばかり繰り返している。

「どうして」

熱い飲み物をそのまま喉に流し入れてしまったみたいに、胸のあたりが熱くなり、それから焼けるようにもたれてくる。手元のココアなら、とっくに冷めているのに。

「どうして……そんな」

「初めて、人間の悪意に出会ったかい？」

そう言った圭機の顔が笑っているのを見て、桃は嚙《か》みついた。

「面白いですか？　この状況」

「敬語はいらないって言ってるのに。冷えてきたね。歩きながら話そうか」

（吉野万理子『いい人ランキング』より）

※マリーナ　ヨットなどを停《と》めておく場所。
※ショッピングモール　大きなショッピング・センターのこと。
※浸食　掘《ほ》りけずる作用。
※桜貝　淡紅色《あわべに》をした二枚貝。
※策士　計略がたくみな人。

問一　文中の（ａ）～（ｅ）にあてはまることばとしてもっともふさわしいものを、次のア～クの中から一つずつ選び、記号で答えなさい。

ア　さらりと　イ　ゆったりと　ウ　ふらっと
エ　わなわなと　オ　ぶんぶんと　カ　くるっと
キ　うかうかと　ク　そっと

問二　――線部１「ふふん、と圭機は鼻を鳴らした」とありますが、なぜ圭機は鼻を鳴らしたのですか。もっともふさわしいものを、次のア～エの中から一つ選び、記号で答えなさい。

ア　桃が鞠にくらべてあまりにお人好しで人を疑うことをしない性格であることが分かり、とてもかわいそうに思ったから。
イ　桃が鞠の師匠が自分であったことに気づいていないことを知り、そのカンのにぶさに怒《いか》りの気持ちをいだいたから。
ウ　桃のへたなお世辞を聞いて、自分のことを見くびっているのではないかと思い、だんだん腹が立ってきたから。
エ　桃がのんびりとし過ぎていて、自分がどういう人間であるかよく理解していないでいることを、小馬鹿《こばか》にしたから。

「陥れ……？」

桃は足元を見ていなくて、黒い岩の突起《とっき》を踏《ふ》んでよろめいた。

「今回の『いい人ランキング』を企画《きかく》したのは誰《だれ》だか知ってるかい？」

「うん。うちのクラスの沙也子《さやこ》ちゃんと知奈津《ちなつ》ちゃん」

彼が大きな岩に腰《こし》かけたので、桃はそばの小さめの岩に座《すわ》った。こんな真冬なのに、名前のわからない小さな黄色い花が、足元に咲《さ》いている。

「そう。まわりのクラスも、下の学年も、つられてやることになった。だけど、本当は沙也子たちは自分たちのクラスでさえやれたらいいと思ってた。その理由は」

「理由は」

「君をいじめるきっかけを作るため」

「え……ええっ？　ちょっと待って」

桃は立ち上がって、それからまた座った。

「それじゃ、逆じゃない？『いい人』に選ばれちゃったから、みんなをイラッとさせて……なんでしょ？　それだと、わたしはなんで……どうして？」

「つまり、『いい人ランキング』は、君が選ばれるとわかった上での、陥れるための罠《わな》なんだよ」

「どうして、そんなこと」

歯がかたかたと小さな音を立てる。この震《ふる》えは、寒さによるものではなかった。

「鞠っぺに聞いた。君らの家族は、夏から秋にかけて環境《かんきょう》の変化があったね」

「環境の変化……あ、引っ越《こ》したりとか」

「豪邸《ごうてい》に移ったね。名字も変わった」

「お母さんが、再婚《さいこん》したから」

「結婚相手は、この界隈《かいわい》でもっとも大きな病院の次期院長」

「あ、え？　でも、それはわたし自身とは何の関係もないことで。わたしはわたしのままで」

「みんな『シンデレラ』の物語が大好きだ。苦労した女の子が、見事お姫《ひめ》様に選ばれる一発逆転のストーリー。だけど、自分のすぐそばに『シンデレラ』がいることは望まない」

「そんな、わたしはシンデレラなんて、とんでもなくて……」

「義理のお父さんが亡《な》くなったら、遺産は誰のところに行く？」

「そんなの、考えたことない……」

「考えたことなくても、事実ははっきりしている。奥《おく》さんと、それから君らふたりの娘《むすめ》」

「望んでない……」

「世の中のたいていの人間は望むんだよ。金があって、将来が保証されること」

意地になって、桃は首を横にふった。何度も何度も振り続けた。

「君は不幸だった。お父さんがいなくて、決して裕福《ゆうふく》ではない家庭。家事もたくさんこなさなきゃならない。挙句《あげく》、お母さんが大変な病気で入院して、おじいちゃんおばあちゃんになんとか助けてもらって。そんな状況でも朗《ほが》らかな君は、みんなに好かれてた。かわいそうなのに、けなげないい子だって」

桃の目の前の岩場に、親子連れがやってきた。小さな女の子が、プラスチックのパックにヤドカリを一匹《ぴき》入れて遊んでいる。不幸だとみんなに思われていた頃《ころ》の幸せな自分のように。

「けど、君は突然変貌《とつぜんへんぼう》した。このあたりではもっとも成功した人間に守ってもらえる存在になった。そのとき、みんなはどう思う？　もう、けなげないい子じゃない」

「わたしは何も変わらないのに……」

「おかしいとは？」

桃は説明を始めた。『いい人』に選ばれてから、少しずつ歯車が狂《くる》い始めたこと。みんなが離《はな》れていったこと、遠足で置いてけぼりにされて、先生に迎《むか》えに来てもらったこと、けれど、自分は前も今も同じように行動しているつもりであること——。

ちっとも主機は驚《おどろ》かず、顔を曇《くも》らせることもなく、

「ま、想定内だね」

と、（ｄ）言った。なぐさめの言葉を待ちかまえていたわけではないが、もし自分なら「つらかったね」などと言うだろうと思い、桃は拍子抜《ひょうしぬ》けした。しかし、そのぶん、つい涙《なみだ》ぐんで会話が止まる心配もない。

「さっき、尾島くん、『いい人ランキング』で選ばれるのは危険なことだって言ってたけど、それはどうして？」

「性格がいい、悪いの基準って、テストの点と違って、はっきり決まってない。だからひとたび『いい人』『悪い人』って決められたら、みんな否定しづらいよな？」

「うん」

「それでも『悪い人』は、まだ否定しやすいほうだと思う。『悪い面ばかりじゃないよ』、『いいところもあるよ』って言いやすい。ここまではわかる？」

「うん」

「問題は『いい人』だ。否定したら嫉妬《しっと》のように聞こえてしまう。だから否定できない」

「そう……か……」

「ほら、外見って、好みがあるから、こいつが美人って言われても『おれはそうは思わない』って否定できる。けど、性格がいいっていうのは、何か人間のお手本のような、万人《ばんにん》に共通するものがありそうで、否定しにくければしにくいほど、たいていの人は心の底で少しだけイラッとする」

「そっか……わたしはイライラさせちゃってたんだ」

主機が水辺のほうに降りて行くので、桃も後に続いた。寄せてきた波に、※桜貝が翻弄《ほんろう》されるように水の中を舞《ま》っている。（ｅ）掬《すく》うと、端《はし》が欠けていた。桃はそれを、波が届かない岩の上に載《の》せた。

Ａ「　　　　」

Ｂ「　　　　」

Ｃ「　　　　」

Ｄ「　　　　」

Ｅ「　　　　」

Ｆ「　　　　」

Ｇ「　　　　」

Ｈ「　　　　」

主機は岩から岩へと飛び移りながら答える。

「『あたしはほんとはちっともいい人なんかじゃない』って、自分の悪いとこを告白して、『でも選んでもらってありがとう、一生の励《はげ》みにする！』ってな。これを聞いたらみんな、イラッとする前に、『いい人』のダメなところを知ることができたわけだから、問題は起きない。しかも、『そうか、選んでやってよかった』と、いいことをした気分になれる」

「すごい……。考えもしなかった。わたしもそうすれば——」

「ただし例外はある。君の場合はおそらく、どっちにしても今の状況に変わりはなかった」

「え？」

「なぜなら、これは最初から君を陥《おとしい》れるためのイベントだったからな」

来たんだよ。それに比べると君は、今、だいぶピンチに陥《おちい》ってるらしいのに、その原因すら分析《ぶんせき》できていないようだね。4今日の授業は大変そうだ」

彼《かれ》は、事務所の脇《わき》にある自動販売機《はんばいき》の前に行って、ココアを三本買った。一本を鞠に投げ、もう一本を桃に手渡《てわた》す。

「あっちの、岩の向こうに行こうか。窪《くぼ》みがあって、風が来ないからそう寒くない」

「は……」

桃が圭機の後ろから歩き出すと、彼は（ b ）振《ふ》り返って、鞠に言った。

「君は、そのココア持って、もう帰りなさい」

「えーっ、なんで!?」

鞠が首を（ c ）左右に振っている。

「あのな、君のお姉さんにはこれから、クラスでどういう目に遭《あ》ってるのか、詳細《しょうさい》を聞かなきゃなんない。それは赤の他人には話しやすくても、身内には聞かれたくないもんなんだよ」

「えーっ、でもさぁ。師匠とねーちゃんとふたりっきりなんて」

「付き合ってるんですか？」

思い切って桃は聞いてみた。圭機が笑い出す。

「そしたら、彼女《かのじょ》はおれを師匠なんて呼ばないでしょ？」

「あ、そうか」

「そういうこと。じゃあな、鞠っぺ。また明日プールで」

「えー」

留守番を言いつけられて心外な面持《おもも》ちの番犬のように仁王《におう》立ちして、鞠はふたりを見送った。

ゴツゴツしたゴリラの肩《かた》のような岩の脇に小道があって、そこを上ると、やがて下りになってその先には入江《いりえ》が広がっている。子どもの頃《ころ》に来たときは、海の生き物たちに夢中でまわりの風景をあまり気にしていなかったが、改めて見ると奇岩《きがん》だらけだと桃は思った。岩の先がえぐれていて、その先はまた盛り上がっていて、凹凸《おうとつ》が激しい。

両側に高い崖《がけ》があるため、風が遮《さえぎ》られていて、さほど寒さを感じない。

「へえ」

「凝灰岩《ぎょうかいがん》っていうんだってさ、この黒い岩」

「白い岩が砂岩。両方の組み合わせで、波に※浸食《しんしょく》されて面白《おもしろ》い形になってるんだってさ」

「くわしいね」

「昔はここでよく時代劇の撮影《さつえい》をやってたらしい」

「わ、知らなかった」

「今はあんま見ないけど。時代劇そのものが少ないんじゃないかな」

「よくここに来るの？」

「まあ、ときどき」

小石をつかんで、圭機が手首のスナップをきかせて投げる。トントトントン、トン、と石は遠くまで軽快に水面を跳《と》んでいった。

「この時期は、あんま生き物もいねーな。もっとあったかい海底にいるのかもな」

「そっか、海の底の方があったかいんだ」

「って雑談をしながら、君から切りだすのを待ってたんだけど」

「あっ、ごめんなさい」

「何から話しましょうかねえ」

圭機に問われて、桃はココアを飲んで、喉《のど》を潤《うるお》した。

「あ、すみません。えっと、要するにわたし、クラスの状況《じょうきょう》がなんかおかしくなってることに気づいて。でも、どうすればいいかわかんなくって」

四

岬《みさき》中学校二年一組で、クラスで一番性格のいい人を決める「いい人ランキング」が行われ、木佐貫桃《きさぬきもも》は他の生徒に圧倒的《あっとうてき》な差をつけて第一位に選ばれました。その時から、クラスメイトは桃に雑用を押《お》しつけたり、いじわるをするようになり、桃はいじめられていると感じるようになりました。このことを思い悩《なや》んだ桃は、妹の鞠《まり》が師匠《ししょう》と呼ぶ、同じ二年生の尾島圭機《おじまけいき》に相談することにしました。これに続く次の文章を読んで、後の問いに答えなさい。

「今日は、すみません。お時間割《さ》いていただいて」

「こっちこそ、こんなとこ呼び出しちゃって。さすがにこのへんなら、学校のやつらもいないかと思ってさ」

荒磯《あらいそ》公園に来るのは、幼い子供のいるファミリーか釣《つ》り人《びと》かウォーキング好きの年輩者《ねんぱいしゃ》くらいだ。後は、※マリーナで食事を終えたカップルが（　ａ　）たまに入り込《こ》んでくる程度だった。小学生のうちは「波にさらわれるといけないから、子どもだけで行ってはいけません」と言われているし、中学生になるとこんなところよりも、駅前の※ショッピングモールのほうが時間をつぶせる。だから同級生と遭遇《そうぐう》する可能性は極《きわ》めて低かった。

「はい、お気遣《きづか》いすみません。妹がいつもほんとお世話になっていて。いつも師匠師匠って言ってるから、どんな方かと」

「ああ、じゃあ、師匠の正体が誰《だれ》だか知らないで来たんだ」

「はい」

「どう思った？」

「え？」

「師匠がおれだって知ってさ」

「あ、はい。ほんと、そう言われてみればそうだなって。二年四組でも『いい人ランキング』でダントツ一位に選ばれたって噂《うわさ》、聞いてますし。みんなに慕《した》われてるんだろうなあって。わたしなんかと違《ちが》って」

1ふふん、と圭機は鼻を鳴らした。そして鞠のほうを見て笑う。

「君のお姉さんは、どうやら君よりはだいぶ鈍感《どんかん》なようだね」

「ねーちゃんはノーテンキですよ」

鞠が当然だと言わんばかりにうなずく。自宅だったら「ちょっとお」と突《つ》っ込《こ》むところだが、圭機の言葉の続きが知りたくて、桃は2首をかしげて待った。

「つまりさ、鈍感っていうか、洞察力《どうさつりょく》がない」

「は……」

「『いい人』には二種類いるんだよ。心底いい人と、いい人を演じている人と」

「はぁ」

「おれは後者」

「そんな……」

桃は、手を左右にあわてて振《ふ》りながらも、この人のことをそういえば何も知らないと思った。

「鞠も後者。だから、おれは上手な演じ方を教えたというわけ。『いい人ランキング』で選ばれてしまっても、みんなのやり玉にあがらず、うまくやり過ごせる演じ方をね」

「やり玉……？」

「そう。気が付かなかったかい？『いい人』に選ばれるのは、たぶん『美人ナンバーワン』に選ばれるより危険だ」

「そ、そうなんですか」

圭機はくすくすと笑って、鞠のほうを見た。くすくすが伝染して、鞠も口元を手で押さえている。

「君の妹は、3その危険性をいち早く察知して、おれに助けを求めに

問二　――線部1「イチョウの黄葉の〝ひみつ〟のしくみ」とありますが、どのようなしくみであると筆者は述べていますか。「というしくみ。」が後に続くように、文中の語句を用いて句読点をふくめて四十字以内で答えなさい。

問三　――線部2「洒落た気配り」とありますが、筆者はイチョウのどこに感服したのですか。もっともふさわしいものを、次のア～エの中から一つ選び、記号で答えなさい。

ア　夏から秋にかけてイチョウの葉っぱの色素の主役が変わるところ。

イ　イチョウの葉っぱのクロロフィルにカロテノイドが隠れているところ。

ウ　春から夏にかけて役目を果たしたイチョウの葉っぱが新しい葉っぱにその役割を譲るところ。

エ　場所や年に影響《えいきょう》を受けず、いつも美しく黄葉するところ。

問四　――線部3「そのしくみは異なります」とありますが、紅葉のしくみは具体的にどのような点が黄葉のしくみと異なるのですか。もっともふさわしいものを、次のア～エの中から一つ選び、記号で答えなさい。

ア　気温の低下により、カロテノイドを新たに生成するという点。

イ　緑色の色素がなくなる過程で、新たに赤い色素を作り出すという点。

ウ　緑色の色素に隠れて赤の色素が存在し、空気の乾燥が進むにつれて赤の色素が表に出るという点。

エ　緑色の色素がある化学反応を起こして赤い色素に変化するという点。

問五　――線部4「『何のために、カエデやナナカマドなどが紅色になるのか』」とありますが、なぜ色を変えるのか具体的に説明されているところを本文中から探し、「ため。」が後に続くように十七字でぬき出して答えなさい。

問六　美しい紅葉が長く保たれるために、もっとも重要な条件は何ですか。「状態。」が後に続くように五字でぬき出して答えなさい。

問七　本文から次の一文がぬけ落ちています。どこに補うのがよいですか。句読点をふくめて、直前の七字をぬき出して答えなさい。

それは、紅葉には、黄葉とは異なる、色づくための〝ひみつ〟があるからです。

問八　内容から考えると、本文は大きく二つに分けられます。後半の内容が始まる**最初の十字**を句読点をふくめてぬき出して答えなさい。

問九　次のア～オに書かれている内容が本文の内容と合っていれば1、合っていなければ2とそれぞれ答えなさい。

ア　イチョウのカロテノイドはクロロフィルに隠れていて、気温が急激に低下するときれいな発色をする。

イ　イチョウは新しい芽を紫外線から守るために黄葉する。

ウ　紅葉は陽がよく当たり、寒暖差がある乾燥した場所が最もきれいになる。

エ　イチョウのカロテノイドとカエデ・ナナカマドのアントシアニンは紫外線を受けるほどたくさん生成される。

オ　黄葉には、場所、年による色づきの美しさの差はない。

問十　本文の内容がすぐに分かるように題名を考え、十字以内で答えなさい。句読点は不要です。

現象ですが、3そのしくみは異なります。紅葉する植物の代表は、カエデやナナカマドなどです。これらの紅葉は、「今年の色づきはきれい」とか「昨年は色づきがよくなかった」など、例年と比較《ひかく》されます。年によって、紅葉の色づきが異なるからです。

あるいは、「あそこのカエデはきれい」とか「あそこのカエデは、色づきがよくない」のように、場所による色づきの違いがいわれます。紅葉の名所といわれるところも、場所によって色づきに違いがあります。

紅葉は、黄葉とは異なり、年によっても、場所によっても、色づきが異なるのです。「なぜ、そんなに異なっているのだろうか」との〝ふしぎ〟が感じられます。

カエデやナナカマドの葉っぱは、緑色のときに、赤い色素を持っていません。ですから、赤色になるためには、葉っぱの緑色の色素であるクロロフィルがなくなるにつれて、「※アントシアニン」という赤い色素が新たにつくられなければなりません。

アントシアニンがきれいにつくられるためには、三つの大切な条件があります。一つ目は、昼が暖かいことです。二つ目は、夜に冷えることです。三つ目は、紫外線を多く含む太陽の光が強く当たることです。これらの三つの条件がそろったとき、赤い色素であるアントシアニンが葉っぱの中で多くつくられます。

年によって、昼の暖かさと夜の冷えこみ具合は異なります。そのため、年ごとに、色づきが「よい」とか「よくない」ということがおこります。（d）、場所によっても、昼と夜の寒暖の差は異なります。そのため、太陽の光の当たり方は、場所によっても異なります。そのため、紫外線の当たり具合も、場所によって違うのです。

さらに、赤い色素をつくりだす反応は、葉っぱがカラカラに乾燥《かんそう》した状態では進みません。水分が保持されていなければなりません。ですから、紅葉には、湿度《しつど》の高い場所が適しています。また、紅葉したあとも、湿度《しつど》の高いほうが、美しい状態が長く保たれます。

そのため、紅葉の名所というと、高い山の中腹《ちゅうふく》の、太陽の光がよく当たる斜面《しゃめん》が多くなります。高い山では、空気が澄《す》んでおり、紫外線が多く当たります。斜面には、昼間は太陽の光がよく当たり、高い山ですから、夜は冷えます。山の斜面の下には、川が流れており、朝には霧《きり》がかかるほど、湿度が高くなります。高い山の斜面には、美しく紅葉する条件がよくそろっているのです。

4「何のために、カエデやナナカマドなどが紅色《べにいろ》になるのか」と不思議がられます。紅色の色素はアントシアニンです。これは、黄葉の色素である黄色のカロテノイドと同じように、太陽の光に含まれる紫外線の害を防ぐ物質です。ですから、この色素には、イチョウの黄葉と同じ役割が考えられます。

カエデやナナカマドの木のあちこちにある、次の年の春に芽吹《めぶ》き、次の世代を生きる、小さな芽を、紅葉の赤い色素であるアントシアニンは、日差しが弱くなる冬まで、紫外線の害から守っているのです。そのため、紫外線が強く当たる場所では、アントシアニンがたくさんつくられて、紅葉が美しくなるのです。

（田中　修の文章より）

※クロロフィル　緑色の植物などにふくまれている緑色の色素。
※カロテノイド　動植物が持つ黄・だいだい・赤色の色素。
※アントシアニン　赤・青・紫《むらさき》色の植物の細胞《さいぼう》にある色素。

問一　文中の（a）～（d）にあてはまることばとしてもっともふさわしいものを、次のア～キの中から一つずつ選び、記号で答えなさい。

ア　ところで　イ　たとえば　ウ　また
エ　なぜなら　オ　ですから　カ　しかし
キ　では

べて今年のイチョウの木の色づきが、よくない」などといわれることもありません。イチョウの黄葉は、年によっても、違わないのです。「なぜ、イチョウの葉っぱの色づき方は、場所ごとに、年ごとに、そんなに違わないのか」との〝ふしぎ〟が浮上《ふじょう》します。その〝ふしぎ〟の裏には、1イチョウの黄葉の〝ひみつ〟のしくみがあります。

その〝ひみつ〟とは、「イチョウの葉っぱが黄色く色づくのは、秋に黄色い色素がわざわざつくられるのではない」ということです。（ｂ）、「なぜ、緑の葉っぱが黄色になるのか」との疑問が浮《う》かびます。

秋に葉っぱが黄色くなるのは、黄色い色素が新しくつくられるのではなく、すでにつくられて隠《かく》れていたものが姿を見せるためです。それを知ると、「黄色い色素は、どこに隠れていたのか」との疑問がおこります。

それは、葉っぱの緑色の下にまぎれていたのです。夏に葉っぱが緑色のときにすでに黄色い色素がつくられており、この色素の黄色は葉っぱの緑色の色素で隠されているのです。葉っぱの緑色の色素は「※クロロフィル」、黄色の色素は「※カロテノイド」という名前です。緑色のクロロフィルは、光合成に必要な光を吸収する主な色素です。カロテノイドも光を吸収し、その光も光合成に使われます。

クロロフィルは、春からずっと緑色の葉っぱの中で、主役を務めます。葉っぱの緑色が濃《こ》いときには、黄色い色素は緑色の陰《かげ》に隠されて目立ちません。濃い緑色が黄色の色素の色を隠しているというのが、〝ひみつ〟のしくみの前半部分なのです。

〝ひみつ〟のしくみの後半部分は、隠れていた黄色の色素が秋に目立ってくることです。温度がだんだん低くなると、緑色の色素が分解されて葉っぱから消えていきます。そのため、隠れていた黄色い色素がだんだん目立ってきて、葉っぱは黄色くなります。

年によって、温度が低くなる具合は違います。秋の温度の低下が早かったり遅《おそ》かったりすれば、緑の色素の減り方も早かったり遅かったりします。そのため、イチョウの黄葉は年ごとに早かったり遅かったりするのです。

しかし、冬が近づき温度が下がれば、緑色の色素は完全になくなります。（ｃ）、隠れていた黄色の色素が目立ってきて、必ず同じような黄色になります。ということは、イチョウの黄葉には、年ごとに、場所ごとに、あまり変化がないということです。

このしくみは、イチョウの葉っぱは、自分の生涯《しょうがい》の終わりに際し、春から夏にかけて主役を務めてきた緑の色素に代わり、ずっと陰でその色素の働きを支えてきた黄色の色素に主役を譲《ゆず》るというものです。イチョウの葉っぱが、このように2洒落《しゃれ》た気配りの、〝ひみつ〟をもっていることに〝すごい〟と感服せざるを得ません。

「何のために、イチョウの葉っぱが黄色くなるのか」と不思議がられます。残念ながら、明確な理由はわかっていません。でも、黄色い色素はカロテノイドです。これには、太陽の光に含《ふく》まれる紫外線《しがいせん》の害を防ぐ働きがあります。ですから、この色素に考えられる役割があります。

イチョウの木のあちこちに、小さな芽があります。これらは、翌年の春には、葉っぱを展開するものです。イチョウの木にとっては、次の世代を背負っていく大切なものです。秋の日差しにはまだ多くの紫外線が含まれていますから、これらの芽は、紫外線から守らなければなりません。黄葉の葉っぱの色素は、日差しが弱くなる冬までの一時期、紫外線を吸収して、次の年の春に活躍《かつやく》する芽が傷つけられることから守っているのです。冬が近づき、日差しが弱くなると、黄葉は役目を終えて散るのです。

イチョウの黄葉に対して、葉っぱが赤く色づく紅葉は、同じ季節の

二〇二〇年度 湘南学園中学校

【国　語】〈Ｂ日程試験〉（五〇分）〈満点：一五〇点〉

一 **――線部のカタカナをそれぞれ漢字に直しなさい。**

(1) 難しい問題の答えをスイソクする。
(2) まずはヘイイな問題に取り組むとよい。
(3) この絵はカチのある美術品だ。
(4) チアンが乱れて、犯罪が多発する。
(5) 橋のカイシュウ工事をする。
(6) 駅前のダイキボな再開発が行われる。
(7) 情報をテイキョウする。
(8) センモン分野を研究する。
(9) 悪人にサバきが下る。
(10) 古い知人の家を三年ぶりにタズねる。

二 **次の四字熟語の空欄《くうらん》にはそれぞれ共通する漢字が入ります。空欄にあてはまる漢字を答えなさい。また、完成した四字熟語の意味をア～クの中から選び記号で答えなさい。**

(1) □朝□夕
(2) □材□所
(3) 海□山□
(4) 岡□八□
(5) □死□生

意味
ア　その人の持っている性質や才能に、よく当てはまった仕事や役目を割り当てること。
イ　わずかの月日。
ウ　表向きはていねいにふるまっていても、内心では相手を見下していること。
エ　直接関係のない人のほうが、かえってものごとのよしあしがよくわかるということ。
オ　くり返し何度も同じことをすること。
カ　生きるか死ぬかの境目にいること。
キ　ありとあらゆる経験をつんで、ぬけめがないこと。
ク　死にかけている人を生き返らせること。

三 **次の文章を読んで、後の問いに答えなさい。**

イチョウは、緑の葉っぱが黄葉《おうよう》する植物の代表です。秋になると、イチョウの葉っぱはきれいに黄葉します。この黄葉の特徴《とくちょう》は、場所によっても、年によっても、個々の木の色づきの美しさが違《ちが》わないことです。

たとえば、「あそこのイチョウの木は、色づきがよい」とか「あそこのイチョウの木は、色づきがよくない」とかは、あまりいわれません。イチョウの黄葉については、場所によって個々の色づきの美しさが見比べられることはないのです。

「あそこのイチョウの黄葉は美しい」といわれることはあります。（ａ）、これは、並木道にある個々の木の葉っぱの色づきがよいということではなく、黄葉したイチョウの木が集まっているので、並木道が美しく見えるということです。東京都の明治神宮外苑《めいじじんぐうがいえん》や大阪府の御《み》堂筋《どうすじ》の並木道のように、多くのイチョウの木が並んで黄葉しているのがきれいであるということです。

また、「今年のイチョウの木は、色づきが美しい」とか「去年に比

2020年度

湘南学園中学校

▶解説と解答

算　数　＜Ｂ日程試験＞（50分）＜満点：150点＞

解　答

1 (1)　35　(2)　1.5　(3)　$\frac{1}{6}$　(4)　$\frac{1}{4}$　2 (1)　6％　(2)　84点　(3)　500m
(4)　10分　(5)　49度　(6)　18通り　(7)　12本　(8)　ア　6　イ　0.5　ウ　5.5
エ　$16\frac{4}{11}$　3 (1)　103.14cm　(2)　247.74cm^2　4 **体積**…776cm^3，**表面積**…696cm^2
5 (1)　分速100m　(2)　10時18分　(3)　分速500m　(4)　1000m　6 (1)　8個目
(2)　⑳　(3)　673個　(4)　4個

解　説

1　四則計算，逆算

(1)　$3\times14-35\div5=42-7=35$

(2)　$6.4-8.4\div2.4\times1.4=6.4-3.5\times1.4=6.4-4.9=1.5$

(3)　$\left(2\frac{2}{3}-2.4\right)\times\left(0.5+\frac{1}{8}\right)=\left(2\frac{2}{3}-2\frac{2}{5}\right)\times\left(\frac{1}{2}+\frac{1}{8}\right)=\left(2\frac{10}{15}-2\frac{6}{15}\right)\times\left(\frac{4}{8}+\frac{1}{8}\right)=\frac{4}{15}\times\frac{5}{8}=\frac{1}{6}$

(4)　$\left(1\frac{13}{40}+\square\right)\times\frac{8}{9}-\frac{2}{5}=1$より，$\left(1\frac{13}{40}+\square\right)\times\frac{8}{9}=1+\frac{2}{5}=1\frac{2}{5}$，$1\frac{13}{40}+\square=1\frac{2}{5}\div\frac{8}{9}=\frac{7}{5}\times\frac{9}{8}=\frac{63}{40}$　よって，$\square=\frac{63}{40}-1\frac{13}{40}=1\frac{23}{40}-1\frac{13}{40}=\frac{10}{40}=\frac{1}{4}$

2　濃度《のうど》，平均とのべ，和差算，通過算，仕事算，角度，場合の数，植木算，約数，時計算

(1)　(食塩の重さ)＝(食塩水の重さ)×(濃度)より，4％の食塩水300gにふくまれている食塩の重さは，300×0.04＝12(g)，9％の食塩水200gにふくまれている食塩の重さは，200×0.09＝18(g)とわかる。よって，これらの食塩水を混ぜると，食塩の重さの合計は，12＋18＝30(g)，食塩水の重さの合計は，300＋200＝500(g)になる。したがって，(濃度)＝(食塩の重さ)÷(食塩水の重さ)より，できる食塩水の濃度は，30÷500＝0.06，0.06×100＝6(％)と求められる。

(2)　(平均点)＝(合計点)÷(教科数)より，(合計点)＝(平均点)×(教科数)となるから，国語と算数の合計点は，86.5×2＝173(点)とわかる。よって，下の図1のように表すことができるので，算数の点数の2倍が，173－5＝168(点)となり，算数の点数は，168÷2＝84(点)と求められる。

(3)　電車がトンネルを通過するときのようすを図に表すと，下の図2のようになる。また，分速900mを秒速に直すと，900÷60＝15(m)になるから，電車が38秒で走る長さは，15×38＝570(m)とわかる。これはトンネルの長さと電車の長さの和にあたるので，トンネルの長さは，570－70＝500(m)と求められる。

(4)　仕事全体の量を1とする。また，A，B，Cが1分間にする仕事の量をそれぞれⒶ，Ⓑ，Ⓒとすると，下の図3のような式を作ることができる。これらの式をすべて加えると，Ⓐ，Ⓑ，Ⓒの2つずつの和が，$\frac{1}{12}+\frac{1}{15}+\frac{1}{20}=\frac{1}{5}$となるから，Ⓐ＋Ⓑ＋Ⓒ＝$\frac{1}{5}\div2=\frac{1}{10}$とわかる。よって，この仕事を3人でやると，$1\div\frac{1}{10}=10$(分)かかる。

〔ほかの解き方〕 仕事全体の量を12と15と20の最小公倍数である60とすると，Ⓐ＋Ⓑ＝60÷12＝5，Ⓑ＋Ⓒ＝60÷15＝4，Ⓐ＋Ⓒ＝60÷20＝3となる。よって，Ⓐ＋Ⓑ＋Ⓒ＝(5＋4＋3)÷2＝6より，60÷6＝10(分)と求めることもできる。

図1

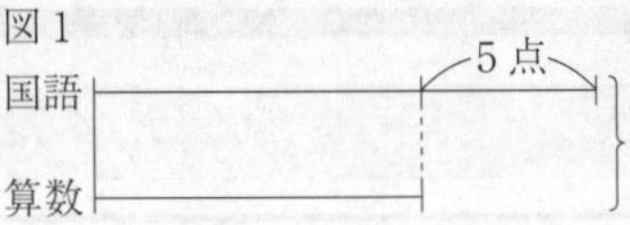

図2

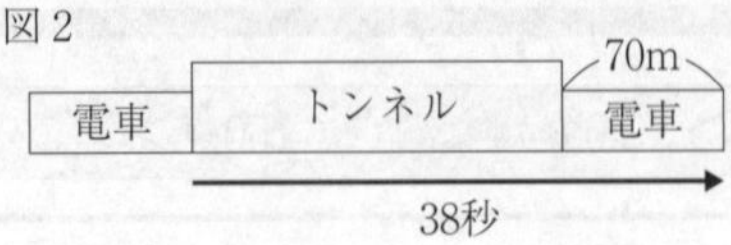

図3

Ⓐ＋Ⓑ　＝1÷12＝$\frac{1}{12}$

Ⓑ＋Ⓒ＝1÷15＝$\frac{1}{15}$

Ⓐ　＋Ⓒ＝1÷20＝$\frac{1}{20}$

(5)　右の図4の三角形ABCで，角CAB＋角BCA＝角CBDという関係があるので，角CBDの大きさは，60＋38＝98(度)とわかる。また，同じ印をつけた角の大きさは等しいから，角アの大きさは，98÷2＝49(度)と求められる。

図4

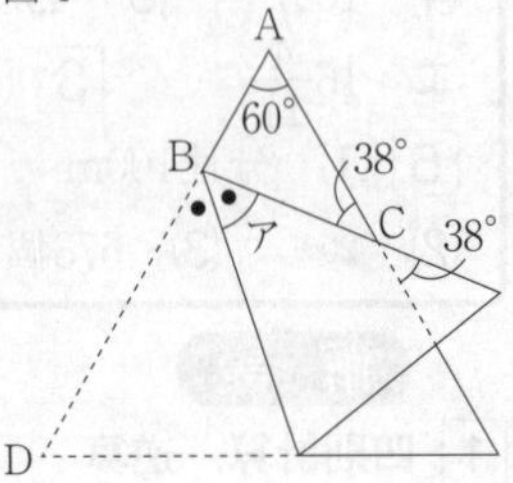

(6)　百の位には，[1]，[2]，[3]の3通りのカードを並べることができる。また，十の位には，百の位で使ったカードを除いたカードに[0]を加えた3通りのカードを並べることができる。さらに，一の位には，百の位と十の位で使ったカードを除いた2通りのカードを並べることができる。よって，3桁《けた》の整数は全部で，3×3×2＝18(通り)できる。

(7)　36mと48mと60mの部分に同じ間かくで植え，木の本数をできるだけ少なくするには，木と木の間かくをできるだけ長くした方がよいので，木と木の間かくを36mと48mと60mの最大公約数にすればよい。よって，右の図5の計算から，木と木の間かくは，2×2×3＝12(m)と求められる。さらに，この三角形のまわりの長さは，36＋48＋60＝144(m)だから，必要な木の本数は，144÷12＝12(本)となる。

図5

```
2) 36  48  60
2) 18  24  30
3)  9  12  15
    3   4   5
```

(8)　長針は1時間(＝60分)で360度進むので，1分間で，360÷60＝6(度)(…ア)進む。また，短針は1時間で，360÷12＝30(度)進むから，1分間で，30÷60＝0.5(度)(…イ)進む。このことから，長針は短針に1分間で，6－0.5＝5.5(度)(…ウ)近づくことがわかる。よって，3時ちょうどのときの長針と短針の作る角は90度なので，90÷5.5＝16$\frac{4}{11}$(分)より，3時から4時の間で長針と短針が重なるのは3時16$\frac{4}{11}$分(…エ)と求められる。

3 平面図形—図形の移動，長さ，面積

(1)　円の中心は右の図の太線部分を通る。直線部分の長さは，(20－2×2)＋(40－2×2)＋(14－2×2)＋(24－2)＋(6－2)＋(16－2×2)＝16＋36＋10＋22＋4＋12＝100(cm)となる。また，曲線部分の長さは，2×2×3.14÷4＝3.14(cm)だから，円の中心が通る長さは，100＋3.14＝103.14

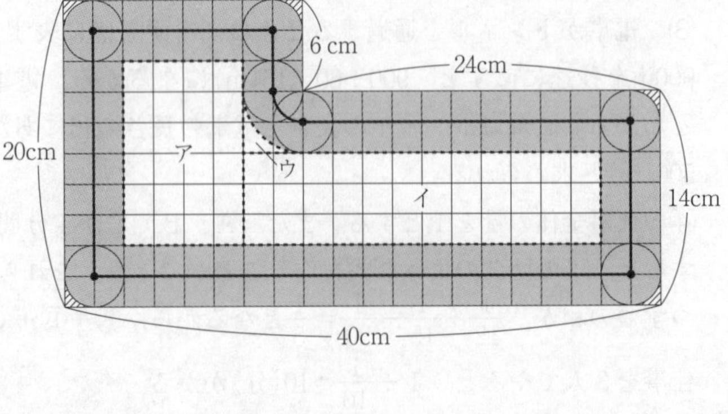

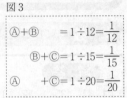

(cm)と求められる。

⑵　円はかげをつけた部分を通るので，枠《わく》内で円が通らなかったのは，斜線《しゃせん》部分の５か所と，点線で囲まれたア，イ，ウの部分である。はじめに，斜線部分１か所の面積は，２×２－２×２×3.14÷４＝４－3.14＝0.86(cm^2)なので，斜線部分の面積の合計は，0.86×５＝4.3(cm^2)となる。次に，アの部分には正方形が，６×４＝24(個)，イの部分には正方形が，３×12＝36(個)あり，正方形１個の面積は，２×２＝４(cm^2)だから，アとイの部分の面積の合計は，４×(24＋36)＝240(cm^2)とわかる。また，ウの部分の面積は，４×４－４×４×3.14÷４＝16－12.56＝3.44(cm^2)なので，枠内で円が通らなかった部分の面積の合計は，4.3＋240＋3.44＝247.74(cm^2)と求められる。

4　立体図形―構成，体積，表面積

図①

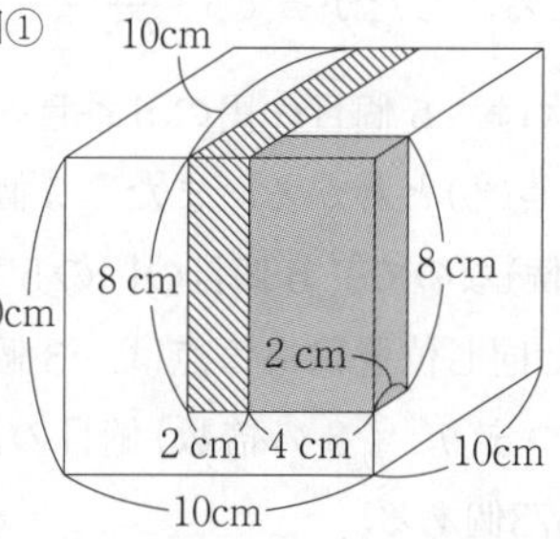

図②

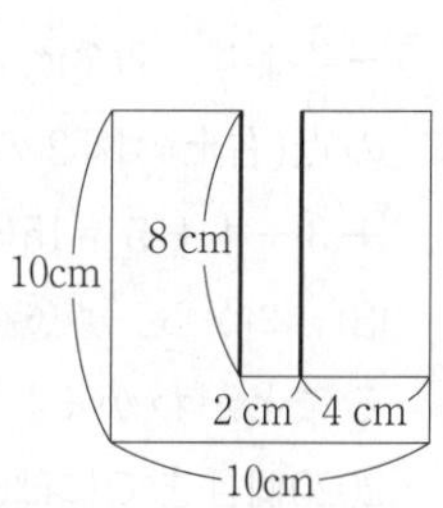

右の図①のように，問題文中の図２の直方体を斜線をつけた部分に，問題文中の図３の直方体をかげをつけた部分に組み合わせると，１辺が10cmの立方体になる。１辺が10cmの立方体の体積は，10×10×10＝1000(cm^3)であり，図２の直方体の体積は，10×２×８＝160(cm^3)，図３の直方体の体積は，２×４×８＝64(cm^3)だから，問題文中の図１の立体の体積は，1000－(160＋64)＝776(cm^3)とわかる。次に，問題文中の図１の立体を正面から見ると右上の図②のようになるので，正面および背面(反対側)から見える面積は，10×10－８×２＝84(cm^2)とわかる。また，真上，真下，右横，左横の４つの方向から見える面積はすべて，10×10＝100(cm^2)となる。このほかに，外側から見えない部分２か所(図②の太線部分)の面積の和が，(10－２)×８×２＝128(cm^2)だから，問題文中の図１の立体の表面積は，84×２＋100×４＋128＝696(cm^2)と求められる。

5　グラフ―速さ，旅人算

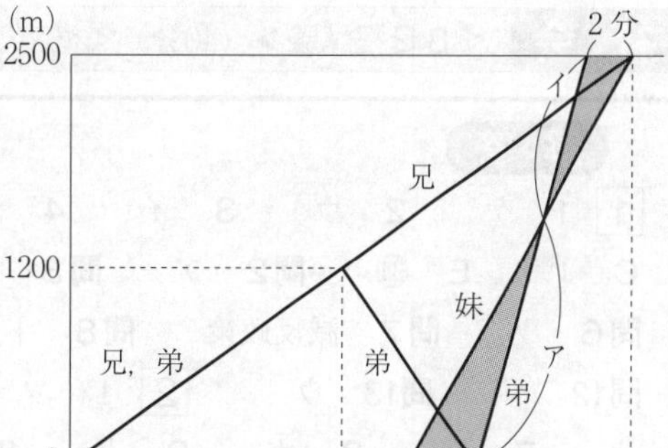

⑴　2.5kmは2500mだから，グラフは右のようになる。兄は，10時25分－10時＝25分で2500m歩いたから，兄の速さは分速，2500÷25＝100(m)とわかる。

⑵　兄と弟が1200m歩くのにかかった時間は，1200÷100＝12(分)である。また，家に戻《もど》るときの弟の速さは分速，100×２＝200(m)なので，弟が忘れ物に気づいてから家に戻るまでの時間は，1200÷200＝６(分)となる。よって，弟が家に戻った時刻は，10時＋12分＋６分＝10時18分と求められる。

⑶　弟が駅に着いた時刻は，10時25分－２分＝10時23分だから，車が2500m走るのにかかった時間は，10時23分－10時18分＝５分とわかる。よって，車の速さは分速，2500÷５＝500(m)である。

⑷　グラフのかげをつけた２つの三角形が相似であることを利用して求める。この２つの三角形の相似比は，(10時18分－10時15分)：２分＝３分：２分＝３：２なので，アとイの比も３：２になる。また，この和が2500mだから，求める道のり(イの道のり)は，$2500\times\frac{2}{3+2}=1000$(m)とわかる。

6 数列，分数の性質

(1)　N個目の円にはN個の点が書いてあるから，$1+2+3+4+5+6+7=28$より，7個目の円までには点①〜点㉘の28個の点が書いてあることがわかる。よって，点㉚は8個目の円に書いてある。

(2)　円の周の長さを1として，右の図1のように時計周りに長さをはかると，点④から点⑥までの長さは$\frac{2}{3}$になる。よって，約分して$\frac{2}{3}$になる位置にある点は，すべて点⑥と同じ位置にあることになる。したがって，$\frac{2\times2}{3\times2}=\frac{4}{6}$より，点⑥の次は，6個目の円の5番目の点(右上の図2の点㋐)とわかる。また，5個目の円までに書いてある点の個数の合計は，$1+2+3+4+5=15$(個)なので，6個目の円の5番目の点の番号は，$15+5=20$より，⑳となる。

図1

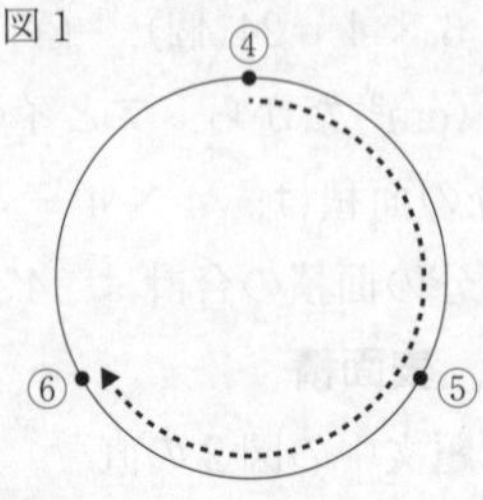

図2

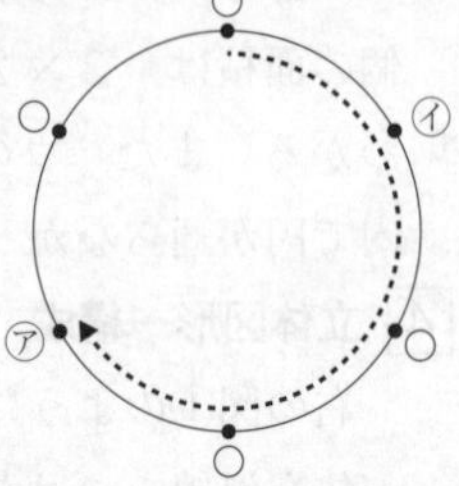

(3)　(2)から，点⑥と同じ位置にある点は，3個目の円，6個目の円，9個目の円，…に1個ずつあることがわかる。つまり，(3の倍数)個目の円に1個ずつあるので，$2020\div3=673$余り1より，2020個目までには673個ある。

(4)　12個目の円について，1番目の点からの長さは右の図3のようになる。ここで，たとえば点㋒までの長さは，$\frac{2}{12}=\frac{1}{6}$のように約分できるから，点㋒の位置は6個目の円の2番目の点(図2の点㋑)の位置と同じになる。つまり，同じ位置に点がないのは，1番目の点からの長さを分母が12の分数で表したときに約分できない場合だから，●をつけた4個ある。

図3

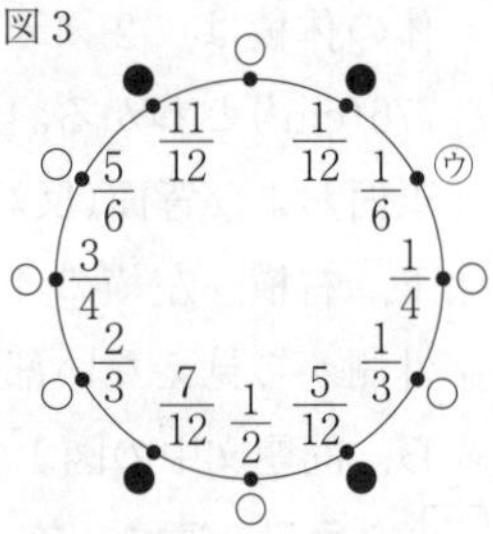

社　会　＜B日程試験＞ (40分) ＜満点：100点＞

解　答

1　1　ケ　2　ウ　3　イ　4　チ　5　ソ　6　カ　7　ス　問1　B　⑧　C　㊹　E　㉞　問2　ア　問3　利根川　問4　イ　問5　近郊農業(園芸農業)　問6　ウ　問7　減反政策　問8　トキ　問9　ア　問10　盛岡(市)　問11　ウ　問12　イ　問13　ウ　2　1　ソ　2　オ　3　ウ　4　キ　5　ア　6　サ　7　シ　8　カ　9　ク　10　ケ　問1　A　エ　B　ウ　C　イ　問2　ア　問3　大仙古墳(大山古墳，仁徳天皇陵)　問4　武家諸法度　問5　イ　問6　エ　問7　イ　3　問1　オ　問2　大豆　問3　(例)　降った雨をたくわえていっきに流れないようにする働きを持つ。(二酸化炭素を吸収して酸素を供給する働きがある。)　問4　開発途上国(発展途上国)　問5　ア　問6　ウ　問7　原因物質…ウ　病気の症状…エ　問8　石油(原油)　問9　(例)　清潔で安全な水(平和なまち)　問10　ア　問11　比例(代表)　問12　条例　問13　(例)　CはBと比べて床にほとんどそのまま寝ており，Ａと比べてプライバシーもない。Ｂは簡単なベッドはあるがＣ同様プライバシーはない。Ａは仕切りもあり，布団も用意されているため一番環境がよい。　**問14**　ウ　**問15**　年金
問16　(例)　とてもきつくて体力のいる仕事　**問17**　消費税　**問18**　子どもの権利(条約)

解説

1　各県の特色についての問題

1　房総《ぼうそう》半島は千葉県の面積の大部分を占《し》めている半島で，東京湾と太平洋をへだてている。
2　越後《えちご》山脈は新潟県と福島県・群馬県の県境にのびる山脈で，冬の北西の季節風をさえぎり，日本海側に降雪をもたらす。　**3**　信濃《しなの》川(全長367km)は日本最長の川で，長野県内では千曲《ちくま》川とよばれて同県内を東部から北部にかけて流れ，新潟県に入って信濃川と名を変え，新潟市で日本海へ注ぐ。　**4**　阿蘇《あそ》山は熊本県の北東部にあり，世界最大級のカルデラ(火山の噴火後に火口付近が落ちこんでできたくぼ地)があることで知られる。　**5**　い草は畳表《たたみおもて》の原料となる工芸作物で，熊本県の生産量は全国の約99％を占める。統計資料は『日本国勢図会』2019／20年版による(以下同じ)。　**6**　三陸海岸は岩手県から宮城県にかけてのびる海岸で，山地が海に沈《しず》みこみ，谷だったところに海水が入りこんでできた出入りの複雑なリアス海岸となっている。　**7**　広島県はカキの養殖《ようしょく》がさかんで，その収獲《しゅうかく》量は全国の約59％を占める。

問1　**B**　新潟県(地図中⑧)は中部地方の北東部に位置し，日本海に面し細長くのびている。
C　熊本県(地図中㊹)は九州地方の中央西部に位置し，有明海に面している。　**E**　広島県(地図中㉞)は中国地方の中央南部に位置し，瀬戸内海に面している。　なお，Ａは千葉県(地図中⑪)，Ｄは岩手県(地図中③)。

問2　千葉県にある成田国際空港は貿易額が日本最大の港なので，アがあてはまる。航空貨物をあつかうため，集積回路や科学光学機器，精密機器などの小型・軽量で高価な品目が多い。なお，イは名古屋港(愛知県)，ウは関西国際空港(大阪府)。

問3　利根川(全長322km)は越後山脈の大水上《おおみなかみ》山を水源とし，関東平野を北西から南東へ向かって流れ，千葉県の銚子《ちょうし》市で太平洋に注ぐ。長さは信濃川につぐが，流域面積は日本最大である。

問4　銚子港は沖合漁業がさかんで，サバ・イワシ・サンマなどの水揚《みずあ》げ量が多い。よって，イが誤りである。

問5　大都市の近くで，野菜や果物，草花などを栽培し，新鮮な状態で出荷する農業を近郊農業といい，茨城県，千葉県，愛知県などでさかんに行われている。近郊農業は，商品として作物を栽培し，出荷する園芸農業の一つである。

問6　千葉県の東京湾岸には大規模な鉄鋼・石油化学コンビナートが造成され，京葉工業地域が形成されている。京葉工業地域では金属や化学の工業出荷額の割合が高いので，グラフはウがあてはまる。なお，アは中京工業地帯，イは阪神工業地帯。

問7　戦後，日本人の食生活が西洋化し，米の消費量が減り，米が余るようになった。そのため，政府は1970年代から稲の作付面積を減らす減反政策を行ってきたが，2018年に廃止された。

問8　国の特別天然記念物に指定されているトキは，日本に古くから生息する鳥であったが，明治時代の乱獲などによって激減した。現在，日本の野生生まれのトキはいないが，新潟県の佐渡《さど》島では，中国からおくられたトキを人工繁殖《はんしょく》し，野生復帰させるよう取り組んでいる。

問９　熊本県では，2016年４月に最大震度７を記録する熊本地震が起こり，多数の死傷者が出たほか，熊本城などの文化財の損壊《そんかい》，土砂災害などによる多数の被害が出た。よって，アが正しい。

問10　岩手県の県庁所在地は盛岡市で，岩手県内陸部の北上盆地に位置する。盛岡市は，伝統的工芸品の南部鉄器の産地として知られる。

問11　2011年３月の東日本大震災以降，原子力発電所の再稼働《かどう》には厳しい基準が設けられたが，福井県・佐賀県・鹿児島県にあるいくつかの原子炉《ろ》が稼動している。よって，ウが誤っている。なお，岩手県の八幡平《はちまんたい》市には松川地熱発電所，久慈《くじ》港には久慈波力発電所がある。

問12　写真イは，岩手県盛岡市や奥州市でつくられる「南部鉄器(鉄びん)」である。なお，写真アは秋田県大館《おおだて》市の「大館曲げわっぱ」，ウは山形県天童市の「天童将棋駒《しょうぎこま》」。

問13　広島市には，1945年８月６日に史上初の原子爆弾《ばくだん》が投下されたときの跡を残す，写真ウの「原爆ドーム」がある。なお，写真アは法隆寺(奈良県)，イは端島《はしま》(長崎県)，エは中尊寺金色堂(岩手県)。

２　各時代の歴史的なことがらについての問題

1　縄文時代には土器(縄文土器)の製作が始まり，食べ物の保存や調理に使われた。　**2**　豊臣秀吉は1590年に全国統一をはたすと，明(中国)の征服をくわだて，その道筋にあたる朝鮮に大軍を送りこんだ。この朝鮮出兵は文禄《ぶんろく》の役(1592～93年)と慶長《けいちょう》の役(1597～98年)の２度にわたるが，秀吉の死により失敗に終わった。　**3**　聖武天皇は仏教を厚く信仰し，仏教の力で国を安らかに治めようと，地方の国ごとに国分寺・国分尼《に》寺を建てさせ，都の平城京には東大寺と金銅の大仏をつくらせた。　**4**　聖徳太子(厩戸《うまやと》王)は小野妹子を遣隋使として隋(中国)に派遣し，中国と新たな形での外交関係を築こうとした。　**5**　足利義満は室町幕府の第３代将軍で，明と正式な国交を開き，倭寇《わこう》(日本の武装商人団・海賊《かいぞく》)と正式な貿易船を区別するために「勘合《かんごう》(符《ふ》)」とよばれる合い札を用いた貿易を始めた。　**6**　北条時宗は鎌倉幕府の第８代執権《しっけん》で，文永の役(1274年)と弘安の役(1281年)の２度にわたる元寇《げんこう》(元軍の襲来《しゅうらい》)に対し，御家人をよくまとめて戦い，元軍を撃退《げきたい》することに成功した。　**7**　弥生時代に米づくりが広まると，人々は稲作に適した低地に定住して，むら(集落)を形成するようになった。　**8**　明智光秀は織田信長の家臣であったが，1582年，信長が京都の本能寺に滞在《たいざい》しているときに信長をおそって自害に追いこんだ(本能寺の変)。　**9**　平塚らいてう《(ちょう)》(雷鳥)は大正時代に活躍《かつやく》した女性解放運動家で，1911年に女子のみの文学団体青鞜《せいとう》社を設立し，雑誌「青鞜」を創刊した。1920年には市川房枝《ふさえ》らとともに新婦人協会を設立し，女性参政権の実現に力をつくした。　**10**　藤原道長は平安時代なかばに活躍した貴族で，子の頼通《よりみち》とともに藤原氏の摂関政治の全盛期を築いた。「この世をば～」で始まる和歌は，３番目の娘が天皇のきさきになったさいのほこらしい気持ちをよんだ歌(望月の歌)である。

問１　**A**「あ」は明治時代，「い」は縄文時代，「う」は安土桃山時代のできごとなので，エとなる。　**B**「あ」は奈良時代，「い」は古墳時代，「う」は江戸時代のできごとなので，ウとなる。　**C**「あ」は飛鳥時代，「い」は室町時代，「う」は鎌倉時代のできごとなので，イとなる。　なお，Dは「あ」が弥生時代，「い」が江戸時代，「う」が安土桃山時代のできごと。Eは「あ」が大正時代，「い」が昭和時代，「う」が平安時代のできごと。

問２　明治政府が1871年に欧米に派遣した使節団の団長は，公家出身の岩倉具視《いわくらともみ》である。なお，イの板垣退助は土佐藩(高知県)，ウの大隈重信は肥前藩(佐賀県)，エの西郷隆盛は薩摩《さつま》藩(鹿児島県)

出身の政治家で，岩倉使節団には参加していない。

問３　大仙《だいせん》(大山)古墳は大阪府堺《さかい》市にあり，墳丘《ふんきゅう》の全長が486mにおよぶ日本最大の前方後円墳で，仁徳《にんとく》天皇の墓と伝えられている。大仙古墳をふくめた大阪府にある49基の古墳は，2019年に「百舌鳥《もず》・古市古墳群」として，ユネスコ(国連教育科学文化機関)の世界文化遺産に登録された。

問４　武家諸法度《しょはっと》は江戸幕府が大名を統制するために出した法令で，1615年に出されたものが最初である。1635年，第３代将軍徳川家光は武家諸法度を改定し，参勤交代を制度化した。

問５　室町時代前半に栄えた北山文化のころには，観阿弥《かんあみ》・世阿弥《ぜあみ》父子によって能が大成され，そのあとに栄えた東山文化のころには，銀閣(慈照寺《じしょうじ》)に代表される書院造が生まれ，雪舟《せっしゅう》により水《すい》墨画《ぼくが》が大成された。よって，イがあてはまる。なお，アは平安時代の国風文化，ウは江戸時代に発達した町人文化にあてはまる。

問６　1543年，種子《たねが》島(鹿児島県，地図中エ)に流れ着いた中国船に乗っていたポルトガル人によって，日本に鉄砲が伝えられた。鉄砲は新兵器として戦国大名の間に広まり，戦法や築城法などに変化をもたらした。なお，アは択捉《えとろふ》島(北海道)，イは佐渡島(新潟県)，ウは対馬《つしま》(長崎県)。

問７　アの満州事変(1931～33年)とウの太平洋戦争(1941～45年)は昭和時代のできごとだが，イの韓国併合(1910年)は明治時代のできごとである。

3　地球温暖化や災害対策についての問題

問１　南アメリカ大陸のアマゾン川流域(地図中オ)には広大な熱帯雨林が広がっているが，近年，大規模な開発による伐採《ばっさい》や焼畑などで森林が減少している。

問２　大豆は良質な植物性たんぱく質が豊富で「畑の肉」とよばれ，しょう油やみその原料になる。日本は大豆の自給率が７％と低く，おもにアメリカやブラジル，カナダから輸入している。

問３　森林は雨水などをたくわえ，洪水や土砂崩《くず》れなどの災害を防ぐ働きをしている。また，地球温暖化の原因となる二酸化炭素(CO_2)を吸収して酸素を供給するなど，空気をきれいにしている。このほか，野生動物のすみか，人々のいこいの場所，木材の供給地ともなる。

問４　産業が発達している「先進国」に対し，未発達な国々は「開発(発展)途上国」とよばれる。開発(発展)途上国の中でも，工業がある程度さかんになっている国とそうでない国，資源がある国とない国があり，経済格差が問題となっている。

問５　1970年代後半には，1973年の第四次中東戦争をきっかけとする「石油危機(オイルショック)」の影響《えいきょう》があり，低成長の時期に入っていた。よって，アが正しい。なお，イは1950年代後半から1970年代初めまでの高度経済成長期，ウは1980年代後半から1990年代初めまでのバブル景気の時期。

問６　留学生は森林伐採などの環境破壊を問題視した発言をしているが，牛や豚を食べることでそれらの生物が絶滅《ぜつめつ》することについては述べていない。よって，ウがあてはまらない。

問７　水俣病は熊本県の八代《やつしろ》海沿岸で発生した四大公害病の一つで，化学工場から流れ出た廃水《はいすい》にふくまれていた有機水銀に汚染された魚を食べたことにより，神経がまひして手足がしびれたり視野がせまくなったりするなどの症状《しょうじょう》が出た。よって，ウとエがあてはまる。なお，アのカドミウムを原因物質とするのはイタイイタイ病で症状はカ，イの亜硫酸《ありゅうさん》ガスを原因物質とするのは四日市ぜんそくで症状はオがあてはまる。

問８　プラスチックやビニール，合成せんい，合成洗剤《せんざい》，合成ゴムなどは，すべて原油(石油)を原料としてつくられたものである。

問９　資料の写真はユニセフ(国連児童基金)が発行しているポスターで，子どもたちの笑顔が印象的である。ユニセフは紛争や自然災害，飢《う》えに苦しむ開発(発展)途上国の子どもたちを救済するための基金で，各国の拠出金や世界の人々の募金をもとにしている。すべての子どもに，「安心して飲める水」「けがや病気を治す薬」「栄養価の高い食料」「教育の機会」「安心して暮らせる平和な世の中」などを与えられるように望んでいる。

問10　同じ熱量を得るために化石燃料を燃やしたとき，二酸化炭素の排出量が最も多いのは石炭で，最も少ないのは天然ガスである。よって，グラフのアは石炭，イは石油，ウは天然ガスになる。

問11　参議院の通常選挙において，有権者は選挙区では候補者名を書き，比例代表区では候補者名または政党名を書いて投票する。

問12　都道府県や市区町村などの地方議会は，憲法や法律の範囲《はんい》内で，その地域だけに通用する条例を定めることができる。

問13　災害時の避難《ひなん》所には学校の体育館などが利用されるが，写真Ｃはシートを敷《し》いているものの床にじかに寝る状態，Ｂは簡易《かんい》ベッドで寝る状態で，いずれもプライバシーが守れない。しかし，Ａは仕切りや布団が用意されており，比較《ひかく》的よい環境といえる。

問14　資料の避難所で最も不便に思ったことについて，トイレや入浴・シャワーが非常に多いが，性別で表されているわけではない。よって，ウがあてはまらない。

問15　年金は，社会保障制度の一つで，高齢になったときや障がいを持ったときなどに給付金が支給される。日本の場合，少子高齢《こうれい》化にともなう高齢者の増加で，その財源確保が課題になっている。

問16　トラック運転手や運輸・交通に関わる仕事は，事故を起こさないために常に神経を使うことや，積荷の上げ下ろしなどで体力が必要になることから，若い人のほうが適していると考えられていることがわかる。

問17　消費税は商品を買ったりサービスを受けたりしたときにかかる税で，1989年に税率３％で初めて導入された。その後，税率は1997年に５％，2014年に８％となり，2019年10月からは10％に引き上げられた。このとき，食料品(酒類や外食をのぞく)など特定の品目については税率を８％のままにすえおく軽減税率も導入された。

問18　子どもの権利条約は1989年に国連総会で採択《さいたく》されたもので，18歳未満の子どもの「生きる権利」「育つ権利」「守られる権利」「参加する権利」を保障することを各国に求めている。

理　科　＜Ｂ日程試験＞（40分）＜満点：100点＞

解　答

[1] **問１**　ア　**問２**　エ　**問３**　イ　**問４**　ア，ウ　**問５**　ウ　**問６**　イ　**問７**　エ　**問８**　イ　**問９**　エ　**問10**　ウ　[2] **問１**　ア，オ　**問２**　114.9ｇ　**問３**　10ｇ　**問４**　10.7ｇ　**問５**　20％　**問６**　ウ　**問７**　ア　[3] **問１**　エ　**問２**　２枚　**問３**　イ，ウ　**問４**　条件１，条件２　**問５**　光　**問６**　空気　**問７**　ウ　**問８**　ア，ウ，カ　[4] **問１**　ウ　**問２**　Ｓ極　**問３**　ア　**問４**　イ，エ　**問５**　ア，イ　**問６**　イ，オ　**問７**　ウ　**問８**　イ　[5] **問１**　イ　**問２**　オ　**問３**

イ　**問４**　ウ　**問５**　**Ｘの方角**…南，**移動方向**…ア　**問６**　**Ａ**　エ　**Ｂ**　ア　**問７**
オ　**問８**　エ

解　説

1　小問集合

問１　空気中には体積の割合で，ちっ素が約78％，酸素が約21％，二酸化炭素が約0.04％ふくまれている。

問２　ちっ素にはものを燃やすはたらきはない。

問３　アルコールランプの火は危険防止のため，ふたをななめ上からかぶせて消す。

問４　こん虫の育ち方で，さなぎにならず成虫になる育ち方を不完全変態といい，ここではバッタとトンボがあてはまる。なお，カブトムシやチョウはさなぎの時期のある完全変態という育ち方をする。

問５　ヒトの場合，受精から子どもがうまれてくるまでの期間は約38週間(266日)である。

問６　てんびんがつり合っているときは，支点の左右で，(加わる力の大きさ)×(支点からの距離《きょり》)の値が等しくなっている。したがって，おもりＡの重さを□ｇとすると，□×60＝15×80の関係が成り立ち，□＝20(ｇ)となる。

問７　水はあたためられた部分が軽くなって上昇《じょうしょう》し，そのあとにまわりから冷たい水が入ることをくり返して，全体があたたまっていく。このような熱の伝わり方を対流という。

問８　川の上流では，流れる水が川岸をけずるはたらきがさかんなのでがけのようになっており，川のかたむきが大きいので流れがはやく，川はばはせまい。流れる水のはたらきをあまり受けていないため角ばった大きな石が多く見られる。一方，下流は平らな土地を流れていることが多く，川はばは広く，流れる水のはたらきを受けているために小さな丸い石や砂が多く見られる。

問９　冬の星座であるオリオン座が西の空にしずむころ，東の空からのぼってくるのは，夏に見えるさそり座である。なお，カシオペヤ座は北極星の近くにあるので一晩《ひとばん》中見える。ペガスス座は秋の星座で，こいぬ座は冬の星座である。

問10　マグマが地表付近で急に冷え固まってできた岩石は，きわめて小さなつぶの集まりの中にところどころ大きな角ばったつぶが散らばった，ウのようなつくりをしている。

2　もののとけ方と濃度《のうど》についての問題

問１　食塩を水にとかすと見えなくなってしまうが，食塩がなくなったわけではない。とかしてできる食塩水の重さは，とかす前の水と食塩の重さの和となる。また，食塩を水に入れてゆっくりかき混ぜても，とける速さがおそくなるだけで，とける食塩の量がふえることはない。

問２　水よう液の重さは，水の重さととかしたものの重さの和になるから，ホウ酸をとけるだけとかした水よう液の重さは，100＋14.9＝114.9(ｇ)になる。

問３　ホウ酸は20℃の水100ｇに4.9ｇしかとけないので，水よう液を20℃にしたとき，とけきれなくなって出てくる結しょうの重さは，14.9－4.9＝10(ｇ)である。

問４　ミョウバンは40℃の水100ｇに12ｇとけるので，ミョウバンをとけるだけとかした40℃の水よう液100ｇにとけているミョウバンは，$12\times\frac{100}{100+12}$＝10.71…より，10.7ｇである。

問５　ミョウバンは60℃の水100ｇに25ｇとけるから，200ｇの水には，$25\times\frac{200}{100}$＝50(ｇ)とける。

したがって，100－50＝50(g)はとけずに残る。また，濃度(%)は，(とけているものの重さ)÷(水よう液の重さ)×100で表されるので，濃度は，50÷(200＋50)×100＝20(%)となる。

問6　80℃の水100gに加えた50gがすべてとけるのはミョウバンだけだから，ミョウバン水よう液の濃度が最も高くなる。

問7　20℃の水100gにとける量は食塩が最も多いので，食塩水の濃度が最も高い。

3 インゲンマメの種子と発芽についての問題

問1　インゲンマメの種子はエのような形をしている。アはヒマワリ，イはピーマンなど，ウはタンポポの種子である。

問2　インゲンマメの場合，はじめに出てくる子葉の数は２枚で，このような植物を双《そう》子葉類という。

問3　実験の条件は調べたいことを１つだけ変えて行い，調べる条件がと中で変わらないようにする。種子の数は，結果がばらつかないように１個ではなく数を多くして行う。また，使用するビーカーは，条件が変わらないように同じ大きさのもので行う必要がある。

問4　条件１のかわいただっしめんには水がふくまれていなくて，条件２のしめっただっしめんには水がふくまれている。条件１と条件２でちがっている条件は水の有無だけで，条件２は発芽したのだから，発芽に水が必要であることは条件１と条件２を比べればよい。

問5　条件２と条件３で異なる条件は光をあてたかあてなかったかである。条件２と条件３のどちらも発芽したことから，インゲンマメの発芽に光は必要でないことがわかる。

問6　条件４で多量の水を入れると，種子は空気にふれることができなくなる。条件２では発芽し，条件４では発芽しなかったことから，インゲンマメの種子の発芽に空気が必要なことがわかる。

問7　発芽しやすい温度を調べたいのだから，いろいろな温度に変えて，種子をしめらせただっしめんの上に置いて観察すればよい。

問8　インゲンマメは種子の子葉の部分に発芽のための養分(デンプン)をたくわえているので，本葉が育つにつれ，養分が使われた子葉はしおれてくる。デンプンの有無はヨウ素液で調べられるので，発芽のときにデンプンが使われたことを調べるには，発芽前のインゲンマメの種子と発芽してしばらくたってしおれたインゲンマメの子葉にヨウ素液をつけて，色の変化を調べればよい。発芽前の種子にはデンプンがあるので，ヨウ素液が青むらさき色に変化するが，発芽してしばらくたってしおれた子葉にはデンプンがないので，ヨウ素液をつけても色が変化しない。

4 電磁石についての問題

問1　電磁石のＳ極とＮ極は鉄のくぎの両端《たん》にできるので，クリップはウのように引き付けられる。

問2　コイルの右側は方位磁針のＮ極を引き付けているので，右側にはＳ極ができている。

問3　図２は図１と比べ，電池の＋極と－極を逆にしてつないだものなので，電流の向きも逆になり，コイルにできる磁極も逆になる。よって，コイルの右側がＮ極，左側がＳ極となっているから，左側では方位磁針のＮ極が引き付けられる。

問4　コイルの巻き数以外の条件が同じ，イとエで比べる。

問5　電池の数以外の条件が同じ，アとイで比べる。

問6　エナメル線の長さ以外の条件が同じ，イとオで比べる。

問7　電池を直列に２個つなぐと，電流の大きさは大きくなる。エナメル線に流れる電流が大きく，コイルの巻き数が多いほど強い電磁石となるので，エナメル線に流れる電流が小さく，コイルの巻き数が少ないウが最も弱い電磁石となる。

問８　エが最も強い電磁石となる。次に強い電磁石は，電池２個にエナメル線を100回巻いたイかオであるが，エナメル線が長いと抵抗《ていこう》が大きくなって電流が小さくなるので，エナメル線の短いイが２番目に強い電磁石となる。

５　台風，棒のかげの動きについての問題

問１　台風の中心は非常に気圧が低いため，地表付近では風が中心に向かってふきこんでいる。このとき，地球の自転の影響《えいきょう》を受けて，風は反時計回りにふきこむ。

問２　空気のかたまりが山を越《こ》え，ふもとでの気温が越える前よりも上がる現象をフェーン現象という。関東地方から新潟のある日本海方面に向かって風がふくと，フェーン現象が起こり，日本海側が高温になることがある。

問３　台風の進行方向右側（東側）では，中心に向かって反時計回りにふきこむ風の向きと台風の進む向きとが重なるために，風が強くなる。

問４　台風の中心付近では，下降気流が生じているため，風や雨が弱まることが多い。

問５　正午ごろ，太陽は南にあるので棒のかげは北側にでき，最も短くなる。したがって，Ｘは南とわかる。これより，記録用紙の右側が東，左側が西になる。また，太陽は東から西へ動いて見えるので，棒のかげの先たんはアのように西から東へ動く。

問６　Ａのかげの動きは，太陽が真東より南よりからのぼり，真西より南よりにしずんだときのものなので，冬至に近い12月25日のものである。Ｂのかげの動きは，太陽が真東からのぼり，真西にしずんだときのものなので，春分や秋分のころで，３月20日のものと考えられる。

問７　日の入り直後に南の空高いところに見られる月は，右半分が光っている上げんの月である。

問８　真夜中に東からのぼってくる月は，左半分が光っている下げんの月である。また，明け方にのぼってくる月は，見ることができない新月である。

国　語　＜Ｂ日程試験＞（50分）＜満点：150点＞

解　答

一　下記を参照のこと。　**二**（漢字，意味の順で）　(1)　一，イ　(2)　適，ア　(3)　千，キ　(4)　目，エ　(5)　半，カ　**三**　**問１**　ａ　カ　ｂ　キ　ｃ　オ　ｄ　ウ　**問２**　（例）　濃い緑色が黄色の色素の色を隠し，隠れていた黄色の色素が秋に目立ってくる（というしくみ。）　**問３**　ア　**問４**　イ　**問５**　太陽の光に含まれる紫外線の害を防ぐ（ため。）　**問６**　湿度の高い（状態。）　**問７**　感じられます。　**問８**　イチョウの黄葉に対し　**問９**　ア　２　イ　１　ウ　２　エ　２　オ　１　**問10**　（例）　黄葉と紅葉の違い　**四**　**問１**　ａ　ウ　ｂ　カ　ｃ　オ　ｄ　ア　ｅ　ク　**問２**　エ　**問３**　Ⅰ　まわらない　Ⅱ　つっこむ　Ⅲ　ながくする　**問４**　『いい人』に選ばれる（危険性。）　**問５**　ア　**問６**　ウ　**問７**　Ａ　ク　Ｂ　カ　Ｃ　エ　Ｄ　ア　Ｅ　オ　Ｆ　ウ　Ｇ　イ　Ｈ　キ　**問８**　イ　**問９**　ア，オ

●漢字の書き取り

一 ⑴ 推測　⑵ 平易　⑶ 価値　⑷ 治安　⑸ 改修　⑹ 大規模
⑺ 提供　⑻ 専門　⑼ 裁(き)　⑽ 訪(ねる)

解　説

一 漢字の書き取り

⑴ こうではないかとおしはかって考えること。　⑵ やさしくわかりやすいこと。　⑶ 値打ち。　⑷ 社会がよく治まっていておだやかなようす。　⑸ つくり直すこと。　⑹ 計画や方法などが大がかりなようす。　⑺ ほかの人のためにさしだすこと。　⑻ 一つのことを研究したり，受け持ったりすること。　⑼ 音読みは「サイ」で，「裁判」などの熟語がある。訓読みにはほかに「た(つ)」がある。　⑽ 音読みは「ホウ」で，「訪問」などの熟語がある。訓読みにはほかに「おとず(れる)」がある。

二 四字熟語の知識

⑴ 「一朝一夕」は，わずかな時間。わずかな日数。　⑵ 「適材適所」は，その人の能力や性格にふさわしい役目を割りあてること。　⑶ 「海千山千」は，いろいろな経験を積んでずる賢《がしこ》いこと。近い意味の言葉には「百戦錬《れん》磨《ま》」がある。　⑷ 「岡目八目」は，当事者より第三者のほうがかえってよく物事がわかるということ。「傍目八目」とも書く。　⑸ 「半死半生」は，息もたえだえで今にも死にそうなようす。

三 出典は田《た》中《なか》 修《おさむ》の文章による。年や場所によって色づき方が変わらない黄葉《おうよう》に対し，紅葉は色づき方に違《ちが》いがあるとして，黄葉と紅葉のしくみの違いや色素の働きなどについて説明している。

問１　a 「あそこのイチョウの黄葉は美しい」という言い方はあると前に書かれている。後には，これは個々の木の葉の色づきがよいというのではなく，黄葉したイチョウの木が集まって並木道が美しく見えるという意味だと続く。よって，前のことがらを受けて，それに反する内容を述べるときに用いる「しかし」が入る。　b イチョウの葉は，秋に黄色い色素がわざわざつくられて黄色く色づくのではないと前にある。後には，「なぜ，緑の葉っぱが黄色になるのか」との疑問が浮《う》かぶと続く。よって，前のことがらを受けて，それをふまえながら次のことを導く働きの「では」が合う。　c 前には，冬が近づいて温度が下がれば，葉の緑色の色素は完全になくなるとある。後には，隠《かく》れていた黄色の色素が目立ってきて，例年と同じような黄色になると続く。三つ前の段落に，「濃《こ》い緑色が黄色の色素の色を隠している」とあるので，前のことがらを理由・原因として，後にその結果をつなげるときに使う「ですから」がよい。　d 前には，昼の暖かさと夜の冷えこみ具合は年によって異なるとある。後には，昼と夜の寒暖の差は場所によっても異なると続く。昼と夜との寒暖の差がある原因を前後で述べているので，ことがらを並べ立てるときに用いる「また」があてはまる。

問２　四つ後，五つ後の段落に，「“ひみつ”のしくみ」が前半・後半に分けて述べられている。まとめると，「濃い緑色が黄色の色素の色を隠し，隠れていた黄色の色素が秋に目立ってくる」というしくみだといえる。

問３　「洒落《しゃれ》た気配り」の直前に「このように」とあるが，「この」はすぐ前を指すので，イチョウの葉について述べた直前の文に注目する。イチョウの葉は，春から夏にかけて濃く目立っていた緑色の色素に代わり，秋からは黄色の色素が主役となることを指しているので，アが合う。

問4　この後，紅葉は黄葉とは違い，年や場所によって色づきが異なることが述べられている。黄葉はあらかじめつくられて隠れていた黄色い色素が目立つようになるのに対し，紅葉は緑色の色素がなくなるにつれて，赤い色素が新たにつくられるという違いがあるのだから，イがあてはまる。

問5　続く二文に，紅色《べにいろ》の色素であるアントシアニンは「太陽の光に含《ふく》まれる紫外《しがい》線の害を防ぐ」役割があると説明されている。最後の段落にも，アントシアニンは，日差しが弱くなる冬まで紫外線の害から小さな芽を守っていると書かれている。

問6　最後から四つ目の段落に注目する。紅葉には「湿度《しつど》の高い」場所が適しており，「湿度の高い」ほうが，紅葉した後にも美しい状態が長く保たれると書かれている。

問7　もどす文に，「それは～“ひみつ”があるから」だと書かれているので，前には「紅葉」と「黄葉」の「色づき」に関する疑問が述べられているものと推測できる。「紅葉は，黄葉とは異なり」から始まる段落の最後に入れると，「紅葉」と「黄葉」の「色づき」は「なぜ，そんなに異なっているのだろうか」という疑問を受ける形になり，文意が通る。

問8　本文の前半では黄葉について説明されているが，「イチョウの黄葉に対し」で始まる後半では紅葉について述べられている。

問9　**ア**　空らんｃのある段落の二つ前の段落に，温度がだんだん低くなると緑色の色素が分解されて消え，代わって黄色い色素が目立つようになると書かれている。気温が急激に低下したときに発色するわけではないので，合わない。　**イ**　ぼう線部３をふくむ段落の直前の段落に，同じ内容が書かれている。　**ウ**　最後から四つ目の段落に，紅葉は湿度の高いほうが美しい状態が長く保たれるとあるので，合わない。　**エ**　最後の段落に，アントシアニンは紫外線が強くあたればたくさん生成されるとは書かれているが，イチョウのカロテノイドについてそのような内容は書かれていない。　**オ**　最初の段落に同じ内容が述べられている。

問10　前半は黄葉について，後半は紅葉について述べられ，その違いが明らかにされているので，「黄葉と紅葉の違い」という題名などがふさわしい。

四　**出典は吉野万理子《よしのまりこ》の『いい人ランキング』による。**「いい人ランキング」で一位に選ばれてからいじめられるようになった桃《もも》は，相談した圭機《けいき》から，桃を陥《おとしい》れるための罠《わな》だったのだと聞かされる。

問1　**a**　気の向くままにやってくるようすを表す言葉がふさわしいので，目的もなく気軽に来るようすをいう「ふらっと」がよい。　**b**　「振《ふ》り返って」にかかる言葉が入るので，急に反転するようすをいう「くるっと」が合う。　**c**　首を激しく左右に振るようすを表す言葉が合うので，物がくり返し風を切る音を表す「ぶんぶんと」がよい。　**d**　桃の話に対し，驚《おどろ》いたり気の毒がったりといった感情を特段あらわにすることもなく，「想定内だ」と軽く受けたのだから，あっさりしているようすをいう「さらりと」がふさわしい。　**e**　波に翻弄《ほんろう》される小さな桜貝を掬《すく》ったのだから，こわさないように気づかったと考えられる。よって，“静かに”という意味の「そっと」が合う。

問2　この場合の「鼻を鳴らす」は，「鼻で笑う」に似た意味で，相手を小ばかにしていることを表す。この後，桃を「鈍感《どんかん》」だと評しているとおり，桃がのんびりとしていて，圭機の人となりをよく理解していないらしいことを小ばかにしているのだから，エがよい。

問３　Ⅰ「首がまわらない」は，借金などのやりくりがつかないこと。　Ⅱ「首をつっこむ」は，関係すること，参加すること。　Ⅲ「首をながくする」は，待ち遠しく思うこと。

問４　少し前で，圭機は，「『いい人』に選ばれるのは～危険だ」と言っている。鞠《まり》が察知した「その危険性」とは，「『いい人』に選ばれる」危険性のことになる。

問５　「いい人ランキング」で一位になって以来，いじめられていることに桃は悩《なや》んでいた。だが，「いい人」に選ばれる危険性をいち早く察知した鞠と違い，桃は自分がピンチに陥《おちい》った原因すらわかっていないため，一から説明しなければいけないと圭機は思っているのだから，アが合う。

問６　桃の話を聞いた圭機は「想定内だね」と言っている。「想定内」とは，事前に予想したはんい囲の中に収まっているようすをいうので，ウがあてはまる。

問７　Ａ～Ｈ　前の部分で圭機は，「いい人」に選ばれると，たいていの人はその人に対してイライラすると説明している。続いて圭機は，「だから『いい人』に～手を打った」と言ったと考えられる。圭機も鞠も手を打ったと聞き，桃は「尾島くんも？」と反応する。圭機は自分の打った「手」を説明し，モノマネをしたという言葉を，桃はおうむ返しに受ける。圭機がモノマネをした意味を解説すると，驚いた桃は，「すごい理論……」と返す。圭機はさらに，鞠はどうしたかを説明し，桃は「少し聞いた。本人から」と答える流れが自然である。

問８　「いい人ランキング」は，沙也子《さやこ》たちが桃をいじめるきっかけをつくるためにしくんだ罠だと圭機に言われ，桃は動ようしている。さらに，自分がねたまれるのは，母の再婚《さいこん》によって恵《めぐ》まれた環境《かんきょう》になったことが原因だと知り，桃は「どうして」とくり返すばかりで混乱しているので，イが合う。

問９　岩場に来た女の子が遊ぶ姿は幼《おさな》い頃《ころ》の幸せな時間を桃に思い出させており，つらい気持ちを表してはいないこと，桃は圭機との会話の中で混乱しており，明るく生き生きとしたやり取りとはいえないこと，桃は圭機に敬語を使わずに話している場面もあることから，イ～エは誤っている。

Memo

Memo

出題ベスト10シリーズ

①国語読解ベスト10

②漢字合格の2790題

③計算合格の820題

④図形問題ベスト10

■過去の入試問題から出題例の多い問題を選んで編集・構成。受験関係者の間でも好評です！

有名中学入試問題集

●男子校編

●女子校編

■中学入試の全容をさぐる!!

■首都圏の中学を中心に、全国有名中学の最新入試問題を収録!!

※表紙は昨年度のものです。

算数の過去問25年分

■筑波大学附属駒場

■麻布

■開成

○名門３校に絶対合格したいという気持ちに応えるため過去問実績No.1の声の教育社が出した答えです。

都立中高一貫校 適性検査問題集

■都立一貫校と同じ検査形式で学べる！

●自己採点のしにくい作文には「採点ガイド」を掲載。

●保護者向けのページも充実。

●私立中学の適性検査型・思考力試験対策にもおすすめ！

スーパー過去問の 解説執筆・解答作成スタッフ（在宅）募集！

※募集要項の詳細は、10月に弊社ホームページ上に掲載します。

2025年度用

中学スーパー過去問

■編集人　声の教育社・編集部

■発行所　株式会社　声の教育社

〒162-0814　東京都新宿区新小川町8-15

☎03-5261-5061(代)　FAX03-5261-5062

https://www.koenokyoikusha.co.jp

※本書の内容についての一切の責任は当社にあります。内容・解説・解答・その他は当社ホームページよりお問い合わせ下さい。

ストリーミング配信による入試問題の解説動画

2025年度用web過去問　ラインナップ

■ 男子・女子・共学（全動画）見放題
36,080円（税込）

■ 男子・共学 見放題
29,480円（税込）

■ 女子・共学 見放題
28,490円（税込）

● 中学受験「声教web過去問（過去問プラス・過去問ライブ）」（算数・社会・理科・国語）

3〜5年間 **24校**

過去問プラス

麻布中学校	桜蔭中学校	開成中学校	慶應義塾中等部	渋谷教育学園渋谷中学校
女子学院中学校	筑波大学附属駒場中学校	豊島岡女子学園中学校	広尾学園中学校	三田国際学園中学校
早稲田中学校	浅野中学校	慶應義塾普通部	聖光学院中学校	市川中学校
渋谷教育学園幕張中学校	栄東中学校			

過去問ライブ

栄光学園中学校	サレジオ学院中学校	中央大学附属横浜中学校	桐蔭学園中等教育学校	東京都市大学付属中学校
フェリス女学院中学校	法政大学第二中学校			

● 中学受験「オンライン過去問塾」（算数・社会・理科）

3〜5年間 **50校以上**

東京	青山学院中等部	東京	国学院大学久我山中学校	東京	明治大学付属明治中学校	千葉	芝浦工業大学柏中学校	埼玉	栄東中学校
	麻布中学校		渋谷教育学園渋谷中学校		早稲田中学校		渋谷教育学園幕張中学校		淑徳与野中学校
	跡見学園中学校		城北中学校		都立中高一貫校 共同作成問題		昭和学院秀英中学校		西武学園文理中学校
	江戸川女子中学校		女子学院中学校		都立大泉高校附属中学校		専修大学松戸中学校		獨協埼玉中学校
	桜蔭中学校		巣鴨中学校		都立白鷗高校附属中学校		東邦大学付属東邦中学校		立教新座中学校
	鷗友学園女子中学校		桐朋中学校		都立両国高校附属中学校		千葉日本大学第一中学校	茨城	江戸川学園取手中学校
	大妻中学校		豊島岡女子学園中学校	神奈川	神奈川大学附属中学校		東海大学付属浦安中等部		土浦日本大学中等教育学校
	海城中学校		日本大学第三中学校		桐光学園中学校		麗澤中学校		茗渓学園中学校
	開成中学校		雙葉中学校		県立相模原・平塚中等教育学校		県立千葉・東葛飾中学校		
	開智日本橋中学校		本郷中学校		市立南高校附属中学校		市立稲毛国際中等教育学校		
	吉祥女子中学校		三輪田学園中学校	千葉	市川中学校	埼玉	浦和明の星女子中学校		
	共立女子中学校		武蔵中学校		国府台女子学院中学部		開智中学校		

web過去問 Q&A

過去問が動画化！
声の教育社の編集者や中高受験のプロ講師など、
過去問を知りつくしたスタッフが動画で解説します。

Q **どこで購入できますか？**

A 声の教育社のHPでお買い求めいただけます。

Q **受講にあたり、テキストは必要ですか？**

A 基本的には過去問題集がお手元にあることを前提としたコンテンツとなっております。

Q **全問解説ですか？**

A 「オンライン過去問塾」シリーズは基本的に全問解説ですが、国語の解説はございません。「声教web過去問」シリーズは合格のカギとなる問題をピックアップして解説するもので、全問解説ではございません。なお、「声教web過去問」と「オンライン過去問塾」のいずれでも取り上げられている学校がありますが、授業は別の講師によるもので、同一のコンテンツではございません。

Q **動画はいつまで視聴できますか？**

A ご購入年度２月末までご視聴いただけます。
複数年視聴するためには年度が変わるたびに購入が必要となります。

よくある解答用紙のご質問

01

実物のサイズにできない

拡大率にしたがってコピーすると，「解答欄」が実物大になります。配点などを含むため，用紙は実物よりも大きくなることがあります。

02

A3用紙に収まらない

拡大率164％以上の解答用紙は実物のサイズ（「出題傾向＆対策」をご覧ください）が大きいために，Ａ３に収まらない場合があります。

03

拡大率が書かれていない

複数ページにわたる解答用紙は，いずれかのページに拡大率を記載しています。どこにも表記がない場合は，正確な拡大率が不明です。

04

１ページに２つある

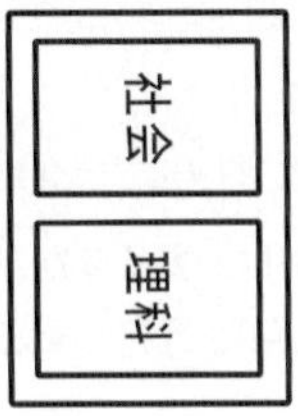

１ページに２つ解答用紙が掲載されている場合は，正確な拡大率が不明です。ほかの試験回の同じ教科をご参考になさってください。

湘南学園中学校

【別冊】入試問題解答用紙編

解答用紙は本体からていねいに抜きとり、別冊としてご使用ください。

※　実際の解答欄の大きさで練習するには、指定の倍率で拡大コピーしてください。なお、ページの上下に小社作成の見出しや配点を記載しているため、コピー後の用紙サイズが実物の解答用紙と異なる場合があります。

●入試結果表

― は非公表

年度	回	項目		国語	算数	社会	理科	2科合計	4科合計	2科合格	4科合格
2024	A日程	配点（満点）		150	150	100	100	300	500	最高点	最高点
		合格者平均点		129.6	120.8	76.1	77.5	250.4	404.0	―	―
		受験者平均点	男	120.5	109.5	61.9	66.4	230.0	358.3	最低点	最低点
			女	120.8	94.1	59.5	59.9	214.9	334.3	男 237	男 394
		キミの得点								女 237	女 394
	〔参考〕B日程の国語の合格者平均点は89.6、受験者平均点は80.0です。										
2023	A日程	配点（満点）		150	150	100	100	300	500	最高点	最高点
		合格者平均点		125.6	125.7	82.3	74.0	251.3	407.6	―	―
		受験者平均点	男	105.4	106.2	74.1	66.2	211.6	351.9	最低点	最低点
			女	111.3	101.2	69.4	59.5	212.5	341.4	男 231	男 384
		キミの得点								女 231	女 384
	〔参考〕B日程の国語の合格者平均点は109.1、受験者平均点は98.5です。										
2022	B日程	配点（満点）		150	150	100	100	300	500	最高点	最高点
		合格者平均点		108.3	127.4	77.1	75.6	235.7	388.4	―	―
		受験者平均点	男	92.6	105.6	70.3	65.2	198.2	333.7	最低点	最低点
			女	97.0	98.1	67.3	57.3	195.1	319.7	男 214	男 357
		キミの得点								女 214	女 357
	〔参考〕A日程の社会の合格者平均点は79.3、受験者平均点は73.7、A日程の理科の合格者平均点は78.2、受験者平均点は69.7です。										
2021	B日程	配点（満点）		150	150	100	100	300	500	最高点	最高点
		合格者平均点		127.5	135.5	82.5	81.4	263.0	426.9	―	―
		受験者平均点	男	106.2	114.8	74.3	69.5	221.0	364.8	最低点	最低点
			女	113.1	108.1	69.2	69.5	221.2	359.9	男 250	男 417
		キミの得点								女 247	女 412
	〔参考〕D日程の算数の合格者平均点は117.9、受験者平均点は86.0、A日程の社会の合格者平均点は89.5、受験者平均点は83.1、A日程の理科の合格者平均点は78.2、受験者平均点は71.8です。										
2020	B日程	配点（満点）		150	150	100	100		500		最高点
		合格者平均点		98.3	107.6	83.1	75.1		364.1		427
		受験者平均点	男	79.7	94.5	70.5	65.5		310.2		最低点
			女	90.9	86.9	71.0	63.0		311.8		男 343
		キミの得点									女 333

※　表中のデータは学校公表のものです。ただし、2科合計・4科合計は各教科の平均点を合計したものなので、目安としてご覧ください。

2024年度　湘南学園中学校

算数解答用紙　Ａ日程

番号		氏名		評点	／150

1	(1)		(2)		(3)		(4)				
2	(1)	個	(2)	個	(3)	km	(4)	cm			
	(5)	個	(6)	%	(7)	度					
	(8)	ア		イ		ウ		エ		オ	カ
3	(1)	度	(2)	cm²	(3)	cm					
4	(1)	体積 cm³		表面積 cm²	(2)	cm²					
5	(1)	cm	(2)	cm³	(3)	cm	(4)	ア	イ		
6	(1)		(2)		(3)						

（注）この解答用紙は実物を縮小してあります。Ｂ５→Ａ３(163%)に拡大コピーすると，ほぼ実物大の解答欄になります。

〔算　数〕150点(推定配点)

1　各６点×４　2　(1)～(7)　各７点×７　(8)　ア　２点　イ～カ　各１点×５　3　(1)，(2)　各５点×２　(3)　６点　4　(1)　体積…５点，表面積…６点　(2)　６点　5　(1)～(3)　各５点×３　(4)　各３点×２　6　(1)，(2)　各５点×２　(3)　６点

２０２４年度　湘南学園中学校

社会解答用紙　Ａ日程

番号		氏名		評点	／100

1	問1	(1)		(2)					
	問2	A		B					
	問3		問4		問5				
	問6	B		E		問7			
	問8	A	名称	位置	B	名称	位置		
		C	名称	位置	D	名称	位置		
		E	名称	位置					

2	問1	A		B		C		D			
		E		F		G					
	問2		問3		問4		問5		問6		
	問7		問8		問9		問10		問11		
	問12		問13		問14		問15				
	問16	①		②		③					

3	問1	(1)		(2)		(3)				
	問2	(1)		(2)		(3)		問3		
	問4	(1)		(2)		(3)		問5	(1)	
	問5	(2)								
	問6		問7		問8	(1)		(2)		問9
	問10	(1)		(2)						
	問11		問12							

（注）この解答用紙は実物を縮小してあります。Ｂ５→Ａ３（163％）に拡大コピーすると、ほぼ実物大の解答欄になります。

〔社　会〕100点（推定配点）

1 問1～問7　各2点×10　問8　各1点×10　2 問1～問3　各1点×9　問4　2点　問5～問9　各1点×5　問10，問11　各2点×2　問12～問15　各1点×4　問16　各2点×3　3 問1　各1点×3　問2～問4　各2点×7　問5　(1)　2点　(2)　3点　問6，問7　各2点×2　問8　(1)　2点　(2)　3点　問9～問11　各2点×4　問12　1点

2024年度　湘南学園中学校

理科解答用紙　A日程

番号		氏名		評点	／100

1	問1		問2		問3		問4	
	問5		問6		問7		問8	
	問9		問10					

2	問1		問2		問3	
	問4	g	問5	g		
	問6	L	問7	%		

3	問1	①	②	問2		問3		問4	
	問5		問6		問7		問8		

4	問1		問2	①	②	問3		
	問4		問5		問6	図3 秒後	図4 秒後	

5	問1		問2		問3	④	⑤	
	問4		問5		問6		問7	

（注）この解答用紙は実物を縮小してあります。B５→A３（163%）に拡大コピーすると、ほぼ実物大の解答欄になります。

〔理　科〕100点(推定配点)

1　各2点×10<問4, 問5は完答>　2　問1～問3　各2点×4　問4～問7　各3点×4　3　問1　2点<完答>　問2　3点　問3, 問4　各2点×2　問5　3点　問6　2点　問7, 問8　各3点×2<問8は完答>　4　問1～問5　各2点×7　問6　各3点×2　5　問1～問3　各2点×4　問4～問7　各3点×4

2024年度　湘南学園中学校

国語解答用紙　B日程

番号　　氏名　　評点　／150

一

(1)　(2)　(3)　(4)　(5)

(6)　(7)　(8)　しい　(9)　ぶ　(10)　に

二

A　(1)　(2)　(3)　(4)　(5)

B　(1)　(2)　(3)　(4)　(5)

三

問一　A　B　C　　問二

問三　こと。

問四

問五　～

問六　I　II

問七　　問八　～　社会。

問九　　問十

問十一

四

問一　A　B　C　D

問二

問三　(1)　(2)　I　II

問四　(1)　(2)　(3)　(4)　(5)

問五　　問六

問七　I　II

問八　　問九

（注）この解答用紙は実物を縮小してあります。B5→A3(163%)に拡大コピーすると、ほぼ実物大の解答欄になります。

〔国　語〕150点(推定配点)

一, 二　各1点×20　三　問1　各3点×3　問2　4点　問3　6点　問4　4点　問5　6点　問6, 問7　各4点×3　問8　6点　問9, 問10　各4点×2　問11　10点　四　問1　各2点×4　問2　5点　問3　各4点×3　問4　各2点×5　問5～問9　各5点×6

2023年度　　湘南学園中学校

算数解答用紙　A日程

番号		氏名		評点	／150

1	(1)		(2)		(3)		(4)	
2	(1)	分速　　m	(2)	g	(3)	点	(4)	人
	(5)	度	(6)	日	(7)	%		
	(8)	ア	イ	ウ				
3	(1)	cm^2	(2)	cm				
4	Aの表面積　　cm^2		Bの表面積　　cm^2					
5	(1)	m	(2)	m	(3)	分後	(4)	分後
6	(1)	と	(2)	通り	(3)	と	(4)	と

（注）この解答用紙は実物を縮小してあります。B５→A３(163%)に拡大コピーすると、ほぼ実物大の解答欄になります。

〔算　数〕150点(推定配点)

1　各６点×４　2　(1)～(7)　各７点×７　(8)　ア，イ　各２点×２　ウ　３点　3，4　各６点×４　5　(1)　５点　(2)～(4)　各６点×３　6　(1)　５点　(2)～(4)　各６点×３

２０２３年度　湘南学園中学校

社会解答用紙　Ａ日程

番号		氏名	

評点	／100

1

1		2		3		4		5				
問 1	A		B		C		D					
E		問 2		問 3	B		C		E			
問 4		問 5		問 6		問 7		問 8		問 9		
問 10												

2

問 1		問 2		問 3					
問 4	天皇	問 5							
問 6		問 7		問 8					
問 9		問 10	王国	問 11					
問 12		問 13		問 14		問 15	年		
問 16	⇒	⇒							
問 17	①		②						

3

問 1		問 2		問 3		問 4		問 5			
問 6		問 7	①		②		問 8				
問 9		問 10		問 11		問 12		問 13			
問 14		問 15		問 16		問 17					
問 18											

（注）この解答用紙は実物を縮小してあります。Ｂ５→Ａ３（163％）に拡大コピーすると、ほぼ実物大の解答欄になります。

〔社　会〕100点(推定配点)

1　1～5　各１点×5　問１～問３　各２点×9　問４～問10　各１点×7　2　問１～問５　各２点×5　問６～問11　各１点×6　問12～問17　各２点×7＜問16は完答＞　3　問１～問６　各２点×6　問７　①３点　②　２点　問８～問12　各２点×5　問13　３点　問14～問18　各２点×5

２０２３年度　湘南学園中学校

理科解答用紙　Ａ日程

番号		氏名		評点	／100

1	問1		問2		問3		問4		問5
	問6		問7		問8		問9		問10

2	問1		問2		問3	mL	問4	
	問5		問6	mL	問7		問8	g

3	問1	ア	イ	問2	
	問3		問4	問5	
	問6		問7	(1)	(2)

4	問1	mA	問2	
	問3		問4	
	問5		問6	
	問7		問8	

5	問1		問2		問3		問4	
	問5	⑧	⑪	問6				
	問7							

（注）この解答用紙は実物を縮小してあります。Ｂ５→Ａ３(163%)に拡大コピーすると、ほぼ実物大の解答欄になります。

〔理　科〕100点(推定配点)

1　各２点×10　2　問１～問４　各２点×４　問５～問８　各３点×４　3　問１～問４　各２点×５＜問２は完答＞　問５　３点＜完答＞　問６　２点　問７　(1)　２点　(2)　３点　4　問１～問４　各２点×４＜問２～問４はそれぞれ完答＞　問５～問８　各３点×４＜問５，問６は完答＞　5　各２点×10

二〇二三年度　湘南学園中学校

国語解答用紙　B日程

番号　　氏名　　評点　／150

一

(1)　(2)　(3)　(4)　(5)

(6)　(7)　(8)　(9)　(10)

二

A　(1)　(2)　(3)　(4)　(5)

B　(1)　(2)　(3)　(4)　(5)

三

問一　a　b　c　d

問二　12　20

問三　問四　問五　問六

問七

問八　問九

問十

問十一　1　2　3　4　5

四

問一　A　B　C　D　E

問二　a　b　c　d　e

問三　(1)　(2)

問四　問五

問六　∫

問七

問八　問九　問十

（注）この解答用紙は実物を縮小してあります。B5→A3（163%）に拡大コピーすると、ほぼ実物大の解答欄になります。

〔国　語〕150点(推定配点)

一，二　各1点×20　三　問1　各2点×4　問2　7点　問3～問10　各5点×8　問11　各2点×5　四　問1～問3　各2点×12　問4，問5　各6点×2　問6　5点　問7～問10　各6点×4

２０２２年度　湘南学園中学校

算数解答用紙　Ｂ日程

番号		氏名		評点	／150

1	(1)		(2)		(3)		(4)	
2	(1)	点	(2)		(3)	g	(4)	秒
	(5)	円	(6)	日間	(7)	度		
	(8)	ア		イ		ウ	エ	オ
3	(1)	cm²	(2)	cm²				
4	(1)	cm²	(2)					
5	(1)		(2)	毎分　m	(3)	分後		
6	(1)		(2)	個	(3)	個	(4)	

（注）この解答用紙は実物を縮小してあります。Ｂ５→Ａ３（163％）に拡大コピーすると，ほぼ実物大の解答欄になります。

〔算　数〕150点(推定配点)

1　各６点×４　2　(1)〜(7)　各７点×７　(8)　ア　１点　イ　２点　ウ　１点　エ　２点　オ　１点

3，4　各７点×４　5，6　各６点×７

２０２２年度　湘南学園中学校

社会解答用紙　Ａ日程

番号		氏名		評点	／100

1

問1	1		2		3		4		5		6		
問2		問3		問4	C		D						
問5	①		②		③		④						
問5	あ		い		う		え		問6		問7		

2

問1		問2		問3		問4	
問5		問6		問7		問8	
問9		問10					
問11							
問12		問13		問14		問15	

3

問1		問2		問3		問4		問5	(1)		(2)
問6		問7		問8		問9		問10			
問11											
問12											
問13		問14									
問15											
問16		問17	(1)								
問17	(2)										

（注）この解答用紙は実物を縮小してあります。Ｂ５→Ａ３（163%）に拡大コピーすると、ほぼ実物大の解答欄になります。

〔社　会〕100点（推定配点）

1　問１～問４　各１点×10　問５～問７　各２点×10　2　各２点×15　3　問１～問11　各２点×12　問12　３点　問13～問16　各２点×４　問17　（1）　２点　（2）　３点

２０２２年度　　湘南学園中学校

理科解答用紙　Ａ日程

番号		氏名		評点	／100

1

問1		問2		問3		問4		問5	
問6		問7		問8		問9		問10	

2

問1		問2		問3		問4	
問5		問6		問7		問8	倍

3

問1		問2		問3	
問4		問5	記号　→　→	通り道（漢字３文字）	
問6	①	②	③	問7	

4

問1		問2			問3	(1)	(2)
問4		問5	三角形	コの字型	問6	(1)	(2)

5

問1		問2		問3	
問4	秒後	問5	毎秒　　km		
問6	11時　　分　　秒	問7			
問8	km				

（注）この解答用紙は実物を縮小してあります。Ｂ５→Ａ３（163％）に拡大コピーすると、ほぼ実物大の解答欄になります。

〔理　科〕100点（推定配点）

1　各２点×10　2　問１～問４　各２点×４　問５～問８　各３点×４　3　各２点×10＜問１，問５の記号，問７は完答＞　4　問１～問５　各２点×７　問６　各３点×２　5　問１～問４　各２点×４　問５～問８　各３点×４

二〇二三年度　湘南学園中学校

国語解答用紙　B日程

番号　　氏名　　評点 /150

一
(1)　(2)　(3)　(4)　(5)
(6)　(7)　(8) やす　(9) て　(10) める

二
1 a　b　2 a　b　3 a　b
4 a　b　5 a　b

三
問一 A　B　C
問二　問三 a　b
問四　～　から。
問五 (1)　(2)
問六　問七
問八　～
問九

四
問一 A　B　C　D
問二 a　b　c
問三
問四　問五　問六　問七
問八 I　II
問九 ア　イ　ウ　エ　オ

(注) この解答用紙は実物を縮小してあります。B５→A３(163%)に拡大コピーすると、ほぼ実物大の解答欄になります。

〔国　語〕150点(推定配点)

一, 二　各１点×20　三　問１　各３点×３　問２　６点　問３　各３点×２　問４　６点　問５　(1)　６点　(2)　８点　問６～問９　各６点×４　四　問１, 問２　各２点×７　問３～問７　各６点×５　問８, 問９　各３点×７

２０２１年度　湘南学園中学校

算数解答用紙　Ｄ日程

番号		氏名		評点	／150

1	(1)		(2)		(3)		(4)	
2	(1)	点以上	(2)	分後	(3)	g	(4)	円
	(5)	種類	(6)	度	(7)	日間		
	(8) ア		イ		ウ		エ	
3	(1)	cm	(2)	cm^2				
4	(1)	個	(2)	個				
5	(1)	時　分	(2)	時　分　秒	(3)	時　分		
	(4)	分間						
6	(1)	回	(2)	通り	(3)	通り		

（注）この解答用紙は実物を縮小してあります。Ｂ５→Ａ３（163%）に拡大コピーすると、ほぼ実物大の解答欄になります。

〔算　数〕150点（推定配点）

1　各６点×４　2　(1)～(7)　各７点×７　(8)　ア　２点　イ　１点　ウ，エ　各２点×２　3，4　各７点×４　5，6　各６点×７

２０２１年度　湘南学園中学校

社会解答用紙　Ａ日程

番号		氏名		評点	／100

1

問１　A　B　C

問２　D　E

問３　(1)　(2)　(3)　(4)　(5)

問４　問５　問６　問７

問８　問９

2

問１　1　2　3　4　5　6
7　8　9　10　11

問２　A　B　C　D　E

問３　問４　問５

3

問１　問２　問３　(1)　(2)

問４　問５　問６　あ　い

問７　問８　問９

問10　(1)　(2)　問11

問12

問13　問14　問15　(1)

(2)

（注）この解答用紙は実物を縮小してあります。Ｂ５→Ａ３(163%)に拡大コピーすると、ほぼ実物大の解答欄になります。

〔社　会〕100点(推定配点)

1　問１～問７　各２点×14　問８，問９　各１点×２　2　問１　各２点×11　問２～問５　各１点×８　3　問１～問11　各２点×14　問12　３点　問13，問14　各２点×２　問15　(1)　２点　(2)　３点

２０２１年度　　湘南学園中学校

理科解答用紙　Ａ日程

番号		氏名		評点	／100

1

問1		問2		問3		問4		問5	
問6		問7		問8		問9		問10	

2

問1		問2		問3	
問4		問5	mL	問6	
問7	mL	問8			

3

問1		問2					
問3		問4		問5		問6	
問7		問8		問9			

4

問1	mA	問2	電流 / 豆電球	問3		問4	
問5	図　と図	問6		問7		問8	

5

問1	（１）	（２）	（３）	問2	
問3		問4			
問5	①	②	③	問6	

（注）この解答用紙は実物を縮小してあります。Ｂ５→Ａ３(163%)に拡大コピーすると、ほぼ実物大の解答欄になります。

〔理　科〕100点(推定配点)

1　各２点×10　2　問１～問６　各２点×７　問７，問８　各３点×２　3　問１～問７　各２点×７<問１，問２は完答>　問８，問９　各３点×２<問９は完答>　4　問１～問４　各２点×４<問２は完答>　問５～問８　各３点×４<問８は完答>　5　問１，問２　各２点×４　問３～問６　各３点×４<問４，問５は完答>

二〇二二年度　湘南学園中学校

国語解答用紙　B日程

番号　　氏名　　評点　／150

一
1　2　3　4　5
6　7　8　9　10

二
1 語 意味　2 語 意味　3 語 意味　4 語 意味　5 語 意味
6 語 意味　7 語 意味　8 語 意味　9 語 意味　10 語 意味

三
問一　1　2　3　4
問二　問三　問四
問五
問六
問七
問八　ア　イ　ウ　エ

四
問一　A　B　C
問二　問三　問四
問五　問六
問七　から。
問八
問九
問十

（注）この解答用紙は実物を縮小してあります。B５→A３（163％）に拡大コピーすると、ほぼ実物大の解答欄になります。

〔国　語〕150点（推定配点）

一，二　各１点×30　三　問１　各３点×４　問２～問４　各５点×３　問５　８点　問６，問７　各５点×２　問８　各３点×４　四　問１　各３点×３　問２～問10　各６点×９

2020年度　湘南学園中学校

算数解答用紙　B日程

番号		氏名		評点	／150

1	(1)		(2)		(3)		(4)	
2	(1)	%	(2)	点	(3)	m	(4)	分
	(5)	度	(6)	通り	(7)	本		
	(8)	ア		イ		ウ		エ
3	(1)	cm	(2)	cm^2				
4	体積	cm^3	表面積	cm^2				
5	(1)	分速　　m	(2)	時　　分	(3)	分速　　m	(4)	m
6	(1)	個目	(2)		(3)	個	(4)	個

(注) この解答用紙は実物を縮小してあります。Ａ３用紙に147%拡大コピーすると、ほぼ実物大で使用できます。(タイトルと配点表は含みません)

〔算　数〕150点(推定配点)

1 各６点×４　2 (1)～(7) 各７点×７　(8) ア　１点　イ～エ 各２点×３　3 (1) ６点　(2) ５点　4 体積…６点，表面積…５点　5，6 各６点×８

２０２０年度　湘南学園中学校

社会解答用紙　Ｂ日程

番号		氏名		評点	／100

1	1		2		3		4		5	
	6		7		問1	B	C		E	
	問2		問3		問4		問5			
	問6		問7		問8		問9			
	問10		問11		問12		問13			
2	1		2		3		4		5	
	6		7		8		9		10	
	問1	A		B		C		問2		
	問3		問4							
	問5		問6		問7					
3	問1		問2							
	問3									
	問4									
	問5		問6		問7	原因物質：	病気の症状：	問8		
	問9									
	問10		問11	代表	問12					
	問13									
	問14		問15		問16					
	問17		問18	条約						

〔社　会〕100点(推定配点)

1　1～7　各1点×7　問1　各1点×3　問2～問13　各2点×12　2　1～10　各1点×10　問1　各1点×3　問2～問7　各2点×6　3　問1，問2　各2点×2　問3　3点　問4～問6　各2点×3　問7　各1点×2　問8　2点　問9　3点　問10～問12　各2点×3　問13　4点　問14，問15　各2点×2　問16　3点　問17，問18　各2点×2

２０２０年度　湘南学園中学校

理科解答用紙　Ｂ日程

番号		氏名		評点	／100

1	問1		問2		問3		問4			
	問5		問6		問7		問8		問9	
	問10									
2	問1		問2	g	問3	g				
	問4	g	問5	%	問6					
	問7									
3	問1		問2	枚	問3		問4	条件	条件	
	問5		問6		問7					
	問8									
4	問1		問2	極	問3		問4			
	問5		問6		問7					
	問8									
5	問1		問2		問3		問4			
	問5	Xの方角	移動方向	問6	A	B	問7			
	問8									

〔理　科〕100点(推定配点)

1　各2点×10＜問4は完答＞　2　問1　3点＜完答＞　問2　2点　問3～問7　各3点×5　3　問1～問4　各2点×4＜問3，問4は完答＞　問5～問8　各3点×4＜問8は完答＞　4　問1～問3　各2点×3　問4～問6　各3点×3＜各々完答＞　問7　2点　問8　3点　5　問1～問4　各2点×4　問5～問8　各3点×4＜問5，問6は完答＞

二〇二〇年度　湘南学園中学校

国語解答用紙　B日程

番号　　氏名　　評点　／150

一

(1)　(2)　(3)　(4)　(5)　き

(6)　(7)　(8)　(9)　(10)　ねる

二

(1) 漢字　意味

(2) 漢字　意味

(3) 漢字　意味

(4) 漢字　意味

(5) 漢字　意味

三

問一　a　b　c　d

問二　というしくみ。

問三

問四

問五　ため。

問六　状態。

問七

問八

問九　ア　イ　ウ　エ　オ

問十

四

問一　a　b　c　d　e

問二

問三　Ⅰ　Ⅱ　Ⅲ

問四　危険性。

問五

問六

問七　A　B　C　D　E　F　G　H

問八

問九

(注)　この解答用紙は実物を縮小してあります。A３用紙に156%拡大コピーすると、ほぼ実物大で使用できます。(タイトルと配点表は含みません)

〔国　語〕150点(推定配点)

一，二　各１点×20　三　問１　各２点×４　問２　10点　問３，問４　各５点×２　問５　６点　問６〜問８　各５点×３　問９　各２点×５　問10　６点　四　問１〜問３　各３点×９　問４〜問７　各５点×４<問７は完答>　問８，問９　各６点×３

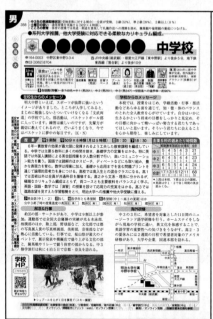